# 조작의 윤리

Ethik der Manipulation

## 저자 소개

### 헤링(Bernhard Häring)

지은이 헤링(Bernhard Häring, 1912~1998) 신부는 1933년 로마 가톨릭 교회의 수도회인 구속주회에 입회하여 1939년 사제 서품을 받았다. 수도회의 요청에 따라 튀빙겐과 로마에서 전례와 교회법, 성서학을 공부하고 1949년부터 로마의 알퐁소 대학원에서 윤리신학을 가르치기 시작하여 1989년까지 40년 동안 교수로 재직하다가 1998년 7월 3일 선종했다.

주요 저서 『그리스도의 법』, 『자유와 충실』등을 비롯하여 총 100여권의 저서를 남겼으며, 1,000여 개가 넘는 논문을 발표했다. 『그리스도의 법』은 교황 요한 23세가 전 세계의 주교들에게 선물한 책으로 우리에게 잘 알려져 있는 책이다.

헤링 신부는 교황 요한 23세의 요청에 따라 제2차 바티칸 공의회의 준비위원으로 일했으며, 공의회의 회기 중에는 「사목헌장」의 자문위원으로 참여하기도 했다.

## 역자 소개

### 박종대

옮긴이 박종대는 서강대학교 철학과 명예교수이다. 서울대학교 철학과를 졸업하고, 가톨릭 대학 신학부 3년 과정을 수료하였다. 그후 독일의 뷔르츠부르크 대학교, 레겐스부르크 대학교, 뮌헨 예수회 철학대학, 뮌헨 대학교에서 철학(사회철학, 윤리학)을 전공으로 가톨릭 신학, 사회학을 부전공으로 수학하고, 뮌헨 예수회 철학 대학에서 철학석사 학위를, 뮌헨 대학교에서 철학박사 학위를 취득하였다.

사회와 철학 연구회 회장을 역임하였고, 『진정한 휴머니즘과 사회윤리의 모색』, 『휴머니즘과 실천철학』, 『호모 아비수스 – 인간, 자유 그리고 종교 –』(박종대외 저) 등의 저서와 『윤리학』, 『정의』, 『현대 사회의 그리스도교 신앙』, 『정치 윤리학』,『정치윤리의 합리적 모색』(김석수와 공역), 『왜 인격들에 대해 말하는가』(김용해, 김형수와 공역) 등의 역서가 있다.

서강번역총서 01

# 조작의 윤리

## Ethik der Manipulation

Bernhard Häring 지음
베른하르트 헤링
박종대 옮김

서강대학교출판부

서강번역총서 01
조작의 윤리
Ethik der Manipulation

초판 1쇄 발행 | 2021년 8월 10일

지 은 이 | Bernhard Häring
옮 긴 이 | 박종대
발 행 인 | 심종혁
편 집 인 | 전종호
발 행 처 | 서강대학교출판부
등록 번호 | 제2002-000170호

주 소 | 서울특별시 마포구 백범로 35(신수동)
전 화 | (02) 705-8212
팩 스 | (02) 705-8612


ISBN 978-89-7273-374-4 94160
ISBN 978-89-7273-374-4(세트)

값 30,000원

# 저자 머리말

나는 4년 전에 나의 책 『치유하는 봉사: 현대 의학의 윤리적 문제들』을 출간했다. 이 책은 오늘날 의료 봉사에서 날마다 제기되는 문제들을 다룬다. 결정적인 시각은 인간 인격의 자유와 존엄에 대한 물음이다. 그러므로 인간의 본성, 삶과 죽음, 건강, 질병과 치유에 관한 물음은 늘 치유하는 봉사가 얼마만큼 자유와 자유의 신장에 도움을 주느냐에 따라 측정된다.

그 사이에 나는 워싱턴에 있는 학제적 연구소인 조셉 케네디 연구소(Joseph Kennedy Institute)에서 미래에 우리에게 닥쳐올, 그리고 부분적으로는 이미 고심거리인 문제들을 다루었다. 거기에서 연구한 것처럼 나는 학제적 대화에 가장 큰 가치를 두었다. 나는 특히 조작(Manipulation)의 이해와 윤리적 기준을 추구한다. 이 경우에 나는 더욱더 해방의 신학에 의해 인도된다. 우리는 우리 자신과 사회를 인류의 진보를 방해할 수 있는 그러한 금기(Tabu)와 편견에서 해방해야 하고, 이러한 해방은 진보가 실제적으로 인간 인격의 자유와 존엄에 도움이 된다는 최고도의 경각심으로써 이루어져야 한다. 여기서 더이상 결의론[決疑論, Kasuistik]이 중요할 수 없고, 건전한 여론 형성을 위한 공동의 투신, 타고난 분별력의 촉진, 공동 책임의 정신에서 우리의 문화를 쇄신하는 것이 중요하다는 것은 자명하다.

이 책의 자료 선택, 내용, 배열은 다음과 같은 나의 확신에 상응한다. 즉 우리는 새로운 의학과 유전학의 가능성과 관련하여 우리의 양심, 모든 개인과 전체 사회의 양심을 우리가 분명히 알고 있는 정도에서만 날카롭게 한다는 확신을 가지고 있다. 이 경우에 현대문화에서 우리의 자유의 위협이 되는 조작의 새로운 위험뿐만 아니라 우리의 자유의 한계를 확장할 새로운 가능성과도 관계해야 한다. 인간적 자유, 개인과 사회의 건강은 분리할 수 없는 재화(선물)들이다. 자유를 값진 선물로서 감사하는 마음으로 하느님에게 받는 사람은 이 선물을 보존하고 발전시키기 위하여 모든 선의를 가진 사람들과 함께 연대할 것이다. 이렇게 하는 것은 자기 자신뿐만 아니라 인류 전체를 위한 일이다. 우리의 사회적, 경제적, 문화적, 정치적 삶의 일부와 나아가서 우리의 사생활도 위협하는 조작의 전체 모습을 의식할 경우에만, 우리는 타고난 분별력으로써 의학, 행동 치료, 인간 두뇌에 미치는 영향, 유전학과 같은 새로운 가능성을 조절할 전망을 가진다.

우리가 여기서 주목하는 문제는 윤리학자, 의사, 학자에게만 해당하지 않는다. 사회적 영역과 교회의 영역에서 늘 지도적 위치에 있는 사람 혹은 자신의 공동 책임을 감지하고자 하는 사람은 자신이 조작의 영향을 받고 있지 않은지 혹은 타인의 품위를 빼앗는 데 공동 책임이 있지 않은지 진지하게 스스로 묻지 않으면 안 된다. 우리가 생물학적, 심리적, 사회학적 법칙성을 파악하는 우리의 능력을 고려하여 스스로 새로운 문제를 제기하고 인간의 복지와 개인의 존엄성에 이바지하면서 이 능력을 변형해야 할 경우에, 조작은 유행이나 속죄양이 되어서는 안 된다.

케네디 연구소 소장 André Hellegers 교수, 연구소의 동료들, 특히 LeRoy Walters 박사, Roy Branson 박사, Richard McCormick 예수회 신부, James J. Doyle 신부, 늘 유능하고 도움을 많이 준 사서 Doris Goldstein 부인의 많은 도움에 감사드리는 것은 나의 기꺼운 의무이다.

베른하르트 헤링

## 소개와 추천의 글

『조작의 윤리』

베른하르트 헤링 지음/ 박종대 옮김

박종대 교수님으로부터 『조작의 윤리』 (Ethik der Manipulation)를 번역했으니 한 번 읽어달라는 청을 받고 내심 매우 기뻤다. 그 이유는 이 책은 내가 이탈리아 유학 시절에 많은 도움을 준 책이었을 뿐만 아니라 이 책의 저자이신 베른하르트 헤링 신부님은 온 마음으로 존경하는 은사이셨기 때문이다. 그분에게서 들었던 여러 강의들은 나의 사제생활과 학교생활에 많은 영향을 주었다. 그러한 분의 명저에 대한 소개의 글을 쓴다는 것이 크나큰 영광이 아닐 수 없다. 이 책의 많은 내용들이 윤리신학, 특히 의료윤리, 생명윤리 분야에서 최근에도 초관심으로 다루어지기 때문에 박종대 교수님께서 나에게 이런 기회를 주신 것 같다. 이런 기회를 주신 박 교수님께 감사를 드리고, 한편으로는 내 자신이 이렇게 훌륭한 저술을 헤링 신부님의 제자로서 먼저 번역 소개했었어야 했는데 하는 송구함도 없지 않다.

미리 양해를 구해야 할 것은 내가 공부한 분야가 윤리신학, 생명윤리 분야이기 때문에 이 책이 펼치는 광활한 지평과는 달리 내가 공부한 분야의 좁은 시각으로 한정될 수 있다는 것이다.

『조작의 윤리』는 제목이 말하는 것처럼 우리가 살아가는 거의 대부분의 영역인 정치, 경제, 의료, 학문, 교육, 환경 분야 등에서 알게 모르게 일어나고 있는 조작, 곧 자연스럽지 않음, 그럼으로써 주체가 지향하는 결과를 의도하고 진행하는 행위라고 말할 수 있겠다. 물론 의도하는 결과가 도출되는가 혹은 그렇지 못한가의 문제와는 별개의 것이다. '조작'(Manipulation)은 라틴어의 어원적 분석으로는 '손'(manus)과 '채우다'(plere)의 합성어인데, '조종'[操縱]이라는 개념과 유사한 의미를 갖는 용어이기 때문에 이 개념은 어원적인 분석에서부터 무언가 부정적이고 부자연스러운 것으로 여겨지기도 한다. 실상 우리 사회에서 일상적으로 접하는 범죄 사건들은 대부분 이러한 조작과 연관되어 있고, 따라서 진실을 감추거나 왜곡하고자 하는 속임수에서 드러나는 결과들이라는 것을 쉽게 알 수가 있다. 그렇지만 '조작'은 단순히 어떤 사실을 감추고 왜곡하여 진실을 덮어버리려는 부정적인 의미에서뿐만 아니라 "손과 기계적 도구를 통해 솜씨 있게 다루거나 영향을 미치는 행위"로서의 긍정적 차원으로도 이해될 수 있다는 점은 이 책을 통해 이해할 수 있는 중요한 내용이라고 볼 수 있다.

헤링 신부님은 이 책을 시작하면서 조작이라는 개념의 다양한 의미를 소개한다. 그러면서 그 의미에 대한 판단을 도덕적인 관점에서 제공하고 있다. 19세기 유럽 사회에서 산업화가 이루어지던 시기에 이 개념은 기술적인 세계관 안에서 산업 분야에만 주로 사용되어 왔으나 근대에서 현대로 넘어오는 시기, 특히 현대 사회의 인공지능 시대로 인류사회가 발전되면서 이 개념은 아주 다양한 방향과 개념으로 확대 적용되어 드러나고 있음을 알 수 있다. 특히 심리학, 정신병리학, 의료기술과도 같은 다양한 분야로 확대되면서 과거에는 아주 부정적인 의미로 사용되어왔던 '조작'의 의미가 긍정적인 차원으로도 접목되고 있다는 점은 매우 흥미로운 내용이기도 하다.

저자는 경험과학 (행동주의 학파)의 대표적 학자인 스키너(B.F. Skinner)의 학설을 심도 있게 소개하고 있는데, 그 대표적 사상은 '행동공학'(Verhaltenstechnologie)의 방법론에 기초한다. 그 주요 이론은 인간 행동의 통제 혹은 조작을 통해 인간 사회를 가장 효과적으로 변화시킬 수 있다는 주장이다. 인간의 행동 통제를 통한 여러 방법과 기술들이 타인의 행동을 의식적으로 변화시킬 수 있다는 점도 어느 정도 이해가 되고 있고, 실제로 이러한 행동 조작의 방법은 다양한 동물 실험의 결과를 바탕으로 인간에게 적용되고 있기도 하다. 이러한 내용들이 심리학, 정신분석학의 일부 분야에서 시도되어 많은 진전을 이루고 있는 것도 사실이다. 이러한 방법들이 때로는 인간의 본성으로서의 자유나 양심을 왜곡하고 인간의 존엄성을 해친다는 비판도 상당히 거세지만 스키너와 그를 추종하는 학자들은 양심, 자유, 존엄과 같은 말은 한낱 공허한 소리에 지나지 않는다고 일축하기도 한다. 스키너의 이러한 행동 공학적 사상은 오늘날 뇌 연구의 분야까지 매우 깊숙이 침투해 있으며, 이 분야의 연구에서 어떤 윤리적 한계를 설정해야 하는가의 논의는 윤리신학의 매우 중대한 어젠다로 부상한다.

헤링 신부님은 또한 조작의 매우 다양한 분야를 소개한다. 인간 삶의 거의 모든 분야에 이 조작은 일상화되고 있기에 이에 대한 올바른 식별을 위해 조작의 다양한 분야를 인지하는 것이 매우 필요하다는 것이다. 특히 헤링 신부님이 제시하는 조작에 대한 윤리적 판단 기준의 핵심은 인간의 본성을 존중하고 보호해야 한다는 점이다. 그 본성의 기초는 무엇보다도 '자연법'을 따르는 것이며, 인간 본성의 핵심인 자유와 양심을 보호함으로써 인간의 존엄성을 존중해야 한다는 것이다.

이런 면에서 우리 사회의 정치, 경제 그리고 환경의 영역에서 광범하게 벌어지고 있는 조작의 형태는 인간 삶을 극도로 왜곡하고 인간의 자유와 양심을 조작함으로써 인간의 존엄성을 파괴하고 있다는 점을 간과하지 않는다. 인간의 교만함, 권력을 향한 욕구 그리고 다른 사람들보다 더 위에 군림하고자 하는 지배욕 등이 인간의 일상적 삶을 조작하는 요인들이 되고 있다면 이러한 현실에서 인간의 존엄성을 찾을 수 있겠는가 하는 매우 심각한 질문에 직면하지 않을 수 없다.

헤링 신부님이 이 책을 통해 지향하고자 하는 요점은 이 모든 연구는 궁극적으로 '인간은 누구이며 무엇이 되어야 하는가?'라는 질문에 대한 답을 밝히는 데 있다. 인간 본성의 고유성을 훼손하지 않는 것, 인간 고유의 특성, 가치, 의미에 벗어나지 않고 인간의 본질에 충실하는 것이 저자가 추구하고자 하는 핵심 내용이다. 곧 인간은 인격체이지 사물이 아니라는 점이 조작의 윤리를 다룰 때에 기준이 되어야 한다는 것이며, 이에 헤링 신부님은 "조작이 참된 자유의 표현이며 모든 이들의 자유와 존엄성에 기여할 때에 조작은 정당화될 수 있다."(제1부 제2장 1-2, "핵심 문제: 인간은 인격체이지 사물이 아니다" 부분 참조)는 입장을 나타낸다. 특히 현대 의학에서 끊임없이 시도되고 있는 의료와 과학 기술의 접목에서 나타나는 치료적 조작의 중심은 인간의 존엄성이라는 점에 추호의 의심이 없다. 곧 과학 기술은 인간을 위해 존재한다는 것이며, 환자 자신의 온전한 인간으로서의 발전을 도모할 때에 참된 가치가 있다는 점이 저자에게서 볼 수 있는 의료 분야의 인위적 조작에 관한 긍정적 입장이기도 하다.

헤링 신부님의 조작에 대한 윤리적 기준은 결국 '인간'이다. 인간의 존엄성 존중과 보호에 대한 윤리적 정당성이 인정될 때에 '조작'은 용인될 수 있다는 입장이다. 여러 기술, 과학적 분야에서 시도되고 있는 다양한 형태의 '조작'은 인간의 존엄성을 보호하고, 존중하는 방향으로 효과적으로 사용될 수 있는가의 문제라는 것이다. 신부님의 이러한 입장은 가톨릭 사제로서 충실히 인간 문제의 전문가인 교회의 생각과 일치하고 있음을 알 수 있다. 곧 헤링 신부님의 사고 전개는 가톨릭교회의 몇 가지 윤리 원칙을 벗어나고 있지 않다는 것이다. 그 원칙을 몇 가지 제시하려 한다.

첫 번째 원칙은 '전체성의 원리'이다. 인간의 모든 영역에서 제기되는 문제는 이 원리에 기초하여 답해야 한다는 것이다. 저자는 질병의 치료에 있어 건강과 치료의 완전성은 자유와 존엄을 갖는 인간의 자기 실현과 불가분의 관계이므로 의료진이 몇몇 장기의 작동 기능을 회복시키기 위해 많은 노력을 한다 하더라도 치료의 목표인 환자 자신의 전체 건강이라는 관점이 도외시되어서는 안 된다는 점을 강조한다. (제2부 제1장, "현대 의료적 실무의 문제들" 참조) 이는 의료윤리에서의 조작의 문제에 대한 윤리적 판단은 '전체성의 원리'가 기초가 되어 시도되고 이해되어야 한다는 것이다. 교황 비오 12세는 「인간의 불가해성」(The Intangibility of the Human Person, 1952. 9.14)에서 '의학 실험이나 연구, 혹은 치료에 있어 인간을 그 대상으로 할 때 반드시 도덕률이 요구하는 수준에 부합하는 가치 체계를 따라야 한다'고 강조하면서 '전체성의 원리'가 그 행위의 유익과 한계를 정하는 기초가 된다는 점을 분명히 한다. 예컨대 그 대상으로서의 환자의 의료적 치료는 단순히 육체적 질병의 치료에만 한정되는 것이 아니라 심리치료학적 유익도 함께 고려되어야 한다는 것이다. 인간의 영적, 정신적, 육체적 건강 증진이 전체적으로 함께 고려되어야 하는 것, 이러한 측면이 전체성의 원리에서 다루어진다는 의미이다. 비오 12세 교황은 '전체성의 원리'에 대해 이렇게 선언한다. "부분은 전체를 위하여 존재하고, 따라서 부분의 선익은 전체의 선익에 종속되며, 전체는 부분을 결정짓고, 전체의 이익을 위하여 부분을 제거할 수 있다. 이 원리는 개념과 사물의 본질에서 비롯하며, 따라서 절대적 가치를 지녀야 한다."

헤링 신부님이 이 저서를 통해 조작의 윤리 차원에서 예를 들고 있는 의료적 치료의 문제는 매우 광범하다. 체외수정, 뇌 연구, 장기이식, 맞춤 아기 등 현대의 의료 분야에서 시도되고 있는 다양한 연구와 의학적 치료 분야에 이러한 이슈들이 끊임없이 나타나고 있고, 과학 기술의 발전이 인간적 삶을 증진시킬 것이라는 일종의 가설에서 이 분야에서 일어나고 있는 수많은 조작의 내용들이 진정으로 인간의 전체성과 완전성에 도움을 주고 있는가에 대한 진지한 성찰이 필요하지 않겠는가.

헤링 신부님의 저서 전반에 드러나고 있는 두 번째 원리는 치료 수단의 사용과 중단에 있어서의 윤리적 판단에 관한 문제이다. 저자는 제2부 1장에서 임종자의 임종 시기 조작의 문제를 다루고 있는데, 여기서 저자는 일상의 거짓을 통한 임종 시기 조작의 문제와 임종 과정에서 무의미한 연장의 조작 문제를 말하고 있다. 이 두 가지 형태의 인위적 개입의 문제 역시 조작의 형태로서 이해되지만, 저자는 적극적인 조작적 개입인 안락사에 대해 분명한 거부의 입장을 밝히면서 그 조작적 개입의 한계가 어디까지인가에 대한 윤리적 성찰을 제공한다. 이 문제는 임종 과정에 있는 환자에 대해 치료의 내용을 통해 생명에 대한 조작, 곧 죽음을 조작한다는 것이 어떤 의미인가에 대해 시선을 끌게 한다.

임종 과정에 있는 환자에 대한 치료 수단의 중단 혹은 유보의 문제에 대해 저자가 갖는 시각은 가톨릭교회의 윤리 원칙을 벗어나지 않는다. 이는 또한 우리에게 현대 사회의 안락사 논쟁에 대한 매우 중요한 시각을 제공한다.

헤링 신부님의 시각은 이 역시 전체적인 인간 완성의 입장에서 '조작'의 문제를 이해하고 있으며, 결국 인간으로서의 품위를 지닌 가운데 평화로이 임종을 맞을 수 있도록 돕는다는 데에 그 초점이 맞추어져 있다. 교황청 신앙교리성은 이에 대해 다음과 같은 기본 시각을 제공한다. "모든 사람은 자기 자신의 건강을 돌보아야 할 책임이 있고 다른 사람의 간호를 요구할 권리가 있다. 병자를 돌볼 임무를 지닌 사람들은 양심적으로 간호해야 하며, 필요하고 유용한 의약품을 투여해야만 한다. 그러나 모든 경우에 가능한 모든 의약품을 사용할 의무는 없다." (신앙교리성, 「안락사에 관한 선언」, 1980) 이는 이미 알폰소 데 리구오리(Alfonsus de Liguori, 1696~1787)에서부터 정립되어 온 '치료행위의 중단에 관한 원칙'이 의료기술의 놀라운 발전의 역사 속에서도 견지되어 온 원칙이다. 1957년 비오 12세 교황은 의사들과의 담화에서 다음과 같은 내용의 원칙을 언급한다. 즉 말기 환자에게 정상적인 간호 행위라든가 영양 공급 등 일반적인 치료 수단을 사용하는 것은 윤리적으로 정당하기는 하지만 항상 의무는 아니라는 원칙이다. 비오 12세의 이러한 언급은 일반적인 치료 수단에 의한 통상적 방법(Ordinary means)과 특수한 치료 방법에 의한 예외적 방법 (Extraordinary means)의 구분이며, 예외적이라는 말은 적용할 윤리적 의무가 없는 치료 방법을 의미한다. (교황청 사회복지평의회, 「중환자와 임종자에 관한 윤리문제」, 「사목」 78호, 한국천주교중앙협의회, 1981, 127쪽 참조)[1]

이러한 윤리적 기준은 안락사 문제에도 그대로 적용된다. 안락사란 고통 중에 있는 말기 환자가 그 고통을 피할 의도를 가지고 작위 혹은 부작위로 죽음을 초래하는 행위라고 정의할 수 있는데, 이 과정에서 개입되는 생명에 대한 인위적 조작은 과연 인간의 존엄성과 품위의 관점에서 어떻게 해석해야 하는가의 문제가 바로 윤리적 성찰의 문제이다. 헤링 신부님은 이에 대해 전인적 완성을 향하는 인간 존엄성의 수호를 위해서는 어떠한 경우라도 적극적인 조작으로 인해 인간 실존을 거슬러서는 안 된다는 입장을 밝히고 있다. 말기 환자가 겪는 숱한 고통을 견디어낼 수 있도록 돕는 진통제나 마취제의 사용이 환자의 의식

1 비오 12세의 이러한 개념 구분은 1995년에 교황청 보건사목평의회가 반포한 「의료인 헌장」에서는 '균형적 방법'과 '불균형적 방법'으로 언급되고 있다. 그 기준은 다음과 같다. "환자의 상태를 고려하여, 그와 같은 치료 방법들을 사용할 때에 사용한 수단과 의도한 목적 사이에 적절한 균형이 존재할 때에 균형적이라고 판단하며, 균형이 존재하지 않을 때에는 불균형적이라고 간주한다." (「의료인 헌장」 64항). 현대의 가톨릭신학자들은 이 개념을 의도하는 치료 방법에서 부담과 혜택의 비율이 어느 정도인가에 초점을 맞춘다. 어떤 치료법이 개인에게 온전한 인간으로서의 치료에 상응하는 혜택을 주지 못한다면 그 치료법은 거부 혹은 중단될 수 있다는 의미이며 이는 치료 방법에서의 다양한 조작들을 수용하는가 거부하는가의 윤리적 결정을 위한 타당한 틀을 마련해 줄 수 있다는 것이다.

을 돕기 위한 하나의 수단이 됨으로써 죽음을 책임감 있게 받아들이는 데에 도움을 줄 수는 있겠지만, 그래서 그 때문에 죽음이 조금 더 일찍 닥칠 것이라고 예견할 수도 있겠지만, 만일 그러한 행위들이 생명을 단축할 의도로 조작, 사용된다면 이에 대해 완강히 반대한다는 입장이다. 왜냐하면 인간의 생명은 감사와 자유 안에서 받아들여져야 하며, 생의 마지막 시기에 생명을 던져버림이 아니라 오히려 다가오는 죽음에 대하여 그것을 긍정하는 가운데 자유의 정상에 도달할 수 있는 존재가 인간이기 때문이다. (제2부 제1장 4, "임종자의 조작" 부분 참조)

세 번째로 언급되어야 할 원칙은 유전자 조작 등 유전학에서 드러나는 긴급한 윤리적 문제들에 대한 것으로 인간 존엄성의 원리와 공동선의 원리가 판단의 기준이 될 것이다.

헤링 신부님은 이 책의 2부에서 현대 의료에서 실제로 일어나고 있는 일들, 또한 앞으로 충분히 예상되는 긴급한 문제들에 대해 다루고 있다. 우생학의 문제에서부터 유전자 진단과 치료, 개선된 인간 만들기, 뇌 연구가 목표로 하는 치매 등 질병의 극복 등, 이 모든 문제가 실상 개선이라는 이름으로 국가의 지원, 기업의 지원으로 매우 활발하게 진행되고 있으며, 이러한 과정이 곧 조작이라는 거대한 물결 속에 큰 위세를 떨치고 있음을 직시하지 않을 수 없다. 40여 년 전에 출간된 이 저술이 오늘날에는 이미 실현된 내용을 언급하고 있기도 하고, 더 거대한 방향으로 전개되고 있음을 볼 수 있지만 여기서 간과할 수 없는 것은 이러한 진보가 무엇을 위한 것인가에 대한 강한 의문을 제기하지 않을 수 없다는 것이다. 이 문제에 대한 우리의 판단은 개개인의 문제이기도 하고, 나아가 인류 전체의 시각에서 바라보아야 할 매우 거대한 담론이기 때문이다. 인간 개인의 자유, 온전한 인간성, 인간으로서의 자유와 책임의 실현 등이 존중되어야 하는 기초는 인간의 존엄성이며, 인간의 존엄성은 인류 공동체를 통해 실현되는 최대의 가치이다. 유전학의 연구, 뇌 연구의 영역은 이만큼 크게 다루어지는 분야이며, 여기서 저자는 인류의 희망을 보기도 하지만 인류의 참된 행복에 도달하기 위해서는 통제 장치가 있어야 한다는 점도 명백히 하고 있다. 조작 관련 입법과 최소한의 법적 제한이 당연히 필요하다는 것이다.

인간의 질병을 극복하기 위해 유전자 연구가 활발해졌고, 이미 인간 유전자의 염색체 배열을 밝히는 유전자 지도가 완성되었다. 소위 인간 게놈 프로젝트의 완성을 통하여 인간의 질병을 야기하는 염색체를 조작, 치환하는 방법, 유전자 가위 기술이 이미 접목된 유전자 치료의 방법들이 아직은 초보 단계이긴 하지만 시작되었고, 앞으로는 더 광범하게 그 치료 분야를 넓혀갈 것이라고 한다. 또한 유전자 진단의 기술은 생식선 세포(Germ line)의 조작을 통해 불가역적인 결과를 낳을 수 있는 매우 위험한 인간 개조의 영역까지 확대하고 있으며, 이미 맞춤 인간에 대한 과거의 환상은 현실로 드러나고 있지 않는가? 뇌과학도 매우 활발하게 연구되고 있으며, 이 역시 질병 극복을 위한 인류의 위대한 과제 실현이라는 명분으로 급속히 발전하고 있다. 오늘날 인류가 겪고 있는 질병들 가운데 치매의 극복은 매우 시급한 과제이고, 뇌과학자들은 이에 관한 연구에 매진하고 있다. 뇌 연구는 과거 행동과학의 분야에서도 시도해온 전기자극이라든가 뇌에 가해지는 다양한 조작이 주된 작업일 것이다. 뇌에 컴퓨터 칩을 이식하는 일이나 뇌 조직을 인위적으로 변형시키는 작업에 이르기까지 뇌에 가해지는 다양한 연구를 위해 뇌 연구자들은 기증된 뇌 확보를 연구 성과와 연결하곤 한다. 인류의 행복과 질병 없는 세상의 실현을 이루기 위해 가해지는 숱한 조작의 내용이 예상치 않게 역으로 인류를 파멸로, 불행으로 끌고 갈 위험도 배제할 수 없다는 것도 함께 심사숙고해야 한다는 것이다. 그렇기 때문에 윤리학자들이 관심을 갖는 문제는 조작이 있으냐 없느냐가 아니라 오히려 모든 인간의 존엄성에 의해 설정된 경계선을 넘어서는 그러한 형태의 조작이 반드시 필요한가에 관한 문제이다. 유전자에 접근하는 일, 뇌를 변형시키는 일 등, 이러한 작업이 인격들의 조작이고 인격들의 자유의지와 양심의 조작으로 왜곡될 수 있다는 것을 인정하는 것도 이 분야 연구의 딜레마이다. 유전학, 뇌과학은 매우 역동적인 학문이며, 과학 기술의 첨단이라고 하겠지만 이러한 학문이 빠지기 쉬운 함정은 더이상 전통적인 인간상을 이해하지 못하게 되고 자유와 존엄에 대해 의심을 품기 시작한다는 것이다. (제2부 제2장 9, "인공 뇌과학: 인간은 만들어질 수 있는가?" 부분 참조)

헤링 신부님의 생각은 확고하다. 인간 자체는 기계처럼 제작되고 계획되며 통제될 수 없다는 것이다. 특히 뇌과학이 그 정당성을 인정받고 발전하기 위해서는 "인간이 자신의 전체적 삶을 꾸려감에 있어서 창조적 자유와 충실에 높은 위상을 부여하고, 자신의 고유한 삶을 살 용기를 북돋아 일으키며 공동 책임의 정신으로 모든 관점에서 창조적 자유라는 구체적 가치들을 확실히 보여주는 세계를 건설할 용기를 가져야 한다"는 것이 전제되어야 한다. (앞의 장 참조)

헤링 신부님의 사상이 흠뻑 배어 있는 이 책을 읽어 내려가면서 신부님의 담론 주제는 단연 '인간에 대한 인식'을 전제로 하고 있음을 다시 한번 확인할 수 있었다. 곧 '인간이란 무엇인가?'라는 매우 중요한 물음에 기초하고 있고 여기에서부터 신부님의 사상이 출발하고 있음을 볼 수 있다. 신부님은 당신의 또 다른 저서에서 말한다. 약리학 분야와 기계 장치, 의료기술의 빠른 발전, 예를 들어 항생제, 바이러스 연구, 장기이식, 우생-유전공학의 가능성, 생화학에 대한 새로운 통찰 등이 우리에게 새로운 질문을 던지고 있는데 이러한 질문에 대해서 신학자로서 답을 해야 할 의무감을 가지신 것 같다. "인간의 생명은 어디서 언제 시작되는가? 인간에 대한 조작에서 그 한계는 무엇인가? 인간의 정체성에 영향을 미치는 생화학적, 약리학적, 외과적, 심리학적 치료란 어떤 것들인가?" (Bernhard Häring, *Medical Ethics* 1972, 『의료윤리』, 가톨릭출판사 2005, 22~23쪽) 이러한 질문에 헤링 신부님은 새로운 상황에 맞추어 행동과학과 철학, 신학을 서로 접목해가면서 우리에게 놀라운 혜안을 밝혀 주셨다. 하느님의 인간에 대한 사랑과 계시는 전적으로 인간의 구원을 지향한다는 그리스도교의 진리가 헤링 신부님의 인간 중심의 신학으로 전개되고 있음을 이 책을 통해 깊이 공감한다. 물론 그 인간은 하느님께서 가장 사랑하시는 인간이다. 신부님으로부터 다양한 주제의 강의를 들었지만 그 내용의 중심은 언제나 복음이었고, 예수 그리스도의 인간 사랑이었던 것을 이 책을 통해 새삼 확인할 수 있었다.

헤링 신부님의 고결한 가르침이 담겨 있는 이 책에 대해 써 내려온 것이 많이 부끄럽기도 하다. 하지만 신부님의 제자로서 이 책의 극히 일부분이나마 독자들에게 전달할 수 있다는 것이 영광스러운 일이기에 용기를 가져보았다. 헤링 신부님의 사상에서 볼 수 있는 몇몇 키워드는 '자유', '해방', '사랑', '양심', '책임', '존엄성'이라는 단어들이다. 곧 인간의 가장 인간다운 모습이고, 실현해가는 소명이며, 인간이 지닌 최고의 가치, 인간 모습의 전체라고 할 수 있다. 인간의 이 모습은 인간이 추구해야 할 소명이며, 인류 공동체는 이를 위해 공동의 목표를 가지고 역사를 만들어 나가는 것이다. 여기에 수많은 왜곡이 있고, 조작이 있어 그 목표에서 멀어진다면 그 왜곡과 조작에 당당히 맞서야 하지 않겠는가?

이 책을 한국의 독자들, 연구자들, 의료인들에게 소개해 주신 박종대 교수님께 다시 한번 감사를 드린다.

2021년 6월

이동익 신부

(천주교 서울 대교구 방배4동 성당 주임신부)

# 목 차


저자 머 리 말 ____ V

소개와 추천의 글 ____ Ⅷ

들어가는 말 과제의 경계설정과 기본개념의 설명 ____ 1

제1부 전체 상황과 기준 찾기 ____ 23

제1장 조작은 어디에서 주로 행해지고 있는가? ____ 24

1. 학습과 교육분야에서의 조작 __ 25
2. 여론 조작 __ 33
3. 조작과 광고 __ 44
4. 현대 경제생활에서의 조작 __ 47
5. 권위의 조작적 사용 __ 51
6. 관용적 사회를 통한 조작 __ 60
7. 환경의 조작과 환경을 통한 조작 __ 61
8. 이데올로기의 조작적 권력 __ 66
9. 악순환 속에서 __ 70
10. 잘못 이해된 연대성을 통한 조작 __ 71
11. 조작적 설문조사 __ 73

제2장 조작의 의미와 가치를 구분하는 기준들 ____ 74

1. 객관적 기준들 __ 77
2. 분별력을 행사할 수 있는 인격체 __ 145
3. 누가 조작자들을 통제하는가? __ 147

제2부 인간 의학, 행동 조절, 인간 유전학에서 긴급한 문제들 ___ 153

제1장 현대의료적 실무(Praxis)의 문제들 ___ 154

1. 파트너인 환자 ___ 156
2. 조작과 출산 조절 ___ 163
3. 아이의 '경영'? ___ 178
4. 임종하는 사람들에 대한 조작 ___ 188

제2장 행동 공학 혹은 행동 치료? ___ 198

1. 도덕적인 문제의 새로운 차원 ___ 199
2. 파블로프에서 스키너까지 ___ 201
3. '자유와 존엄을 넘어서' ___ 206
4. 환원주의의 대표적 형태 ___ 209
5. 오만한 엘리트들 ___ 215
6. 행동 치료 ___ 219
7. 누가 행동의 통제를 통제하는가? ___ 230
8. 조작과 수감자들의 행동 수정 ___ 231
9. 인공 뇌과학: 인간은 만들어질 수 있는가? ___ 236

제3장 뇌 연구와 그 조작자들 ___ 241

1. 향정신성 의약품 (Die Psychopharmaka) ___ 243
2. 정신외과 ___ 251
3. 뇌심부 자극술(Gehirnschrittmacher) ___ 252
4. 종합된 방법들로 세뇌하기 ___ 262
5. 결정적 질문: 우리의 자유 ___ 265

제4장 인간 유전학과 조작 ___ 272

1. 유전적 건강을 위한 각자의 책임 ___ 274
2. 유전자 치료 ___ 296
3. 새로운 인간 만들기 ___ 306
4. 유전학적 상담과 출산 전 진단 ___ 318
5. 인공생식 ___ 323

나가는 말 ___ 343
역자 후기 ___ 350

# 들어가는 말

## 과제의 경계설정과 기본개념의 설명

## 들어가는 말
# 과제의 경계설정과 기본개념의 설명

### 1. 문제의 중요성

기술 문화는 많은 것을 파악하여 조작(Manipulation)의 가능성을 넓혀 놓았다. 윤리학자와 교육학자뿐만 아니라 새로운 인식의 폭발력을 알고 있는 뛰어난 학자들도 이 문제와 그 모든 성과에 대한 철저한 연구의 필요성을 강조했다. 그럼에도 시장과 여론의 조작을 제외하고는 이 분야에서의 체계적인 연구는 적다.

특히 생물학과 행동과학의 진보는 전적으로 새로운 조작의 가능성을 발견하여 확장했다. 이 모든 것은 인류를 위하여 축복이 될 수도 있고 저주가 될 수도 있을 것이다. 미래가 자유와 모든 사람의 자유에 대한 존중에서 성장을 의미하는지, 아니면 우리의 자유가 기술 관료들, 경영인들, 조작자들과 그들의 미래 계획에 맡겨질 것인가? 인공 뇌과학(die Kybernetik)이 인간적인 공동생활과 행태를 지배해도 좋은가? 우리는 행동의 규제와 세뇌의 새로운 형태에 대하여 자신을 방어할 수 있을 것인가?

이 연구의 특별한 관심은 생물학, 의학, 심리학 특히 유전학 분야의 조작에 향하여 있다. 경험과학의 전위[前衛]는 생명과 영혼, 이제까지는 인간의 본성으로서 간주된 것을 변형할 전적으로 새로운 가능성을 보고 있다. 새로운 인식과 기술은 넓게는 지배하는 지식의 영역에 포함된다. 그러나 이 새로운 인식의 대부분은 또한 인간의 자유공간을 확장하고 제한하는 삶의 조건들로부터 인간을 해방하기 위해서도 사용될 수 있다. 오늘날의 성숙한 인간에게 인간적인 것과 인간 세계를 위한 책임에 대한 외경[畏敬]은 삶의 조건들, 더욱 위대한 인간성이라는 의미에서 문화적, 경제적, 정치적 관계와 진행 과정을 개조하는 끊임없는 노력을 의미한다. 이러한 가능성은 존재한다. 의미목표와 이 새로운 세력의 방법에 대한 결정을 한 전문가 집단에 맡기는 것은 무책임한 것이리라. 원자 폭탄과 수소 폭탄이 인간적 삶을 말살시킬 수 있듯이, 우리는 인류의 자유와 발전을 치명적으로 위협하는 조작의 가능성 앞에서 있다. 인간상은 세계상과 함께 변했다. 바로 이러한 이유에서 위험에 처해 있는 도덕적 가치들을 새롭게 곰곰이 생각할 필요가 있다.

인간 이하의 자연뿐만 아니라 인간의 고유한 본성의 생물학적이며 정신적인 경향을 파악하는 인간의 새로운 힘은 내 생각으로는 긍정적으로 평가되어야 한다. 인간이 이전에는 사실로서 받아들여야만 했던 많은 것을 변화시킬 수 있다는 것, 그리고 인간 자신이 정신적 및 사회학적 결정론을 변화의 에너지로 투입할 수 있다는 사실로 인해 인류는 자유의 역사의 한 단면을 준비할 수 있다. 이는 역사의 진행에 따라 자유로운 결정의 영역이 결정적으로 확장될 수 있다는 것을 가리킨다.[1]1 계획된 변화는 이제까지 알려져 있지 않은 조작의 행태를 내포하며 이러한 행태는 사람들이 무비판적으로 받아들인 이전의 삶의 조건들과 마찬가지로 자유에 적대적일 수 있다. 나는 이러한 행태들이 적대적일 수 있다는 것을 말함에도 불구하고 이러한 현상이 그러해야만 한다고 주장하는 것은 아니다.

이 연구의 관심은 이론적인 것만은 아니다. 우리가 조작의 가능성을 용기 있게 고려하는지 어떤지, 조작의 가능성이 자유공간을 확장하고 인간의 발전에 기여하는지 어떤지, 인간의 존엄성과 건강이 위협당할 경우에 그것을 철저히 포기할 준비가 되어 있는지 어떤지는 모든 사람의 양심을 향한 질문이다. 무엇이 조작되어도 좋은가? 누가, 무엇이 우리를 정말로 조작하는가? 누가 조작자들을 통제할 수 있고 통제해야만 하는가?

## 2. 조작이란 말의 의미

'조작'이란 말은 라틴어로 '손'(manus)이란 말과 '채우다'(plere)는 말에서 유래한다. 그렇다면 손을 무엇으로 채운다, 어떤 것을 파악한다는 의미이다. 이는 아마 '손'과 '충격을 주다'(pellere) 는 말에서 유래한 것으로 보인다. 이것은 조종(handhaben)이라는 말과 같은 의미이다.

1 Amitai Etzioni, *Genetic Fix*, Macmillan, New York, 1973, 188쪽 참조.

'조작'을 '주문[呪文]'으로 생각하는 스키너(Burrhus Frederic Skinner, 1904~1990. 미국의 행동주의 심리학자)는 모든 것을 고도로 진화한 원숭이의 손의 관점에서 본다. 왜냐하면 그의 행동 통제는 동물과 인간이 공통으로 가지는 바에서 출발하기 때문이다. 영장류[靈長類, Primaten]의 손은 사물들이 효과적으로 조작될 수 있도록 그렇게 진화했다.[2] 스키너에 의하면 인간은 "자신의 환경을 통제하고 있다. 그러나 이것은 멀리 보면 인간의 고유한 간섭의 결과이다."[3] 스키너는 간섭을 조작으로 이해한다.

19세기까지 조작이란 말은 오직 기술적인 과정, 특히 광산업에만 응용되었다. 비로소 19세기 말에 이르러서 이 말은 점점 심리학, 정신병리학, 의술과 같은 다른 분야에도 응용되었다. 옥스퍼드 영어사전은 조작한다는 말의 세 가지 의미를 다음과 같이 지적한다. 1. 조종, 특히 손과 손기술의 확장을 매개로 하여 사물을 솜씨 있게 파악하는 것. 2. 문제와 예술적인 과제, 능력, 지하자원을 숙고와 지성으로써 조종하는 것. 3. 사물이나 인간을 조종하거나 이들에 영향을 주는 것. 특히 이들을 깨끗하지 않고 교묘한 의도로 자신의 잇속을 위해 조종하거나 영향을 주는 것. 웹스터 협동 사전의 제7판은 특히 수단의 깨끗하지 못함을 다음과 같이 지적한다. 즉 "특히 자신의 잇속을 위해 교묘한, 진실하지 않거나 술수를 부리는 수단을 통하여 통제하는 것". 그럼에도 이 말은 긍정적인 의미에서도 다음과 같이 소개된다. 즉 "손과 기계적 도구로써 솜씨 있게 다루거나 영향을 미치는 것". 전체 문맥만이 결정적인

2 B.F.Skinner, *Beyond Freedom and Dignity*, A. Knopf, New York, 1971, 204쪽.
3 B.F.Skinner, *Beyond Freedom and Dignity*, A. Knopf, New York, 1971, 215쪽.

의미를 띠고 있는가를 우리에게 말해줄 수 있다. 조작이란 말은 다양한 언어로 이루어진 현대문학에서 인간적 솜씨의 유일한 업적과 사물에 대한 힘의 의미로 사용되며, 사회 구성원을 마음대로 처리할 수 있기 위해 술수와 속임수를 사용한다는 의미로도 사용된다. 조작이란 말의 사용이 이를테면 기술적 세계를 고려하지 않은 채 인간적 삶과 동료 인간과의 친교라는 영역으로 연장될 수 있었다는 사실은, 사람들이 이 영역들과 매우 다의적인 조작의 의미 사이에 질적인 구별을 자주 의식하지 않았다는 것을 공공연하게 드러내는 것이다. 나는 바로 이 점에 주요한 문제가 있다고 본다. 에이브러햄 매슬로우(Abraham Maslow, 1908~1970, 미국의 심리학자)는 다음과 같이 아픈 데를 찌르고 있다. 즉 "우리가 물리학, 화학, 천문학으로부터 유산을 물려받은 탈가치적이고, 가치 중립적인 학문의 모델은 삶에 대한 학문적인 연구에 완전히 쓸모가 없다는 것을 확신한다."[4] 이러한 연관에서 매슬로우는 특히 인간적인 삶과 인간을 '인간의 가장 내면적인 중심'과 본질적인 관계 속에서 생각하고 있다는 것이 분명하다.

그러므로 우리는 말의 사용의 양가감정(Ambivalenz)과 빈번한 모호성에 늘 주의해야 한다. 단순한 호모 파베르(Homo Faber, 기술적 인간)와 관계하는 영역에서 말은 일반적으로 가치 중립적이고 적합하다. 그러나 말이 기술적 사회의 모방 이상으로 존재하기를 원치 않고, 인간 자체를 주로 조작 가능성에서 고찰하고 취급하는 사람들에 의해 사용되는 경우에, 그것은 위협하는 말투와 위험한 차원을 지닌다.

---

4 Abraham Maslow, *The Farther Reaches of Human Nature*, Viking Press, New York, 1973, 5쪽, 14~15쪽 참조.

다의적이고 상호 모순되는 이 말의 의미의 배후에는 고도로 발달된 기술 문명에서의 인간의 자기 규정이라는 결정적인 문제가 놓여 있다. 이러한 문명은 기술적 과정에 적합한 방법과 관점을 면밀하게 검토하지 않고 인간 사회의 형성, 인간적인 삶, 특히 인간 상호 간의 행태에 응용하려고 하고 있다.

나는 스키너를 속죄양으로서 내세우고 싶지는 않지만, 그가 스스로를 절대화하는 순수 경험과학의 질적으로 높은 대표자라고 생각한다. 스키너가 인간 행태의 전체적이고 조직적인 조작에서 모든 발전의 정상을 보고 있는 경우에, 우리는 놀랄 필요가 없다. 그는 편파적 인 학교 교육의 산물일 뿐만 아니라 그의 직업의 산물이기도 하다. 그의 출발점은 늘 원숭이의 손에서 전형적인 표현을 발견하는 동물의 행태이다. 이에 대하여 우리가 간과하지 않는 것은, 우리의 손이 사물을 파악하는 데 쓰일 뿐만 아니라 외경의 느낌이 있고 따뜻한 인간관계를 표현하는 데에도 쓰인다는 사실이다. 악수가 특히 어떤 체계에서는 최종적으로 조작에만 기여한다는 것을 나는 부정하지 않는다. 그럼에도 악수에서 드러나는 사랑의 표현은 자연을 복종시키기 위해 기술을 솜씨 있게 사용하는 것보다 인간적인 세계의 형성을 위해 우리에게 더 큰 의미가 있다. 이 두 개의 것은 인간의 복지와 존엄성과 자유 안의 삶을 위해 필요하다. 이와 반대로 악수와 다른 모든 몸짓이 남을 체계적으로 조작하는 데에 더 기여한다면, 우리는 과거 400만 년의 발전을 없던 것으로 만들 수 있는 것이다. 조작이란 말의 사용에 대한 반성과 세계의 현대 상황은 우리가 기술 문화에, 아니면 지혜, 진정한 사랑을 교환할 능력에 우선권을 부여해야 하는지 어떤지를 분명히 결정하도록 강요한다.

미국에서는 지능지수 측정에 최고의 관심이 향해져 있다. 그럼에도 인간을 일방적으로 성과 중심의 사회가 지향하는 가치에 따라 측정한다면, 이것은 인간상을 조작에 의해 규정하는 것일 수 있다. 현대 문화에 대하여 깨어 있는 한 비평가는 다음과 같이 적고 있다. "지각하는 이성은 세계를 정신적으로 꿰뚫어 들어가기 위한 인간의 능력이다. 이와 반대로 우리는 세계를 성공적으로 조작하는 인간의 능력인 그러한 지능에 관하여 말하고 있다. 이성은 인간을 특징짓는 것이다. 조작하는 지능은 또한 인간의 동물적 본성의 일부이다."[5]

이 연구 과정에서 우리가 조작이란 말에 부여하는 의미는 대부분 세계관에 의존한다는 것을 가리켜 보이는 것이 거듭하여 필요할 것이다. 스키너의 추종자와 마찬가지로 고전적인 마르크스주의자(Marxist)에게 모든 것은 최종적으로 '행동 공학'(Verhaltenstechnologie)이다.[6] 자신들의 세계관에 의해 조작된 이러한 조작자들은 자신들의 어휘들을 구별 없이 기술적인 세계와 가장 내적인 인간관계에 대하여 사용한다. 스키너의 어휘에서 지배적인 것은 '조작적 조건 형성'(operant

5 Erich Fromm, Values, Psychology and Human Existence, in: Abraham Maslow(Hrsg.), *New Knowledge in Human Values*, Henry Regnery Company, Chicago, 1971, 160쪽. 에리히 프롬은 지능이라는 말을 자주 기술적인 지능이라는 의미로 사용한다. 미국에서는 이것에 따라 지능지수가 측정된다. 그럼에도 이 말의 원래 의미인 라틴어의 intus legere 는 특히 의미 중요성의 파악을 가리킨다.

6 Skinner, *Beyond Freedom and Dignity*, A. Knopf, New York, 1971, 25쪽. William C. Budd, *Behaviour Modification; The Scientific Way to Self-Control*, Roslyn Heights, Libra Publishers, New York, 1973, 49쪽 참조. 스키너의 제자인 버드(Budd)는 교육과 행동 조절의 본질적인 것을 '기술적인 형태'라고 본다. 그는 '조작 가능한 것을 위하여 인간 자체로부터의 결별'을 향한 결정적인 전환을 찬성하는 자신의 견해를 표명한다. William C. Budd, *Behaviour Modification; The Scientific Way to Self-Control*, Roslyn Heights, Libra Publishers, New York, 1973, 201쪽.

conditioning), '행동 관리'(Verhaltensmanagement), '키메라의 제작' [Herstellung von Chimären. 키메라는 그리스의 전설에 나오는 괴물로 머리는 사자, 몸은 산양, 꼬리는 뱀의 모습을 띤다. 생물학에서는 두 개 이상의 다른 계통의 조직이 합해져서 부분적으로 양쪽의 성질을 나타내는 생물체를 말한다: 역주], '치수에 맞추어 인간을 만드는 것', '인간의 재생산', 마지막으로 '유전 공학적 성과'(genetische Ingenieurleistung) 등이다.

우리 나름대로 이해하자면 조작은 수용할만한 의미를 가질 수 있다. 즉 인간의 복지를 위해 계획적으로 자연에 개입하는 것으로 의미를 가질 수 있다. 인간적 환경에서 의미 있고 계획된 변경에 의한 행동 치료, 생물학적이며 심리학적인 기능을 계획적으로 조정하는 것은 모든 사람의 존엄성을 고려하여 인간 사이의 건전한 관계나 건전한 사회 발전을 조성하는데 기여하는 한, 수용할만한 의미를 가질 수 있다. 그럼에도 이것은 우리가 이 책에서 '조작'의 수용할만한 형태로서 다루게 될 내용의 일부일 뿐이다. 심지어 본래적인 양심에 따라 그리고 내적 자유에서 행위를 향해 질서 지워져 있는 교육도 유연한 조작의 특정한 형태를 내포하는데, 특히 인간에 영향을 미치는 생활 조건의 형성을 포함한다. 인간과 인간의 환경 세계에 대한 이러한 영향으로 인하여 결정론이 자유를 점차 배제하는 것으로 파악하도록 하는지, 혹은 인간적 행동, 예를 들면 아동에 대한 취급과 환경 세계의 형성이 전적으로 창조적인 자유와 성실함에 종속하는 것으로 파악하도록 하느냐 아니냐는 것이 늘 결정적인 척도이다. 달리 표현하면 조작이라고 불릴 수 있으나 그 본래의 의미목표에 따라 그리고 행위자의 의도에 의해 자유에 기여하는 조작의 어떤 형태들은 품위를 빼앗는 조작의 개념에 속하지 않는다. 그럼에도 우리는 그 의미목표나 의도에 따라 동료 인간들을 착취하거나 그들의 자유를 제한하고 심지어는 억압하려고 하는 모든 형태의 자의적인 계획에 저항한다.

### 3. 조작: 행위, 과정, 구조

우리는 조작이란 말의 다양한 의미를 탐구한 이후에, 누가 그리고 무엇이 인간을 조작하는가 라는 질문을 하게 될지도 모르겠다. 우리는 인간적인 세계를 조성하거나, 마음 내키는 대로 말하자면 조작할 필요성을 주어진 것으로서 받아들인다. 그러나 어떻게 어떤 목적으로 어떤 사람이 인간적 환경 세계를 조성하고, 이 환경 세계가 어떻게 조성되어야 하는지를 누가 결정하는가 하는 문제는 결코 도덕적으로 중립적인 사안이 아니다.

우리 모두는 피할 수 없이 수많은 그리고 아주 다양한 영향을 받고 있다. 개인의 삶은 우리, 너, 나 사이의 상호작용 속에서 그리고 전체 환경 세계의 영향에 다채롭게 의존하면서 이루어 진다. 인간 자신의 환경 세계의 조성을 위해 책임 있게 투신하는 것이 적으면 적을수록 의존은 훨씬 더 커진다. 어떤 개인도 그의 가장 내면적 중심인 양심을 어떤 방법으로든지 음험한 영향에 내맡겨서는 안 된다는 것을 우리가 먼저 주제로서 내세우는 경우에, 환경 세계의 중요성을 잊지 않는다. 인간은 진리를 추구하고 실천하기 위해 자신과 남을 자유롭게 해야 한다. 그래서 인간을 이른바 객체로서 취급하는 조작의 형태에 주의가 집중되어야 한다. 우리는 이러한 사태가 직접적으로 동료 인간을 처리하는 결과가 되는 개별적 행위를 통해서만 일어나지 않는다는 것을 잊어서는 안 된다. 우리는 이 문제에만 국한해서는 안 된다. 남의 양심과 자유에 대한 모든 조작적인 처리는 인간 역사의 물줄기 안으로 들어가는 에너지의 기초이다. 오늘날 우리는 과거의 역사를 각인한 전체적 조작에 의해 고통받고 있다. 전체적 환경 세계에서, 경제적, 정치적, 사회적, 문화적 삶을 조성함에 있어 그리고 인간관계의 질[質]에 있어 인간적 자유와 존엄성을 위협하는 영향들이 작용한다.

우리의 발전과 인간 사이의 관계는 어느 정도 우리가 그 안에서 살고 있는 문화의 질에 의해 제약되는데, 이것은 정상적이다. 그럼에도 우리가 자신을 무비판적으로 구체적인 문화와 동일시함으로써 해방하는 요소를 우리 문화의 존엄성을 훼손하는 요소와 구별하기를 포기하는 경우에, 이러한 부분적인 제약은 조작하는 처리로 되어버린다. 특히 언어는 우리의 전체적 정신생활과 인간관계에서 제약하는 요소이다. 우리는 오직 우리의 언어를 사용함으로써 여론과 인간의 행동에 영향을 줄 수 있다. 우리가 행위자로서 등장하기 이전에 자유롭게 받는 영향의 뿌리는 어떤 방식으로든 우리의 언어와 우리에게 마련된 의사소통의 수단에 의해 제약되어 있다. 제약되어 있다는 것은 한정되어 있다는 의미와 가능하게 한다는 의미이다. 우리의 영적이고, 지성적이며 사회적인 성장은 제도, 사회적 및 법적 구조, 경제적 관계와 과정 안에, 교육체계와 전체적 사회관계의 영향 아래 이루어진다. 여기서 우리를 사로잡는 질문은 늘 다음과 같은 것이다. 즉 나쁜 의미에서 이러한 전체 현실에 조작적으로 작용하는 것은 무엇이며, 다른 면에서 무엇이 유익한 영향이고 우리 본래의 공동 책임을 빼놓을 수 없이 가능하게 하는가?

인문 · 사회과학의 진보는 우리가 우리의 환경 세계와 공동 세계에 의해 제약되어 있음을 전적으로 새로운 방식으로 깨닫게 했다. 구체적이고 한정된 세계에서 자유가 제한되어 있다는 것과 자유의 성장 가능성을 주목하지 않는다면, 우리는 자유에 대하여 더이상 의미 충만하게 숙고할 수 없다. 그럼에도 인문 · 사회과학은 동시에 우리가 늘 형성하면서 우리의 환경 세계에 영향을 준다는 것과 자유 안에서 모든 사람의 성장을 위한 유리한 조건들을 내포하고 있다는 것을 우리에게 가르쳐 준다. 그러므로 우리는, 우리의 자유를 위협하는 환경의 제약을 수동적으로 받아들여 우리의 자유와 양심에 대하여 처리하도록 조작자들에게 허용할 것인지, 아니면 모든 사람의 자유에 대한 존중을 느끼는 환경 분위기를 만들기 위해 선의를 가진 모든 사람과 함께 협력할 것인지 아닌지를 자유롭게 결정할 수 있고 결정해야만 한다. 많은 사람들의 조작적인 삶의 조건과 조작할 수 있는 성격이 어디에나 존재한다는 것을 우리가 깨닫는 정도에서만, 우리는 존엄성을 박탈하는 방식으로 우리를 조작하려는 개인과 단체의 시도에 직면하여 의미 충만하고 효과 있게 처신할 수 있다. 우리는 진지하게 우리의 개인적인 삶의 역사와 환경 세계에서 자신이 상처받을 가능성의 원인을 찾아내야 한다. 사회적 억압, 사회적 통제의 다양한 기제들(Mechanismen), 동료 인간에 대한 자신의 배려하지 않음과 무책임이 전체 모습을 특징짓는다.[7]

7 Heinz Luthe, Was heißt Manipulation?, in; *Concilium*, 7(1971) 317~324쪽 참조.

우리가 존엄성을 박탈하는 모든 형태의 폭력 사용, 억압, 허위, 잘못 이끎, 자신과 단체의 이익을 위하여 동료 인간을 처리하기 위한 그 밖의 모든 음험한 수단을 통하여 만들어 놓은 다양한 형태의 조작을 주시할 용기를 가질 때에만, 우리의 자유 역사의 '그럼에도 불구하고' (das Dennoch)를 의미 충만하게 살 수 있다. 여기서 우리는 인간의 마음, 전통, 도덕, 학설 등에 뿌리내린 우상과 이데올로기들을 잊지 않고 있다. 비인간화하는 조작의 전체 경향은 효력을 발휘하고 부분적으로는 모든 다양한 형태의 부당한 요구, 부드러운 압력, 공공연한 협박, 유혹적인 약속과 불의한 제재를 통하여 사람들의 행동을 제약한다. 우리가 보게 되듯이, 특히 소비 지향적인 사회의 경향이 이른바 기본적으로 만들 수 있는 것과 사랑의 내적인 힘에서 나온 것 사이의 구별, 강제적으로 수행되는 영역과 자유에 맡겨진 영역 사이의 구별을 지워버리는 널리 확산된 이데올로기들을 통하여 강화되는 경우에, 가장 강력한 동맹 중의 하나는 무엇보다도 소비 지향적인 사회이다. 이러한 구별이 내면화되지 않은 채, 조작자들과 조작된 자들은 자주 인간의 자유와 존엄성을 파괴하는 공동 작업에 손을 뻗친다.[8]

과거의 가장 사악한 조작자들은 사람들을 복종시키기 위해 온갖 종류의 우상, 이데올로기, 반쪽 진리, 기만 작전, 약속, 협박을 사용한 독재자, 선동가, 착취자들이 속한다. 오늘날 우리는 독재자들에 봉사하는 대중 심리학자뿐만 아니라, 계속 강력해지는 소수의 학자를 예상해야 한다. 특히 자신들이 대중을 조직적으로 조작할 권리와 심지어는 의

8 Erich Fromm, *Anatomie der menschlichen Destruktivität*, Deutsche Verlagsanstalt, Stuttgart, 1974 참조.

무를 가지고 있다고 확신하는 소수의 학자를 예상해야 한다.

## 4. 의식적 조작과 무의식적 조작

조작의 영향 범위에 대해서뿐만 아니라 그 도덕적 판단에 대해서도 중요한 질문은 행위자와 조작의 대상이 조작함과 조작되게 함을 의식하고 있는지 어떤지 하는 것이다. 조작된 사람이 그 과정을 알아차리지 못할 정도로 조작자가 자신의 의도를 '고상한' 동기 뒤에 은폐하는데 성공한다면, 악순환은 완결된 셈이다. 어떤 사람은 객관적 진리를 소유하고 있다는 강한 확신을 가지고 남의 양심과 존엄성을 고려하지 않은 채, 이 진리와 동시에 자신의 힘으로 그를 복종시키기 위하여 모든 수단을 사용할 수 있다.

사회에 대한 무비판적인 태도와 정적[靜的]인 개념은 많은 사람의 고유한 의식과 자유의 발전에 불리한 삶의 조건들을 유지하고 강화하는 것을 부자들과 권력자들에게 허용했다.[9] 비로소 우리 시대에 사회는 생태적인 의식을 발전시켜, 점차 증대하는 범위의 사람들이 환경 세계의 전체 상태와 인간적 발전 혹은 퇴보 사이의 상호작용을 알고 있다. 그럼에도 새로운 지식은 또한 자유의 정신과 인간 존엄성에 대한 존중의 정신뿐만 아니라 신체와 영혼에 있어 인간적인 건강도 함께 동정을 받게 될 정도로 현존의 상태를 그렇게 형성할 효과적인 수단을 적용할 것을 허용한다. 우리가 환경 세계의 조성에 얼마나 공동 책임이 있는가

9 Herbert Marcuse, *Der eindimensionale Mensch. Studien zur Ideologie der fortgeschrittenen Industriegesellschaft*, Luchterhand, Neuwied-Berlin, 1967 참조.

를 말해주는 더욱 엄격한 양심이 신지식에 맞서있다.

인간의 학문 이전의 조작과 학문적인 조작의 차이는 두 가지 사안의 내용이 결코 동일한 말로써 파악될 수 없을 정도로 크다. 오늘날 대중을 조작할 의지와 힘을 가지고 있는 사람에게는 새로운 학문과 사회적 의사소통의 새로운 기술 덕택으로 아주 새로운 수단이 마련되어 있다. 그렇다면 물론 이 새로운 도구와 방법을 사용하는 사람들, 그들이 은밀히 꾀하고 있는 바에 대해 전적으로 명백히 하지 않고서 새로운 수단을 행사할 수 있는 사람들은 결코 더이상 생각할 수 없다.

그럼에도 성과를 지향하는, 순수히 기술적인 교육 과정에 의해 각인된 사람은, 인간의 성과를 약속하는 계획을 위해 얽어매어두는 일이 중요한 경우, 학문적 방법이 바로 효과적이라는 이유에서 자기 정당화의 생각에 쉽게 빠질 수 있다.

자유의 발전과 자유로운 진리 추구를 방해하는 수많은 장애물을 치워버리는 데 기여할 수 있는 동일한 지식과 방법이 동료 인간의 양심과 자유를 세심하게 성과 지향적인 계획에 종속시키는 사람들에 의해 사용될 수 있다. 행동과학, 예를 들면, 대중심리학과 심층심리학에서의 진보는 권력과 부 이외에 어떤 더 높은 목표를 갖지 않는 힘센 자들의 손아귀에서 대중에 대한 그들의 조작적 영향을 확대할 기회일 수 있다.

최근 몇 년 동안 인간의 환경 세계와 공동생활에 대한 새로운 기술과 경영 방법의 성과를 연구하도록 하는 학문적인 방법들이 만들어졌다. 그래서 우리가 직접적으로 추구한 행위의 결과 이외에도 책임이 있다는 것을 우리에게 더욱 분명하게 해주는 새로운 의식의 바탕이 발전된다. 미래 사회에는 인간 주도의 예측 가능한 결과에 더 많은 주의가 집중되어야 할 것이다. 결과 중 하나는 아마 사람들이 조작적 과정의 간접적인 영향에 그렇게 쉽게 속을 수 없다는 것이다.

이 모든 것은, 조작의 희생자들이 더욱 쉽게 속을 수 있는 반면, 위험한 조작자들은 자신들의 행위를 점점 더 명백하게 의식하게 될 것이라는 결론으로 이끈다. 그러나 대부분의 조작자들은 어떻게 자신들이 상황에 의해 제약되고 이데올로기와 세력 단체들에 의해 조작되어 있는가 하는 생각을 할 수 없을 것이다. 그럼에도 인간 존엄성과 자유를 믿는 사람은 대중, 가난한 자, 착취된 자가 조작의 간계를 꿰뚫어보고 그들 자신의 속수무책을 극복하도록 하는 그러한 변화를 일구어내기 위해 총력을 기울여야 할 것이다.

## 5. 새로운 의식의 각성

동료 인간을 조직적으로 조작하는 도구가 증가하는 동안에도 인류의 일부는 조작에 대한 새로운 경각심과 결의에 찬 방어가 발전하고 있다는 것을 간과해서는 안 된다. 지난 몇십 년 동안 계속 거듭하여 눈에 띄었던 항의의 물결, 권위의 소유자들과 그들의 방법에 대한 더욱 비판적인 태도는 인간의 자유를 의문시하는 낡고, 새로운 형태의 조작에 대한 일종의 인류의 자기 방어이다. 자유에 대한 대부분의 문헌과 특히 해방 신학은 수많은 조작적인 작전을 우리가 들춰 밝혀내게 하는 새로운 의식의 바탕의 발전과 손잡고 나아간다. 아마 오늘날은 과거보다 더 많은 사람이 철저하게 변화될 수 있거나 다른 추진 방향으로 전환될 수 있는 제약성 및 결정론과 잠정적으로 변화할 수 없는 삶의 조건을 구별하는 가능성을 가지고 있을 것이다. 이와 같은 새로운 의식 바탕의 등장은 아마 건전한 정신분석과의 유추(Analogie)에서 이해할 수 있을 것이다. 건전한 정신분석은 무의식과 하위 의식에서 많은 것을 자유로운 의식의 영역으로 들어내어 차후의 필수적인 자유의 행보를 허용함으로써 몇몇의 것을 치유하고, 치유할 수 없는 것을 새로운 의미로써 받아들일 수 있게 한다. 다른 한편으로는 자유의 계속적인 손실에 기여할 수 있는 일종의 심리학이 있다. 사회 안에서 새로운 의식 바탕이 등장하는 것도 이와 비슷하다.

인류의 일부가 기술적, 양적, 측정 가능한 진보 이데올로기에 의해 현혹되는 반면, 다른 사람들에 있어서는 문화적, 사회적 변화를 둘러싼 모든 노력에 의미와 방향을 부여해야만 하는 질적인 변화, 마음의 변화의 필요성에 대한 확신이 더욱 첨예하게 강화된다. 우리는 남의 양심과 사유 방식을 직접적으로, 의식적으로 조작함으로써 죄를 지을 뿐만 아니라, 정신적인 게으름을 통하여도, 현존하는 삶의 조건을 하는 일 없이 받아들임으로써 자유와 전체적 진보를 늦춘다는 의식이 많은 사람들에게 확산되어 있다.

심지어 그 자체로 좋지 않은 조작의 어떤 구성 요소들은 자유, 의식과 양심의 발전을 향한 노력의 전체 과정에서 정신적 게으름과 주어진 것의 수동적인 수용보다 더 적극적으로 인류의 자유 역사 안으로 진입한다. 이것은 인구 문제의 예시에서 밝혀질 것이다. 현대 의학과 사회적 계획의 진보는 아동 사망률을 급격하게 감소시켜 계속 증가하는 평균 연령을 허용한다. 결혼하여 아이를 가질 수 있는 사람들의 범위는 확장된다. 우리는 세계의 수많은 지역에서 위험한 인구 폭발과 부분적으로는 또한 심각한 생태학적 난관에 직면해 있다. 게다가 하느님의 섭리를 증거로 내세워 단순히 방임하고자 하는 산아 조절의 효과적인 방법을 거부하는 태도는 다양하고 위험한 조작의 원인이 될 수 있다. 수동성과 전통적 규범에 대한 다른 측면에서의 반응은 공리주의와 기술적 실적 사회의 경향과 더불어 첨예한 아동에 대한 반감에 이를 수 있다. 결과 중 하나는 노년층과 일할 수 있는 세대 사이의 증가하는 긴장이 될 수 있다. 교묘한 조작자들은 예를 들면, 태어나지 않은 생명에 대한 존중과 같은 결정적으로 중요한 인간적 가치를 매장하기 위하여 거짓된 보증으로써 인구 과잉이라는 실제적 위험과 부분적인 수동성을 이용할 수 있다.

## 6. 도덕적 가치 평가의 다층성과 난점

몇몇 사람에게는 조작이란 말이 모든 악의 총괄 개념이 아니라면 어린애를 놀라게 할 모양으로 쓰이는 가장[假裝]이다. 그럼에도 위에서 지적된 이 말의 의미와 응용 범위의 다층성은 어떤 일반화하는 도덕적 가치 평가를 허용하지 않는다. 위험하고 음험한 조작이 있다는 사실은 우리가 어떻게든지 구별을 포기할 것을 허용하지 않는다. 생물학과 인문·사회과학의 진보에 의해 나타나는 새로운 가능성에 직면하여 피상적인 일반화와 저주는 무조건 회피되어야 한다.

조작은 어쨌든 죄지음이나 자연과 그 창조주에 대한 멸시와 같은 뜻이 아니다. 악은 인간적 자유, 존엄성, 사랑의 능력의 안목이 부과하는 경계를 이탈하는 경우에 비로소 발생한다. 유명한 인문학자가 표현하듯이 악은 "위계질서 있는 경계표지를 부당하게 넘어가는 것이다."[10]

오직 포괄적인 인간에 관한 지식, 역사적 입지에 관한 지식, 행위의 의미 있는 목표와 가능하고 예견할 수 있는 결과에 대한 신중한 평가, 행위의 다른 실제적 가능성과 비교하고 알려지거나 숨겨진 동기에 주의함으로써 우리는 이러저러하게 조작이란 개념에 속할 수 있는 다양한 행위와 과정에 대해 사리에 맞게 윤리적인 가치 평가를 할 수 있다.

이 책의 첫째 부분은 우선 의학, 행동 통제, 생물학, 유전학 분야 이외에 조작의 다양한 영역과 형태의 전반적인 모습을 보여준다. 우리는 후에 특별히 이에 관심을 갖게 될 것이다. 이 현상들은 인간의 의식 발전과 자유 발전, 그리고 건강한 삶의 조건들을 염두에 두고 선택된 것이다. 다음의 행보(둘째 장)는 조작의 다양한 형태들을 구별하고 평가하는 기초적인 기준을 찾는 일이다. 이것은 우리가 특별히 관심을 두는 이 책의 둘째 주요 부분을 예비하는데, 관심 내용은 의학, 행동 치료, 인간의 대뇌에 주는 영향, 생물학과 인접 과학의 놀랄만한 진보와 관련된 모든 것이다.

## 7. 치료와 조작

치료와 치료적이 아닌 조작의 구별은 이 연구 과정의 곳곳에서 결정적인 중요성을 갖게 될 것이다. 여기서 나는 의학적으로 한정된 영역에서의 치료뿐만 아니라 여론, 상황 개선, 교육, 이와 비슷한 것들에 치

10 Rose Stephen, *The Conscious Brain*, Alfred A. Knopf, New York, 1973, 280쪽.

료적으로 영향을 주는 것까지 생각한다. 교육과 재교육에서, 권위의 행사에서, 정치 권력을 둘러싼 노력에서, 그것이 또한 전적으로 민주적인 수단으로써 일지라도, 나아가서 행동 치료, 의학, 심리치료, 유전학의 전체 영역에서 조작적인 요소들은 피할 수 없는 것들이다. 피해야 할 것은 거짓되거나 존엄성을 깎아내리는 조작, 인간 자유와 양심에 대한 모든 공격이다. 조작의 불가피한 요소가 중요한 문제인 한, 특히 그것이 최종적으로 자유와 도덕의식의 성장에 기여하는 역동성에 종속되는지 어떤지, 얼마나 그러한 지 주목해야 한다. 처음부터 생각할 수 있는 모든 경우에 대한 정확한 경계를 확정하는 것은 불가능하다. 모든 의학적 개입은 전체 건강에 기여하는 것을 염두에 둘 때 몇 가지 기능을 조작하거나 억압한다. 윤리학자는 이 경우에 늘 거듭하여 다음과 같은 기본적인 질문에 직면한다. 인간의 본성은 무엇인가, 즉 인간에게 최종적으로 의미 있는 목표는 무엇이며 어떻게 그것을 단계적으로 실현할 수 있는가? 인간에게 건강의 의미는 무엇인가? 그리고 이 모든 것을 염두에 둘 때 진정한 치료의 의미는 어떻게 규정되는가?[11]

그럼에도 우리의 질문은 늘 거듭하여 건강과 치료에 관한 전체적인 이해를 넘어선다. 왜냐하면 우리는 인간의 치료에 꼭 필요한 그러한 자기 조작에 어떤 권리만을 가지는지 어떤지에 대한 문제를 제기해야만 하기 때문이다. 인간은 예를 들면, 자신의 의식을 확장함으로써, 뇌의 조작을 통하여, 유전적 발전에 구조적으로 개입을 함으로써 전체 역사적 발전의 개척자가 될 권리도 가지고 있지 않는가? 인간은 오늘날

11 나의 다음 책을 참조할 것: *Heilender Dienst*, Grünewald, Mainz, 1972. 46~63쪽.

자신에게 이미 주어진 건강과 이러한 건강에 기여하는 환경 세계의 단순한 관리자인가 아니면 하느님께 종속해 있으면서도 미래의 공동 창조자로서 간주해도 좋은가?

# 제1부

## 전체 상황과 기준 찾기

제1장

# 조작은 어디에서 주로 행해지고 있는가?

우리가 조작과 조작당하는 세계의 실상과 전체적인 모습을 정확히 읽어내지 못한다면, 의료 실무, 행동 치료, 세뇌, 유전적 치료 그리고 유전공학 기술 분야에서 만연하고 있는 조작의 문제를 제대로 파악할 수 없을 것이다. 그러므로 여기서 우리는 우리 사회와 우리 사회의 역동적 변화 과정들을 먼저 파악하려고 한다. 우리 사회에는 도대체 어떤 문제들이 있는 것일까? 왜 우리 사회는 인간의 존엄성을 해치는 그렇게 많은 형태의 조작을 용인할 뿐만 아니라 조장하고 있는 것일까? 우리는 의학, 행동 변화 그리고 유전적 치료 분야에서 오직 인간 자유의 역사에 기여할 수 있는 조작 행위만이 허용되기를 바란다. 그렇다면 우리는 조작을 조장하는 기존의 견해와 상황을 바꾸기 위해 어떤 노력을 기울여야 할 것인가?

여기서 나의 의도는, 조작이 도덕적 문제를 제기하는 한에서, 다양한 형태의 모든 조작에 대한 완벽한 윤곽을 제시하려는 것은 아니다. 자료의 선택은 생명윤리의 문제와 관련된 특수한 관심에 따라 결정되었다. 물론 그것이 유일한 관심사는 아니지만 여기서 다룰 주요 관심사는 가장 넓은 의미에서 사회의 건강이다. 다시 말해 이 연구의 주요 관심사는 존엄성을 파괴하는 조작에 맞선 싸움에서 건전한 형태 및 건전치 못한 형태의 교육 및 권위 구조와 사회적 치료 방법을 찾아내는 일이다. 아울러 오늘날 문화의 광범한 분야들에서 조작이 곧잘 이루어지고 있다는 사실도 염두에 두고자 한다.

## 1. 학습과 교육분야에서의 조작

우리가 다양한 형태의 조작에 직면해 일어나고 있는 혼란에 대해 알고자 한다면, 우선 교육과 직업 훈련의 구체적 형태에 주의를 기울일 필요가 있다. 이미 지적했듯이 여기서 우리는 흔히 조작이라고 부를 수 있는 요소와 어쩔 수 없이 마주치게 된다. 그러나 여기서 매우 중요한 점은 교육이나 훈련의 전체 과정이 질적으로 지성적인 동물을 길들이는 수준에 머물러 있는가, 아니면 전체적으로 통찰력, 행동 동기, 삶의 균형과 궁극적 의미를 얻을 수 있도록 방향 지워져 있는가, 나아가 진정한 동료애, 가치의 긴급성과 수준과 관련된 혜안, 자유를 신장하고 모든 이들의 자유와 전체적인 발전을 도모하기 위해 피교육자가 책임감을 갖출 수 있는 방향으로 나가고 있는가의 문제이다.

교육 체제와 학교는 다양한 종류의 이념이 제공되는 시장이다. 그 이념은 사람을 조작하고자 하는 집단의 이념일 수도 있으며, 동시에 조작당한다는 사실이 자신의 외적인 성공이나 정신적인 타성에 기여한다면 기꺼이 조작당하기를 바라는 이들의 이념이기도 하다. 권위주의적 사회에서 교육과 학교 기관의 전체적인 존립 방향은 복종적이며 쉽게 조작당할 수 있는 하수인을 양산해 내는 데 있었다. 비판적 감각과 분별력을 키울 수 있는 모든 것들은 의도적으로 회피되거나 억압되었다.

한 저명한 심리학자는 다음과 같이 말했다. "학습과 교육은 피교육자의 행동에 남길만한 발전적이며 전환적인 변화가 아니라 인격 성장에 전혀 도움이 되지 않는 변화를 초래한다."[1] 사실 모든 교육 과정과 학교 교육이 완전한 인간적 성숙에 도움이 되는 것은 아니라는 사실을 부인하기 어렵다. 반대로 교육 과정에서 시행되는 많은 일들이 인간적 성숙에 심각한 장애 요인으로 작용하게 된다. 인간적 성숙은 무엇보다도 전체적인 시각, 중심의 획득, 분별력, 인격의 존엄성에 대한 뚜렷한 감각, 자유의 존중 그리고 참된 행동 동기에 대한 고려를 포함해야 한다. 교육은 그것이 도덕적 통찰력과 동기[動機]상의 성장에 기여하지 못한다면 진정 인간적인 교육이라 할 수 없다. 사람들이 어떤 종류의 교육을 받느냐는 인간성 발전에 결정적으로 작용한다. "새로 태어난 아이들로 하여금 윤리성을 실현할 수 있는 존재로 변화시키는 일은 아이 자신의 내적 역동성에 그치는 문제가 아니라 아이 자신과 외부 삶의 조건 간의 능동적인 대결을 요구한다."[2] 중심의 획득과 인격의 성숙은 오

1 Daniel N. Robinson, *The Enlightened Machine, An Analytic Introduction to Neuropsychology,* Encino and Belmont, Eikenson, 1973, 78쪽.

2 C.H.Waddington, *The Ethical Animal*, The Uni. of Chicago Press: Phoenix Book, Chicago, 1967, 27쪽.

로지 자연을 통해서 주어지는 것도, 오로지 교육을 통해 주어지는 것도 아니다. 여기서 중요한 열쇠는 자연과 교육 양자 간의 상호작용 과정이다. “오늘날 사람들 간의 행위와 관련된 가장 중요한 윤리적 문제는 다음 기준에 따라 어떤 해결책을 끌어내야 한다고 생각한다. 그 기준은 우리들로 하여금 신념의 형태와 행동 양식 안에서 과연 어떤 것이 건전한 권위 형태 및 구조의 발전에 기여하며, 또 무엇이 그러한 발전을 저해하는가를 분별할 수 있도록 해주는 기준이다.”[3] 유아와 아동 교육에서 권위를 행사할 때, 이미 여러 가지 방식으로 근본적인 결정이 내려져 있다. 어린이가 자의식을 형성해가는 과정에서 오로지 하나의 물적 대상으로 다루어지는가, 아니면 성장 과정에서 자신의 인격과 마찬가지로 어린이도 성장해야만 한다는 사실을 충분히 의식하는 대화 가운데서 피교육자인 어린이를 일종의 동반자로 받아들이고 있는가?[4]

교육 과정이 안고 있는 가장 심각한 문제 가운데 하나는 공격성의 표현이다. 자라나는 아이들은 자기 자신을 점점 더 하나의 인격체로 내세우고 싶어하는 내적인 요구를 느낀다. 그렇기에 한편으로 공격적인 교육 방식과 다른 한편으로 어린이나 청소년들 측에서 발생하는 공격적인 반응 사이에는 악순환이 일어날 수 있다. 교육자가 피교육자에게 제재를 가하며 목소리를 높이기 시작하면서 아이들이나 청소년들에게 자신이 보다 강한 자임을 보여주려고 하는 일도 드물지 않다. 그 결과

3 Daniel N. Robinson, *The Enlightened Machine, An Analytic Introduction to Neuropsycholohy*, Encino and Belmont, Eikenson, 1973, 205쪽.

4 Paulo Freire, *Pädagogik der Unterdrückten*, Kreuz–Verlag, Stuttgart–Berlin, 1971 참조. 이 문장 안에 파울루 프레이리의 가장 중요한 통찰 중의 하나가 요약되어 있다. 교육 과정이 본질적으로 조작적인 한에서, 그가 사회적 해방에 대한 희망이 존재하지 않 는다고 보는 것은 옳다.

는 상황에 따라서 피교육자에게 공격적인 성격 아니면 수동적인 성격 그리고 양심상 전혀 무책임한 복종심을 유발할 수도 있는 것이다. 우리 사회의 질적 변화는 무엇보다도 피억압자에 대한 새로운 방식의 교육에서 시작되어야 하는데, 새로운 교육은 일방적 복종을 강요하는 방식에서 벗어나야 할 뿐만 아니라 노골적인 공격적 반응 또한 막을 수 있어야 한다. 그리고 이러한 해방, 즉 억압적이며 비인간적인 조작에 맞서는 투쟁은 어린이에 대한 탈식민화[脫植民化]로부터 시작되어야 한다. 어린이는 교육자의 동반자로 받아들여져야 한다. 학습 과정은 대화이자 공동의 과정일 수도 있지만 동시에 억압과 비인간적인 조직 문화를 초래할 수 있는 길이기도 하기 때문이다.

그러나 이 주장은 어린이 교육에서 때때로 엄격함이나 애정이 담긴 처벌의 모습으로 표현되는 교육상의 단호함을 배제해도 무방하다는 뜻은 아니다. 성장하고 있는 사람에게 모든 형태의 욕구 불만을 해소시켜 줄 수 있는 것은 아니다. 아이들을 올바른 길로 인도하는 교육상의 단호함은 사람을 자유롭게 하는 동기 가운데 표현할 수 있을 것이다. 방종이 아니라 주어진 여건에 대한 면밀한 통찰이야말로 진정한 자발성과 자유를 가능케 할 것이다. 여기서 중요한 것은 대화와 상호작용이 어린이의 자립성과 양심의 각성에 기여하는 한에서 요구된다는 점이다.[5]

아이의 삶은 부모의 보살핌에 철저히 의존하며 시작된다. 참된 교육은 어린아이나 청소년이 부모에 대한 의존에서 단계적으로 벗어나

5 Josef Endres, *L'uomo manipolatore*, Edizioni Paoline, Rom, 1974, 100~103쪽 참조.

자유의 폭이 증대되는 가운데 자율적 결정에 주목하게 된다는 점에서 성립한다. 교육자가 행하는 가장 위험한 시도 가운데 하나는 어린이나 자라나고 있는 인격체를 교육자 자신에게 철저히 의존하도록 만드는 행동인바, 이러한 일은 단지 질서 유지를 위한다거나 위험을 회피하기 위해서라고 해도 위험한 것이다. 심지어 피교육자에 대한 관심마저도, 교육자의 그런 태도가 사랑받는 인격체를 자신에게 붙들어 매 피교육자를 자기 마음대로 하고자 할 경우, 아이들의 자유를 심각히 위협할 수 있다. 그러므로 수많은 연구자는, 동성애가 흔히 자식의 사랑과 복종을 오로지 자기 자신만 독점하려는 편부모의 잘못된 행동에서 비롯된 결과라는 사실에, 의견일치를 보이고 있다.[6]

교육상의 심각한 문제 가운데 하나는 수많은 어린이가 텔레비전 프로그램이 조장하는 규제되지 않은 소비문화에 아무 대책 없이 노출되어 있다는 사실인데, 이러한 소비문화는 아이들의 나이에 결코 걸맞지 않을 뿐더러, 나아가 그런 소비문화가 조작당하고 조작하는 세계의 실상을 반영하고 있다는 점이다. 미국과 유럽의 많은 나라에서는 아이들이 성인이 될 때까지 학교에서보다 텔레비전 수상기 앞에서 보내는 시간이 더 많다. 아이들은 동반자로 인정받고 책임질 수 있는 능력을 갖추도록 정상적으로 성장해야 한다. 그러나 이러한 정상적인 성장과정이 아이들 스스로 방어할 수 없고 자신이 만들어내지도 않은 무수한 인상을 통해 차단되고 있다. 이는 적어도 부분적으로는 조작 과정이다.[7]

---

6 나의 책, *Heilender Dienst*, 156~160쪽과 Bibliographie 183~184쪽 참조.

7 Cline, V.P., et al., Desenstization of Children to Television, in: *Journal Pers.*

다원주의적이며 동시에 조작 행위가 만연된 사회에서 비판적 감각의 계발이야말로 교육의 주요 과제 가운데 하나이다. 분별력이 교육의 핵심이다. 분별력을 기르는 일은, 교육자 자신이 자기 자신의 견해를 기꺼이 의문시할 수 있는 열린 자세를 갖추고 자기 스스로 보다 날카로운 분별력을 갖추어야 한다는 필연성을 인식할 때, 비로소 가능해진다. 우리는 조작에 맞서 비판적 감각을 통해서 우리 자신을 가장 잘 지킬 수 있다. 그러한 비판적 감각은 인간에 대한 진정한 이해를 바탕으로 이루어지며, 이러한 감각의 핵심은 우리 스스로 양심의 판단을 내리겠다는 단호한 결심에 있다.[8]

루테(Luthe)가 오늘날 교육 제도, 무엇보다 고등교육과 관련된 제도가 실제로 조작에 효과적으로 맞설 수 있는 비판 의식을 자극하고 있다는 생각을 지녔다면, 그의 견해는 상당히 순진하게 들린다. 나는 헤르베르트 마르쿠제(Herbert Marcuse, 1898~1979. 독일 · 미국 철학자)의 책을 비판적으로 읽었지만 그의 저서는 현행 교육 제도가 성공 사회 이데올로기에 의해 영향을 받고 있는 심각성에 대해 중요한 시사점을 던져 주었다고 생각한다.[9]

우리의 기술 관료적인 문화와 소비 사회를 관리하고 있는 자들은 기존의 교육 방식을 무비판적인 인간들에게 강요하는 방향으로 영향력을 행사하고 있다. 그런 방식으로 교육받은 사람들이 결국 생산과 소비 과정에 흡수 통합되어 버린다면, 과연 이를 진정한 의미의 교육이라 부

---

*Sociology and Psychology*, 27. Sept. 1973, 360~365쪽 참조.,

8 Luthe, Was heißt Manipulation? in; *Concilium*, 7(1971), 318쪽 참조.

9 Luthe, Was heißt Manipulation? in; *Concilium*, 7(1971), 317쪽 이하 참조.

를 수 있겠는가? 이런 방식으로 호모 사피엔스(Homo Sapiens, 생각하는 인간)보다 호모 파베르(Homo Faber, 기술적인 인간)를 점점 더 양산하게 된다. 다시 말해 사랑할 수 있고 분별력을 행사할 수 있는 참된 인격체보다는 성공 사회의 규격화된 제품으로서의 기계적 인간을 양산하게 되는 것이다. 그리고 가족이 자기 고유의 과제를 인지하지 못할 경우 위험은 더욱 증폭된다.

현행 교육 과정에서 인간은 창조적인 자유와 인간의 존엄성보다는 관리되고 팔리고 조작될 수 있는 것에 관해 훨씬 많은 것을 배울 뿐이다. 그 결과 인간의 행동은 사회의 하부 구조와 이해관계에 따라, 다시 말해 경제적 생활의 과정과 그 합법칙성 그리고 순전히 공리주의적 사상에 따라 규정된다. 가정과 공동체와 같은 다른 사회 세력들이 중심을 상실하는 데 효과적으로 맞서지 못한다면, 결국 경험과학, 기술 그리고 조직에 적합한 실증주의적인 합리성만이 남을 것이다. 그리하여 이러한 교육의 산물, 즉 조작된 인간은 그 자신의 존재와 그 자신이 될 수 있는 그 무엇보다는 마침내 그가 소유하고 소비할 수 있는 것을 더 존중하게 될 것이다.

과학성과 기술에 고유한 합리성이 인간 삶의 유일한 차원이나 지배적인 차원으로 되지 않는 한에서 과학기술적 합리성에 반대해서는 안 될 것이다. 그러나 바로 우리들의 교육 체제가 지혜의 교육을 게을리해왔다는 바로 이 점에 서양 교육 체제의 결정적 약점이 있는 것이다.[10] 이른바 자유 세계의 약점이 지혜의 교육을 방치하고 있다면, 사회

10 René Simon, *Manipolatione e futuro dell'uomo*, Ed. Dehomiane, Bologna, 172쪽 참조.

주의 국가의 교육 체제가 지니는 강점은 지혜의 교육을 매우 의도적으로 실시하고 있다는 점이다. 양자의 경우 결과는, 특히 보다 숭고한 가치나 삶의 전체적 조망이 문제되는 경우에, 가치의 위계질서에 대해 완전한 또는 부분적인 맹목 현상으로 나타난다. 경제적 영역을 넘어서는 문제를 다룰 때 언제나 가치의 경계선을 넘어서게 되고 결정적으로 중요한 문제 영역에서 전혀 어울리지 않고 조작적으로 작용할 수 있는 사고 모델이 적용되고 있는 실정이다.

그러나 현대의 가장 유능한 학자 중에서도 일찍이 이러한 위험을 인식한 인사가 있었다는 사실을 상기할 필요가 있다. 필자는 여기서 가장 중요한 유전학자 가운데 한 사람인 테오도시우스 도브잔스키(Theodosius Dobzhansky, 1900~1975, 우크라이나 출생. 미국 유전학자, 진화생물학자)를 떠올리는데, 그는 자신의 학문적 저술에서 언제나 이러한 위험을 지적하면서 사유의 지평을 넓혀갔다. 그는 다음과 같이 썼다. "듀이(John Dewey)가 윤리와 가치 세계로부터 과학의 분리를 일종의 지적 추문으로 간주했는데, 이는 옳은 생각이었다."[11] 여기서 도브잔스키는 윤리에 관해 언급할 때 언제나 가치의 고양과 가치의 긴박성에 적합한 전체적인 조망을 생각하고 있었다.

전체적 조망을 고려하는 일에 익숙하지 못한 기존의 교육과 교육제도는 바로 기술적인 인간을 만들어내는 데 주력한다. 이러한 인간 유형은 항상 물질적 경제적 유용성만을 중시하는 사고방식에 사로잡혀 있으며, 그러기에 다른 사물과 마찬가지로 자신의 이웃 인간을 조작하

11 Theodosius Dobzahnsky, *Genetic diversity and Human Equality*, Basic Books, New York, 1973, X쪽.

는 행위를 당연시한다. 오늘날 기존의 학습과 문화 전체는 한쪽으로만 치우친 경향을 보이고 있다. 이러한 편파성을 간파하는 법을 배우지 못한 사람은 바로 이 편파성의 노예가 된다. 그가 바라든 않든 그 자신 다른 인간과 환경에 의해 쉽게 조작됨과 동시에 그 자신도 다른 사람을 마음대로 조작하고자 하는 성향을 지니게 된다.

그러나 교육 과정에 고유한 것으로 보이는 조작적인 요소들도 완전히 새로운 방향을 지향하는 의미를 갖출 수도 있다. 만약 교육에서 통찰력의 획득, 보다 고상한 가치에 대한 섬세한 감각, 전체적 조망, 참된 동기 형성을 통한 선의 내면화, 인격적인 양심, 다른 사람들의 존엄성과 자유에 대한 공동 책임과 존중, 이 모든 것들을 교육 실시의 전체적 의미 목적으로 규정할 수 있다면 말이다.

## 2. 여론 조작

여론 또한 의도적인 조작자의 활동 무대이자 동시에 자유로운 대화를 가능케 하는 계기가 될 수 있다. 인간의 많은 행위와 경제적 정치적 결정 가운데 상당 부분은 이미 여론의 상황을 통해 결정된다. 그러나 나는 여론의 이러한 결정이 인간의 존엄성을 파괴하는 조작의 성공한 사례라고 주장하는 것은 결코 아니다. 여론은 상호 존중과 자유에 기여하는 대화 가운데서 이루어질 수 있다. 여론은 각성된 인간의 양심에 의해 유지되며 많은 사람의 양심을 일깨울 수도 있다. 그럼에도 많은 사람이 여론의 질[質]에 대해 적극적인 관심을 보이지 않고 공동 책임을 느끼지 못하거나 저질적인 조작과 참된 대화를 구별할 능력이 없다면, 참된 자유와 지혜의 적인 조작을 자행할 모든 문이 활짝 열려 있는 셈이 된다.

오늘날의 문화에서 각종 대중매체 – 신문, 라디오, 텔레비전, 영화 – 는 여론 형성에 영향력을 행사하는 결정적으로 중요한 수단이다. 그러나 그런 방식의 조작이 곧 대중매체의 산물이라고 말한다면 그것은 오산이다. 대중매체는 인간을 자유롭게 하는, 전지구적 차원의 대화를 조장하는 매우 효과적인 수단이 될 수도 있다. 그럼에도 불구하고 대중매체는 인간의 양심을 조작하는 행위를 부끄러워하지 않는 권력자와 부자들에 의해서 악용당해 온 것도 사실이다. 대중매체는 사회, 무엇보다 그 사회의 권력 구조의 전체 상황을 반영한다.[12] 대중매체를 통해 광범한 층의 대중이 문화와 정치에 대한 정보를 얻을 수 있다. 대중매체는 수많은 사람의 지평을 넓힌다. 그리하여 대중매체의 영향을 통해 주어진 여건을 관성적으로 받아들이던 상황으로부터 대중이 갑자기 출현하는 순간이 도래한다. 바로 이러한 역사적 단계에서 자신들의 기득권을 포기하지 않으려는 특권층의 도구로서 조작이 시작된다. 그리하여 모든 이들이 대화와 주요 결정에 참여할 수 있도록 했던 바로 그 수단이 교활한 사주를 위한 수단으로 전락한다.

"혁명적 민중이 등장하기 전에는 (정확히 말해) 어떠한 조작도 존재하지 않는다. 다시 말해 억눌린 자들이 현실에 철저히 파묻혀 있다면, 그들을 조작할 필요가 없는 것이다. 대화를 부정하는 행동 이론에

12 Thomas M. Garrett, *Manipulation und Massenmedien*, Concilium 7(1971) 338~342쪽 참조.

서 말하는 조작은 역사 과정에서 발생하는 새로운 구체적 상황들에 맞서기 위한 억압자의 대응 방법이다."[13] 의식적이건 무의식적이건 간에 조작은 모든 종류의 사회에서 자행되어 왔고 또한 자행되고 있다. 그러나 경제적, 정치적 권력의 전체 구조야말로 조작의 범위와 형태에 결정적인 요소이다.

과거 씨족과 같이 폐쇄된 사회에서는 정보, 교육 그리고 분별력은 상당히 좁은 울타리 안에서만 유지되었다. 전통, 관습, 공동의 종교적 신념 그리고 가부장적 권위 형식들이 여론과 신념의 전체 흐름을 통제했으며, 정보 세계에 좁은 울타리를 설정했다. 물론 이처럼 좁은 틀 안에서도 특히 권력자와 신하들 간의 기본 관계를 설정하는 데 의도적인 조작이 있었다. 그러나 이런 종류의 사회는 의도적인 조작에 의해서라기보다는 사람들이 이미 주어져 있는 삶의 조건들을 비판 없이 받아들임으로써 그 형태가 결정되었다.

권위주의적 사회에서 독재자들은 한때 이렇게 말할 수 있었다. "그들이 나에게 두려움을 품고 있는 한 그들이 나를 증오한다고 해도 무방하다." 공포심의 주입과 빵과 오락거리를 제공하겠다는 약속이 억압을 유지하는 주요 수단이었다. 현대 사회에서 권위주의적 정권은 이와는 다른 방식으로 작동한다. 권위주의적 정권에게 결정적으로 중요한 것은 대중매체의 장악이며, 이들 정권에 가장 중요한 종복은 대중심리학자이다. 이들 심리학자를 통해 권위주의적 정권은 여론을 조작한다. 그것은 모든 동원 가능한 방패들 뒤에 숨겨진 교묘하게 고안된 체제이다.

13 Freire, *Pädagogik der Unterdrückten*, Kreuz-Verlag, Stuttgart-Berlin, 1971, 173 쪽.

그것은 경제, 사회, 문화적 생활 그리고 법의 제정과 적용, 이 모든 영역에서도 관철된다. 그리하여 권력자는 조작에 의해 잘못 인도된 대중에게 일정량의 정보를 허용하고, 여론 형성과 결정 과정에 형식상의 참여를 허용한다.

과거 시대의 사회에서 사람들은 소수의 가부장적 지배층과 복종 의무를 지닌 피지배 민중의 분할을 당연한 일상사로 받아들였다. 엘리트들은 호의적인 태도를 보이면서 민중을 선행자로 치켜세웠다. 이런 상황에서는 직접적이며 의도적인 조작이 별로 필요하지 않았다. 그러나 오늘날 거의 모든 곳에서 사람들은 무엇을 믿어야 하고, 어떻게 생각해야 하며 무엇을 해야 하는가에 대해 설교를 늘어놓는 가부장주의를 배격하고 있다. 그리고 상황이 이러하기에 초특권층은 자신들의 기득권을 지키기 위해 교묘히 조종되는 조작에 의존한다. 진정한 민주적 사회라면 모든 이들이 함께 삶의 새로운 문제들에 대한 진실과 진지한 해결책을 찾으려는 적극적인 준비 자세를 갖춰야 한다. 민주정치는 상호 의사소통, 정보와 신념의 교환이 권력에 의해서 방해받지 않는 정도에 따라 원활하게 작동할 수 있다. 물론 사람들은 지적 능력, 지식, 지혜 그리고 책임 자세의 정도에 있어서 언제나 차이점을 보인다. 그러나 각자의 의견이 진지하게 고려되어야 한다. 자유의 신장에 기여할 수 있는 건전한 여론은 서로의 입장을 경청하면서 서로에게 성실히 대함으로써 이루어질 수 있다. 소수의 엘리트 집단이 학문과 지혜의 열쇠를 독점하고 다른 사람들에게는 단지 그들이 무엇을 해야 할지를 지시하기 위해 정보를 제공하는 데 머물러 있는 한, 조작적 과정에 전형적인 상명하달식의 일방적 이해만이 성립될 뿐이다.

네오마르크스주의(Neomarxismus)의 몇몇 대변자는 조작된 일차원적 서구 사회의 어두운 그림을 제시한 바 있다. 이 그림에 따르면 조작된 사회라는 점에서는 이른바 자유 세계라고 해서 마르크스주의(Marxismus)의 독재자가 지배하는 사회주의 국가보다 결코 더 낫지 않아 보인다. 나는 앞으로 시장 사회에서 얼마나 심각하게 조작이 행해지고 있는지를 제시하겠지만, 네오마르크스주의자들의 그러한 오해에 대해 분명히 반대한다. 그럼에도 우리는 이른바 민주주의 국가들에서 나타나고 있는 비참한 상황 때문에 마르크스주의 진영에서 보이는 자유의 파국적 상황에 눈감아서는 안 될 것이다.

모든 시대에 걸쳐 지배 집단은 광범한 대중에게 자신들이 제시하는 목적과 세계관에 순응하게 만들고자 노력해왔다. 언제나 부자, 권력자, 보다 높은 교육을 받은 계층은 대중매체에 손쉽게 접근할 수 있었다. 정부, 군대 그리고 정당은 대중매체를 진실에 적합한 정보로서보다는 조작을 위해 사용하려는 유혹으로부터 벗어나지 못하게 된다. 다른 한편 우리는 정치적, 사회적 소요를 일으키고 단지 자유를 구실로 내세운 자들이 자신들의 이념에 대한 여론의 관심을 일깨우기 위해 행사하는 조작의 놀라운 가능성을 보게 되는데, 이들은 의도적인 여론 조작 및 의식 조작을 통해 지속성과 창조적인 자유를 중시하는 이들의 상호 존중과 대화를 방해하고자 한다.

시장 사회에서 대중매체를 주도하는 사람은 선정주의의 폐단을 심각히 고려해야 한다. 의식된 사회적 책임성이 기능하지 않을 경우, 범죄 집단과 소요자들이 비정상적인 방식으로 여론의 주목을 자기편으로 끌어들일 수도 있는 것이다. 대중매체에서는 사악한 사건에 대한 보도가 선행에 대한 보도보다 훨씬 많은 공간을 차지한다. 사람들이 맹목적인 욕망에 호소하는 이런 류의 이미지와 사건 보도에 일상적으로 과잉 접촉하게 되면, 많은 이들이 사회에서 선의 감각을 상실하고 선을 위해 노력하고자 하는 용기를 잃게 된다.

다원주의 사회에서는 다양한 노선과 세계관이 제공되기 때문에 심사숙고와 분별력이 요구된다는 것은 바람직한 일이다. 그러나 대중매체가 내세우는 다원주의는 사실상 하나의 신화에 불과하다. 그러한 신화 뒤에는 특정 계층이나 집단 또는 개인들의 이기적인 관심이 숨어 있다. 광고 선전에 돈을 지불하는 이들이야말로 기자나 폭넓은 여론보다 훨씬 강력한 영향력을 행사하는 법이다.[14]

영화와 전체 레저산업 또한 지나칠 수 없는 조작 수단이다. 수많은 사람들이 이 분야에서도 특정 세계관, 행위와 생활방식과 관련하여 특정 사고방식을 끈질기게 강요받고 있다는 사실을 전혀 의식하지 못하고 있다. "사람들이 과연 사실상 정보와 오락으로서의 대중매체와 조작과 세뇌 학습의 대리자로서의 대중매체를 구별할 수 있겠는가?"[15]

수많은 사람의 의식이 대중매체를 통해 조작당한다 하더라도 그 원인을 권력자나 지배집단의 권력 추구욕이나 사악한 의도 탓으로만 돌릴 수 없다. 여러 상황이 세상에 대한 진실된 이해를 왜곡하는 데 기여할 수 있다. 각자는 존재 내면에 특정한 방식으로 조작된 의식의 층을 담지하고 있으며 이러한 의식의 층을 다른 사람들과 공유하고 있다.

14 Herbert I. Schiller, The Mind Changers, Beacon Press, Boston, 1973, 19쪽 참조.

15 Marcuse, Der eindimensionale Mensch. Studien zur Ideologie der fortgeschrittenen Industriegesellschaft, Luchterhand, Neuwied-Berlin, 1967, 28쪽.

피상적 형태의 의식은 전염적으로 파급된다. 더욱이 대중매체가 다양한 교양 수준의 시청자를 고려하여 호소력을 발휘해야 한다면, 일정한 수준의 단순화와 일반화의 필요성을 감안하지 않을 수 없다는 사실도 고려해야 한다. 그 밖에도 정보 전달자가 자신의 보도를 가능한 신속히 전달해야 하는 필요성도 감안해야 한다. 그리고 가장 유능하고 성실한 기자라 할지라도 언제나 사실에 충실한 보도를 기할 수 있는 상황에 놓여 있는 것도 아니다.

갈기갈기 조각난 현대인의 삶, 중심의 상실 그리고 감퇴된 통찰력과 명상 능력, 이 모든 것들이 정보 제공자와 마찬가지로 시청자의 정신적 분위기와 행태[行態]를 물들이고 있으며 양자 모두 조작에 의해 쉽게 손상될 수 있는 분위기를 조성한다.[16] 기자, 독자, 시청자 모두는 각자 여러 방식으로 현재의 순간에 사로잡혀 있기 때문에 사안의 연속성과 전체적 관찰을 위한 감각을 잃게 된다.

세뇌의 죄악은, 대중매체를 다루는 이들이 진실을 의도적으로 왜곡하고 사소한 사안을 중요 사안으로 만들거나 시청자의 뇌리를 쓸데없고 사소하며 경박한 보도 따위로 넘치게 하여, 이들로부터 결정적으로 중요한 사안에 대한 관심을 빼앗아버리는 데 있다. "어떤 주장이나 견해는 현실을 고의적으로 거짓되게 표현하고 개인적 그리고 사회적 현존(Dasein)의 조건들에 비판적으로 맞서고자 하는 의지와 능력을 무디게 만든다. 이러한 의식 상태를 초래하는 주장들이 일종의 조작을 위한 작전이다. 이러한 종류의 조작이 성공을 거둔다면, 다른 종류의 사

16 Schiller, The Mind Changers, Beacon Press, Boston, 1973, 24쪽 참조.

회 형성을 위한 대안은 대중의 관심 밖으로 밀려날 수밖에 없을 것이다."[17] 허위 정보뿐만 아니라 침묵이나 주요 정보 가운데 자의적이며 고의적인 선택 또한 여론을 오도할 수 있다. 여기서 결정적인 점은 제공되는 정보의 폭이나 양이 아니라 그 정보가 얼마나 의미를 지니고 있으며 시사하는 바가 크냐는 점이다.[18]

여론은 소화해내기 힘든 각종 정보, 논쟁, 토론, 제안 그리고 자극들로 넘쳐나는데, 이러한 상황은 비인간적인 조작이 작동하기에 유리한 정신적인 전체 분위기를 초래할 수 있다. 이러한 정보의 홍수에 직면해 대부분의 사람은 대화에 참여할 수 없거나 구체적인 결정을 파악할 수 없다는 무력감을 절감한다. 무력감이 초래한 결과 가운데 하나는 사람들이 공적 사회생활로부터 사생활 영역으로 도피하는 것이다. 그리고 바로 이러한 도피가 항구적으로 세뇌를 가능케 하는 요인이기도 하다.

대중매체가 오직 시장의 상황에 따라 결정될 경우, 정보를 사는 사람의 열정과 본능을 착취하려는 유혹이 증가한다. 신문, 잡지, 출판사, 라디오 그리고 텔레비전 방송국은 광고 제공자의 선의에 크게 의존하고 있는 실정인데, 이들 광고 제공자는 성숙한 시청자에 봉사하기보다는 그들의 제품을 평범한 대중에게 팔아치우는 데 혈안이 되어있다.

오늘날처럼 조직범죄와 테러로 고통받는 사회는 대중매체로 하여금 수많은 프로그램을 통해 폭력 행위와 테러를 보여주게 하면서 대중에게 오락거리를 제공하도록 허용하고 있는데, 이는 매우 이해하기 힘

17 Schiller, *The Mind Changers*, Beacon Press, Boston, 1973, 1쪽 참조.

18 T. McMahon, Manipulation und Konsumgüter, in: *Consilium*, 7(1971) 354이하 참조.

든 일이라 하겠다. 이런 방식의 오락거리 제공은 많은 이들의 본능적인 공격성에 항구적으로 호소하는 행위나 다름없다. 여기서 우리는 전형적인 악순환의 경우를 보게 된다. 물론 이런 사실을 인정하려고 하지 않겠지만 이미 의식이 조작된 시청자는 자신의 공격성으로 인해 계속 착취되고 조작되기를 바라게 된다.

조작을 행하는 자의 가장 강력한 협조자 가운데 하나는 일부 대중에게 만연해 있는 무력감과 좌절감이다. 사람들이 건설적이며 해방을 지향하는 대화의 가능성을 믿지 않는다면, 결국 침묵과 수동적인 자세로 일관할 수밖에 없을 것이다. "대화에 임하는 사람들이 자신들의 노력에서 아무것도 기대하지 않는다면, 그들의 만남은 공허하고 경직되며, 관료적이며 지루한 것이 될 것이다."[19] 조작의 범위에 대한 비판적인 분석은 이런 식의 절망감을 초래할 수 있을 것이다. 따라서 문제의 열쇠는 치유 수단을 찾고 건강한 세력에게 이 사실을 충분히 환기시키는 작업이다.

여러 형태의 세뇌와 자유와 인간 존엄성에 대한 위협에 직면하여 "과연 누가 통제자를 통제하고 있는가?"라는 의문이 언제나 되풀이하여 제기된다. 정부가 이를 통제해야 한다는 일방적인 호소는 책임 회피에 지나지 않는다. 나는 우리 자신의 주도 아래 진정한 대화를 작동시키려는 요구와 더불어 가급적 많은 이들이 대중매체에서 일어나고 있는 일에 참여할 것을 우리가 기대해도 좋다고 생각한다.[20] 대화의 참가자들은 다른 사람들을 마음대로 다루고 그들에게 이런저런 방식으로

19 Freire, *Pädagogik der Unterdrückten*, Kreuz–Verlag, Stuttgart–Berlin, 1971, 99쪽 참조.
20 Schiller, *The Mind Changers*, Beacon Press, Boston, 1973, 186쪽 참조.

영향을 미치고 자기 자신의 생각을 주입하려고 하는, 내면 깊숙이 뿌리내리고 있는 욕구를 의식해야 한다. 다른 이들을 마음대로 하는 데서 비롯되는 희열, 이것이야말로 서로에 대해 결여된 존중심의 근본 원인이자 모든 비인간적인 조작의 근본 원인인 것이다.

따라서 첫째로 필요한 것은 조작에 대해 규제 기관에 호소하는 일이 아니라 분별력과 각성을 위한 교육이다. 분별력과 각성은 모든 조작의 시도를 통찰할 수 있도록 해줄 것이다. 문제의 또 다른 열쇠는 모든 이들이 뚜렷이 표현된 공개적인 신념을 강화하는 데 기여해야 한다는 사실이다. 그리고 이처럼 확고한 신념에 따라 모든 형태의 조작이 단호히 배격될 것이다. 마지막으로 중요한 것은 신념을 개조하고 사회를 혁신하는 일인데, 이는 우리가 상호 존중 속에서 함께 일하고 서로로부터 배우며 우리와는 달리 생각하는 이들의 양심을 존중하도록 하는 데 기여할 것이다.

마치 위에서 아래를 내려다보는 식이거나 우리 자신은 마치 그 사회에 속해 있지 않은 것처럼 표현되는 고답적인 사회 비판은 아무런 도움도 되지 못한다. 반면 비판적인 생각은 그것이 공동의 책임을 표현하는 한 풍부한 도움을 제공할 수 있다. 우리가 손에 손을 맞잡고 의식과 사회 개조를 위해 노력해 간다면, 비판적인 사유는 바람직한 일이 될 것이다. "비판적인 사유에 결정적으로 중요한 요소는 인간을 지속적으로 인간화하기 위해 현실을 끊임없이 개조하는 일이다."[21]

정신적 엘리트들의 역할은 근본적으로 중요한 의미를 지닌다. 종

---

21 Freire, *Pädagogik der Unterdrückten*, Kreuz-Verlag, Stuttgart-Berlin, 1971, 100 쪽 참조.

교적 엘리트들이 오직 자신들의 구원만을 생각하고 사회 지도자들이 가부장적인 방식으로 다른 이들을 자신들의 배려와 권력 행사의 대상으로만 여긴다면, 그들은 자신의 사명을 배신하는 것이 된다. 엘리트주의에는 분명히 인류의 자유와 발전에 적대적인 요소가 들어있다. 인간 해방과 인간화 과정에서 최상의 질을 갖춘 엘리트들은 다른 이들과 기꺼이 이야기를 나누고 함께 책임을 지며, 성장과 분별력을 신장하기 위해 공동의 노력을 기울일 자세를 갖추고 있음을 보여준다. 자신들의 힘에 의해 이웃들의 자유를 신장시키고 그들이 성숙하도록 기여하는 엘리트만이 사실상 종교적, 사회적으로 참된 엘리트라 하겠다.

현대 사회학은 소수의 사람들, 인구의 1~2%에 속하는 소수의 인사만이 여론 형성에 결정적인 영향력을 행사할 수 있음을 보여줄 수 있었다. 그러나 이들 소수는 인간을 자유롭게 하며 모든 이들의 참여를 허용하도록 영향력을 행사할 수도 있으며, 아니면 모든 것을 자기 자신에게로 집중시킬 수도 있다. 그러므로 우리는 다른 이들의 견해를 경청할 수 있고 다른 이들을 충분히 배려하고 또한 이들을 사실상 공동의 학습 과정에 동반자로 존중하는 엘리트를 만들어내도록 노력해야 한다.

교회는 설교, 권위의 행사 그리고 가르침에 있어 이런 모습의 엘리트가 되도록 모범을 보여야 한다. 물론 교회에서 권위를 행사하는 이들은 무엇보다 그리스도께 충실하면서 계시와 결합해 있다. 교회 안에는 또한 포기할 수 없는 진리가 엄연히 존재한다. 그러나 바로 이처럼 확고한 신의는, 하느님의 진정한 계시와 다른 한편 반복적으로 검증되어야 할 수많은 인위적인 전통, 관습 및 교설이 조심스럽게 구분되지 않는다면, 가능하지 않을 것이다. 또한 하느님의 계시 문제에 대해서 교회 안의 그 누구도 독점적 영향력을 행사해서는 안 된다. 우리는 오직 공동으로만 하느님과 그리스도, 그리고 인간에 대한 참된 인식 가운데서 성장할 수 있다.

모든 이들의 공동 책임을 강조한다고 해서 권위를 보유하고 있는 자들과 그 밖에 엘리트들의 권리가 결코 침해받지는 않을 것이다. 반대로 이러한 분위기 속에서만 엘리트들은 자신의 사명을 수행할 수 있다. 칼 메닝거(Karl Menninger, 1893~1990. 미국의 정신과 의사)는 지도층, 특히 성직자, 의사, 언론인에게 그들의 예언자적 사명을 결코 포기하지 말 것을 호소했다. 그의 호소는 성서의 최고 예언자들의 전통과 맥을 잇고 있었기 때문에 그는 대화와 인간을 자유롭게 하는 상호 존중의 길을 제시했던 것이다.[22]

## 3. 조작과 광고

광고는 "배후 조종자"들이 놀이를 즐기는 특수 구역이다.[23] 광고 기술은 대중심리학의 도움을 받으며 이른바 이 분야에서 조작 전문가를 길러낸다. 광고가 오직 특정 상품의 구매를 목적으로 하고 있다고 생각한다면 순진한 생각이다. 광고의 방식과 범위는 소비자 의식을 만들어내고 새로운 욕구, 다시 말해 수많은 인위적인 욕구를 창출하며 많은

22 Karl Menninger, *Whatever Became of Sin?*, New York, 1973; Bernhard Häring, Sünde im Zeitalter der Säkularisation, Styria, Graz–Wien–Köln, 1974 참조.

23 Vance Packard, *The Hidden Persuaders*, McKay, New York, 1957 참조.

사람들과 공동체의 세계관과 가치 위계질서에 혼란을 일으킨다. 광고 심리학자는 사람이 그 자신의 구매력만큼의 가치를 지니고 있으며 이는 특정 상품을 구매함으로써 증명된다고 사람들에게 속삭인다.[24] 매일 여러 시간씩 광고에 노출된 사람은 모든 것을 마치 선전 상품들이 평가되는 것과 흡사한 방식으로, 심지어 자기 자신의 가치마저도 양적인 방식으로 평가하려 든다. 배후의 조종자들에 의해 조작되고 있는 문화는 발전을 무엇보다 생산과 소비의 확대에 따라 평가한다. 여기서 사람들이 상실하게 되는 첫 번째 것은 욕구의 서열에 대한 통찰력이다.[25]

현대의 광고는 자신의 권력을 대중매체를 통해, 다른 한편 광고 속에서 언제 어디서나 제공되는 무한한 욕구 문화를 통해 행사한다.[26] 그리고 바로 그렇기 때문에 광고가 행사하는 조작의 힘은 생산과 소비 영역을 넘어 확장된다. 유일한 예는 아니지만, 매우 특징적인 예들 가운데 하나는 섹스와는 아무 상관도 없는 상품들과 관련하여 성적 상징을 지속적으로 사용하는 일이다. 밴스 패커드(Vance Packard, 1914~1996. 미국의 저널리스트)는 이와 관련하여 날카롭고 적절하게 지적하고 있다. "미용 산업은 젊은 여성들의 뇌리에, 그녀들의 개인적인 성공은 남성들의 시선을 자극하는 능력에 따라 좌우된다고, 되풀이하여 주입한다. 그리고 이러한 능력은 언제나 그녀들이 자사 선전 제품을 사용함으

24 McMahon, Manipulation und Konsumgüter, in: *Consilium*, 7(1971), 355쪽.

25 Abraham Maslow, Psychological data and value theory, in: A. Maslow(Hrsg.), *New Knowledge in Human Values,* Henry Regnery, Chicago, 1971, 119~136쪽 참조.

26 W. Dreier, Funktion und Ethos der Konsumwerbung, Münster 1965; W. Franke, *Der manipulierte Mensch. Grundlage der Werbung und Meinungsbildung*, Wiesbaden, 1964 참조.

로써 얻을 수 있는 냄새나 외모와 관련하여 설정된다. 그리고 젊은 남성들에게는 언제나 그들이 젊은 여성들을 유혹하는 좋은 냄새를 사용하면, 젊은 여성들의 발걸음을 멈추게 할 수 있다는 생각을 불러일으킨다."[27] 이 모든 것이 소비 사회에서는 섹스 또한 가장 중요한 소비 품목 가운데 하나로 여겨지도록 하는 데 적지 않게 기여한다. 그렇기에 낙태 의사를 다룬 책에서 낙태를 원하는 여성을 시장에서 쓰는 말로 간단히 '소비자'[28]로 부르는 일도 전혀 놀랄 일이 아니다.

이에 못지않게 심각한 예들 가운데 하나는 정신질환 치료제 선전을 위한 제약 산업의 강력한 광고 선전이다. 1973년 영국의 제약 회사들은 3,300만 파운드 스털링을 광고에 지출한 반면 제약 연구에는 불과 3,000만 파운드밖에 지출하지 않았다.[29] 60억 달러의 매출액을 자랑하는 미국의 제약회사들은 광고비로 이보다 훨씬 많은 돈을 지출한다. 존 페카넨(John Pekkanen, 1939~. 미국의 언론인이며 작가)은 미국 주민들이 매년 약 2억 5천 만 건의 정신질환 치료제 처방을 받는다고 보고했다.[30] 텔레비전에서는 하루도 빠짐없이 알약들이 고통을 순식간에 없애줄 뿐만 아니라 기분을 호전시켜준다고 선전한다. 그리하여 수많은 사람이 정신질환 치료제에서 모든 걱정 근심과 삶의 모든 문제에 대

---

27 Vance Packard, *The Sexual Wilderness*, Simon Schuster, New York, 1970, 54쪽.

28 Howard T. Osofsky and Joy D. Osofsky(Hrsg.), *The Abortion Experience: Psychological and Medical Impact*, Harper and Row, New York, 1973. Chárles V. Ford는 이에 대하여 다음과 같은 견해를 표명한다. "시장 언어의 사용은 복 합적이고 의료적이며 감정적인 상황을 경시하여 이 상황을 여성 미용사의 방문의 범주 에 끼워 넣으려고 한다." (JAMA, Band 228, Nr.5,29. April, 1974, 634쪽.)

29 *The New Scientist*, 18. April, 1974, Band 66(Nr.894) 107쪽.

30 John Pekkanen, *The American Connection Profiteering and Politicking in the "Ethical" During Industry*, Follet Publishing Company, Chicago, 1973, 29쪽.

한 해결책을 발견했다고 맹신하게 된다. 특히 이미 부분적으로 쾌락과 행복 추구 이데올로기에 의해 의식이 조작된 사람들은 알약 복용의 유혹에 저항할 수 없게 된다. 이들은 삶에서 오는 정상적인 어려움조차 자기 스스로의 심리적 정신적 에너지로 극복하는 능력을 상실하기에 이른다. "제약 산업이 자신의 이익을 위해 의도적으로 자행한 조작은 사회적 결과를 초래하는데, 우리는 이제야 서서히 그 결과를 이해하기 시작했다."[31]

이 영역에서도 우리는 유익한 물건이 제공되는 경우의 의미 있는 설득 기술과 다른 한편 아무 쓸모도 없는 물건을 제공하거나 욕구를 인위적으로 길들임으로써 수많은 사람을 조작하고 오도하는 행위 사이에 뚜렷한 경계선을 긋는 일이 쉽지 않음을 인식해야 한다. 그렇지만 한 가지 사실은 분명하다. 각자가 비판적 감각으로 철저히 무장하고 매일 여러 시간씩 아무 쓸모도 없이 배후의 교활한 조작자들에게 자기 자신을 내맡겨서는 안 된다는 사실이다.

## 4. 현대 경제생활에서의 조작

고전적 마르크스주의, 특히 스탈린주의적 특징을 지닌 마르크스주의는 경제적 과정에 종사하는 인간 의식에 대한 조작을 허용했을 뿐만 아니라 심지어 조작을 지시하기까지 했다. 이 체제는 조작자들에게 아

31 Pekkanen, *The American Connection Profiteering and Politicking in the "Ethical" During Industry*, Follet Publishing Company, Chicago, 1973, 14쪽.

무런 양심의 가책도 느끼지 않도록 만들었다. 마르크스주의적 신념에 따르면, 경제 발전은 변증법적 유물론과 공동보조를 맞추며 진행되어야 하며, 또 그렇게 함으로써 인간은 최상의 발전을 이룩할 수 있고, 여기서 문화와 정신적 삶은 각각의 경제적 과정들의 변증법적 단계와 보조를 맞추어 나가야 한다고 가정해 왔다. 이러한 이데올로기는 적어도 부분적으로는 애덤 스미스(Adam Smith, 1723~1790. 영국의 정치경제학자이자 윤리학자)의 고전적 자유주의 사상을 계승하고 있는데, 이 사상은 경제적 과정이 도덕적 관점에 의해 방해받아서는 안 된다고 못박았다. 마르크스주의에서는 충분히 계산된 은폐된 형태의 조작이 폭력 사용과도 양립할 수 있다. 왜냐하면 마르크스주의적 세계관에 따르면 역사적 변화 과정은 일시적인 증오와 폭력 사용이 증가하지 않고서는 결코 가능하지 않기 때문이다. 마르크스주의의 최고 권위기관이 경제 발전의 특정 단계가 문화, 가족, 정치 그리고 이념적 영역에서 어떤 변화를 요구한다고 결정하면, 인민 대중의 조작을 위한 온갖 수단과 방법이 정당화된다.

그러나 내가 여기서 고전적 마르크스주의의 변증법적 유물론에 반대한다고 해서 그것이 곧 모든 형태의 사회주의를 배격한다는 뜻은 아님을 강조하고자 한다. 어떤 형태의 사회주의는 모든 인격체의 자유와 존엄성에 봉사하는 인간적 모습을 취할 수도 있는 것이다.

자본주의 시장 경제는 경제적 과정을 장악하기 위해서뿐만 아니라 권력자들이 설정한 목표와 이익을 위해 고유한 방식으로 사람을 조작하고자 한다. 다양한 체제들 내에서 조작자들은 일종의 결정론에서 중요한 사상적 추진력과 정당화를 발견하고 있다는 사실이 점점 뚜렷해지고 있는데, 여기서 결정론적 사고방식은 기술주의적 사회와 이념에 봉사하는 학자들에 의해 주창되어 왔다.[32] 결정론적으로 이해되는 세계에서는 인격체의 자유와 존엄성에 맞서 자행되는 인간에 대한 조작 행위가 어떤 죄악도 될 수 없다. 모든 사람이 기술적 진보를 위해 봉사해야 하는데, 기술적 진보라는 신화는 다양한 체제와 다양한 외피를 입은 채 동서를 막론하고 작동하고 있다. 온갖 부정적 경험들에도 불구하고 사람들은 경제 영역에서의 지속적인 성장률 증가로부터 행복한 사회가 도래하리라 기대한다.[33]

기술 사회는 계획과 미래 전망에서 매우 세련되어 보이지만 전체적으로는 비합리적인 것이다. 마르쿠제가 제시한 여러 견해에 동조하지 않는다 하더라도 그가 우리에게 던지는 다음의 질문을 회피할 수는 없을 것이다. 생산성을 지나치게 강조하는 것은 인간의 욕구와 능력을 발전시키는 데 오히려 파괴적으로 작용할 수 있지 않겠는가?[34] 편파적으로 기술적 문화를 지향하는 것은 적어도 명상, 이웃과 공동체에 봉사하는 이타적 헌신을 위한 인간의 고차원적인 능력을 파괴하거나 방해할 것이다. 경제 사업의 지속적인 확대에서 비롯되는 역동성과 국가 생산물의 성장률을 지나치게 강조하다 보면, 인간의 욕구를 인위적으로 자극하여 창출하는 일을 피할 수 없는 반면, 인간이 지닌 고유한 정신

---

32 A. Koestler, *The Ghost in the Machine*, London, 1967; Jacques Ellul, The Technological Society, Knopf, New York, 1964 참조.

33 Victor C. Ferkiss, *Technological Man: The Myth and the Reality, New American Library*, New York and Toronto, 1970; Alvin Toffler, Der Zufkunftsschock, Scherz-Verlag, Bern-München-Wien, 1970 참조.

34 Marcuse, *Der eindimensionale Mensch. Studien zur Ideologie der fortgeschrittenen Industriegesellschaft*, Luchterhand, Neuwied-Berlin, 1967, 17쪽 이하.

성과 인간의 본성과 관련된 기본 욕구가 간과되고 무시되기 쉽다.

사유재산제도는 소수 집단의 규제되지 않은 팽창과 권력을 위해 봉사하는 한편, 대중이 공동 결정과 자유를 희생하는 대가를 지불해야 하는 이데올로기로 전락한다. 기술적 기구를 마음대로 처리할 수 있는 자들은 노동자와 그들의 가족 그리고 그들의 운명마저도 좌지우지하는 힘을 행사하게 된다. 그리하여 그들은 인간 의식을 스스로 조작하며 자기 스스로도 이러한 악순환을 고유 속성으로 하는 체제에 의해 조작당한다. "기술적 합리성이 정치적 합리성의 자리를 대신했다."[35]

강자들의 집단화는 언제나 약자들의 희생을 대가로 되풀이된다. 간단한 예로 위기 국면에 서로 협력하는 초국적 단체의 강력한 권력을 생각해 보자. 물론 권력이 결정되는 치열한 경쟁 속에서는 언제나 다양한 권력 집단 간에 갈등이 되풀이된다. 그것이 예나 지금이나 전쟁의 주요 원인이다. 스티븐 로즈(Stephen Rose, 1938~)가 적자생존과 투쟁 원리에 관한 다윈의 일면적인 이론이야말로 자본주의와 자유주의의 냉혹성을 반영한다고 추측했을 때, 이는 급소를 찌른 지적이었다. 다윈은 당시 매일같이 생존을 위해 사력을 다하는, 냉혹성으로 무장한 인간의 성향을 목격했던 것이다.[36] 그리고 다윈 자신도 자명한 것으로 받아들인 이러한 사실에 조작된 나머지 통제되지 않는 냉혹한 자본주의를 인류 역사의 피할 수 없는 발전의 단계로 받아들였던 것이다.

인간의 자유는 인간의 공동생활을 가능케 하는, 신뢰할 수 있는 제

35 Marcuse, *Der eindimensionale Mensch. Studien zur Ideologie der fortgeschrittenen Industriegesellschsft,* Luchterhand, Neuwied-Berlin, 1967, 19쪽.

36 Stephen Rose, *The Conscious Brain,* Alfred Knopf, New York, 1973, 283쪽.

도 없이는 결코 펼쳐질 수 없다. 우리가 더 나은 경제 형태를 찾을 수 없다면, 기존 경제 형태에 대한 투쟁은 아무런 의미도 없다. 조작 과정을 포함하고 있으며 이를 조장하는 구조를 우리는 어떤 방식으로든 우리 자신의 통제 아래 두어야 한다. 그러나 이러한 통제는 또다시 어떤 개입을 요구하는데, 그러한 개입은 자유롭게 그리고 타인을 존중하는 가운데 동참할 준비를 갖추지 않은 사람에 대한 최소한의 조작을 행하지 않고서는 가능하지 않을 것이다.[37] 그리하여 우리가 이르게 되는 결론은 인류가 제반 사물 및 과정에 대한 조작뿐만 아니라 인격체까지도 조작하려는 경향에서 점차적이며 단계적인 방식을 통해서만 벗어날 수 있다는 사실이다. 왜냐하면 우리 모두 조작된 사회에 살고 있으며 부분적으로 비인간적인 조작 과정에 사로잡혀 있기 때문이다. 결정적으로 중요한 것은 이러한 상황에서 우리가 더 많은 자유와 인간에 대한 존중을 약속할 수 있는 방향으로 발전의 진로를 잡을 수 있으며, 불순한 조작 동기를 단호히 배격할 수 있다는 굳건한 믿음이다. 그러나 이처럼 선한 의도에 호소한다고 해서 조작을 통제할 객관적 기준들을 찾고자 하는 시도를 회피할 수는 없는 것이다.

## 5. 권위의 조작적 사용

인간의 존엄성을 파괴하는 조작이라고 하는 악의 근원은 인간의

37 Karl-Wilhelm Merks, Sozialkybernetik oder Sozialethik?, in *Concilium*, 7 (1971) 331쪽 이하 참조.

교만심과 권력욕 그리고 다른 이들을 마음대로 부리고자 하는 욕구에 있다.[38]

문제는 권위를 없애버린다고 해서 해결되지는 않는다. 반대로 인격체를 보호하기 위해 우리는 건전한 권위 관계를 인생의 시작 단계부터 필요로 한다. 어린아이의 삶은 부모에게서 시작되며 부모에게 의존된다. 그러나 어린아이는 부모 자신이 아이를 하나의 인격체로 여길 때 비로소 성숙한 인격으로 성장할 수 있다. 모든 인격체는 자유, 분별력 그리고 공동 책임을 향해서 자신을 펼쳐나갈 권리를 지니고 있다.

부모들이 어린아이를 위해 일련의 결정을 내리고 때로는 저항하는 아이들에게 그들 자신이 이성적이라고 여기는 결정을 강요하는 행위는 피할 수 없는 일이다. 이를 일종의 조작이라고 할 수도 있겠지만, 부모의 이러한 행위가 반드시 비인간적인 조작의 성격을 지녔다고 단언할 수는 없을 것이다. 즉 이런 일은, 그것이 부모와 아이 사이의 동반자 관계를 표현하는 한, 아이들이 자라나 자유를 신장하기 위한 전제조건이 될 수도 있는 것이다. 이런 경우 어린아이는 그 자신의 고유한 존엄성과 자유 신장을 위한 요구를 인정받게 된다. 자유 신장에 기여하는 교육은 일찍부터 대화와 더불어 시작된다. 아이들은 자유롭게 의사를 표시하고 어떤 종류의 질문도 제기할 수 있으며 성실한 답변을 찾을 수 있다. 이렇게 함으로써만 아이들은 지나치게 비판적이거나 불신감에 빠지지 않고 분별력을 키워나갈 수 있다. 그러나 아이에 대한 무의미하고 조급한 처벌은 어린아이를 부모 자신의 이익을 위해 다루는 것과 마

38 Menninger, *Whatever Became of Sin?*, New York, 1973; Berhard Häring, *Sünde im Zeitalter der Säkularisatin*, Styria, Graz–Wien–Köln, 1974, 108쪽 참조.

찬가지로 부정적 의미의 조작으로 전락한다.

가족 내에서의 권위 형태와 사회의 권위 형태 간의 상호작용을 부정하기는 어렵다. 사람들이 권위주의적인 부부와 가족 관계에 처하게 될 경우, 사회가 권위주의적인 정권으로 결정되는 것은 거의 피할 수 없는 일이다.

독재자들은 언제나 조작에 능숙한 자들이었다. 역사의 진행 과정에서 그들은 예를 들어 충성 선서나 국기 선서와 같은 종교적 관념과 상징을 백성을 복종시키는 수단으로 활용해왔다. 독재 체제 아래서는 사실상 모든 이들의 의식이 조작당할 수밖에 없다. 독재자들 스스로 또한 어떤 지배 집단의 희생자인지 모른다. 결정에 동참할 수 있는 힘과 권리가 소수의 손에 독점된 사회에서 나머지 사람들은 사실상 주체가 아니라 객체로 다루어진다. 강한 나라가 약하고 가난한 나라의 국민에게 자신의 의지를 강요할 경우, 똑같은 일이 국제 관계에서도 되풀이된다. 바로 이런 일들이 신식민주의 개념을 통해 고발되고 있는 것이다.

과거 제국주의가 단순히 노골적인 억압과 착취 체제였다면, 신식민주의는 조작적 과정과 작전을 은폐하고자 노력한다. 민주주의의 이상은 모든 시민이 평등한 권리를 지니며 또한 그런 이유로 모든 이들이 중요한 결정에 공동으로 참여할 수 있도록 모든 조처가 취해져야 한다는 전제로부터 출발한다. 그럼에도 불구하고 가족 제도와 사회 체제에서의 권위주의적인 과거 유산으로부터 완벽한 민주주의가 자연발생적으로 성숙할 수 있다고 생각한다면 너무나 유토피아적인 기대라고 하겠다. 이를 위해서는 오랜 교육 기간이 필요한데, 이러한 교육은 어린아이와 여성을 탈식민화하는 일과 더불어 시작되어야 하며, 그 핵심은 분별력 육성에 두는 교육을 요구하는 교육학이다.

조작적 구조로부터 점차적으로 벗어나는 일은 성실한 반대 없이는 생각할 수 없다. 모순을 고발하고 기존 질서의 개혁을 기대하면서 상호 결합할 수 있는 어떠한 권리와 가능성도 차단되어 있는 곳에서는 붕당과 관료 제도를 이끄는 단지 한 줌의 소수만이 조작을 통해 다른 이들을 마음대로 지배하게 된다. 이들 우두머리는 구소련 크렘린의 최고위 당간부들처럼 진리를 다룸에 있어 자신들은 절대 잘못을 범할 수 없다는 무오류성을 감히 참칭하거나, 양심의 문제를 전혀 고려하지 않고 자신들이 임의로 내린 결정을 타인에게 강요하게 된다. 왜냐하면 사람들이 그 자체로 반드시 지켜야 할 그 어떤 진리와 규범들도 없다고 주장하기 때문이다. 두 경우 모두 결과는 같다. 사람들이 다른 이들에게 소수의 의지를 강요하고, 그럴 경우 사람들은 일반적으로 폭력 행사보다는 사람을 오도하는 조작을 선호하게 된다.

민주주의 국가에서 반대 행위는, 각 정당 내에 진정한 대화를 위한 가능성과 준비가 갖추어져 있고 당원들이 모순을 성실하게 고발할 수 있는 상황 아래서만, 자신의 기능을 효과적으로 수행할 수 있다.[39] 그리고 사람들이 다른 이들에게 자신의 의지를 부과하고 관철시키려는 욕구를 포기하는 한에서만, 참된 양심을 갖춘 이들이 진리를 찾고자 노력하고 사회생활에서 언제나 새롭게 떠오르는 문제들에 대해 의미 있는 해결책을 찾고자 노력하는 가운데서 하나로 결합된 진정한 공동체가

39 Eugen Kogon, Bedeutung der Opposition in der Parteidemokratie, in: *Concilium* 7(1971) 359~362쪽 참조.

존재할 수 있다.[40]

그러나 우리의 민주주의 국가들은 유감스럽게도 자신의 권력 행사를 부당하고 불성실하며 조작적인 방식으로 정당화하려는 너무나 많은 예들을 보여준다. 충격적인 예들 가운데 하나는 아마 낙태 문제에 대해 미국 대법원의 일곱 판사들이 내린 판결일 것이다. 이 판사들은 낙태를 금지해온 이백 년의 역사와 입법을 반대 방향으로 바꾸었으며 사실상 각 주와 미국 시민들이 그처럼 중대한 결정에 참여할 수 있는 기회를 박탈했다. 낙태와 관련된 지금까지의 법적 상황의 반전을 정당화한 장문의 기록문은 언어를 조작하고 진실을 부분적으로 조작한 '모범적'인 사례라고 생각한다. 내가 여기서 관심을 가지는 대목은 영국, 독일, 프랑스 및 다른 나라에서 국민 대표자들에 의해 표결된 낙태법이 미국 최고 법원이 내린 판결보다 낫다는 사실이 아니다. 사실은 미국 대법원의 판결이 다른 나라의 것보다는 훌륭한 것이다. 문제는 미국 최고 법원이 일방적으로 입법 취지를 재해석했을 뿐만 아니라, 시민들의 공동 결정권을 무시한 채 낙태 관련 입법을 정반대 방향으로 수정할 수 있었다는 사실이다.[41] 이런 일은 다른 사회 세력들이 여론 조작에 공동으로 작용하지 않았다면, 분명히 가능하지 않았을 것이다.

미국 최고 법원이 내린 판결의 핵심에는 법의 위치를 차지해버린 선입관이 자리잡고 있다. 이 선입관에 따르면 어머니 자궁 속의 태아는 자신을 보호하기 위해 근본적으로 아무런 권리도 지니고 있지 않으

40 *Pastoralkonstitution Kirche in der modernen Welt*, Art. 16 참조.

41 Paul Ramsey, Protecting the Unborn – How Do We as People Determine the Outer Limits of Human Community? in: *Commonwealth*, 100(1974) 308~314쪽 참조.

며, 어머니가 자신의 의사에 따라 태아를 마음대로 할 수 있다는 것이다. 낙태가 여성의 절대적 권리로 간주되는 사회에서 가장 심각한 종류의 조작은 국내법이다. 상황이 이렇게 진행되는 한, 조작과 관련된 다른 어려운 문제들을 올바르게 해결하기가 어려워진다. 아직 태어나지 않은 아이에게 인간의 존엄성과 관련된 모든 권리와 모든 요구가 인정되지 않는다면, 우리는 각 인간들에게 태어날 때부터 죽을 때까지 이러한 권리가 효과적으로 인정되리라고 결코 기대할 수 없을 것이다.

물론 첨예한 문제를 둘러싸고 벌어진 논쟁에서 낙태의 권리를 옹호하는 측과 마찬가지로 반대하는 측에서도, 문제를 객관적으로 논의하고 각자가 양심에 따라 결정을 내리도록 돕는 대신에, 여론과 입법부를 조작하려고 시도해왔다는 사실은 인정되어야 한다. 그러나 이른바 민주주의 사회의 시민들이 소수의 판사 집단에게 그들만의 판결을 내릴 수 있는 권리와 헌법이나 전통에 전혀 호소하지 않고 다른 이들을 강제할 수 있는 권리를 인정한다면, 상황은 훨씬 심각해질 수밖에 없다. 아직 태어나지 않은 아이가 공동체 측으로부터 생명 보호를 요구할 권리를 지니고 있는가? 그리고 충돌이 일어날 경우 과연 누가 결정을 내릴 권리를 행사할 것인가? 이와 같이 심각한 문제는 모든 형태의 조작을 피하기 위해 가장 폭넓은 대화와 가장 객관적인 토론을 요구한다. "대화는 강요해서도, 조작해서도, 사람을 길들여서도, 선전되어서도 안 된다."[42]

국가의 권위는 도덕적 문제 전체를 법률적으로 규제할 의무도 권

---

42 Freire, *Pädagogik der Unterdrückten*, Kreuz-Verlag, Stuttgart-Berlin, 1971, 199 쪽.

리도 없다. 도덕적 확신과 결정은 각 인격체의 양심으로부터 내려진다. 그럼에도 다른 한편 언급해야 할 것은, 하나의 사회는 시민들이 공동으로 윤리적 신념을 지니고 기본권과 관련된 대화를 진실되고 상호 존중하는 방식으로 이끌어 갈 채비를 갖추고 있는 한에서만 자유롭게 펼쳐나갈 수 있다는 사실이다. 모든 부정적 측면들에도 불구하고 민주주의 체제는 가능한 다수의 사람들이 자신의 자유와 공동 복지에 대한 책임으로부터 중요한 결정에 동참할 수 있는 그런 정부 형태를 갖추고 있다.[43] 사회의 도덕적 신념을 반영하는 법을 존중하는 것이 요구된다면, 그것은 인간의 존엄성을 해치는 조작과는 전혀 무관하다. 범법자들이 알아야 할 것은 소수에 불과한 그들이 모든 사람들에게 자신들의 정당하지 않은 의지를 강요해서는 안 된다는 사실이다. 그럼에도 역사상 자유에 대한 거짓된 열정과 기존의 주어진 자유를 무자비하게 악용함으로써 극단적인 집단들이 권위를 무너뜨리고 조작을 통해 다수 사람들에게 자신들의 의사를 강요하는 계기가 드물지 않았다. 건전한 권위의 유지는 자유를 존속시키고 모든 인간의 존엄성을 효과적으로 인정하기 위해 필수적인 전제조건이다.[44] 기술과 과학의 엄청난 발전으로 특정된 우리 사회에서 과학자들과 기술 관료들은 지나치게 불균형적인 영향력을 행사하고 있다. 물론 이들은 특수 자격과 능력을 갖추고 있기에 중요한 결정에 참여하는 것이 당연한 일인지도 모른다. 그러나 과학자들과 기술 관료들 자신이 광범한 대중들을 위해 중요한 결정을 내릴 권리

43 Archibald Cox, *Civil Rights, the Constitution and the Courts*, Harvard University Press, Cambridge, Mass., 1967.

44 C.H. Waddington, *The Ethical Animal*, 205쪽 참조.

를 지니고 있다고 생각한다면, 이는 자유를 심각하게 위협할 것이다. 그들의 우수한 능력과 업적을 통해 과학자들과 기술 관료들은 일종의 신화적 위치에 올라섰다. 그리고 비록 대중이 전체적 삶을 기술적이며 과학적인 발전의 시각에서 바라보는 경향을 지니고 있으며 인간의 존엄성과 자유와 같은 중대한 인간적인 가치들을 부차적인 위치로 밀어내는 경향을 지니고 있기는 하지만, 지금까지 과학자들과 기술 관료들이 대중의 의식을 조작하는 행위는 그다지 어렵지 않은 일이었다. 경험 과학과 기술의 영역이야말로 사물과 과정들을 조작하기 위한 합법적인 공간이었다. 그러나 과학자들과 기술 관료들이 그들의 한계를 넘어 조작적인 방법을 갑자기 인간 사이의 행동과 사회의 규제에까지 전용한다면, 인간의 자유와 존엄성에 대한 위험은 초미의 관심사로 떠오를 수밖에 없는 것이다.[45]

교회는 자신의 특수 사명에 따라 자유의 효과적인 상징이자 자유를 지속적으로 훈련하는 학교가 되도록 부르심을 받았다. 교회 내부에서 종교의 이름으로 인간의 양심을 조작하려는 시도가 이루어질 경우, 모든 그리스도인들은 각성해야 하며 자신들의 목소리를 높여야 한다. 교회는 인간을 존중하는 자세로 인간의 양심에 의지하고 교회 생활과 교회법 제정에 있어 모든 이의 양심의 성실성이 진리 추구를 위해 조장되어야만 복음을 올바르게 전할 수 있다.[46] 사람들은 교회가 모든 이의 양심, 자유 그리고 발전을 위해 예언자적 발언을 한다면, 이를 거부

45 Leslie Gould, *The Manipulators*, David McKay, New York, 1966 참조.

46 Bernhard Häring, *Theologie im Protest, Die Kirche im Konflikt*, Otto Müller, Salzburg 1971 참조.

해서는 안 된다. 그러나 교회를 움직이는 이들이 세속 사회와 시민들의 삶에 조작적인 방식으로 영향력을 행사하려고 한다면, 그것은 반드시 교회뿐만 아니라 세속 사회의 최선의 모습과는 모순될 수밖에 없다.

과거 교회를 포함한 제도적 종교가 세속 권위에 의해 조작되는 일이 드물지 않았다. 그리고 사회의 권위 체제는 어쩔 수 없이 교회의 내부 생활에 부정적으로 작용했다. 보조성(Subsidiarität)과 단체성(Kollegialität)과 같이 교회가 행사하는 권위의 기능을 위한 기본 규정은 본질상 대화를 지향하며 조작에는 반대한다. 그러나 우리가 잊지 않아야 할 것은 교회 안에서 권위를 행사하거나 내부 대화에 참여하도록 불림을 받은 인사들이 조작적인 폐해를 초래할 수 있다는 사실인데, 이러한 일은 가족과 사회에 큰 부담으로 작용한다. 교회 자신도 언제나 받아들일 수 없는 형태의 조작으로부터 자신을 완전히 해방해야 하는 과정에 있다. 그리고 교회는 그리스도인들이 교회와 세계의 자유 신장에 동시에 기여하기 위해 함께 손잡고 일하지 않는다면, 결코 성공을 기대할 수 없을 것이다. 교회 스스로가 세상의 빛이 되고자 하지 않는다면, 교회는 결코 빛이 될 수 없다. 나아가 교회가 교회 내부에 주어진 신념과 상황을 개선하기 위해 꾸준히 노력하지 않는다면, 결코 세상의 빛이 될 수 없다.

과거 교회가 얼마나 자주 정치 권력에 의해 조작되었는지, 그리고 그런 한에서 교회 스스로 자신의 선교 방식을 부분적으로는 조작적으로 위조해야 했다는 사실을 인식하기 위해서는 겸허한 자세와 커다란 용기 그리고 훌륭한 역사 인식이 필요하다. 교회는 심지어 기존 질서가 매우 정의롭지 않은 경우에도 되풀이하여 기존 질서의 존속을 위한 방패와 보호막으로 이용되어 왔다. 예를 들어 교회 스스로 자신을 너무나 빈번하게 라틴 문화 또는 서구 문화와 동일시함으로써 교회가 복음을 전파해야 할 민족을 문화적으로 소외시키는 잘못을 범해왔다. 오늘날 우리가 과거를 되돌아볼 때 이런 종류의 조작이 어떤 규모로 자행되었는지에 대해 놀라움을 금할 수 없을 것이다. 그리고 우리 앞에 놓인 과제가 얼마나 거대한 것인지 어떤 윤곽을 그릴 수 있을 것이다.

## 6. 관용적 사회를 통한 조작

관용이 보편화된 사회에서 그 자체 선[善]인 자유에 대한 요구가 그 사회 고유의 자유로운 문학을 통해 잘못된 방향으로 조종되고 조작된다. 자유와 해방의 이름으로 소수의 사람들이 자신들의 관점, 개인주의나 집단 이기주의를 전체 사회에 부과한다.

관용의 문화는 청교도주의와 엄격주의, 또한 새로운 삶의 상황과 아무런 접촉도 하지 않고 낡은 규범을 사람들에게 계속 주입하려는 전통주의에 대한 극단적인 반응들 가운데 하나이다. 오늘날 문화는 권위, 원칙 그리고 규범에 대해 알레르기적 반응을 보인다. 그러나 뚜렷한 권위주의적인 엄격주의가 인간의 양심을 전혀 고려하지 않고 자신의 원칙을 무조건 적용하려고 한 것과 마찬가지로 엄격주의에 대한 반작용도 관용을 절대적인 유일 원리로 삼아 모든 이들에게 강요하려 한다. 놀라운 일은 관용 원칙을 고수하는 집단과 신자유주의자들의 태도가 과거 엄격주의 사회에서보다 더욱 너그럽지 못하다는 사실이다. 관용 원칙을 주장하는 이들은 여전히 윤리 원칙을 지키고자 하는 사람들을 마니교도, 케케묵은 자 그리고 멍청이로 부르기 일쑤다. 이른바 관용을 철칙으로 하는 집단이 사용하는 조작적인 구호와 공격적인 비관용 정신은, 분별력을 갖추도록 교육받지 못했으며 이러한 이데올로기의 가면을 벗겨내고 이에 맞설 수 없는 사람들에게는, 결코 사소한 위험이라 볼 수 없다. 따라서 책임의 상당 부분은 단지 일방적인 복종만을 문제 삼았고 가치와 규범을 마음속 깊이 심어주지 못한 교육자에게 지워질 수밖에 없는 것이다.

우리 사회에서 점증하는 관용성은 관용적인 하위문화가 지닌 비관용성과 맞물리면서 다른 한편 뚜렷한 반작용들을 초래하고 있는데, 그러한 반작용은 악순환을 되풀이하고 새로운 형태의 억압 장치를 만들어 내고 있다.

## 7. 환경의 조작과 환경을 통한 조작

하느님은 지구와 지구의 모든 자원 및 가능성을 하느님의 모상이며 같은 모습에 따라 창조된 인간의 자유와 책임에 위임했다. 인간은 하느님의 모상이자 동형으로서 행위하고 모든 것을 점점 더 하느님의 모상이며 같은 모습이 되도록 하기 위해 하느님을 돕도록 세계의 질서를 이루어가는 한에서만, 인간은 자연을 자기 자신의 목적에 종속시킬 권리를 지닌다. 인간이 그의 환경에 질서를 부여하고 환경을 아름답게 만들고 자연환경을 모든 이들에게 기여하도록 만들어 간다면, 인간은 하느님과 공동의 창조자이며 하느님의 사랑을 하느님과 더불어 계시하는 자로서 자신을 드러낼 수 있다. 올바른 방식으로 자연에 대해 창조적으로 행위하는 사람은 간접적으로는 자기 자신의 창조자로서 행위한다. 다시 말해 진실된 모습을 점점 분명히 드러나게 하는 일종의 예술가로서 행위한다. 인간 자신이 환경을 개조하는 방식에 상응해서 인간이 얼마나 자기 스스로를 변화시켜 나가는지를 발견한 사람은 비단 마르크스주의자와 스키너가 처음은 아니다.

창세기에 제시된 바에 따르면, 인간이 지구를 자신에게 복속시킬 권리, 다시 말해 자연을 조작할 수 있는 권리는 인간의 가장 높은 소명 가운데 하나인 바, 안식과 평화를 하느님 앞에서 찾고 하느님을 그의 온 존재를 바쳐 섬기는 일과 맞물려 있다. 하느님 섬기기를 주저하는 자는 모든 피조물 속에 기록되어 있는 복음을 들을 수 있는 커다란 기쁨을 거부하는 자이다. 다시 말해 그런 이들은 모든 피조물이 자신들의 행복을 위해 유일신이요 아버지인 하느님이 인류에게 내린 선물이라는 사실을 거부하는 자이다. 하느님을 생각하지 않고 섬기지 않는 자들은 참된 방향 감각과 내적 평화를 잃게 된다(로마 1,18-32 참조).

무엇보다 지난 수십 년간 인류에게는 새로운 생태학적 양심이 형성되기 시작했다.[47] 인문 · 사회과학은 인간의 행동과 공동생활이 자연환경의 질과 환경의 변화에 얼마나 깊이 조건 지워져 있는지를 점점 분명히 발견하기 시작했다. 인간의 발전과 건강에 결정적인 요소는 의심

47 Canial Cappon, Environmental Psychology and Psychiatry, in: *Science, Medicine and Man,* 1(1973) 123~133 참조; Paul R. Ehrlich, Anne Ehrlich and John P. Holdren, *Human Ecology. Problems and Solutions*, Freeman, San Francisco 1973.

할 바 없이 인간 사이의 관계이다. 그러나 이러한 관계도 어느 정도 환경, 다시 말해 우리가 살아가고 활동하고 있는 세계에 의해 제한되어 있다는 것 역시 부정하기 어려운 사실이다. 그렇기 때문에 오늘날 과제를 수행할 구원의 소명과 교회는 환경의 의미 그리고 환경에 대한 우리의 책임과 관련하여 모든 인간의 양심, 무엇보다 교회 내 주요 결정 위원회의 양심을 일깨워야 한다.[48] 점점 뚜렷해지는 생태 위기 – 물과 대기 오염, 지하자원의 무분별한 개발 등등 –는, 하느님이 모든 세계의 창조자이며 자신의 지구를 책임 있게 사용함으로써 하느님을 섬기도록 하기 위해 인간에게 지구를 위임했다는 근본적인 진리에 새로운 빛을 던지고 있다. 그리고 생태 위기는 또 다른 기본 교리인바, 그리스도는 각 개인들의 구원자일 뿐만 아니라 전 세계의 구원자라는 가르침에도 새로운 빛을 던지고 있다. 따라서 오늘날 구원의 복음은 세계와 환경의 모습과 관련하여 인간의 양심을 일깨우지 않고서는 결코 전파될 수 없는 것이다. 구원은 우리의 이 작은 세계를 초월한다. 그러나 구원에 대한 믿음 전체는 그 속에서 우리가 건강한 삶을 영위하고 건강을 조성하는 환경을 만들어 가는 모습을 갖추어야 한다.

이러한 과제와 관련하여 우리는 받아들일 수 있는 좁은 의미의 조작에 관해 언급할 수 있을 것이다. 우리는 사물을 통제할 수 있다. 그것은 우리 스스로가 만들어낸 작품이다. 우리가 우리의 환경을 의미 충만하게 만들어 간다면, 그것은 가장 탁월한 문화적 업적 가운데 하나가 될 것이다. 우리가 그 안에 살고 있으며 우리가 함께 만들어 가는 이 세

48 Menninger, Whatever Became of Sin?, New York 1973; Bernhard Häring, *Sünde im Zeitalter der Säkularisation,* Styria, Graz–Wien–Köln, 1974 참조.

계는 인간의 선, 정의, 기쁨 그리고 미적 감각 아니면 죄악의 흔적을 안고 있다. 인류가 원래 존재했던 방식과 마찬가지로 선과 악의 요소는 서로 뒤섞여 있다. 우리 앞에 준비되어 있는 세계는, 우리가 질서정연한 가치 체계를 인식하는 것과는 상관없이, 우리의 문화가 가치의 혼란으로 질주하고 있는 것과 아무런 관계도 없이, 이런저런 방식으로 자신의 모습을 드러낸다.

성장과 생산의 지속적인 확대라는 광기로 인해 오늘날 우리의 환경은 부분적으로 황폐하게 되었거나 심각하게 훼손되었다.[49] 그럼에도 우리의 영업이나 기업이 지속적으로 확장을 계속하는 한, 그 기업은 건강하다는 이데올로기가 여전히 존속되고 있다. 국가 경제도 매년의 성장률에 따라 평가된다. 사람들은 의미 있는 욕구를 훨씬 넘어서서 지구상의 재화를 마구 낭비하고 있다. 그 결과 자원이 약탈되고 자연의 아름다움이 훼손되고 말았다. 이러한 생활 방식은 인간의 문화와 인간의 인격 발전에 있어 무언가 잘못되고 있다는 것을 상징한다. 결코 보충할 수 없는 지하자원이 급속히 고갈되고 수질 및 대기 오염이 이런 방식으로 계속된다면, 인간의 생명과 건강에 어떤 결과가 초래될지 결코 예측하기 어렵다.[50]

나아가 너무나 빨리 그리고 아무 의미 없이 성장하는 도시의 공룡화 현상 또한 우리에게 경고 신호를 보내고 있다. 수많은 사람들이 비좁은 도시에 집중적으로 몰려있다. 도시에는 아이들의 놀이터도, 노인

49 Herman Daly, *Toward a Steady State Economy*, Freeman, San Francisco, 1973. 저자는 이러한 광기에 대해 열렬히 반대하고 있다.

50 Dr.T. Rose(Hrsg.), *The Effect of Technological Advance on Environment, Life, Society*, Gordon and Beach, Science Publishers, New York–London, 1969 참조.

들과 피곤에 지친 이들을 위한 조용한 쉼터도 찾아보기 힘들다. 소음 공해는 건강치 못한 삶의 조건들 전체와 밀접히 맞물려 있다. 이러한 상황은 땅값과 건축비 조작, 나아가 결함을 지닌, 무계획적인 도시 계획이 빚은 결과이다. 나 자신은 남미와 아프리카에서 급성장하는 대도시들의 비참한 상황과 비인간적인 상황들을 직접 목격할 기회가 있었다. 불결한 도시 공간에 수많은 대중이 의미 없이 밀집해 있다는 것은, 도시가 각종 범죄의 온상이라는 사실을 도외시하더라도, 인간의 유전학적 건강을 심각하게 위협한다. 농경 사회로부터 과밀한 대도시 생활로 갑자기 바뀌어 여러 가지 형태의 신경증과 정신 질환이 발생하는데, 이 모든 질병은 사회의 앞날에 심각한 부담으로 작용하게 될 것이다.

최근 수년간 무엇보다 미국에서는 기술 평가라고 하는 새로운 학문 분야가 생겨났다.[51] 그러나 내가 아는 한, 이 새로운 학문은 주로 또는 오직 경제 발전, 전체적인 성공 그리고 부작용에 들어갈 예상 비용과 관련된 문제만을 연구하는 경향을 보인다. 물론 인간의 건강도 고려의 대상이기는 하나 이 문제도 역시 예상 비용의 관점에서 다루어질 뿐이다. 정신 건강, 포괄적인 시각에서의 건강 문제는 전혀 주목받지 못하고 있다. 반면 '로마 클럽'은 여론에 경고하고 모든 예상되는 결과들을 폭넓게 다룬 연구를 이끌어 내는 몇 가지 업적들을 이루었다.

윤리학자들과 도덕주의자들이 이 문제에서 간단히 손을 뗄 수는

51 David Hamilton, *Technology, Man and the Environment*, Scribners, New York 1973; Dedek Medford, *Environment Harrasment or Technology Assesment?*, Elsevier Scientific Publishers, Amsterdam-London-New York, 1973 참조; Marvin J. Cetron and Bodo Barfocha (Hrsg.), *Technology Assessment in a Dynamic Environment,* Gordon and Beach, Science Publishers, London-New York-Paris, 1973.

없다. 앞으로 이들은 더 체계적으로 전체 인간 환경을 위한 우리의 책임을 연구하고 이와 관련하여 책임 있는 사람들의 양심을 일깨워야만 할 것이다. 오늘날 인간의 자유에 봉사하지 않고 전체 환경에 대한 인간의 책임에 호소하지 않는 윤리는 전혀 상상할 수 없다. 첫 번째 발걸음은 환경에 대한 인간의 책임과 관련하여 타당한 가치 체계를 의식적이며 체계적으로 적용하는 작업이다. 가치를 이른바 푸른 허공에서 관찰하는 것은 우리에게 아무런 도움도 되지 않는다. 가치는 우리의 고향일 수밖에 없는 구체적인 세계의 질서 속에서 파악되어야만 한다.

## 8. 이데올로기의 조작적 권력

가장 위험한 조작자는 자기 스스로 이데올로기에 의해 조작된 자들이다. 예를 들어 의학, 인간 유전학과 같은 특정 분야에서 자행되는 바, 인간의 존엄성을 파괴하는 조작에 맞선 우리의 투쟁은, 만약 우리가 우상과 이데올로기들이 자행하는 조작의 힘에 대해 무지하고 그 가면을 벗기는 방법을 배우지 못한다면, 절망적인 작업으로 비칠 수도 있다.

이데올로기는 관념, 윤리적 이상 그리고 인간의 욕구를 특정 집단의 이익을 위해 능숙하게 다룰 수 있다. 조작자들과 이데올로기에 조작된 사람들은 일면만의 진리를 항상 고의적으로 이용, 정확히 말해 악용하고 있다는 것을 늘 깨닫고 있지 않다. 이데올로기들은 자기기만의 방향으로 놀라운 힘을 발휘한다.

이데올로기가 작동하는 방식을 설명하기 위해 우리는 심층심리학, 정신분석 그리고 대중심리학을 필요로 한다.[52] 물론 학문으로서의 이념 비판은 유용하다. 그러나 기존의 상황을 개선하고자 하는 공동의 노력과 더불어 개인의 전향적인 자세만이 마침내 이데올로기의 권력을 분쇄할 수 있다. 여기서 나는 연구를 수행하는 과정에서 거듭하여 마주치게 되는 몇 가지 이데올로기들을 지적하고자 한다.

기술 분야에서 인간은 당연히 조작자이다. 인간은 사물을 철저히 장악하고 기술적으로 가공해야 한다. 인간은 인간 아래 존재하는 자연, 무엇보다 자신의 환경을 인류의 복지를 위하여 만들어 나가기 위해 자신의 숙련된 기술을 사용할 권리와 의무를 지닌다. 기술 세계에 적합한 기준들이 검토되지 않은 채 인간의 전체 행동 및 관계에 적용되는 경우에, 인간을 노예로 만드는 이데올로기가 시작된다. 그렇게 되면 인간 자신을 조작하는 시도로 이어진다. 그리하여 인간의 전체적인 소명으로부터 설정된 위계적인 한계를 넘어서게 된다. 이런 일은 사람들이 과학자들과 기술 관료들의 이데올로기를 맹종할 경우에 일어나는데, 이들 과학자와 기술자들은 자신들만이 인간의 삶과 사회 조직을 결정할 수 있는 자격을 갖추고 있다고 생각한다. 과학과 기술을 최우선시하는 이러한 이데올로기는 고전 마르크스주의는 물론, 서방 세계에서도 자신의 위험한 축제를 즐기고 있다.

52 나는 여기서 이 문제를 철저하게 추구할 의도가 없다. 왜냐하면 나는 다음과 같은 나의 책에서 이 과제를 다루었기 때문이다. Sünde im Zeitalter der Säkularisation, Styria, Graz-Wien-Koeln, 1974, 94~109쪽 참조. W.Post, Ideologien, in: Scramentum Mundi, Band II, 795~801쪽 참조; Jürgen Habermas, Technik und Wissenschaft als Ideologie, Suhrkamp, frankfurt, 1970. - 위르겐 하버마스의 다른 많은 간행물도 우리의 주제를 위해서 시사하는 바가 많다.

기술 관료들과 과학자들은 우리에게 자신들의 연구 그리고 그들의 실제 작업이 '가치로부터 벗어나' 있다고 단언한다. 이러한 주장에 대해 사람들이 납득할만한 의미를 인정할 수도 있다. 다시 말해 그러한 과학이 윤리적 문제를 결정할 자격이 없다는 의미에서 말이다. 그러나 과학자들과 기술 관료들은 자신들의 지식과 능력만으로 세계를 만들어 나가는 데 충분하며 그렇기에 특수한 도덕적, 종교적 시각을 필요로 하지 않는다는 입장을 피력한다. 그리하여 저들은 모든 사물뿐만 아니라 인간 자신에 대한 재판관이자 잣대가 된다. 여기서 우리는 과학기술주의의 마지막 결론인 스키너의 『자유와 존엄을 넘어서』에 이르게 된다. 우리는 이러한 이데올로기가 몇몇 인사들의 머릿속에 퍼져 있을 뿐만 아니라 우리의 환경, 우리의 전체 문화 그리고 무엇보다 우리의 경제적, 정치적 체제 속에 위험한 '투자'를 계속해 왔다는 사실을 설명해야 한다.

우리는 의학에 근접한 분야에서 또 다른 이데올로기를 만나게 된다. 조작을 전제로 하는 의학 분야에 깊숙이 자리 잡고 있는 이데올로기를 폭로하지 않는다면, 우리는 너무나 손쉽게 정신질환 치료제를 남용하는 중독 위험과 충동에 효과적으로 맞설 수 없게 된다. 그것은 '값싼 행복', 직접적인 효과와 공리주의적 소비 문화의 숭배라고 하는 유토피아의 혼합물이다. 이런 이데올로기에 사로잡힌 사람들은 자유의 신장과 인간의 존엄성을 지키기 위해서 참을성 있는 노력이 필요하다는 사실을 너무나 쉽게 간과하게 된다.[53] 정신질환 치료제의 대량 소비

53 B.F. Skinner, *Beyond Freedom and Dignity*, 111쪽 참조. 이러한 이데올로기는 스키 너의 저서에 거의 늘 들어 있다. 그는 모든 사람이 전적으로 그들의 전체 환경에 의해 제한되어 있다고 믿는다. 이로부터 그는 결과적으로 그 자신의 이데올로기와 이것을 위 한 광고에서 환경에 의해 조작되어 있다는 것을 추론할 수

와 이를 목적으로 신비화된 선전 광고는 문화적으로 일련의 이데올로기들과 행동 모델을 전제조건으로 하고 있다. 우리가 일반적으로 단언할 수 있는 바는 정신치료제 판매를 위한 광고 선전이 반드시 허위 광고는 아니겠지만, 사람들을 오도하고 있으며 광고 자체도 우리 문화의 위험한 이데올로기들에 의해 잘못된 길로 인도되고 있다는 사실이다.[54]

모든 분야에서 조작되지 않은 정보들에 도달하기란 매우 어려운 일이다. 대화는 모든 참가자들이 자신들 스스로가 일련의 이데올로기로부터 벗어날 필요가 있다는 사실을 의식해야만 결실과 기대를 얻을 수 있을 것이다. 다시 말해 대화 참가자들은 자신들의 시각과 진리에 대한 추구 행위가 어떤 방식으로든 은폐된 그리고 반쯤 은폐된 이기적인 의도들에 의해 왜곡되어 있다는 사실을 인식해야 하는데, 이처럼 이기적인 의도들은 문화나 해당 집단의 공통된 이데올로기에 뿌리박고 있을수록, 점점 더 파악하기 힘들어질 수밖에 없다.

몇몇 대학들은 이데올로기 비판을 위해 교수직을 마련하고 있다. 이러한 일이 우리 사회의 폭넓은 집단들이 우리 자신이 얼마나 이데올로기의 영향 아래 노출되어 있는가 그리고 그 원인은 무엇인가를 인식하는 데 기여한다면, 사회적 편견을 조작하는 권력으로부터 벗어나기 위한 중요한 일보전진이 될 것이다.[55] 그러나 이념 비판은 이 작업이 순수히 이론적인 영역에서만 진행된다면 별다른 도움을 주지 못할 것이

---

밖에 없을 것이다.

54 Oakley S. Ray, Drugs, *Society and Human Behaviour*, The C.V.Mosley Company, St.Louis, 1972, 275쪽; 3~15쪽; 또한 Ivan Illich, *Die Enteignung der Gesundheit*, Rowohlt, Reinbek bei Hamburg 참조.

55 G.W. Allport, *The Nature of Prejudice*, Addison–Wessley, Reading, 1954.

다. 되풀이하여 강조하지만 가장 과학적인 이념 비판 작업도, 이 분야에 종사하는 학자들과 이를 배우려는 많은 사람들이 개인적, 공동적으로 의식을 변화시키고 기존 상황의 개조를 위해 헌신할 준비를 갖추고 있을 경우에야 비로소 인간 해방에 기여할 수 있을 것이다. 이것이 의심할 바 없이 미래에 의미하는 바는, 우리가 이념 비판의 도구로 인문 · 사회과학과 철학을 갖추고 있고 이 도구들이 온갖 종류의 이데올로기로부터 벗어나고자 하고 온힘을 다해 진리와 분별력을 찾고자 하는 이들의 수중에 있을 때, 이 도구들은 비로소 의미 있게 사용될 수 있다는 사실이다.

## 9. 악순환 속에서

인간 해방에 관해 점점 더 많은 책이 봇물처럼 쏟아지고 있다. 이러한 서적은 기존 정권이 저지른 조작과 부당한 폭력 행사의 가면을 날카롭게 폭로하고 단죄한다. 그러나 대부분의 문헌은 무엇보다 혁명과 폭력 사용에 호소함으로써 문제 해결의 악순환에 머물러 있다. 수많은 구호들이 조작적인 방식으로 사용되고 있다. 노골적인 폭력이 사회의 질적 변화를 초래하리라고 믿는 사람들은 바로 이런 류의 이데올로기로부터 벗어나야 한다. 바로 이처럼 잘못된 신념이 자유로워지고자 하는 사람들, 그리고 당연히 그들이 투쟁의 목표로 삼는 이들과의 진정한 대화를 가로막는 요인으로 작용한다. 폭력 행사를 정당화하는 이들은 자유가 인간 내부의 가장 깊숙한 곳으로부터 우러나오며 내적인 확신으로부터 일어나는 행동만이 인간을 자유롭게 할 수 있다는 경험과 확신을 결여하고 있다. 그렇기 때문에 그들은 참지 못하고 다른 이들을 폭력을 통해 복종시키고자 한다. 외적 성공의 신화와 우리들 문화 속에 만연된 값싸고 신속하게 획득되는 행복의 이데올로기는 폭력 행사를 통해 사회 문제를 즉각 해결하려는 이론들 속에 뿌리내리고 있다.[56] 물론 나 자신, 자유가 사회 구조를 주조해 간다고 생각하는 해방신학의 진영에 가담해 있다. 그러나 많은 이들이 필요한 변화를 위한 올바른 길을 제대로 보지 못하고 있다.

대화를 지향하고 참을성 있으며 폭력으로부터 벗어난 행동만이 인간을 조작과 폭력 행위의 악순환으로부터 해방시킬 수 있다. 그것은 하느님 앞에서의 겸손, 하느님과 우리 그리고 모든 인류가 하나라는 심오한 의식을 전제로 한다. 우리가 폭력을 통한 즉각적인 해결과 해방을 피상적으로 신뢰하지 않는 일이야말로 사랑의 궁극적 승리를 약속한 그리스도적 희망의 고유한 특성이다. 그리스도적 자유는 인내와 굳건함 속에서의 성장을 요구한다. 따라서 모든 폭력 사용은 가장 위급한 비상 상황에서라도 허용될 수 없다고 나는 감히 주장한다.

## 10. 잘못 이해된 연대성을 통한 조작

특정 집단들은 무조건 그 집단에 소속하려는 이들에게 가공할 조

56 이러한 실상은 James W. Douglas의 저서인 *Resistance and Contemplation, The Way of Liberation* (Delta Book, New York, 1973)에서 매우 잘 표현되어 있다.

작적 권력을 행사한다. 이는 고전적으로 워터게이트 사건의 과정에서 드러난다. 모든 대가를 무릅쓴 연대성, 실책 은폐를 위한 공동의 암묵적 동의 그리고 외부를 향한 일치단결이 우상이 되었다. 개별 인격체는 강력한 조직을 위해 자기 자신의 신념을 포기한다.[57]

어쨌든 경력을 쌓기를 바라고 이미 출세 가도를 달리고 있는 자는 점차 양심을 선별적으로 사용하는 일에 숙달된다. 그를 움직이는 근본적인 충동은 명예욕이기 때문에 그 자신의 시각은 직접 진실을 향하지 않는다. 그의 시각은 우회로를 통해서라도 오로지 희망하는 목표를 향하고 있다. 그리고 그는 진리가 자신의 명예욕을 추구하는 목표에 기여할 수 있거나 적어도 이를 방해하지 않는 한에서만 진리를 인식한다. 이러한 현상을 우리는 교회와 마찬가지로 세속 사회에서도 흔히 발견할 수 있다. 고전적인 경우는 모든 시대와 장소에 있어서 자기 합리화에 능한 바리사이(위선자)이다. 위선자는 스스로 가장 도덕적인 인간으로 행세하고 또 점차 자신이 그런 인간이라고 믿게 된다. 왜냐하면 위선자는 자신이 그로부터 권력과 존경을 얻게 되는, 자신이 속한 집단의 모든 사소한 규칙들을 정확히 따르기 때문이다. 그는 집단 결속력의 이름으로 집단 이데올로기와 집단의 이익을 의문시하는 이들을 비난하고 심지어 고문할 준비를 갖추고 있다. 권력 집단의 각 구성원은 다른 구성원들 앞에서 다른 집단 전체보다 훨씬 열정적이며 가능하다면 집단의 원칙에 훨씬 충실한 자로 비치기를 바란다.

오늘날 사회에는 자유주의자 집단이 존재하고 있는데, 이들은 다

57 Menninger, *Whatever Became of Sin?*, New York, 1973; Bernhard Häring, *Sünde im Zeitalter der Säkularisation*, Styria, Graz–Wien–Köln, 1974, 96쪽.

른 사람들의 눈에 보수적으로 비치는 것 외에는 아무것도 두려워하지 않는다. 보수적인 사람으로 분류된다는 것은 파문이나 사형 판결과 같은 것으로 이해된다. 진리와 정의는 오직 '진보적' 집단에 속한다는 시각에서만 발견된다. 꼭 마찬가지 경우가 보수적 클럽이나 집단에게도 적용된다. 이는 새로운 형태의 씨족적 결속 관계인바, 이러한 관계는 개개 구성원들에게 다른 편의 선한 면을 보거나 자신이 속한 집단의 오류를 인정하는 일을 허용치 않는다. 이러한 특성들은 '방랑자'나 "가톨릭 신자들은 믿음 가운데 하나된다"는 구호 아래 모여들었던 미국 가톨릭 신자들에게도 뚜렷이 드러난다. 하나의 생명이 자신의 양심에 따라 자유를 다시 찾을 수 있는 유일한 길은 자신이 속한 집단을 떠나 진리에 봉사하고 모든 인간과의 연대 관계를 중시하는 공동체에 귀의하고자 하는 용기라 하겠다. 진정한 연대성을 대표하고 또한 그 가운데 살고 있는 사람은 착한 사마리아인과 같은 사람인 바, 그는 자신의 고유한 양심에 따라 행위하고 다른 사람이 유다인인지 아니면 씨족의 일원인지를 묻지 않는다. 그래서 그는 자기 자신과 다른 이들을 편협한 마음가짐과 소집단의 결속력에서 벗어나도록 기여하는데, 소집단의 결속이야말로 하느님의 자녀 모두를 감싸안아야 하는 연대성에 맞서는 가장 강력한 모순인 것이다.

## 11. 조작적 설문조사

사회적 행태 및 여론과 관련된 사실적인 연구와 설문조사는 내적,

외적 자유에 기여하는 의식의 태도가 성장하도록 조장할 수 있다. 그러나 수많은 사회학적 연구들과 설문들은 시장뿐만 아니라 특정 이데올로기와 권력 집단에 봉사한다. 여론 조사는 조작적 방식으로 행해질 수 있으며, 또한 그런 경우가 대부분이다. 설문 자체가 거짓된 방식으로 이미 어떤 가치 기준을 내포한 채로 제시될 수 있으며 질문 속에 이미 특정한 대답이 잘못되고 어리석은 방식으로 제시되기도 한다.

적지 않은 전문가들이 남녀 성생활에 관한 킨제이 보고서의 설문이 전체적 구성과 수행 방식, 특히 설문조사의 결과에 대한 평가에 있어서 조작적이라고 간주한다. 킨제이 보고서가 받은 여론의 열렬한 주목 덕분에 미국뿐만 아니라 다른 나라의 성생활에도 엄청난 영향을 주었다. 킨제이와 그의 동료들이 외형상 모든 성인 남자들의 51%가 어떤 형태로든 동성애 경험이 있었다는 사실을 증명했다면, 많은 이들이 비록 자신들이 그런 경험을 적잖이 가졌을지라도 자신들은 극히 정상이라는 생각을 지니게 될 것이다. 그들은 어떤 대가를 무릅쓰고라도 다수에 속하기를 바랄 것이다. 동성애와 관련된 바로 이 점에 킨제이의 설문은 이상한 방식으로 전개되었으며, 설문 결과에 대한 평가에서도 전혀 다르고 엉뚱한 사실들이 하나로 통합되어 있다.[58]

설문조사에서 보이는 이런 종류의 비사실성은 정치, 시장 상황 그리고 성행위에 관한 관심뿐만 아니라 때로 종교적인 사안에도 관련되어 있다. 몇 년 전 일단의 사제와 신도들이 독신에 관한 설문에 대하여

58 Alfred C. Kinsey, Wardell B. Pomeroy, Clyde E. Marin, *Sexual Behaviour in the Human Male*, W.B. Saunders, Philadelphia and London, 1948, 610~666쪽; Wardell B. Pemeroy, *Dr. Kinsey and the Institute for Sex Research*, Harper & Row, New York, 1972, 75~78, 126~127, 417~418, 423~427쪽 참조.

내게 전문적 평가를 부탁한 바 있었다. 나는 그들과의 대화에서 일련의 설문 형식들이 이미 특정 대답을 제시하고 있거나 다른 대답들은 설문 속에 거꾸로 암시되어 있다는 견해를 피력하고자 했으며, 이런 종류의 설문조사는 사람들의 신념에 대해 어떤 객관적인 윤곽도 제시할 수 없다고 결론지었다. 거기에 참석한 어느 인사는 아주 솔직히 대답했다. "우리에게 중요한 것은 사람들이 어떻게 생각하고 있는가가 아니라 그들의 사고방식을 바꾸는 데 있습니다. 바로 그 때문에 우리는 노력하고 있으며 설문조사의 비용을 부담하고 있는 것입니다."

물론 나는 설문을 제시하는 이들이 특정한 이념적 목적을 설정하더라도 그에 반대할 생각은 없다. 설문조사를 의뢰하는 정당들은 결국 유권자들을 자신의 편으로 끌어들이는 데 목적이 있다. 그러나 설문조사는 경향과 신념들에 대한 사실상 정확한 상황을 제시할 경우에만 비로소 가치를 지니는 것이다. 그렇기에 설문은 유도 심문이 되어서는 안 된다. 설문조사가 끝난 뒤에야 사람들은 비로소 인간이 얼마나 잘못된 설명 방식과 심각한 가치 선호에 사로잡혀 있는가 라는 문제에 접근하게 될지도 모르며, 진정한 대화 가운데 사실에 대한 인식을 얻을 수 있을지도 모른다. 진리와 더불어 모든 참가자들의 양심이 존중되고 대화가 진실된 심사숙고로 이끌어질 경우에만, 비조작적인 노력이 이루어진다. 대화에서 우리의 동반자들이 무엇을 생각하고 있는가를 알기 위해서는 우리가 자신의 견해, 확신 그리고 논변을 제시하기 전에 남들의 말을 우선 경청하는 것이 바람직하다고 하겠다.

**제2장**

# 조작의 의미와 가치를 구분하는 기준들

앞장에서 우리는 여러 모습의 조작을 다루면서 조작의 의미에 대해 의문을 제기했다. 여기서 우리는 의학, 행태 연구 그리고 인간 유전학 분야에서 과학적 발전의 결과로서 야기된 새로운 문제들의 정신적 공간의 윤곽을 파악하기 위한 모색과 시도를 다루었다. 우선 대부분 각 인격체의 양심 및 자유와 관련된 조작의 문제들에 대해 곰곰이 생각해 보았다. 그러나 우리가 되풀이하여 상기해야 할 것은 정당한 조작의 영역이 엄연히 존재한다는 사실이다. 다시 말해 인간이 아니라 사물이 조작의 대상일 경우 이는 정당화될 수 있다는 사실이다. 이 장에서 우리는 우선 조작의 객관적인 기준들에 관해 체계적으로 문제를 제기할 것이며, 그러고 나서 실제적으로 분별력을 갖추고 지혜의 기준에 충실하기 위해서는 우리가 어떤 종류의 인격체가 되어야 하는가 라는 문제를 제기할 것이다. 우선 객관적인 기준을 제시하려고 한다. 왜냐하면 우리는 가장 폭넓게 계획된 대화에서 어려운 문제들이 해결될 것이며, 그것은 우리가 객관적인 기준들을 제공할 수 있을 때만 비로소 가능할 것이라고 믿기 때문이다.

## 1. 객관적 기준들

우리의 모든 연구는 궁극적으로 인간은 누구이며 무엇이 되어야 하는가 라는 질문을 밝히는 데 있다. 따라서 여기서는 인간 존재와 인간들 간의 행태가 지니는 궁극적 의미를 밝히는 심사숙고가 문제의 열쇠이다. 그러나 이 문제는 언제나 되풀이하여 현재 상황의 시각에서 제기되어야 한다. 오늘날 인류에게 지혜로운 성장보다 더 시급히 필요한 것도 없을 것이다. 지혜로운 성장은 과학적 연구의 발전을 통해 자동적으로 주어지지 않는다. 그럼에도 우리는 비관해서는 안 된다. 문제가 매우 복잡함에도 불구하고 양심과 힘을 합쳐 궁극적인 가치 척도에 대해 묻는다면, 결정적인 점에서 분명한 빛을 보게 되리라 기대해도 좋을 것이다.

### 1) 인간 본성의 고유성

낙태와 같이 출생과 관련된 규정, 인간의 행태 변화 그리고 유전자 계획과 같은 문제에서 오늘날 우리가 직면하는 혼란은 대부분 회피할 수 있다. 만약 이제부터 우리의 모든 에너지를 오늘날 위험에 처해 있는, 인간의 특수한 가치에 대한 분명한 시각을 형성할 목적으로 집중해 나간다면 말이다. 이러한 의식적인 심사숙고가 결여될 경우, 과학적 연구는 '성공의 배신'에 의해 위협받는다.[1] 순수히 기술적인 방향으로 치우친 인간, 순수히 경험적인 과학자는 늘 과연 무엇이 자신의 성공을 보장할 것인가 라는 질문을 되풀이한다. 그러나 다행스럽게도 소수의 과감한 과학자들은 이러한 경향이 초래하는 위험을 이미 인지하고 있었다. 가장 뛰어난 연구자 가운데 한 사람인 델가도(Delgado, 1915~2011. 미국의 신경생리학 학자)는 "우리들 문화 전체가 오로지 기술적 잣대로 측정되고 있는 위험은 명백하다"라고 썼다.[2]

과학자들이 조작을 행하는 자신의 권력에 슬기로운 제한을 가할 수 없다 하더라도 그것은 단지 과학자들만의 잘못은 아니다. 시대정신을 표현하는 기술 문화와 이 문화 내부에서 유지되고 있는 특정 종류의 교육이야말로 오히려 가장 근본적인 난제이다. 다시 델가도를 인용한다면, "미래 산업사회의 구성원을 육성함에 있어 철학 연구와 내면을 향한 성찰은 아무런 직접적인 관련성도 갖지 못하는 비본질적인 관심 분야로 간주되고 있다. 그리고 철학 따위의 문제들로 시간을 허비하지 않을 경우에야 이 세상에서 보다 성공적으로 삶을 영위할 수 있다는 가정이야말로 기술 세계와 관념 세계 간의 간격을 더욱 깊게 만든다."[3]

그렇게 수많은 과학자들에게 결여되어 있는 것은 지혜와 분별력의

---

1 Daniel N. Robinson, Therapies, in: *American Psychologist*, Feb. 1973, 132쪽.

2 J.M.R. Delgado, *Physical Control of the Mind*, New York, 1971, 18쪽 참조. –Deutsche Übersetzung: *Gehirnschrittmacher. Direktinformation durch Elektroden*, Ullstein, Wien–Berlin, 1971.

3 J.M.R. Delgado, *Physical Control of the Mind*, New York, 1971, 19쪽.

발전을 위한 객관적인 기준과 조건들을 신학, 철학 그리고 윤리학 등에서 모색하려는 자세이다. 그러나 신학자, 철학자 그리고 윤리학자들은 이처럼 결여된 자세에서 비롯되는 과학자들의 책임에 대해 혼란된 잣대만을 지니고 있을 뿐이다. 도덕주의자들은 오늘날과는 전혀 다른 시대의 전혀 다른 관계들을 해결하려는 시도에서 비롯된, 시간적 한계를 지닌 수많은 견해와 신념을 마치 영원한 원리인 것처럼 제시해왔다. 만약 사정이 그렇다면, 우리는 과학자들이 도덕주의자들의 전통주의에 반대하는 반응을 이해하기 위해 성실히 노력해야 할 것이다. 오늘날에도 여전히 도덕주의자들 가운데는 윤리적 결론을 내리기 전에 과학자들이 제공하는 정보를 파악하는 데 필요한 노력을 기울이지 않는 사람들이 드물지 않다는 사실을 인정해야 한다. 오늘날 철학과 윤리학적 논의들은 과거 시대나 다른 행성에 거주하고 있는 사람들의 논의처럼 보인다. 달리 표현하면 여기에는 학문 간의 진지한 대화가 결여되어 있다. 과학자들의 관심사인 삶의 사실들을 파악하지 못하는 윤리학자들은 결코 분별력과 중심에 이르는 데 기여할 수 없다.

그럼에도 오늘날 윤리학자들이 최소한의 필수적인 과학적 인식을 획득하는 일도 매우 어렵다는 사실이 인정되어야 한다. 다른 한편 오늘날 과학적 교육, 특히 위대한 연구자들의 그것은 생의 모든 에너지를 거기에 집중할 수밖에 없는 너무나 높은 정도의 전문화를 요구한다. 그 결과 전문 분야에 집중적으로 관여할 수밖에 없는 과학자들은 어쩔 수 없이 삶의 부분적인 편협한 시각에 사로잡히게 된다. 예를 들어 사회학자들 가운데는 창조적인 자유에 대해 전혀 무지한 사람도 드물지 않다. 그들은 경험 심리학의 연구 결과들에 대해 결코 완전한 정보를 얻지 못하고 있다. 행동주의자들은 인간 행동이 단지 환경의 여건들을 통해 조건 지워져 있다는 사실만을 관찰할 수 있을 뿐이다. 또한 인간 유전학자들은 모든 것을 유전 법칙에 따라 설명하려는 경향이 강하다. 그럼에도 오늘날의 상황은 각 학문 분야 간의 대화를 요구하는데, 이러한 대화는 인간에 대한 폭넓은 인식을 가져다줄 것이며 우리에게 확고한 공동의 기준을 찾도록 할 것이다.

그러나 여기에도 문제는 있다. 과연 누가 이런 종류의 학문 간 대화를 이끌 수 있으며, 대화는 또한 어떤 방식으로 수행되어야 하는가? 델가도가 학문 간의 대화가 순수히 사변적인 문제일 수 없으며 학문상 획기적인 사건으로 기록될 새로운 방향의 모색이라는 견해를 피력했을 때, 나는 그의 견해에 전적으로 동의한다. "오늘날 과학은 인간의 본성에 관한 문제를 위한 새로운 기초를 제시하기 위해 철학과 생물학 등 여러 영역을 조정하기 위한 수단을 갖추고 있다."[4] 물론 다양한 과학들이 대화를 조정하는 데 도움이 될 수는 있다. 그러나 학문 간의 대화는 단순히 과학적 경험적 방법론을 넘어서야 한다. 나의 생각으로는 전체적인 관점이 학문 간의 대화가 지향하는 목적의 의미를 규정해야 한다. 그리고 그럴 경우, 대화는 그 전체적인 성격에 따라서 개별 경험과학들의 모든 결과와 연구에 각별한 주의를 기울여야만 한다.

일반적으로 현대의 자연 개념 그리고 특히 천부적인 욕구와 목표 지향성을 지닌 인간 본성이란 개념은 오늘날 더이상 과거 시대의 개념과 같을 수 없는바, 자연과 인간에 대한 과거의 개념은 창조를 완벽한

4 J.M.R. Delgado, *Physical Control of the Mind*, New York, 1971, 19쪽.

작품으로 간주했으며, 태초의 첫 번째 인간을 미래의 모든 인간의 완벽한 모델로 믿었다.[5] 우리는 우리의 모색 가운데서 현대 과학자들로부터 과학적 엄밀성과 더불어 앞으로의 연구에 대한 열린 감각을 배워야 한다. 그러나 우리는 표피적인 현상을 넘어 전체적 관점 속에서 궁극적 의미를 발견하려는 예언자의 능력을 여전히 필요로 한다.[6]

예언자와 철학자의 정신을 동시에 지닌 위대한 과학자들은 우리에게 매우 큰 도움을 줄 것이다. 이들은 철학자이자 의사인 지난 시대의 위대한 의사들의 전통을 이어가고 있다. 그들은 전체성과 인간의 전체적인 소명이란 시각 속에서 인간에게 기여하고자 한다. 인간의 윤리적 소명과 본성을 규명하기 위해 모든 관심을 기울이는 과학자들이 존재해왔고 오늘날도 존재하고 있다. 그들 위대한 과학자들은, 신학자들이 하느님 자신의 복음을 성경과 전통 속에서 발견하고자 하는 것과 흡사하게, 하느님의 계시를 창조의 책 속에서 발견한다.[7] 우리는 임상심리학자이자 인간과 인간의 윤리적 소명을 보다 잘 이해하도록 기여한 바 있는 위대한 심리학자들에게서 배울 준비가 되어 있다. 그들 가운데서 특히 에리히 프롬(Erich Fromm, 1900~1980. 미국의 사회심리학자. 정신분석학자), 에릭 에릭슨(Erik Erikson, 1902~1994. 미국의 발달심리학자. 정신분석학자), 고든 올포트(Gordon Allport, 1897~1967. 미국

---

5 H.J. Müller, *The Modern Concept of Nature. Essays on Theoretical Biology Evolution*, Albany, 1972 참조.

6 Abraham Heschel, *Who is Man?*, Stanford, 1965 참조.

7 T.Dobzhansky, *Heredity and the Nature of Man*, New York, 1964; C.D.Weddington, *The Ethical Animal*, Chicago, 1960; Phoenix Book, 1967; *Science and Ethics*, London, 1972; R.Hooyas, *Religion and the Rise of Modern Science*, Edinburgh-London, 1972 참조.

의 사회심리학자), 에이브러햄 매슬로우 그리고 빅토르 프랑클(Viktor Frankl, 1905~1997. 오스트리아 출신 신경학자. 심리학자)을 들고 싶다.[8] 내가 확신하는 바는 우리네 도덕주의자들이 이들 위대한 학자들과 임상심리학자들이 제시한 경험적 지식과 통찰을 고려하지 않고서는 인간의 본질과 본질적인 윤리 법칙을 이야기할 수 없다는 사실이다. 이들은 특히 인격체의 존엄성을 해치는 조작에 직면해 인간의 생물학적, 심리적 기능에 대해 행해지는 조작들 가운데서 우리가 받아들일 수 있는 형태의 조작이 어떤 것인지를 결정하는 문제를 다룰 때 많은 도움이 될 것이다.[9]

---

8 프롬의 책들은 대부분 독일어로 출간되어 있다. *Medizin gestern, heute und morgen*, Gentner, Stuttgart, 1965; *Das Menschliche in uns*, Diana, Konstanz, 1968; *Die Kunst des Lebens*, Ullstein-Taschenbuch; *Jenseits der Illusionen*, Diana, Konstanz, 1967; *Die Herausforderung Gottes und des Menschen*, Diana, Konstanz, 1970; *Revolution der Hoffnung. Für eine humanisierte Technik*, Klett, Stuttgart, 1971; *Der moderne Mensch und seine Zukunft*, Europäische Verlagsanstalt, Frankfurt, [6]1972; *Die Furcht vor der Freiheit*, Europäische Verlagsanstalt, Stuttgart, [6]1972; - Erik Erikson, *Einsicht und Verantwortung. Die Rolle des Ethischen in der Psychoanalyse*, Klett, Stuttgart, 1966; *Jugend und Krise. Die Psychodynamik im sozialen Wandel*, Klett, Stuttgart, 1970; *Kindheit und Gesellschaft*, Klett, Stuttgart, [4]1971; *Identität und Lebenszyklus*, Suhrkamp, Frankfurt, 1973; - Gordon W. Allport, *Gestalt und Wachstum der Persönlichkeit*, Hain-Verlag, Meisenheim am Glan, 1970; *Die Natur des Vorurteils*, Kiepenheuer und Witsch, Köln o.J.; *Treibjagd auf Sündenböcke*, Christian-Verlag, Bad Nauheim; - A. Maslow, *Motivation and Personality*, Harper, New York, 1954; *The Farther Reaches of Human Nature*, Viking Press, New York, 1971. (매슬로우 의 저서들이 아직도 독일어로 번역되지 않은 것은 놀랍다.) - Viktor Frankl, *Theorie und Therapie der Neurosen. Einführung in die Logotherapie und Existenzanalyse*, Ernst Reinhardt, München, 1970; *Psychotherapie für jedermann*, Herder, Freiburg, [2]1971; *Ärztliche Seelsorge*, Fanz Deuticke, Wien, [8]1971; *Der Mensch auf der Suche nach dem Sinn. Zur Rehumanisierung der Psychotherapie*, Herder, Freiburg, 1972; *Der Wille zum* Sinn. *Aufsätze über Logotherapie*, Hans Huber, Bern, 1972.

9 Carlo Caffaro, Legge morale naturale e manipolazione dell'uomo, in: *Manipolazione e futuro dell'uomo*, Ed. Dehomiane, Bologna, 1972, 253~283쪽 참조.

위에서 언급한 학자와 사상가들은 인간이 삶의 궁극적인 의미에 대해 물어서도 안 되며 물을 수도 없다고 믿는 비관주의자들과 맞선 싸움에서 위대한 기여를 했다. 그들 모두는 인간이 삶의 의미를 추구하고 있다고 보았으며, 따라서 우리가 마땅히 지켜야 할 도덕적 가치의 존재를 믿었다. 그들은 궁극적인 의미 추구에 대한 비관주의를 인류 장래의 위험 요소로 간주했다. 비관주의는 기존 상황에 대해 경직된 고착 자세를 요구하거나 반대로 모든 종류의 변화와 전복을 자의적으로 강요하는 두 가지 극단 모두를 가능케 한다. 인류의 인간화를 믿고 바라는 자들만이 인간 본성이 지닌 인간적 성질을 보다 잘 이해하고 삶의 인간화를 위해 헌신할 모든 노력을 기울이게 될 것이다.[10]

조셉 플레처(Joseph Fletcher, 1905~1991. 미국의 성공회 사제. 윤리학자)는 무엇보다 최근의 저서에서 비관주의적인 불가지론이 피상적인 실용주의와 얼마나 잘 결합될 수 있는지를 보여주는 충격적인 예를 명시하고 있다. 비관적 불가지론과 피상적 실용주의, 양자는 모든 종류의 조작을 합리화할 수 있다.[11] 비관주의는 인간의 본성과 궁극적인 목적 그리고 사랑의 참된 모습에 대해 어떤 주장도 인정하지 않는다. 그들이 내릴 수 있는 결론은 모든 종류의 인공 생식(예를 들어 타인의 정자와 타인의 난자, 인공적인 태반이나 복제를 통한)은 부부간의 성적 생식보다 인간적이라는 것이다. 동일한 비관주의적 실용주의를 근거로 그들은 어린이가 아직 인간이 아니며, 특정 수준의 지능에 이르지 못했

10 Leon Eisenberg, The Human Nature of Human Nature, in: *Science* 176(1972) 124쪽 참조.

11 특히 Joseph Fletcher, Medicine and the Nature of Man, in: *Science, Medicine and Man*, I (1973) 93~102쪽 참조.

다면 성인이라도 아직 인간이 아니라고 주장하며, 따라서 이들 인간이 아닌 존재들을 자의적으로 다룰 수 있다고 주장할 수 있다.

위대한 심리학자 에이브러햄 매슬로우는 그가 '절정의 경험(peak experiences)'이라고 부른 인간의 가장 고귀한 체험들을 지적하면서 중요한 시사점을 던진다.[12] 그는 사람들 가운데는 오로지 물질과 성공을 추구하는 데서 삶의 기쁨을 느끼는 이들이 존재한다는 사실과 그들이 자신처럼 고매한 체험을 가질 수도 없으며 거의 가지지 못한다는 사실을 부정하지 않는다. 그러나 매슬로우는 성숙한 인격체라면 특정한 고매한 가치들 – 성실성, 이타적인 사랑, 감사, 존재를 선사 받았다는 체험, 경이 – 을 강렬하게 체험하는 순간이 있음을 증명할 수 있다고 믿었다.[13] 여기에는 일말의 의심도 없으며 오로지 참된 인간성만이 문제되며 그에 모순되는 것들은 모두 비인간적인 것이다.

인간의 자연적 윤리 법칙과 관련된 최상의 전통 가운데 핵심적 흐름이 우리에게 가르치는 바는 창조적 자유, 자발성, 타인에 대한 개방성, 감사할 줄 아는 능력과 같이 인간이 지닌 최상의 특성은 인간의 가장 깊은 내면으로부터 우러나오는 것이며 단지 외적으로 강요될 수 없다는 사실이다. 이와 마찬가지로 매슬로우의 과학적 연구가 보여주는 바는, 성숙한 인간에게는 무엇이 참된 인간성인지를 깊이 체험하는 순

12 A.H. Maslow, Religions, Values and Peak Experiences, Ohio State Univ. Press, Columbus, 1964 참조.

13 A.H. Maslow, Psychological Data and Value Theory, in: A.H. Maslow (Hrsg.), *New Knowledge in Human Values*, Henry Regnery, Chicago, 1970, 119~136쪽 참조. 테오도시우스 도브잔스키, 고든 올포트, 쿠르트 골드스타인, 에리히 프롬 등과 같 은 저명한 학자들의 논문들을 모은 이 총서는, 위대한 학자들이 학제적인 대화에서 전체 적인 시야에 대한 안목을 얼마나 열 수 있느냐는 고무적인 사례이다.

간들이 있다는 사실과 여기서 문제되는 것은 가장 내적인 욕구의 체험이며 그러한 행동과 그러한 가치에 대한 해답이 순수히 외부로부터 강요될 수 없다는 인식이다. "우리가 이제 확신을 가지고 주장할 수 있는 바는, 우리가 인간인 이상 인간 내면의 가장 깊숙한 곳에서 어떤 욕구를 느낄 수 있다는 사실에 대해, 이론적 경험적으로 충분한 증거들을 지니고 있다는 것이다. 여기서 인간 내면의 어떤 욕구란 인간을 자기실현, 영적 건강 또는 성숙으로 이끄는 욕구이자, 각자에게 자기실현으로 표현되는 모든 영역에서의 성장이라고 요약할 수 있는 방향으로 인도하는 그러한 욕구이다. 우리는 인간이 그의 내부로부터 전체적 정신의 방향으로 지향하고자 하는 역동성을 느낀다고 말할 수 있다. 인간이라면 중심을 추구하고, 자기 자신을 자발적으로 드러내고, 자신의 개별성과 정체성을 완전히 실현하고자 한다. 인간은 맹목적 충동이 아니라 진리에 따라 행동하고자 하며 선[善]의 방향에서 창조적이기를 원한다. 그리고 많은 다른 것들도 바란다. 이는 인간이 내부로부터 자신의 존재가능성을 마음껏 펼치고 내적 평화, 용기, 인식, 성실성, 사랑, 이타성 그리고 선의와 같은 존재의 가치를 위한 노력의 충동을 느끼도록 되어 있음을 뜻한다."[14]

중요 인물이자 위대한 과학자들은 그들의 협소한 전문 분야로부터 벗어나서 우리에게 전체적 관점, 인간 실존의 궁극적 의미 목적 그리고 궁극적인 중심에 이르는 길을 제시하고 있다. "케플러(Johannes Kepler)는 인간의 정신이 하느님이 창조한 것을 관찰하는 법을 배울 때에만,

---

14 A.H. Maslow, Psychological Data and Value Theory, in: A.H. Maslow (Hrsg.), *New Knowledge in Human Values,* Henry Regnery, Chicago, 1970, 125~126쪽.

비로소 인간은 하느님의 의지가 무엇인지 파악하게 될 것이라고 말했다. 자신의 행위가 지니는 의미를 근본적이고 윤리적인 방식으로 통찰할 때 인간은 비로소 창조적이며 하느님과 더불어 창조적으로 작용할 수 있다."[15] 만약 우리가 상황에 정통하고 책임질 준비를 갖춘 신학자들로서 다양한 학문 간의 대화에 참여한다면, 우리 모두는 각 분야의 학자들의 시각뿐만 아니라 전체를 위한 시야 그리고 모든 것을 궁극적 의미 목적의 빛 가운데서 볼 수 있는 방법을 배우게 될 것이다. 우리는 과학자들에 대해 우리가 언제나 그들로부터 배우는 자들이라는 사실을 잊지 않는다. 반면, 우리는 무엇보다 신앙과 살아있는 전통이 우리에게 인간 본성의 존재에 대한 본질적인 통찰력을 주었으며, 이러한 통찰력을 기꺼이 확장할 의무가 우리에게 있다는 사실에 감사한다.[16]

### 2) 핵심 문제: 인간은 인격체이지 사물이 아니다

우리가 납득할 수 있는 조작과 다른 한편 비난받아 마땅한 조작과 관련된 기준에 대해 대화하고 반성할 경우, 우리의 시야는 언제나 인간의 인격체, 인간의 존엄성 그리고 인간의 자유를 지향한다. 조작이 참된 자유의 표현이며 모든 이의 자유와 존엄성에 기여할 경우, 조작은 정당화될 수 있다. 그럴 경우 조작은 모든 인간의 번영을 목적으로 지구를 인간에게 복종시키는 행위이다. 그러나 인간이 자연환경 속에 주

---

15 Kenneth Vaux, *Biomedical Ethics. Morality for the New Medicine*, Harper, New York, 1974, 60쪽.

16 Paul Ramsey, *Fabricated Man. The Ethics of Genetic Control*, Yale Univ. Press, New Haven, 1970, 23쪽 참조.

어진 자원들에 가하는 행위는, 인간이 먼저 사랑과 경외를 표하면서 내적 자유를 찾는 법을 배우고 또한 늘 배울 자세를 지니는 경우에만, 내적 자유에서 비롯되며 모든 이들의 존엄성에 기여할 수 있다. 그렇다면 인간은 자신의 가장 내부에 존재하는 신성함 속에 거주하면서 그 누구에게도 자신을 조작하도록 허용하지 않게 될 것이다. 그리고 인간의 신성함은 인간의 양심, 인간의 자기 이해, 궁극적으로 충만한 의미의 추구 그리고 인간들 사이의 참된 관계성 속에서 성립한다.

이는 이미 창세기의 첫째 장에 드러난 시각이다. 하느님은 인간에게 모든 사물을 위임했다. 따라서 인격체는 생명이 없는 물질뿐만 아니라 살아 숨쉬는 자연에 대해서도 자유로운 관리자로서의 자격을 지닌다. 모든 일에 있어 인간은 자연을 단순히 자신의 행복을 목적으로 향유하는 자가 되어서는 안 된다. 인간은 모든 행위에 있어 하느님과 공동 창조자이자 하느님의 사랑을 공동으로 계시하는 존재가 되어야 한다. 인간은 하느님의 모상이며 같은 형상에 따라 창조되었기에 그의 환경을 이러한 모상의 자취로 각인할 수 있으며 또 그렇게 할 의무를 지닌다.

우리가 세계를 장악하고 통제하면서 동시에 우리의 존엄성과 자유를 지키기 위한 근본적인 전제조건은 하느님 앞에서 안식의 축제인 바, 이는 사바트(Sabbat)에 잘 표현되어 있다. 우리가 스스로를 넘어서 전체적인 창조와 우리 자신을 일종의 선물로 인정하는 경우에만, 우리는 존엄한 공동 창조자가 될 수 있으며, 세계는 우리 자신의 존엄성이 빛날 수 있도록 모습을 갖추게 된다. 케네스 바욱스(Kenneth Vaux)는 의미심장하게 적었다. "나는 인간의 창조성을 하느님 자신의 고유한 창조

행위의 관점에서 이해되는 의미로 말한다. 내게는 인간의 예술과 능동적 행위를 하느님과의 공동의 창조성으로서 이해하는 것이 매우 중요하다."[17]

인간은 공동 창조자로서의 사명을 다른 사물 및 인간보다 열등한 생명체를 고려하는 시각뿐만 아니라 더 우선적으로는 인간 생명 자체를 고려하는 시각에서 지니고 있다. 인간은 신적인 예술가와 공동으로 작업하는 가운데 자기 자신을 끊임없이 하느님의 모상으로 만들어야 한다. 그러나 여기에는 엄청난 차이가 있다. 사물들을 마음대로 다루고 사물들을 장악하고 통제하여 인간에게 철저히 봉사하도록 만드는 행위와 다른 한편 자신의 자유와 사랑의 능력을 창조적으로 이루어가는 행위, 양자는 상당한 차이점을 지니고 있는 것이다.

인간 자신을 창조적으로 전개하는 일은 무엇보다 하느님 그리고 이웃들과 맺는 건전한 관계에 있다. 세계와의 관계에서 인간은 효과적으로 작용해야 한다. 하느님, 이웃 그리고 공동체와의 관계 속에서 모든 것들이 사랑에 의해 규정되어야 한다. 가장 높은 창조적인 자유와 존엄성은 사랑의 개방성과 이웃들에 책임지는 헌신 가운데서 드러난다. 각 개인들은, 그가 단 일회적인 이웃들의 이름을 존중하고 모든 이들의 자유와 자존심을 조장하는 정도에 따라, 자신의 되풀이할 수 없는 일회성을 발견하고 자기 자신을 고유한 방식으로 형성해가는 예술가가 될 수 있다.

사물에 대한 관계와 더불어 이웃들에 대한 관계, 두 관계의 구별을

17 Vaux, *Biomedical Ethics. Morality for the New Medicine*, Harper, New York, 1974, 57쪽.

강조한다고 해서 이를 마치 두 영역 간에 아무런 연결점도 존재하지 않는 것처럼 이해해서는 안 된다. 창조주인 하느님 가운데서 중심을 발견하고 이웃들과 성스러운 관계를 펼쳐나가는 인간은 모든 피조물 가운데서 단순한 소비와 지배 이상의 무엇을 체험한다. 경배자에게는 모든 것이 사랑의 말씀이 되며, 하느님의 아름다움과 지복을 알려주고, 참된 동료애 가운데서 하느님의 모든 선물을 존중하도록 하는 부르심이 된다. 그리고 모든 사물에 대해 이처럼 신중하고 책임 있는 자세를 발견한 자들만이 신성한 인간관계를 만들어낼 수 있도록 서로 돕게 될 것이다. 하느님의 작품에 대해 놀라움과 감탄을 상실한 인간은 대개 인간보다 열등한 사물을 함부로 다룰 뿐만 아니라 이웃 인간들마저 마치 단순한 대상처럼 다루고자 할 것이다.

위에서 언급한 자연 사물과 인간에 대한 시각을 서구인들은 이미 오래전에 상실했다. 이러한 시각은 오히려 비폭력적인 해방을 주장하는 마하트마 간디의 신학 사상 안에 강력히 침투되어 있다. 그가 보여주는 영성과 행위의 기초는 하느님과 인간의 일치에서 드러나는 내면의 의식이다. 이는 우리를 이웃 및 모든 피조물과의 일치에 깨어 있도록 한다. 간디의 모습은 모든 동식물에게도 인간적인 영혼의 존재를 가정하는 낡은 힌두교적 종교의 유산은 아니다. 간디가 보여주는 모습은 오히려 성서의 가르침에 상응하는데, 성서는 모든 것을 하느님의 말씀이며 복음이자 선물로서 이해하며, 하느님이 사랑하는 현재의 표지이자 외경과 연대성으로의 초대로서 이해한다. 이러한 비전은 세상의 변화를 위한 연대성을 요청하며, 이는 환경 개조, 특히 경제적, 사회적, 문화적 그리고 정치적 영역에서의 동료애를 말한다. 그리하여 모든 관계가 성스럽게 바뀌고 공동체의 각 구성원이 자의식, 내적 자유, 창조적인 하느님의 능력과 사랑의 능력 가운데서 성장할 수 있도록 기여한다. 인간이 세계 형성에 공동 책임을 지고 참여하여 여기서 인격체에게 우선성을 인정하는 정도에 따라, 인간은 점점 더 그의 창조 행위 가운데 자신의 사랑을 계시하는 하느님의 모상과 유사함에 더욱 가까워진다. 인류를 창조와 구원을 향해 개조하는 과제에 온 힘을 다해 헌신하는 이들은 세계 전체를 단지 인간이 속박될 수밖에 없는 숙명이자 심지어 지배욕과 소유욕이 모든 이들을 괴롭히는 감옥으로 체험하는 것이 아니라, 하느님 곧 성부께서 모든 이들에게 위탁한 공동의 유산으로 체험하게 될 것이다. 그리하여 그 누구도 세계를 단순히 '그들의 세계'로 간주하지 않고, 우리는 비로소 세계를 '우리 자신의 세계'로 간주하게 된다. 이것이야말로 창조적 자유와 하느님 가운데서의 해방을 위한 전제조건이다.

에리히 프롬은 자유롭고 자유롭게 하는 동료애 속에서 인격체와 공동체의 성장을 다음과 같이 기술했다. "나는 구원의 존재를 창조적이며 신중하며 자신의 자립성을 지키고 자신의 힘을 모아 세계와 하나 되고자 하는 능력이라고 기술하고 싶다. 이는 우리가 소유하고 있는 것보다 우리의 존재와 존재의 변화를 더욱 중시하는 그런 능력이다. 그것은 또한 삶에서 기쁨을 누리고 창조적인 현존재를 삶의 의미로 체험할 수 있는 그런 능력이다."[18]

인간은 세계를 소비하고 조작하는 자이다. 그러나 그런 한에서 인

18 E. Fromm, Values, Psychology and Human Existence, in: Maslow (Hrsg.), *New Knowledge in Human Values*, 163쪽.

간은 결코 자기 자신에 이르지 못한다. 인간은 자신을 둘러싼 세계를 외경, 열림, 사랑으로 각인해 나가면서 자기 자신을 외경, 열림, 사랑의 능력 가운데서 발견하는 예술가로서 자기 자신에 이르게 된다. 그리하여 마침내 창조된 세계에 대한 인간의 관계는 인간들 간에 존재하는 관계들의 질[質]을 전제로 한다. 모든 이들이 건강하고 완전한 인간적인 관계에 뿌리내리고 있다면, 지구는 인간에게 진정한 고향이 될 것이다. 반대로 인간이 자신의 뛰어난 능력들을 창조적 자유, 외경 그리고 사랑 속에서 펼치지 못한다면, 암울한 자기 파괴적인 의지가 자연환경을 황폐하게 만들 것이다.[19]

인간 사이의 온전한 관계들 속에서 내적 자유가 성장함과 더불어 인간은 하느님 자녀들의 자유에 동참하게 하려는 창조 전체의 바람을 보다 예민하게 느끼게 될 것이다(로마8,18~23 참조). 그리고 세계의 이런 바람에 부응하여 인간이 세계를 고향으로 만들고 아름다움을 모든 이들을 위한 유용성과 결합한다면, 이는 이웃들과 하느님께 대한 관계들에 기여할 것이다. 인격적인 영역과 인간보다 열등한 존재의 영역 간의 연결을 강조하는 일이 필요하다. 그러나 우리는 한순간도 인격체와 사물 간의 근본적인 차이를 잊어서는 안된다. 인간은 사물을 소유하고 지구를 자신의 필요에 복종시키도록 허용받았으며 또 그렇게 해야 한다. 그러나 인간은 인격체에 대해서만큼은 그들 각자의 자유에 대하여 경외와 존경심을 간직해야 한다.

19 Fromm, Values, Psychology and Human Existence, in: Maslow (Hrsg.), *New Knowledge in Human Values*, 152~155쪽 참조.

### 3) 전체의 정신과 일차원적 인간

우리가 객관적 기준에 관해 언급하고자 한다면, 무엇보다 그러한 기준의 적용을 이미 전제하고 있는, 앞에서 내려진 결정을 인지해야 한다. 이미 결정된 것들 가운데 하나는 전체의 정신이냐 아니면 순전히 기술적, 과학적인 일차원적 접근이냐 하는 양자 사이의 선택의 문제이다.

인간이 순전히 과학적, 기술적인 차원의 악순환의 고리에 사로잡혀 있는 한, 조작당한 조작자 그 이상이 될 수 없다. 기술 문화를 관리하고 조직하는 자는 생산, 조직, 소비 그리고 물자와 인간을 사용함에 있어 자기 스스로를 이러한 사용 과정에서 자신의 위상에 따라 규정하고자 한다. 그리하여 그들은 늘 이해관계의 갈등에 사로잡힌다. 시장가치와 조직이 결정적인 잣대인 자는 결코 구제되지 않은 자이며 긴장으로 가득하고 착취적이며 폭력적인 사회를 만드는 자이다. 더 높은 시야를 지니지 못한 채 시장에 안주하는 이는 자신의 이웃들을 어쩔 수 없이 제품이나 소비 품목 또는 거대한 조직의 톱니바퀴쯤으로나 여기고 다루게 된다.

인간이 자신의 기술적 능력을 더욱 일방적으로 전개시키고 오로지 조직 내에서의 성공에만 집착하면 할수록, 인간의 고매한 능력들이 점점 더 발전되지 못할뿐더러 그는 이웃들에게 점점 더 위험한 존재로 전락한다. 제2차 바티칸 공의회는 일차원적 인간 세계가 처해 있는 악순환을 감동적으로 기술한 바 있다. '인간에 대한 존중'이란 제목으로 제2차 바티칸 공의회는 다음과 같이 언급한다. "모든 사람은 저마다 이웃을 어떠한 예외도 없이 또 하나의 자신으로 여겨야 하고 무엇보다도 이웃의 생활을 고려하여 그 생활을 품위 있게 영위하는 데에 필요한 수단들을 보살펴야 한다... 온갖 살인, 집단 학살, 낙태, 안락사, 고의적인 자살과 같이 인간의 온전함에 폭력을 자행하는 모든 행위; 인간 이하의 생활 조건, 불법 감금, 추방, 노예화, 매매춘, 부녀자와 연소자의 인신매매와 같이 인간의 존엄성을 침해하는 모든 행위; 또한 노동자들이 자유와 책임을 지닌 인간이 아니라 이윤 추구의 단순한 도구로 취급당하는 굴욕적인 노동 조건; 이 모든 행위와 이 같은 다른 행위들은 참으로 치욕이다. 이는 인간 문명을 부패시키는 한편, 불의를 당하는 사람보다도 그러한 불의를 자행하는 자들을 더 더럽히며, 창조주의 영예를 극도로 모욕하는 것이다."[20]

자신의 전 생애와 철학 및 신학 작품이 창조적 자유를 고유한 방식으로 증거한 바 있는 니콜라이 베르댜예프(Nikolai Berdjajew, 1874~1948. 러시아의 철학자)는 '대상화'를 인간적 자유와 존엄성에 대한 거대한 적으로 간주했다.[21] 베르댜예프의 비판은 일차적으로 경험과학의 대표자들을 향하지는 않는다. 그는 근본적인 위험을 무엇보다 모든 것들, 심지어 인간마저도 물적 대상으로 만들고 인격체의 일회

20 *Pastoralkonstitution über die Kirche in der Welt von heute*, Art. 27.

21 Paul Klein, SVD, *Die kreative Freiheit bei Nikolai A. Berdjajew als Zeichen der Hoffnung*, Pustet, Regensburg, 1976 참조.

성과 고유한 관계들을 순수하지 못한 방식으로 사물화하는 철학과 신학에서 보았다. 그는 전적으로 어떤 종류의 사고방식에 맞서 싸웠는데, 이러한 사고방식은 순수한 '객관성'을 추구하면서 진리에 전념하겠다는 의지도 없이 진리를 획득할 수 있다고 믿는다. 그리하여 진리와 인격체 또한 사물 세계의 일부분으로 전락했다. 진리와 인격체는 시장을 위해 상표를 갖추게 된다. 인간은 하나의 숫자가 된다. 사람들은 사물의 세계를 다루는 데 허용된, 바로 그러한 규정에 따라 인간을 심판하고 도덕적으로 판결한다. 그리하여 해악은 더욱 심해진다. 인간에게는 상표가 부착되고 그의 가치는 흑, 백, 황인종 가운데 어디에 속하는가를 근거로 평가된다. 인간은 자신을 부자나 사회적으로 권력을 가진 집단과 동일시한다. 혹은 가난하다는 이유로 다른 이들을 멸시한다. 우리는 적어도 베르댜예프로 하여금 우리에게 다음과 같은 질문을 제기하도록 해야 한다. 해악은 사실상 비실존적인 철학과 신학에 몰두함으로써 시작되는 것은 아닌가? 그리고 이러한 철학과 신학은 각 인격체의 일회성과 존엄성 그리고 창조적 자유와 신의 가운데서 공동의 노력에 대한 시야를 열어주기는커녕 이를 어둡게 하고 방해하지는 않았는가?

실존적으로 자신의 모든 자유를 수단으로 이웃들의 자유와 존엄성을 위해 헌신하지 않으면서 진리에 관해 언제나 철학적으로 아니면 신학적으로만 지껄이는 사람들은 대상의 소외된 세계에 자신을 포함시킨다. 실존적으로 아무런 참여도 하지 않는 사유, 순수한 대상화를 추구하는 자들은 일차원적 인간의 출현을 인도하는 자들이다. 임마누엘 칸트(Immanuel Kant, 1724~1804. 독일 철학자)는 다음과 같은 도덕의 핵심 원리를 올바르게 제시했다. "인간은 목적 그 자체이다."[22] 위험한 대상화는 일종의 체계적 사고에서 시작되는데, 그런 사고방식은 인간의 자유와 양심이 지니는 거룩함을 전혀 고려하지 않고 특정한 목적을 위해 수단으로만 사용하고자 한다. 여기서 특정 목적은 사물의 질서일 수도, '종교'의 질서일 수도 있다.

베르댜예프는 스탈린 자신에게서 그리고 스탈린이 자신의 현실적인 목적을 위해 저지른 대학살극 속에서 순수히 대상화된 사유가 맺은 쓰디쓴 열매를 보았다. 그러나 스탈린과 대상화된 사유, 양자의 사이에는 위험을 초래하는 일련의 점진적인 단계가 놓여 있다. 양자를 잇는 고리 가운데 하나가 바로 순수한 경제적 법칙성이다. 경제적 과정 속에서도 인간은 냉혹한 경제 법칙에 희생되어야만 한다. 거기서부터 다시 한 발자국을 내디디면, 모든 인간의 관계들을 궁극적으로 경제적 관계와 과정들의 시각에서 분석하고 이를 결정적인 것으로 여기는 세계관이 시작된다. 그리하여 생산자와 소비자들 사이의 관계야말로 인간들 사이에 성립하는 모든 관계의 원형으로 자리잡게 된다.

인격체는 일회성과 봉사하는 사랑과 섬김 가운데서 자신을 전개해 나간다. 그러나 인격체의 자기 전개를 위해 어떠한 공간도 제공하지 않거나 부차적인 공간만을 할애하는 철학과 신학이 존재하고 있다. 이런 종류의 철학과 신학은 일차원적이며 조작된 인간들을 생산하는 공장 건설을 위한 하수인에 불과할 따름이다. 의미 있는 윤리학은 오로지 인간의 존엄성과 인간의 양심을 위한 결정적인 헌신과 인간의 존엄성을

22 Immanuel Kant, Kritik der praktischen Vernunft, *Immanuel Kants Werke*, Band 5, herausgegeben von B. Kellermann, Berlin, 1908, 96쪽.

파괴하는 모든 형태의 조작에 맞선 투쟁 속에서만 성립할 수 있다. 우리는 조작의 의도, 수행 그리고 예상되는 결과에서 인격체의 자유와 양심이 완전히 보장되는 한해서는, 단순한 물리적인 관계, 생물학적, 심리적 과정들에서 벌어지는 그 어떤 조작 행위에 대해서도 공포심에 시달릴 필요는 없다. 그러나 우리가 스스로를 인격체로서 존중받고 발전시켜 나가기를 원한다면, 인간의 일회적인 존엄성과 창조적 자유, 신의 그리고 사랑 속에서 성장하는 인간의 능력을 실천 또는 이론을 통해 부정하는 모든 행위에 결연히 맞서야 한다.[23] 오직 백인들과 경제적으로 성공한 사람들에게만 완전한 시민의 권리를 인정하는 광신적인 인종차별의 대변자들은, 흑인과 가난한 이들 속에서 자신과 동등한 인격의 존엄성을 존중하고 이를 보호하지 않는 한, 자기 자신을 인격체로 존중할 수 없는 자들이다. 생물학적, 심리학적 조작과 관련하여 결정적인 기준은 단지 자기 자신의 자유만을 고려하는 것이 아니라 다른 모든 인간들의 자유를 존중하는 것이다.

나는 다시 한번 경험과학의 저 위대한 대변자들에 대해 감탄의 마음을 표하고자 한다. 이들은 자기 자신의 학문적 성공과 과제들을 인간 존재의 궁극적 의미 가운데서 평가하고 또한 예언자처럼 일차원적 인간의 위험성을 경고했다. 자신들의 정열을 편협한 전문 분야에 탕진하고 있는 수많은 학자들은 환원주의의 제도화된 실험의 희생자들이다. 그들 학자는 전체성의 정신을 잃고 인간의 전체상을 오로지 자신의 편협한 세계에서 비롯된 시야에서 바라본다. 그들은 스스로 인간이 무엇

23 Alberto Di Giovanni, Manipolazione e persona, Manipolazione e futuro dell'uomo, Ed. Dehomiane, Bologna, 1972, 296쪽 참조.

이며 무엇이 되어야 하는가를 결정할 수 있다고 무비판적으로 믿고 있다. 그리고 그들은 순진하게도 자신들의 우수한 학문적, 기술적 능력들 덕분에 이웃들을 상대로 조작을 행할 수 있는 권리가 그들에게 부여되어 있다고 믿는다. 소외 외에도 환원주의는 조작된 세계의 원죄를 드러내기 위해서는 적합한 말이지만 물론 어려운 말이다.

행동주의자, 뇌 공학자 그리고 인간 유전학과 관련해 쏟아져 나오는 책과 논문들을 읽으려고 노력해본 사람이라면, 많은 학자들이 인간의 자유에 관해 그다지도 무지한 데 놀라지 않을 수 없을 것이다. 결정론적 세계에 대한 믿음은 일차원적 인간의 신조이다. 일차원적 인간은 결정론적 세계관으로부터 모든 종류의 조작을 합리화할 수 있는 결론을 이끌어낸다. "그리하여 승리를 거둔 무제한의 결정론이 자의[恣意]에 가해진 모든 제한을 철폐하려는 시도와 맞물려 있는 것이다."[24]

자유는 분할할 수 없는 선이자 목적 그 자체이다. 자유는 전체적 관점을 전제하고 전체적인 투신을 요구한다. 따라서 모든 형태의 대상화를 철저히 극복하는 작업이 인간학과 윤리학의 주요 과제인바, 대상화는 인격체를 단순한 대상으로 간주하고 다루며, 인간의 지식을 단지 통제 및 지배의 학문으로 제한한다. 전체성의 정신이 상실되고 인간이 더이상 자유의 전체적인 폭에서 자유를 위해 전념할 준비가 되어 있지 않다면, 인간의 삶에서 모든 것들이 생산과 소비의 잣대로 측정된다고 하더라도 전혀 놀랄 필요가 없을 것이다.[25] 기술적이고 과학적인 세계

24 Ramsey, *Fabricated Man, The Ethics of Genetic Control*, Yale Univ. Press, New Haven, 1970, 92쪽.

25 F. Böckle, A.-W. von Eiff, Das Experiment in der klinischen Forschung, in: *Concilium* 7 (1971) 347쪽 이하.

에서는 부분적인 현상들을 고립시키는 것이 무조건적으로 타당시될 수밖에 없다. 그러나 현실적으로, 과학자들이 전체의 정신에 등을 돌리고 부분 현상들로부터 행동 방식을 규정하고자 할 경우, 중대한 위험이 초래된다. 그들의 환원주의는 너무나 자주 대상화하는 철학과 도덕에 의해 정당화되고 있는 것으로 보인다. 개별적인 요소들로의 분리와 추상화 사이에는 물타기와 물붓기처럼 근소한 차이밖에 없다. 인간적인 현실 자체는 결코 부분으로 쪼개질 수 없는 것이다.[26]

이 모든 것들로부터 조작이 행사하는 가공할 힘을 직시하기 위해 또다시 전체성의 정신을 찾으려는 긴급한 과제가 출현한다. 만약 우리가 전체적 시야를 갖추고 있지 않다면, 우리를 내부 깊숙이 장악하고 있는 힘들만이 중요시될 것이다. 더욱이 전체적 시야를 갖추어야만 우리 자신은 비로소 과학자들과 공동 작업을 수행하는 가운데 위계적인 경계를 볼 수 있으며 사물과 인격체를 구별할 수 있는 것이다. 우리가 다시 상기해야 할 것은, 그러한 전체적 시야는 하느님, 이웃, 공동체에 대한 우리의 모든 현존재적 관계들을 실현하지 않고서는 불가능하다는 사실이다. 그리고 이러한 시야는 이러한 관계들로부터 또한 모든 것들이 인간 상호 관계에 기여하도록 창조된 세계와 교제하는 힘을 우리가 발견하도록 한다. 달리 말해 천박화를 향해 치닫는 우리의 문화에 제동을 걸기 위해서는 우리들의 현존재와 우리들의 단결에 전적으로 투신할 필요가 있다.

전체적 시야와 이웃들과의 전체적인 관계는 특히 의료 분야에서

---

26 Dietrich von Oppen, Ethische Fragen um das moderne Arzneimittel, in: *Zeitschrift für evangelische Ethik* 9 (1963) 241쪽.

중요하다. 건강과 전체성의 개념은 서로 분리되지 않는다. 완전히 인간적이며 전체적인 건강은 하느님, 이웃 그리고 공동체와 더불어 건강한 관계 속에서 살아갈 수 있는, 가능한 최상의 능력이라고 기술할 수 있다. 그 누구라도 환경과 공동체 속에서 자신의 위치를 발견할 수 없다면 참되고 건강한 자신의 모습을 결코 발견할 수 없다.[27] 자신의 삶의 의미와 지향점을 오로지 자신의 개인적이며 고립된 존재 영역 속에서만 전개하고자 하는 사람은 심신에 기인하는 질병의 희생자가 될 것이다. 빅토르 프랑클에 따르면 궁극적 의미 충족을 추구하지 않는 사람들은 오히려 노이로제의 고통을 받게 된다. 그들이 삶의 완전한 의미를 다시 추구할 경우에만 비로소 건강을 되찾게 된다. 중심과 전체성의 상실을 특징으로 하거나 전체성의 추구에 모순되는, 모든 의술 및 정신분석적 치료는 인간의 존엄성을 해치는 조작 행위이다.

전체성의 시각과 중심의 획득은 이 문제와 관련하여 의술에 개입하고자 하는 전체성 원칙에 관한 가톨릭 윤리신학 내부의 논의보다 훨씬 많은 것을 의미한다. 여기서는 건강 개념에 관한 더 근본적인 성찰이 중요한데, 이 경우 건강은 중심의 획득과 전체성의 정신을 향한 모색으로 간주된다. 그것이 건강과 치료에 관한 전체적인 이해를 규정한다. 물론 육체의 생물학적 기능에 관한 전체적인 시각에만 근거하는 관점들과는 달리 여기서 얻어진 기준들을 그렇게 간단히 적용하기란 쉽지 않은 일이다.

---

27 D. Wayne Montgomery (Hrsg.), *Healing Wholeness*, John Knox Press, Richmond, Virginia, 1971; David Belgum (Hrsg.), *Religion and Medicine. Essays on Meaning, Values and Health*, Iowa State Univ. Press, Ames, Iowa, 1967; J. Bodamer, *Wege zu einem neuen Ich*, Herder, Freiburg–Wien, [2]1968 참조.

### 4) 자유와 자유의 성장을 위한 기본적 전제들

자유는 우리에게 의미 있게 계획된 개입과 다른 한편 결코 허용될 수 없는 조작을 구별하는 타당한 기준을 찾기 위한 핵심 개념이다. 따라서 우리는 무엇보다 먼저 자유라는 개념을 어떻게 이해하고 있는지 스스로 물어봐야 한다.

법률 지상주의자들이 자유라는 말을 사용할 경우, 부하로서 복종하거나 자신을 법의 테두리 내에 제한할 의무와 가능성을 생각한다. 행동주의자들은 과학적으로 동등한 지식과 능력을 갖추지 못한 대중의 행동을 조작하고 외부적인 조건을 통해 대중을 이끌고 통제할 수 있는, 과학적 엘리트들의 자유를 주장한다. 윤리학자들은 무엇보다 진실과 선을 추구하고 인식된 선을 단계적으로 실현하는 가운데 인간 내면에 깊이 존재하는 자유를 생각한다. 윤리학자들은 봉사하는 사랑과 창조적인 하느님 가운데서 자기 자신을 실현하는 인간의 내적 자유를 믿는다. 나아가 윤리신학자들은 하느님 자녀들의 자유를 생각하는데, 이러한 자유는 오직 감사하는 마음 가운데 받아들여지고 모든 이들의 자유를 위해 봉사할 때 유지되고 전개될 수 있는 것이다.

내가 생각하는 자유는 당연히 절대적이며 무조건적인 자유가 아니다. "인간의 행위 가운데 자유를 바라는 행위와 비[非]자유를 바라는 행위가 서로 교차하고 있다는 사실은 아직 풀리지 않은 채 남아있는 수수께끼이다."[28] 인간은 충동들, 예를 들어 대부분 맹목적 힘이라 할 수 있

28 Menninger, *Whatever Became of Sin?*, New York 1973; Bernhard Häring, *Sünde im Zeitalter der Säkularisation*, Styria, Graz-Wien-Köln, 1974, 76쪽.

는 성욕과 자기보존 욕구를 지닌다. 그 욕구들을 건강하고 슬기롭게 전개하는 일은 상징, 경험, 전체 문화 그리고 개인적 자유와 공동체 정신의 상호작용에 달려 있다.[29] 자유는 각 개인들에게 맹아[萌芽]로서, 즉 헌신 속에서만 유지되고 전개될 수 있는 잠재적 능력으로 위임되어 있다. 자유는 학습과 재학습의 준비를 갖추는 훈련을 요구한다. 현재 우리가 누리고 있는 자유의 범위는 수백만 년간의 문명과 문화의 산물이다. 우리가 자유로운 인격성을 원한다면, 어린이, 청소년 그리고 성인들에 대한 전체 교육이 자유와 더불어 자유 속에서의 성장을 교육의 동기로 삼아야 한다.

문제의 열쇠는 자유 속에서 성장하고 진정한 자유와 거짓 자유를 구별할 수 있는 능력 속에서 성장하는 일이다. 이러한 성장 방식은 인류 역사상 가장 위대한 결과물이지만 결코 안전하게 유지되지는 못했다. 모든 인격체는 삶의 과정에서 인간적인 세계를 창조하는 과제에 일익을 담당하도록 임무를 부여받았다. 여기서 인간적인 세계는 자유에 민감하게 반응하며 자유를 지키고 자유를 전개하기 위해 모든 노력을 투입한다. 자유의 역사는 유전적 구조와 문화, 언어 그리고 개인 및 모든 이들의 노력들 간의 복합적인 상호 관계를 포함한다. 이러한 상호작용에서 우리가 잊어서는 안 될 것은 인간의 환경과 인간보다 열등한 자연환경을 구속하거나 자유롭게 하는 힘이다. 앨프리드 테니슨(Alfred Tennyson, 1809~1892. 영국의 시인)은 그의 주인공 율리시즈에게 다음과 같이 말하도록 한다. "나는 내가 마주치는 모든 것들의 일부이

29 J.M.R. Delgado, *Physical Control of the Mind*, New York, 1971, 240쪽.

다." 그러나 여기에는 다음 문제를 놓고 결정적인 차이가 있다. 그 자신을 그가 만나는 모든 것들의 일부분으로 만들 것인가? 아니면 그가 마주치는 모든 것들을 자신의 가치로 평가하고, 더 큰 내적, 외적 자유와 자신의 전체적인 소명을 수행하기 위해서 자신의 전체성과 자신의 발전에 접합될 수 있는 것들을 의식적으로 선택하여 자신의 삶 속에 받아들일 것인가?

앞서 말한 율리시즈의 자유는 개인주의적인 세계관으로부터 유래하는 일면적인 자유이다. 나아가 이러한 자유 개념은 일종의 허구적 유토피아이며, 더욱이 다른 이들의 자유를 항구적으로 위협할 수 있다. 각자의 개인적인 자유는 그 자유가 아무리 중요하더라도 공동체, 즉 인류 전체의 전체적인 자유의 역사 속에서 조망되어야 한다. 현재 우리가 누리고 있는 수준의 자유는 우리 이전에 살았고 자신들의 자유를 의미 있게 투입한 이들의 헌신 덕분이다. 우리는 과거로부터 유지되어 온 것들에 감사해야 하고 미래에 대한 우리의 책임 의식을 그 위에 구축해야 한다. 이러한 감사와 책임 의식은 우리 시대에 창조적 자유와 창조적 신의가 지니는 의미와 전제 조건을 보다 잘 파악하도록 연구하게 하는 추진력이자, 우리 스스로 자유 속에서 성장하고 이웃들의 자유에 기여할 수 있도록 지금 여기서 모든 가능성들을 소진하게 하는 추진력이다.

우리는 자유가 우리에게 맹아나 새싹의 형태로 위임되어 있음을 강조했다. 그렇다면 여기서 우리는 자유의 유기적 성장을 생각하고 있는 것이다. 자유를 부분으로 쪼갤 수는 없다. 물론 우리에게는 우리 자신의 자유를 성장시켜야 할 특수한 책임이 있다. 그러나 이러한 사실이 모든 이들의 자유에 대해 우리가 져야 할 책임을 방기하도록 허용하지는 않는다. 자유는 다른 무엇보다도 인간들 간의 연대와 관련된 일이다. 우리의 자유는 우리의 유전적 소질, 문화, 언어, 사회적 및 정치적 삶, 법과 윤리, 진정한 사랑과 정의를 실현하는 가운데 형성된 자유라고 하는 자산의 전체적인 토대 덕분에 비로소 성장할 수 있다. 만약 자유가 우리의 환경 속에서 자라나지 못하고 우리가 이미 자신에게 주어진 자유의 토대를 증대시키려고만 한다면, 자유는 우리 자신의 고유한 자아 속에 그 뿌리를 내릴 수 없다. 그러나 여기서 사실상 중요한 것은 우리가 자유롭게 더불어 작용하는 일이다.[30]

우리는 유전적 소질, 문화 등을 자유의 전제조건이자 우리들 자유의 역사가 살아 숨쉬는 현장이라고 말했다. 여기서 지나쳐서는 안 될 것은 우리 자신의 유전적 유산, 환경, 문화, 교회와 세속의 상황이 우리들의 자유에 뚜렷한 울타리를 설정하고 있다는 사실이다. 그러나 부정적인 시각의 윤리신학자들이 지금까지 해온 것처럼, 이러한 사실들을 지나치게 강조한 나머지 주위 여건들 가운데 우리의 자유를 위협하는 요소들만을 연구하는 것은 잘못된 일이다. 우리는 주위 전체의 여건 속에 주어진 자유의 토대와 우리가 추구하는 자유 속에서의 성장, 양자 간에 존재하는 상호작용을 예리하게 의식해야 한다. 이러한 의식은 우리에게 우리를 종속하고 의존시키는 요소, 기제, 원인들과 다른 한편 우리를 자유로 이끌고 우리의 주위 세계에서 자유를 증대하도록 허용하는 모든 것들에 대한 고양된 인식과 의식을 갖추도록 강력한 추진력

30 George Gurwich, *Determinismes sociaux et liberté humaine*, Paris, 1955, und: *La vocation de la sociologie,* Paris, 1957. 이와 관련된 테제들의 요약은 다음의 나의 책에 들어 있다. *Ehe in dieser Zeit*, Otto Müller, Salzburg, $^{3}$1964, 47~80쪽 참조.

을 제공할 것이다. 우리의 과제는 교회와 세속 사회에서 회피할 수 있는 모든 부당한 한계와 장애 요인, 양심과 자유를 훼손하는 모든 조작 행위를 극복하는 데 있다. 나아가 우리는 우리의 공동체, 우리의 사회와 문화를 창조적 자유의 토대를 통해 풍부하게 만들고 그리하여 개개인과 공동체의 성장에 동참하기 위해 우리의 에너지를 한데 모을 것이다.[31]

자유와 해방을 위한 투쟁은 결코 완결된 일이 아니다. 인간은 "자연의 강제 속에 살고 있으며, 문화를 통해 그러한 강제로부터 해방되지만 그와 함께 자기 스스로 창조했으며 다시 극복할 수 있는 새로운 강제에 넘겨진다."[32] 투쟁은 지속적으로 일어나는 일이며, 구원과 구원받는 존재의 표징은 우리들이 연대하는 정도에 따라 드러난다. 이 싸움에서 승리하기 위해 우리 모두는 자유가 우리의 가장 값진 선이라는 첨예한 의식을 필요로 하며, 각각의 기회들을 자유의 신장을 위해 십분 활용하고 자유를 위협하는 위험에 맞서기 위해 늘 깨어 있을 필요가 있다. 의식의 자세는 인간의 존엄성을 파괴하는 조작과 대치하는 최전방 방어선이다. 그러나 우리가 명심해야 할 바는 우리가 창조적으로 인류의 자유의 역사에 동참하는 대신 단지 수동적인 방어에만 치우친다면, 전투에서 패배하고 말 것이라는 사실이다.

높은 수준에 이른 복지로 인해 인간의 삶은 수많은 고난으로부터 벗어나고 그 결과 가치 있는 인간의 에너지들이 해방되었다. 그러나 다

31 Karl Rahner, *Freiheit und Manipulation in Gesellschaft und Kirche,* Kösel, München, 1970 참조.

32 K.W. Merks, Sozialkybernetik oder Sozialethik, in: *Concilium* 7 (1971) 335 쪽.

른 한편 우리의 자유는 더이상 과거와 같은 방식으로 요구되지 않는다. 의학의 발전은 우리에게 고통을 잠재울 수 있는 수단들을 제공한다. 그러나 만약 우리가 충분히 극복할 수 있는 어려움에 직면해 우리 자신의 내적인 힘을 동원하는 대신 향정신성 의약품을 복용한다면, 우리의 자유를 신장함에 있어 커다란 손실을 입게 된다. 지금까지 의사와 환자들 모두 자유와 자유 속에서 성장할 수 있는 능력이 인간적 건강의 근본적인 구성 요소라는 사실을 잊어버린 것처럼 보인다. 오늘날 자행되는 무의미한 조작에 우리가 저항하지 않아도 대량의 조작을 위한 엄청난 실험들이 극복되리라 믿는다면, 그것은 환상일 따름이다. 일반적인 어려움에 직면하여 우리의 자유를 훈련하고 전개하는 일은 결코 양도할 수 없는 계율이다. "우리의 자율적인 적응을 위한 잠재적 가능성이 크면 클수록, 우리의 적응을 규정하는 외적인 결정은 더욱 불필요해지고 더욱 허용되지 않을 것이다."[33]

### 5) 죄와 죄악성에 대한 인식

각 인격체의 인생사와 인류 역사 전체는 한편으로는 죄의 힘, 죄악적인 조작과 다른 한편 자유와 인간을 자유롭게 하는 사랑, 양자 사이에 벌어지는 치열한 투쟁의 역사이다. 우리가 현실적으로 작용하고 있는 죄의 강력한 힘을 망각한다면, 자유와 관련해 우리가 제시하는 온갖 주장과 계획들은 한갓 허구적인 유토피아에 머물게 될 것이다. 우리의

---

33 Ivan Ilich, Medical Nemesis, in: *The Lancet* (11. Mai 1974) 921 쪽.

자유는 그 무엇보다도 죄를 통해서 가장 심각하게 위협받는다.

우리는 결정적인 기준을 다음과 같이 정식화할 수 있다. 조작은, 그것이 우리의 자유를 불필요하고 부당하게 위협하고 자유를 제한하며 심지어 파괴하는 한, 언제나 죄악이다. 죄는 자유를 오용하는 행위이며, 마찬가지로 선을 위한 자유의 사용을 거부한다, 그 모든 죄악이 인간의 자유와 공동생활의 자유를 위협하는 지뢰밭을 설치하고 있다. 모든 죄는 소중한 많은 것들을 잃게 하는 인간의 자유가 만들어낸 연출이다. 그러나 인간의 자유를 반대하고 자유 속에서 성장하는 모든 이들의 전개 가능성을 반대하는 매우 특이한 방식의 죄악이 존재한다.[34] 이러한 죄악에 속하는 것들 가운데 하나가 바로 자기 결정, 자의식 그리고 자유로운 동참, 나아가 인간이 이룩한 자유의 역사를 모독하는 온갖 종류의 조작 행위들이다.

인간의 자유에 대한 우리의 이미지는 창조에 대한 이해와도 맞물려 있다. 창조는 혼돈을 부정하는 가운데 형성되는 진화를 의미한다. 실제로 하느님, 이웃, 진정한 사랑, 정의와 평화를 위한 자유가 열쇠일 경우, 나는 인류의 자유를 진화와 인류 역사가 이룩한 하나의 최정점으로 간주한다. 그러나 우리가 역사와 인간의 삶이 지니는 의미를 해석하고자 할 때 죄악의 힘에 대한 우리의 실존적 인식 또한 결정적으로 중요하다. 구원, 해방, 하느님의 자녀들이 누리는 자유는 우리가 사용할 수 있는 마지막 개념들이다. 그러나 이 개념들은 우리에게 모든 형태

34 Bernhard Häring, das Kapitel: Sünde im Blick der Freiheit und der Befreiung, in: *Sünde im Zeitalter der Säkularisation*, Styria, Graz–Wien–Köln, 1974, 137~171쪽 참조.

의 죄악에 맞서 싸울 수 있는 추진력을 제공한다. 우리는 우리의 환경과 유전적 유산을 일종의 부나 재산으로 간주하지만, 이것들은 동시에 부분적으로는 균등하지 않고 부주의하게 만들어진 작품이기도 하다.[35] 우리는 모든 것을 죄의 탓으로 돌리지는 않는다. 그리스도인으로서 우리가 아는 바는 모든 피조물은 불완전성에 사로잡혀 있다는 사실이다. 그러나 바로 그렇기에 하느님 아래에 있으면서 하느님과 공동 창조자이기도 한 인간은 매일 자기 자신과 환경을 더 완전하게 만들어 나가도록 요구받는다. 그 밖에 굴곡과 쓰라린 좌절이 존재하는데, 이는 인간의 죄악성에 기인하는 것이다. 인간의 죄악성은 그가 행할 수 있는 선을 고의로 방기하고, 그가 피할 수 있는 악을 피하지 않는 정도에 따라 증대한다.

그리하여 자유의 역사는 혼돈의 힘들에 맞선 자기 전개와 투쟁의 역사일 뿐만 아니라, 언제나 되풀이하여 죄악에 맞서야 하는 투쟁의 역사이다. 그리고 이 싸움은 희망 가운데서 이어질 수 있다. 도덕의 결정적인 문제들을 보는 각자의 입장들은 각자가 죄와 구원을 어떤 시각에서 바라보고 있는가에 따라 다양하게 내려질 수 있다.[36] 비관적인 도덕주의자들은 죄악의 목록들을 열거하며 금지 및 제재 조항들을 증대시키기에만 급급한데, 이들은 하느님의 은총과 그러한 은총 가운데 삶을 영위하는 인간을 자유롭게 하는 에너지를 강조하기보다 죄의 힘과 죄에 빠진 인간의 비참한 상황을 더욱 강조한다. 비관주의는 사람들을 일

35 C.H. Waddington, *The Ethical Animal*, 203쪽.

36 Charles Curran, Politics, *Medicine and Christian Ethics. A Dialogue with Paul Ramsey*, Fortress Press, Philadelphia, 1973, 174~176쪽 참조. 커란은 이것을 폴 램지와 칼 라너의 예에서 보여준다.

종의 운명주의에 빠뜨려 자유가 지닌 최상의 에너지를 삼켜 버린다. 비관주의자들이 세상을 개선시키는 데 성공한 적은 한 번도 없었다. 비관주의자들은 자유가 지닌 잠재적 가능성도 증대시킬 수 없다. "비관주의적 시각은 무엇보다 현 상황을 유지하는 데 도움이 될 뿐이다. 우리 인류라는 종이 자신의 완전한 인간성에 도달하고자 한다면, 우리의 인간성이 완전히 인간적으로 될 수 있다고 추호도 믿어 의심치 않는 남녀들이 필요하다."[37]

사람들 가운데서 구원과 해방의 복음보다 인간의 죄악성에 관심을 돌리는 이들은 대개, 자연을 개조하고 미래를 체계적으로 계획하고자 하는 현대 과학 기술의 가공할 영향력에 직면하게 되면, 쉽사리 충격에 빠지거나 단순히 경고의 목소리를 내는 데 그치는 경향이 있다. 나아가 비관주의에 빠진 이들은 의미 있게 계획된 개조와 인간의 존엄성을 해치는 조작 행위를 제대로 구별하지 못한다. 그들은 너무나 쉽게 전지구적 비난을 통해 불의에 반응한다. 따라서 그들은 그 누구에게도 도움이 되지 못한다. 우리가 그러한 비관주의를 우리 자신과 세속 사회 또는 종교적 상황과 우리 주변의 세계에서 극복하지 못하는 한, 선을 조장하고 우리를 위협하는 경향들에 맞서야 하는 우리의 과제는 더욱 달성하기 어려워질 것이다.

다른 한편의 스펙트럼에는 피상적인 낙관주의가 있다. 지난 백여 년간 우리에게 감탄을 자아내게 만든 과학 기술의 진보는 잘 알려진 역사철학을 동반해 왔는데, 이 역사철학의 근본 테제는 진화와 역사 과정

37 Leon Eisenberg, The Human Nature of Human Nature, in: *Science* 176 (1974) 124쪽.

이 내적 필연성에 따라 지속적인 발전과 진보적인 인간화를 향해 작용하고 있다고 주장한다. 이는 과학기술적 발전이야말로 진화의 최정점이며, 또한 그렇기에 과학 기술의 모든 업적을 자동적으로 선으로 간주해야 한다는 순진한 신념에 이르게 했다. 이런 일이 가능할 수 있었던 것은 사람들이 한편으로는 죄악의 존재를 사실상 부정하고, 다른 한편으로는 분별력이 철저히 결여된 데 기인한다. 사람들은 지혜와 이타적 사랑의 가치가 과학 기술상의 진보보다 훨씬 고매한 것이며, 그 때문에 지혜는 결코 기술적 진보의 결과일 수 없다는 사실을 이해하지 못하고 있다. 칼 마르크스(Karl Marx, 1818~1883. 독일의 철학자)는 이러한 역사철학을 자신의 체계 속에 받아들였다. 마르크스는 경제적 하부 구조의 변증법적 진보가 그것이 지닌 긴장과 계급 간의 증오심이 가열됨으로써 마침내 인간 사회를 최상의 방식으로 전개시켜 나갈 것이라고 확신해 마지않았다.

구원과 해방의 복음이 우리에게 확신시키는 바는, 창조는 근본적으로 선한 것이며 죄에 맞서 결국 구원이 궁극적으로 승리하리라는 의심할 수 없는 사실이다. 이는 인간적 자유의 소식임과 동시에 동료 인간들의 교만과 악용에 맞서, 슬기로움과 이웃에 봉사하는 사랑의 투쟁 속에서 구원자 및 해방자와 하나 되라는 긴박한 권유이기도 하다. 어둠의 세력들은 사악한 목적을 위한 모든 새로운 지식을 인간에게 집어넣으려고 한다. 이들에 맞선 결연한 투쟁 없이는 완전한 인간성의 진보란 성립될 수 없다. 우리는 과학 기술상의 진보가 분별력과 지혜에 의해 인도되는 한에서만 이러한 진보를 높이 평가할 것이다.

### 6) 인간 본성을 바라보는 정적[靜的] 시각과 동적[動的] 시각

오늘날 인간 의학 및 유전학 분야에서는 윤리적 문제들을 둘러싸고 열띤 토론이 벌어지고 있다. 이와 관련된 모든 토론의 성격은 토론 참가자들이 인간 본성과 본성적인 윤리 법칙들에 관해 다소 정적인 시각을 지니고 있는가, 아니면 동적인 시각을 지니고 있느냐에 따라 결정된다. 양자 가운데 어떤 시각을 결정할 것인가, 아니면 황금 분할의 중심을 추구할 것인가의 여부는 조작 문제를 다루는 윤리학의 핵심 문제이다.[38] 대부분 우리의 도덕 원칙과 결의론은 부분적으로 역사와 인간 본성과 관련하여 매우 정적인 시각에 사로잡혀 왔다. 그러나 여기에서 지금까지는 결코 쉽지 않았던 변화가 일기 시작했다. 제2차 바티칸 공의회는 문화적 변화와 진화, 인간의 역사 그리고 자연, 이 모든 것들에 영향을 미치기 시작한 인간의 새로운 힘들에 관한 새로운 지식과 정보의 시각에서 인간 본성에 관해 언급하고 있다. "역사 자체의 흐름도 개인이 따라가기 어려울 정도로 급격히 빨라지고 있다. 인류 사회는 이제 하나의 공동 운명을 지니게 되어, 더이상 여러 가지 역사로 흩어질 수 없다. 이렇게 인류는 정적인 세계관에서 더욱 역동적이고 발전적인 세계관으로 넘어가고 있다. 여기에서 수많은 문제들의 방대하고 새로운

---

38 Josef Endres, *L'uomo manipolatore,* Edizioni Paoline, Rom, 1974, 14~15쪽 참조.

복합성이 출현하며, 이는 새로운 분석과 종합을 요구한다."[39]

이 문장을 진지하게 생각하는 사람은 – 비록 그것이 교도권(Magisterium)의 문헌이지만 – 문제의 복잡성에 직면하여 지난 세기들의 교회의 목소리를 단순히 반복하고 인용할 수 없으며, 그것을 새로운 상황에 기계적으로 적용할 수도 없다. 무엇보다 의료 윤리와 조작의 윤리는 의학과 인간의 유전학 분야의 새로운 발전에 맞서 새로운 분석과 종합을 시도할 용기를 요구받고 있다.[40]

우리 윤리신학자들의 윤리적 숙고가 다른 이들에게 마치 하느님에 대한 고루한 이미지로부터 출발한다는 인상을 심어주어서는 안 된다. 이런 모습의 하느님은 영원한 반복 속에서 자신이 창조한 작품을 유지하는 일 외에는 아무것도 하지 않는 것으로 표상된다. 균형 잡힌 시각을 갖춘 어느 유전학자는 다음과 같이 적었다. "불변성, 영원한 반복 또는 영원한 회귀란 사실상 무익한 것의 최정점에 이른다."[41] 도덕 분야에서도 새로운 사고와 분별력을 요구하는 문화 분야의 심각한 변화로 말미암아 많은 사람들이 영적 안식을 잃었다. 이들은 일방적으로 행해진 종교 및 도덕 교육의 결과로 하느님을 어쨌든 불변, 부동[不動]하는 보호자쯤으로 생각해 왔기 때문이다. 그들은 불변하는 교리 형식과 마찬가지로 불변하는 도덕률 속에서 도피처를 찾고자 했다. 그럼에도 이는 그리스도인들에게 처음부터 신학과 같은 체계가 아니라 인간과 함께하는 하느님의 역사에 관한 기록인바, 그리스도의 말씀을 통해 더 쉽게

39 *Pastoralkonstitution über die Kirche in der Welt von heute*, Art. 5.

40 Stacey B. Day (Hrsg.), *Ethics and Medicine in a Changing society*, Medical

41 Dobzhansky, *Heredity and the Nature of Man*, New York, 1964, 111쪽.

이해가 되었다. 예수는 열렬히 경고했다. "지금도 내 아버지께서 언제나 일하고 계시니 나도 일하는 것이다"(요한 5,17~18). 인간은 하느님의 모상이면서 같은 모습을 지녀야 하며 하느님의 지속적인 창조 행위에 동참함으로써 하느님을 섬겨야 한다.

창조와 인류 역사는 늘 스스로 펼쳐지는 교향악과 같다. 하느님은 언제나 자신이 지은 작품들 속에서 새롭고 경이로운 면들을 우리에게 보여주는 일종의 예술가이다. 그리고 하느님은 인간에게 자연환경을 완성하는 작업에 함께 일하기를 권유한다. 인간 자신은 완성되지 못한 작품이다. 인간은 진정한 하느님의 모상이면서 하느님과 비슷한 모습이 되기 위해 스스로 노력해야 한다. 따라서 창조적 자유 속에서 진보를 위해 지속적인 노력을 기울이지 않는다면, 인간 자신과 하느님에 대한 신뢰는 성립될 수 없다. 인간은 문화적 존재이다. 인간은 짐승들과는 달리 자동적으로 환경에 적응하지 못한다. 인간은 하느님의 공동 창조자이자 하느님의 사랑을 더불어 계시하는 자로서 자연을 다스려야 하고, 자연을 하느님이 제시한 목적에 따라 변화시켜 나가야 하며, 여기서 자신의 능력을 서로 간의 사랑과 분별력을 통해 펼쳐나가야 한다.

"사람들은 일반적으로 문화라는 말을 다음과 같이 다양한 방법으로 이해한다. 인간은 문화를 통해 자신의 다양한 정신적, 육체적 소질들을 형성하고 펼쳐 나간다. 문화를 통해 인간은 인식과 노동 가운데서 세계 전체를 자신에게 복종시키려 한다. 문화를 통해 인간은 가족과 전체 시민 사회에서 영위하는 사회적 삶을 도덕적이며 제도적인 진보를 통해 인간적인 것으로 만들어 간다. 문화를 통해 인간은 결국 자신의 거대한 정신적 경험과 노력을 시간의 흐름 안에서 자신의 작품들 속에 대상화하고, 경험과 노력을 함께 나누며 그것들에 지속성을 부여한다. 수많은 이들, 곧 인류 전체를 위해서."[42] 조작 행위를 다루는 윤리학이 던지는 근본적인 문제 가운데 하나는 진화와 역사에 있어 인간의 역할은 과연 무엇인가 라는 질문이다. "인간은 진화와 역사의 단순한 방관자인가, 아니면 진화와 역사의 전위[前衛]이며 결국 진화와 역사를 능동적으로 이루어 가는 자인가?"[43] 인간은 지구상에서 진행되는 진화에 관해 알고 있는 유일한 존재이다. 인간은 진화의 의미를 해석할 수 있고 해석해야만 하며, 계속되는 창조 행위 속에서 자신의 고유한 역할을 발견할 수 있고 발견해야만 한다. 인간은 죄악이 인간과 자연에 부과한 상처를 치유하도록 부름을 받았을 뿐만 아니라, 이를 넘어 가능한 최선의 세계를 이루기 위해 능동적으로 행동해야 한다.

오늘날 인간은 진화 과정에 관한 새로운 지식을 획득했으며 이런 지식을 확장시켜 나가고 있다. 바로 그 때문에 인간은 새로운 가능성과 – 그렇게 말해도 무방하다면 – 새로운 소명을 지니게 되었다. 새로운 소명이란 스스로 창조적으로 행동하고, 미래를 조망하는 시각에서 형성적으로 행동하는 것이다. 과학적 연구와 더불어 하느님의 계시가 진화의 전체 모습을 우리에게 제공하는 한에서 이제 창조와 역사의 문제를 살펴보도록 하자. 그렇게 한다면 우리는 인류야말로 진화의 가장 위대한 성과임을 확언할 수 있을 것이다. 인간은 "환경을 자신의 유전적 형질에 적응시키는 것과 마찬가지로 자신의 유전적 형질을 환경에 적응시키는 능력을 갖추고 있다. 이러한 능력은 단순히 주어진 유전적 혈

42 *Pastoralkonstitution über die Kirche in der Welt von heute*, Art. 53.

43 Dobzhansky, *Heredity and the Nature of Man*, New York, 1964, 116쪽.

통으로부터 유래하는 것이 아니라 적응의 결과로 형성된 새로운 특징의 복합체인데, 우리는 이를 문화라고 부른다."[44]

우리는 진화와 역사 전체를 운명, 우연 또는 기회를 통해 설명할 수도 없거니와 확고한 법칙을 통해 이미 결정되어 있는 것으로 설명할 수도 없다. 막스 플랑크(Max Planck, 1858~1947. 독일의 물리학자. 1918년 노벨 물리학상 수상)의 양자이론과 베르너 하이젠베르크(Werner Heisenberg, 1901~1976. 독일의 물리학자. 1932년 노벨 물리학상 수상)가 설명한 불확정성의 관계는 우리에게 진화의 역동성과 개방성에 대해 어떤 추측을 하게 만든다. 인간은 이처럼 역동적인 힘을 해석하는 능력을 지니고, 세계를 더불어 형성하고 변화시키는 새로운 가능성을 발견하게 되었다. 그러나 그 순간부터 지구를 굴복시키도록 인간에게 위임된 창조의 과제는 종결되며, 또한 무엇보다 전진하는 인간화의 시각에서 계속되는 진화의 전위여야 한다는 인간 자신에 내재된 사명이 끝나게 된다. 오늘날 우리는 의문을 새롭게 제기해야 한다. 세계 창조와 구원의 교의들이 이러한 맥락에서 우리에게 말하고 있는 바는 과연 무엇인가?

인간은 각성된 상태에서 진화와 역사의 역동성에 따라 인간 자신과 자연환경에 창조적으로 작용할 수 있는 현재의 가능성을 면밀히 검토해야 한다.[45] 그러나 인간이 수공업자, 기술자 그리고 조작자 이상의 그 무엇이라면, 다시 말해 하느님과 더불어 창조하는 자이며 하느님의 사랑과 지혜를 함께 계시하는 존재라면, 인간은 자신의 과학적, 기술적

44 Dobzhansky, *Heredity and the Nature of Man*, New York, 1964, 113쪽.

45 Herbert J. Schiller, *The Mind Changers*, Beacon Press, Boston, 1973, 15쪽 참조.

가능성을 보다 넓은 지평에서 바라보아야 한다. 우리는 바로 상황이 초래하는 새로움을 직시하면서 관조의 정신과 궁극적인 의미를 충족시키기 위한 추구를 장려하라는 소명을 받았다.

제2차 바티칸 공의회는 진화와 역사에 관한 보다 역동적인 시각에서 문제를 제기한다. "과거 유산에 대한 살아있는 신뢰감을 상실하지 않으면서도 과연 어떻게 하면 새로운 문화가 지니는 역동성과 긴장을 지지할 수 있을 것인가? 이는 무엇보다 긴박한 문제이다. 왜냐하면 자연과학과 기술의 엄청난 발전의 영향으로 형성된 오늘날의 문화는 고전으로 간주하는 연구를 통해 명맥을 이어가고 있는 정신문화와 조화를 이루면서 이에 접합되어야 하기 때문이다. 어떻게 하면 그처럼 빠르게 진행되고 있는 개별 분야들의 분열을 그러한 필연성으로 조화시키고, 개별 분야들을 하나로 종합하고, 지혜로 이끄는 명상과 경이의 능력을 인간들이 유지하도록 할 수 있을 것인가."[46]

조작 행위들은 치료 또는 건설적인 목적으로 작용할 수도, 반대로 파괴적인 방향으로 작용할 수도 있다. 이처럼 새로운 가능성에 직면해 윤리학과 교육학은 무엇보다 중심을 추구하고, 모든 인간의 자유, 존엄성 그리고 양심을 절대적으로 존중하는 가운데 진리를 향해 공동으로 노력하면서 전체를 중시하는 정신을 역동적으로 육성해야 하는 과제를 안고 있다.

진화, 역사 그리고 인간의 본성, 이와 더불어 본성적인 윤리 법칙에 관한 역동적인 이해는 도덕적 결의론의 문제만은 아니다. 이로부터

46 *Pastoralkonstitution über die Kirche in der Welt von heute*, Art. 56.

어떤 방식의 교육을 제공할 의무가 도출되는데, 이런 방식의 교육은 무엇보다 청소년과 성인으로 하여금 역사와 환경의 전체 역동성 속에서 고유한 자기실현을 위한 내적인 역동성을 볼 수 있도록 할 것이다. 여기에 교회와 세속 사회가 담당해야 할 시급한 과제가 있다. 특히 윤리와 도덕은 도전을 받고 있다.[47]

과거 시대의 철학과 도덕이 제공한 고식적인 시각으로부터 벗어나기 위해서는 힘든 노력이 요구된다. 그럼에도 이러한 탈피의 노력으로 인해 과학 기술 분야에서 한도를 넘어선 다른 행위들에 대한 우리의 경고가 방해받아서는 안 될 것이다. 현대 과학 기술의 새로운 시각으로부터 필연적이지 않으며 받아들일 수도 없는 결론들이 도출되고 있다. 나는 델가도의 숙고 속에서 훌륭한 취지를 발견했다. "우리가 질문하고 싶은 것은 인간이 결코 자기 자신을 파악할 수 없다는 여전히 깊이 뿌리내린 고정 관념이야말로, 인간이 전능한 자연을 변화시키기 위해 아무것도 할 수 없다고 주장하는, 낡은 고정 관념의 잔재가 아닌가 하는 물음이다."[48] 그럼에도 불구하고 델가도가 새로운 이념적 전환과 기술 혁명으로부터 이끌어낸 결론과 그가 허용하는바, 인간의 운명 그리고 무엇보다 인간의 뇌에 대한 직접적인 통제 조작의 범위와 정도는 우리가 받아들일 수 있는 균형 감각을 훨씬 넘어선 것이다.

### 7) 미래학과 종말론

47 Enrico Chiavacci, Manipolazione politica, in: *Manipolazione e futuro dell'uomo*, Ed. Dehomiane, Bologna 1972, 225~235쪽 참조.,

48 J.M.R. Delgado, *Physical Control of the Mind*, New York 1971, 246쪽.

그리스도인이 삶을 이해하는 방식은 상당 부분 미래에 대한 그의 희망에 의해 결정된다, 그러나 미래에 대한 희망은 다양한 색조와 형태를 지닌다. 그리고 미래에 대한 희망은 우리가 사물의 세계와 우리 자신의 생물학적, 심리적 본성을 형성해 가는 책임, 우리의 창조적인 과제 그리고 우리의 권리와 의무를 이해하는 방식에 달려 있다.

초대 그리스도인들은 그리스도의 재림과 더불어 세속 역사의 종말이 머지않은 장래에 도래할 것이라고 생각했다. 종말이 머지않았다는 이러한 기대가 당연히 문화, 경제, 사회 그리고 정치적 삶에서 창조적 공동 노력에 별다른 관심을 기울이지 못하도록 하는 데 기여한 것도 사실이다. 물론 그리스도인의 희망이 지니는 색조는 그들이 가식을 벗고 소유욕과 지배욕으로부터 벗어나 이웃들에게 고매한 자비의 선행을 행하도록 하는 데 일조했다. 그러나 사회와 인류 전체의 미래를 위해 계획적인 공동 노력을 게을리하도록 만든 것도 사실이다. 게다가 과거에는 문화사적으로 볼 때 오늘날 우리에게 주어져 있는 문화적 전제조건들이 결여되어 있었다.

미래를 향한 그리스도인의 희망에는 영혼의 구원만을 일방적으로 강조하는 헬레니즘의 분위기가 배어있다. 이러한 분위기는 육체적 삶과 우리 행성의 미래에 대한 책임을 건설적인 시각에서 바라보지 못하도록 하는 경향이 있다. 다시 말해 미래에 대한 희망은 너무나 정신주의적으로 위조되었으며, 육체에 대한 적대감이 다양한 모습으로 등장했다. 이는 그리스도인들로 하여금 세계에 대한 책임으로부터 멀어지도록 만드는 원인이 되기도 했다.

우리의 희망은 예수 그리스도 안에서의 육화이다. 그렇기에 부활을 향한 우리의 기대, 즉 앞으로 올 세상을 향한 조망, 다시 말해 새로운 땅과 새로운 하늘에 대한 희망은 우리가 인간 공동체와 우리에게 위임된 자연에 대해 책임지는 가운데 살과 피의 존재를 받아들여야 한다. 우리는 자연환경이 하느님의 선물이라는 사실과 하느님의 자녀들이 지닌 자유의 힘을 통해 자연환경에 대한 의무를 지고 있다. "곧 피조물에게도 멸망의 사슬에서 풀려나서 하느님의 자녀들이 누리는 영광스러운 자유에 참여할 날이 올 것입니다. 우리는 모든 피조물이 오늘날까지 다 함께 신음하며 진통을 겪고 있다는 것을 알고 있습니다"(로마 8,21~22). 그리스도는 단지 영혼의 구원자에 그치지 않는다. 우리는 믿음의 힘으로부터 그리고 미래 희망의 역동성 가운데 우리의 환경을 인간화하기 위해 자신을 바치고, 우리의 궁극적인 희망을 어떤 방식으로든 세계의 모습에 기록해 나가면서, 그리스도를 세계의 구원자로서 찬양한다.

미래에 대한 희망은 그리스도인들에게 더 나은 세계를 위한 헌신 가운데 인내와 끈기를 부여한다. 반면 '새로운 땅, 새로운 하늘'을 믿지 않으며 따라서 아무런 희망도 품지 않고 모든 것이 죽음과 더불어 끝난다고 믿는 자들 또한 드물지 않다. 이들은 자신들이 모든 희망을 걸고 있는 이 세상의 현존재를 조급하게 형성하기 위해, 자신들의 바람과 계획들을 다른 이들에게 늘 유별난 방식으로 강요하고자 한다. 반면 구원하고 자유롭게 하는 하느님의 현존을 믿는 이들이 있다. 이미 존재했고 존재하고 있으며 앞으로 존재하게 될 이들은 비폭력적인 행동 가운데 공동의 헌신과 지속적인 인내의 필요성을 더 용이하게 이해할 것이다.

우리 그리스도인들은 오늘날 불행하게도 영생에 대한 우리의 희망과 지구상 인류의 미래를 위한 책임 사이의 관계를 동일한 방식으로 파악하지 못하고 있다. 폴 램지(Paul Ramsey, 1913~1988. 미국의 개신교 윤리학자)가 종말론적 희망의 결함에서 비롯되는 절망적인 조작 행위들을 경고했을 때, 그의 주장은 옳았다. 그럼에도 그가 죽음 이후에도 남아 있는 미래에 대한 희망의 이름으로 우리 인간들이 바로 닥쳐올 미래를 훨씬 넘어서 공동 책임을 지고 있다는 사실을 부정할 때, 나는 그의 입장에 동의할 수 없다.[49] 파멸적인 비관주의만이 오도할 수 있는 결론은 우리가 오로지 오늘과 곧 닥쳐올 미래의 시각에서만 인간의 환경과 유전적 건강에 대해 책임질 필요가 있다는 주장이다. 나 자신은 종말론적 희망에 관해 하비 콕스(Harvey Cox, 1929~ . 미국의 개신교 신학자)와 동일한 개념을 지니고 있다고는 믿지 않는다. 그러나 콕스가 정신적 태만과 비겁, 현재와 미래에 대한 책임의 결여 가운데서 중대한 죄악을 발견했다면, 나는 전적으로 이에 동의한다.[50] 우리의 그리스도적 희망은, 우리가 우리의 행동 결과를 예상하고 평가할 수 있는 한에서, 우리에게 어떤 방식으로든 가까운 미래와 먼 미래에 대한 책임을 회피하도록 허용하지 않는다. 왜냐하면 우리 모두는 하느님의 가족으로서 유일한 구원의 역사에 함께 참여하고 있기 때문이다.

### 8) 자연을 다스리도록 인간에게 위임된 창조의 권한은 과연 어

49 Paul Ramsey, *Fabricated Man. The Ethics of Genetic Control*, Yale Univ. Press, New Haven, 1970, 129쪽 참조.

50 Harvey Cox, Stirb nicht im Warteraum der Zukunft, Kreuz-Verlag, Stuttgart-Berlin, 1968, 7~8쪽. Charles Curran, *Politica, Medicine and Christian Ethics*, 202쪽 이하 참조.

디까지 미치는가?

부정할 수 없는 사실들 가운데 하나는 역사, 역사 연구, 학문의 의미, 특히 인문 · 사회과학이 지니는 의미가 유다적 신념과 그리스도교적 신념을 배경으로 발전해 왔으며 하느님은 인간을 지구의 자유로운 관리자로 삼았다는 사실이다. 어떠한 금기도, 의미를 상실한 그 어떤 전통도 그리고 그 어떤 모습의 세속화도 인간의 자유와 인간이 위임받은 권한을 제한할 수는 없다. 제한이 있다면 그것은 하느님께 대한 섬김 그리고 모든 인간에 대한 공동 책임일 것이다. 모든 인격체, 그의 양심 그리고 선을 위한 자유 가운데서 이루어지는 성장은 인간이 결코 넘어설 수 없는 성스러운 한계이다.

인간에게는 자연을 다스릴 수 있는 권한이 부여되어 있다. 그러나 자연에 대한 지배는 아무런 애정도 없는 방식으로 행사되어서는 안 된다. 다시 말해 자연 지배는 착취의 정신이 아니라, 모든 피조물에 대한 외경으로 전환될 수 있는 창조자에 대한 외경 가운데서 행사해야 한다. 모든 피조물은 유일자인 하느님 아버지의 선물이다. 이 선물 가운데서 모든 이들은 서로 봉사하는 가운데 기뻐해야 한다.

자연에 대한 외경과 관련하여 우리는 다른 문화들로부터 많은 것을 배울 수 있다. 순전히 기술과 공리주의적 특성만을 지닌 서구적 자연 개념은 모든 것을 궁극적으로 외적인 유용성에 따라 평가할 수 있다는 것을 당연시한다. 그러나 이처럼 편협한 자연 개념은 거의 모든 거대 문화들에서는 매우 생소한 개념이다. 일본의 어느 연구자는 과거 일본인들에게 자연은 이용의 대상이라기보다는 오히려 감탄의 대상이었다고 언급한 적이 있다. 자연, 무엇보다 생명을 지닌 자연은 경외와 감사의 마음속에서 인간의 훌륭한 길동무로 간주되었다. 여기에 자연에 대한 책임의 의미가 상응한다.[51] 이러한 전통은 오늘날에도 여전히 작용하고 있다. 예를 들어 원숭이에 대한 과학적 연구에서 각각의 원숭이들에게는 하나의 이름이 붙여진다. 원숭이들은 하나의 숫자가 아니라 개별자로 다루어진다. 이는 우리로 하여금 창세기의 창조에 관한 기록을 상기하도록 한다. "들짐승과 공중의 새를 하나하나 진흙으로 빚어 만드시고, 아담에게 데려다주시고는 그가 무슨 이름을 붙이는가 보고 계셨다. 아담이 동물 하나하나에 붙여 준 것이 그대로 그 동물의 이름이 되었다"(창세 2,19~20). 우리에게 위임된 지구와 자연 전체에 대한 지배 권한을 의미 있게 행사하는 가운데 우리는, 현세대와 미래 세대 모두를 고려하여 우리에게 내려진 지상의 모든 선물에 대해 하느님 앞에 책임을 느끼는 정도에 따라, 자신을 완성해 간다.

인간은 인간 이하의 자연뿐만 아니라 자신의 생명까지도 위임받았다. 인간이 자신의 환경에 저지른 행위는 인간 자신에게로 되돌아 작용한다. 인간이 자연을 올바르게 대한다면, 인간은 건강하고 인간적이며 공동체적인 관계들 가운데서 그 자신의 고유한 발전, 곧 자기실현에 기여하게 된다. 우리는 오늘날 인문 · 사회과학을 통해 인간의 자기실현과 다른 한편으로 인간이 그 속에서 삶을 영위하는 세계를 대하는 인간의 자세, 양자 간의 상호작용에 대해 더 많은 것을 알게 되었다. 환경, 경제, 문화, 사회 그리고 정치적 구조들을 이런저런 방식으로 개조하려

51 Masao Watenabe, The Conception of Nature in Japanese Culture, in: *Science* (15. Jan. 1974) 279~282쪽.

는 모든 결정은 이러한 구조들 속에서 인간 자신의 삶을 어떤 방식으로 발전시킬 것인가의 결정으로 이어진다. 성숙한 인간일수록 이러한 상호작용을 고려하는 입장에서 점점 더 의식적으로 자신의 결정을 내린다. 지구와 환경의 재화들에 대한 우리의 전체적인 입장은 인간 고유의 자기실현에 미칠 예상된 결과들을 고려하는 입장에서 신중하게 연구되어야 한다.

칼 라너(Karl Rahner, 1904~1984, 독일의 가톨릭 신학자) 및 다른 많은 사상가들과 더불어 내가 확신하는 인간은 스스로를, 물론 하느님 아래에 있으면서 하느님과 더불어 작업하는, 자기 창조자로서 이해해도 무방하다. 자연의 모든 능력, 인간 자신의 고유한 자연적 능력도 인간에게 위임되어 있다. 인간의 자기 이해는 인간이 전체 진화와 역사 해석 방식 그리고 역사가 인간에게 전해준 질료들을 주조하고 개조하는 방식과 맞물려 있다. "우리는 창조적 힘과 자유가, 비록 제한된 것일지라도, 인간을 특징짓는 바로 그러한 능력이라는 사실을 결코 잊지 않을 것이다."[52] 하느님은 위대한 예술가이자 창조자이다. 인간은 하느님의 피조물에 그치는 것이 아니다. 인간은 자신의 창조적인 자유를 활용함으로써 하느님의 모상이자 같은 모습이 되어야 하며, 점점 더 하느님의 모습에 가까이 다가가야 한다. 그리하여 만약 인간이 사랑의 능력, 상호 존중 그리고 아름다움의 향유 속에서 성장하기 위해 자신의 자유를 유지하고 올바르게 사용한다면, 그때 비로소 인간 자신은 하느님의 계획을 수행하는 존재가 된다.

---

52 Charles Curran, *Politics, Medicine and Christian Ethics*, A Dialogue with Paul Ramsey, Fortress Press, Philadelphia, 1973, 203쪽.

하느님의 의지에 따라 인간에게는 자신의 고유한 섭리와 분별력이 맡겨져 있다. 이는 인간이 하느님의 은총에 의존하고 있지 않다는 뜻은 아니다. 그러나 인간은 스스로 활동해야 한다. 인간은 남의 말을 경청하고 자신의 생각을 과거, 현재 그리고 미래를 넘어 다른 이들에게 전달할 수 있는 지구상의 유일한 피조물이다. 인간은 다른 이들과의 관계를 내포하는 자신의 고유한 최정점의 경험을 해석한다. 인간은 궁극적인 의미를 찾아야 하고, 여기서 그 자신이 아직 완전히 실현되지 못했음을 의식한다.

조작 행위를 다루는 윤리학은 무엇보다 다음 문제에 관심을 기울이고 있다. 어떤 한계 내에서 인간은 자신의 고유한 생명과 자신의 고유한 심리적 성질들을 책임질 권리를 위임받았는가? 인간은 우리가 '본성'이라고 부르는 것들을 과연 어느 선까지 주조하고 개조할 수 있는가? 인간은 자신의 본성이 지니는 생물학적, 심리적 힘들에 대해 치료, 교정 또는 계획과 개조를 통해 영향을 미쳐도 무방한가?

인간 본성을 다룰 때의 한계와 차원은 하느님과 인간에게 봉사하는 인간 자신의 전체적 소명에 의해 규정된다. 이러한 자기 이해 방식은, 조작 행위가 인간 자신의 고유한 자유와 존엄성 그리고 이웃들에 기여하는 한, 인간에게 자신의 생명과 영혼의 기능을 자유로이 조작하도록 허용한다. 따라서 우리가 주장하고자 하는 바는, 인간은 자기 외부의 자연뿐만 아니라 자신에게 생래적인 모든 것, 자신의 전체적인 생물학적이며 영적인 현실을 자유롭게 형성하도록 위임받았다는 사실이다. 모든 것은 신적인 예술가와 더불어 인간이 창조적으로 함께 노력하기를 요구한다. 여기서 인간은 늘 질문하게 될 것이다. 하느님은 인간에게 과연 어떤 방향을 제시하고 있는가?[53]

우리는 문제 해결을 위해 다음 테제의 의미에서 결정을 내린다. 인간은 자기 자신을 과거로부터 진행되어온 진화와 역사의 잠정적인 결과로 이해한다. 자신을 이런 방식으로 이해하는 인간은 제한적이기는 하나, 자신에게 부여된 생물학적이며 심리적 현실을 통제할 권리를 지닌다. 그러나 이러한 권리는 손상된 것을 회복하기 위해서뿐만 아니라, 즉 좁은 의미의 치료 행위라는 취지에서뿐만 아니라, 창조적인 개선을 위해 하느님과 공동으로 작용을 미칠 수 있고 또한 미쳐야 한다. 그러나 인간은 역사의 계획에 충실하기 위해 언제나 그렇게 해야만 한다. 대부분의 전통적인 가톨릭 도덕주의자들과 마찬가지로 폴 램지는 치료 행위를 인간 본성의 통제 조작을 위한 유일한 기준으로 규정했다.[54] 나는 다음과 같은 이해 방식을 강력히 지지한다. 인간은 치료의 모든 차원을 연구할 권리와 의무를 지니고 있을 뿐만 아니라, 이를 넘어 계획적으로 진화에 관여할 수 있는 권리 또한 지니고 있다. 다시 말해 인간은 물리적, 생물학적 그리고 심리적 본성에 속하는 것들과 관련하여 진화에 관여할 권리를 지니고 있다. 오직 그렇게 인간은 하느님의 위임 아래 자신을 위해 사실상 하느님의 섭리를 실현하고 있는 셈이다. 미래를 향해 계획적으로 전진할 권리와 의무는 당연히 그때그때의 자기 이해와 상황을 해석하고 설명하는 능력을 넘어 마음대로 행사될 수는 없

---

53 Adolf Portmann, *Entläßt die Natur den Menschen? Gesammelte Aufsätze zur Biologie und Anthropologie*, Piper, München, 1971; *Manipulation des Menschen als Schicksal und Bedrohung*. Versuch einer Klärung, Die Arche, Zürich, [3]1970; *Biologie und Geist*, Suhrkamp, Berlin–Wien, 1974 참조.

54 Paul Ramsey, Fabricated Man, 112쪽 참조.

다. 이런 방식으로 인간은 자신의 미래를 설계할 수 있다. 그러나 이는 인간 고유의 가치들과 가치들의 위계질서를 가장 완벽하게 존중할 때에만 비로소 가능한 것이다.

인간은 불완전한 실험이다.[55] 인간은 자기 자신의 세계 속에서 끊임없이 실험을 행하는 존재이다.[56] 인간은 형성 중에 있는 존재이며 오직 행위 속에서만 자신을 실현할 수 있다. 다시 말해 궁극적인 의미를 추구하고, 새로운 지식과 통찰에 대해 해답을 내리고, 자기 자신에 대한 해석을 점점 심오하게 하며, 다른 사람들과 자신의 행동이 자신과 어떤 관계를 형성하는지 지속적으로 검증하는 가운데 자신을 실현할 수 있는 것이다. 성장이 지닌 역동성은 인격체의 본질적 부분이며, 이런 의미에서 또한 인간 본성의 본질적인 부분이기도 하다.[57]

인간의 진보는 실험, 전체적인 경험 그리고 그 경험에 대한 항구적인 공동 해석을 통해 이루어진다. 이 모든 것들은 현대 과학에서 새로운 정점에 이르렀다. 과학 연구를 통해 지금까지의 지식 체계들이 잠정적이며 임시적인 타당성만을 지닐 뿐이라는 사실을 우리는 잘 알고 있다. 과학 연구는 새로운 이론들을 검증하고, 새로운 인식은 새로운 지평을 연다. 그러나 이 모든 것들은 결코 완전히 새로운 시작은 아니다. 그것들은 과거의 이론들에 근거하며, 제반 이론들에 영향을 미치는 전

55 S.E. Luria, *Life: The Unfinished Experiment*, Charles Scribner's Sons, New York, 1973 참조.

56 F. Böckle, A.-W. von Eiff, Das Experiment in der klinischen Forschung, in: *Concilium* 7 (1971) 352 쪽.

57 Bernhard Häring, *Heilender Dienst*, Grünewald, Mainz, 1972, 의학에서 자명하게 받아들이는 자연 개념에 대해서는 46~63쪽 참조, 의학 분야의 실험에 관해서는 172~177쪽 참조.

체연구 결과에 근거한다.

여기서 피할 수 없는 것은 오늘날 과학 세계와 과학이 실험에 부여하는 의미가 윤리적 문제들과 관련된 우리의 사유와 행동에까지 영향을 미치고 있다는 사실이다. 인문 · 사회과학은 언제나 우리의 지평, 즉 인간 이해의 지평을 넓힌다. 그리고 그러한 인간 이해 없이는 현대인들에게 윤리적 문제에 대해 아무런 이야기도 들려줄 수 없다. 따라서 오늘날 자연적인 윤리 법칙에 대한 이해는, 공동의 경험과 반성 및 과거 우리의 이해 방식들을 전체적으로 새롭게 평가하기 위해, 항상 열려있는 자세를 강조한다. 그러나 과학적 실험에 대한 전체적인 평가는 우리에게 어떤 특수한 사실을 말해준다. 우리는 매우 폭발력이 높은 물질을 실험할 경우 매우 신중해야 한다는 것을 익히 알고 있다. 사람들은 더 이상 원자탄을 가지고 장난해서는 안 된다. 우리는 우리 자신의 생물학적이며 심리적인 본성과 관련된 실험에 대해서도, 무엇보다 그러한 실험이 윤리적 존재로서의 우리의 능력을 위협한다면, 마찬가지로 신중한 자세를 취해야 한다. 인간의 생물학적이며 심리적인 측면들에 대한 계획적인 관여에는 신중한 사려분별, 슬기로운 계획 그리고 예상 결과들에 대한 철저한 평가가 선행 되어야 한다. 그리고 인간은 자신의 이웃들을 마치 인간 이하의 물질들에 허용하는 것과 같은 실험 행위의 대상으로 삼아서는 안 된다.

우리는 인간의 자유를 신뢰하지 않는 사람들이 저지르고 있는 실험과 조작 행위뿐만 아니라 자유를 거짓되게 해석함으로써 비롯되는 모든 계획들을 두려워한다. 제아무리 우리의 물리적이며 생물학적인 생명력을 개선한다 하더라도 자유와 사랑의 능력을 희생시키는 위험은 결코 보상받을 수 없는 것이다. 조작 행위가 인간으로 하여금 스스로의 입장을 표현할 능력을 상실케 하는 모든 경우, 조작은 인간의 형성과 발전에 아무런 기여도 하지 못하며 따라서 어떤 경우에도 정당화될 수 없다.[58]

### 9) 조작에 대한 목적론적 평가의 한계들

인간의 존엄성을 해치는 조작 행위들을 의미 있는 관여 행위들과 구별할 목적으로 타당한 기준들을 모색하면서 나는 일련의 기본 가치들에 대해 주목하게 되었다. 그런데 이제 이러한 기본 가치들이 양자를 구별하는 데 어떤 방식으로 기여하는가의 문제를 더 자세히 물을 필요가 있다. 이미 처음부터 분명하게 목적은 모든 수단을 정당화하지는 못한다고 말했어야 한다. 우리는 조작의 방향에서 수행되고 있는 의미 목적과 마찬가지로 진전 상황들을 평가한다. 만약 구체적 형태의 조작 행위가 인간의 자유와 존엄성이라고 하는 기본 가치들 또는 이와 유사한 고매한 가치들을 손상한다면, 그러한 조작 행위들은 세인의 주목을 받을 만큼 획기적인 결과가 예상된다 하더라도 결코 합리화될 수 없는 것이다.

전통의 흐름 속에는 수단과 목적의 관계를 둘러싼 논의가 여러 오해를 불러일으키는 경우가 드물지 않았다. 수단과 목적 간의 관계가 언제나 명백한 것은 아니기 때문이다. 목적이 지니는 의미가 수단을 정당

58 K.-W. Merks, Sozialkybernetik oder Sozialethik, in: *Concilium* 7 (1971) 336쪽.

화한다고 주장하는 가톨릭 신학자들은 이러한 진술의 의미를 일반적으로 행위가 지향하는 선한 목적의 의미와 양립하는 수단들로 엄격히 제한했다. 신학자들은 확신했다. "어떤 특정 목적을 달성해야 하는 윤리적 의무가 존재한다면, 이러한 목적에 이를 수 있도록 하는 의미 있는 수단과 방법 또한 존재해야 한다." 그럼에도 목적이나 목적이 지니는 의미가 반드시 수단을 결정하지는 못한다. 그리고 바로 이 점 때문에 나는 차라리 반대쪽 형식의 신념을 표명하고자 한다. "선한 목적이라고 해서 목적 실현에 기여할 수 있는 모든 종류의 수단을 정당화하지는 못한다."

주요 관심사가 예상되는 선한 결과 또는 다소 선한 결과로 향하는 한에서, 사람들은 윤리적 문제에 관한 목적론적 입장을 언급한다. 그럼에도 이제부터 설명되어야 할 것은 목적론적 가치 평가가 각자 자신에게 제시하는 기본 가치 및 이상에 따라 매우 다양하게 내려질 수 있다는 사실이다. 목적론적 가치는, 그것이 개인주의, 쾌락주의, 공리주의 또는 유물론적 사고를 구성하는 요소일 경우, 더욱 위험해진다. 철학적이며 윤리학적인 체계와 더불어 일상생활에서도 인간의 결정을 정당화하는 순전히 실용주의적인 방식이 있다. 다시 말해 목적과 마찬가지로 수단도 궁극적으로 가치의 위계질서에 의해 측정되지 않고 정당화하는 방식이 존재한다는 것이다.[59]

에피쿠로스 시대 이래 윤리학자들은 인간의 행복을 결정적인 목적으로 간주한 결과 각각의 목적과 수단을 인간의 행복이라는 가치의 잣

59 A. Quinton, *Utilitarian Ethic*, St. Martin's Press, New York, 1973 참조.

대에 따라 평가해 왔다. 각자는 타고난 욕구로 인해 현재 행복하기를 바라고 앞으로도 행복해지기를 바란다. 기대되는 결과들만을 고찰하는 목적론적 논변에 따르면 다음과 같은 주장이 전개된다. "언제나 행복을 초래하는 것이 선한 것이다. 그리고 행복을 방해하는 것이 바로 악이다." 물론 많은 문제는 행복이란 말을 사람들이 과연 어떤 뜻으로 이해하는지에 달려 있다. 그리고 여기서 행복에 이르는 방법들은 근본적으로 상반된 방향으로 나아갈 수 있다. 개인주의자는 오로지 또는 주로 자기 자신의 행복만을 염두에 둘 것이며 자신의 행복에 대한 욕구가 직접적이며 즉각적으로 충족되기를 바랄 것이다. 반면 수많은 사회주의 이데올로기는 개인의 행복과 번영, 심지어 개인의 자유마저도 사회주의자의 목적, 즉 미래 대중의 가능한 최대 행복을 위해 희생시킬 준비가 되어있다. 권력 집단뿐만 아니라 과학적 엘리트 집단도 자신들의 이상 또는 자신들의 특수한 이익을 위해 다수 사람들의 행복을 희생시키고, 어떤 종류의 행복을 대중에게 허용할지를 가부장적이고 독단적으로 결정할 위험을 안고 있다. 신속한 성공에 초점을 맞추고 있는 우리의 기술 세계는 많은 사람으로 하여금 즉각적인 행복, 때로는 가장 값싼 행복을 선호하도록 부추긴다. 그 때문에 행복 추구를 인간 행위의 중요한 추진력들 가운데 하나라고 간주하는 윤리학자들은 행복이란 말을 희생시키지 않으면서 더 적절한 다른 기준들을 모색해야 한다.

그리스도인으로서 우리가 믿는 바는 하느님이 인간으로 하여금, 이미 이 세상에서 그리고 다음 세상에서는 완전한 모습으로, 그분의 크신 사랑과 지복에 참여할 수 있도록 인간을 창조했다는 사실이다. 최상의 인간적인 경험과 계시는 다음과 같은 점에서 일치한다. 곧 인간은 선으로 돌아가 자신의 동기를 정화함으로써 그리고 선을 실현하기 위해 헌신하는 가운데 관용을 통해서만 자신의 지복을 찾을 수 있다. 나아가 인간은 인간에게 사랑과 행복의 참된 성격을 인식하도록 하는 내적 자유 속에서 자신의 지복을 발견할 수 있다. 이에 따라서 내적인 평화와 공동의 행복에 이르는 길이 문제의 열쇠이다. 내적 평화와 공동의 행복은 점점 더 하느님의 모상 그리고 하느님과 같은 모습으로 다가가는 인간이 지닌 최고의 소명에 봉사한다. 인간의 전체 소명에 대한 지식이 없이 단지 행복의 추구만이 윤리적으로 결정적인 기준이라 할 수 없다. 포괄적인 시각에서만 우리는 행복을 추구하는 우리의 가장 심오한 소망과 현존하는 행복의 참된 본성을 이해할 수 있다. 인간은 행복을 추구하는 존재임과 마찬가지로 선을 지향하는 내적인 충동을 지닌 윤리적 존재이다. 우리는 역사의 주인인 하느님이 인류 역사와 인간의 마음에 행복에 대한 욕구를 기록하셨다고 믿는다. 그러나 우리의 현존재는 형성 과정에 있으며 더욱이 죄악을 통해 그러한 과정이 방해받고 있다. 그 결과 과연 무엇이 행복을 위한 참된 요구인지, 다른 한편 무엇이 단순한 욕구 충족을 위한 이기적인 요구인지 분간하기란 결코 쉬운 일이 아니다.

심리학이 우리에게 분명히 제시하는 바는 인간이 인간 본성의 한 부분으로서 내적 욕구를 지니고 있는데, 이러한 내적 욕구는 인간을 자기실현, 중심의 획득, 영적 건강, 창조적 행위의 기쁨으로 인도한다. 우리는 내부로부터 느끼는 다양한 필요들을 오로지 단계적으로 그리고 가치의 위계질서를 고려하여 실현시킬 수 있다. 우리가 결정을 내릴 경우 가치의 높낮이와 함께 의미 목적 및 목표에 따라 가치의 긴박성 또한 고려해야 한다. 일용할 양식과 매우 위협받고 있는 건강에 대한 고려가 명상이나 다른 이들에게 이타적인 사랑을 증거하는 일보다 더 긴급한 일로 제시될 수 있다. 그러나 인간이 느낄 수 있는 최고 최상의 결정적 체험을 통해 인격체는 보다 높은 가치의 실현을 위한 헌신만이 삶을 궁극적으로 살만한 가치가 있도록 만든다는 사실을 이미 내적으로 확신하고 있다.[60]

인간의 본성과 자연적인 윤리 법칙을 다루는, 모든 의미 있는 윤리 이론들은 인격체들 가운데 인격체로서의 자신을 실현하고자 하는 최고 형태의 내적 노력들을 중시한다. 성 바오로가 유다인이나 그리스도인의 범주에 속하지 않은 이들의 마음속에도 사랑의 법칙이 기록되어 있다는 사실을 보여주었을 때, 이러한 점과 관련하여 말하고 있는 것이다. “이방인들에게는 율법이 없습니다. 그러나 그들이 본성에 따라서 율법이 명하는 것을 실행한다면 비록 율법이 없을지라도 그들 자신이 율법의 구실을 합니다. 그들의 마음속에는 율법이 새겨져 있고 그것이 작용하고 있다는 것을 알 수 있습니다”(로마 2,14~15). 그러나 이 인용문에서 우리는 자신의 마음속에서 우러나오는 참된 목소리가 과연 무엇인지를 구별하기가 항상 쉽지 않다는 사실을 짐작할 수 있다. 생각들은 때때로 서로 충돌하고 대립하기 때문이다. 로마인들에게 보내는 편지에 드러나는 구원의 공동체적 시각에서도 분명한 것은 우리가 사물을 공동체 속에서 모든 측면에서 저울질하며 우리의 경험과 숙고들에 공동으로 참여하고 있다는 사실이다.

60 A. Maslow, *The Farther Reaches of Human Nature*, The Viking Press, New York, [3]1973, 41~80쪽 참조.

자연적인 윤리 법칙을 다루는 유럽의 최고 철학과 아시아의 위대한 윤리적 종교들은, 인간은 태어나면서부터 어떤 목적을 추구하도록 욕구가 주어져 있다는 가정 위에 근거하고 있는데, 그러한 목적 추구 행위는 전체 인간종의 형성 목적에 따라, 궁극적으로는 자연 창조주의 의도에 따라 최고의 윤리적 가치들을 지향점으로 하고 있다.

물론 위에서 이미 언급한, 지난 19세기의 지나치게 낙관적인 역사철학도 역사와 더불어 인간의 궁극적인 목적이 지니는 의미를 신봉해 왔다. 그러나 이러한 역사철학은 궁극적인 목적 의미를 너무나 순진한 방식으로 설명한다. 진보는 결코 최고의 가치들에 의해 측정되지 않았다. 더욱이 더 공리주의적인 입장에서는 이러한 철학이 이타적인 헌신, 성공에 대한 포기(만약 성공이 보다 높은 가치를 저버리는 행위라면)와 같은 최상의 가치들을 거의 도외시하도록 만든다. 이러한 철학이 지니는 외관상의 모든 가식에도 불구하고 사람들은 역사의 전체적인 발전 과정이 인간을 마침내 완전한 세상 또는 더욱 완전한 세상으로 인도하리라 믿는다. 여기서 드러나는 커다란 오류는, 사람들이 인간은 하느님의 모상이자 동형[同形]이란 사실을 거짓으로 치부하고 도대체 하느님에 대해 생각하지 않으려 든다는 사실뿐만 아니라, 사람들이 애초부터 그리고 대부분 인간에 내재된 윤리적 힘에 호소하지 않는다는 사실이다. 진보 이데올로기는 마치 본성 속에 운명적으로 기록되어 있는 것처럼 보인다.

수많은 자연재해 그리고 국가사회주의(나치)와 스탈린주의의 가공할 범죄 행위 그리고 범죄적이며 무의미하게 저질러진 양차 대전은 진보를 피상적으로 신봉해온 낙관주의에 심대한 타격을 입혔다.

그러나 현대 과학도 전체 진화와 역사에 대한 그러한 목적론적 시각을 비판한다. 예리한 비판가 중 한 사람이 자크 모노(Jacques Monod, 1910~1976. 프랑스의 생화학자. 노벨 생리학 · 의학상 공동 수상자)이다. 그는 진화 그리고 무엇보다 인간의 출현과 발전을 우연의 산물로 간주했다. 형성되고 변화되는 모든 것들에는 아무런 계획도 없다. 그에 따르면 인간으로서의 발전은 '엄청난 제비뽑기의 부산물'에 불과하다. 인간은 우연의 결과이다. "우리의 숫자는 몬테 카를로 도박장의 게임에서 비롯된다." 그러나 모노는 늘 되풀이하여 생명체들과 특히 인간의 생명 영역에 있어서 '목적지향적(teleonomisch) 실적'에 대해 말한다. 어쨌든 사람들은 결국 현재와 미래를 위한 인간적 발전의 의미의 방향이 눈에 보일 듯 확실히 제공된다는 사실에 놀라워한다. 지식의 왕국 그 속에서 인간은 모든 물질적 필요와 정령 숭배라는 모든 속임수에 근거하는 노예 상태에서 벗어나 지식 왕국의 창조자가 되며, 여기서 모든 제도는 자기 창조자로서의 인간에게 봉사한다.[61]

막스 플랑크의 양자이론과 하이젠베르크의 불확실성 관계를 통해 우주 내에서 우연의 존재 가능성과 더불어 상대적으로 무의미한 사건들의 존재 가능성을 인정할 수밖에 없는 길이 열렸다. 그러나 이들 과학자는 우리의 시야를 경이로 가득 찬 우주 질서를 향해 열어 주었는

61 Jacques Monod, *Le hasard et la nécessité. Essai sur la philosophie naturelle de la biologie moderne*, E. du Seuill, Paris, 1970, 193~195쪽; 32쪽 이하, 135, 146 쪽 참조. 목적 지향적인 실적들과 생물의 탁월한 기능에 대해서는 33, 53, 59, 99, 111, 136, 141~143, 145, 158쪽 참조. 모노는 특히 마르크시즘 이데올로기에 대한 자신 의 날카로운 비판에서 그것을 진보 신앙의 가장 체계적인 심부름꾼이라고 본다. 184~193쪽 참조. (독일어판: Zufall und Notwendigkeit. Philosophische Fragen der modernen Biologie, München, 1971.)

데, 이 우주 질서는 온갖 마멸[磨滅] 과정에도 불구하고 발전을 향해 열려 있으며, 이 우주 질서 속에서 예측 불가능한 사건들이 실재하는 세계의 창조적인 자기 전개 속으로 접합해 간다. 하느님의 성령의 영향 아래 하느님의 모습을 취하는 태초의 혼돈에 대해 언급한 독특한 성서적 시각은, 어떤 종류의 목적론이 하느님의 지혜와 인간 자신의 책임으로부터 단절되어 있다면, 그러한 목적론의 피상적인 세속화를 금지한다.

창조는 불완전하다. 오직 하느님만이 절대적으로 신성하고 완전하다. 우리는 창조된 우주가 무의미한 우연들과 유리한 가능성들의 예측할 수 없는 조우[遭遇]를 위해 공간을 마련해 주었다는 사실에 반발하지는 않는다. 그럼에도 더 심각한 사실은 인간의 자유를 죄악적으로 오용하거나 방기하는 행위가 전체적 발전과 인간의 진보를 가로막을 수 있다는 통찰이다. 그러나 이 모든 것들에도 불구하고 우리는 하느님이 구부러진 선 위에도 똑바로 기록할 수 있다는 사실을 믿어 의심치 않는다.

우주 전체와 인간 자신의 역사는 불완전한 작품이다. 그 작품 속에서는 계획되지도 않았고 예측할 수도 없는, 가공할 자연적 사건들이 발생할 수 있다. 대재앙은 형언할 수 없는 고통을 불러일으킬 수 있다. 그러나 더욱 충격적인 것은 이 세상이, 인간의 죄악에서 비롯되며 수많은 개인들의 삶과 역사 과정에 부정적으로 작용하는, 어려움과 고통의 도가니라는 사실이다. 우리는 불완전한 작품일 뿐만 아니라 때로는 부분적으로 조잡한 작품이기도 하다. 어쨌든 과거 전체를 반영하는 우리의 유전 형질 속에, 우리의 대뇌 속에 저장된 수많은 정보 속에 그리고 우리의 전체 환경 속에서 우리는 과거 세대들과 오늘날 인간들이 저지른 죄악이 부과한 짐을 감지한다.

삶은 창조적이며 구원하는 정신의 힘과 언제나 새로이 숨어드는 개인과 집단의 이기심, 이 양자 간의 격렬한 투쟁의 장소이다. 그럼에도 우리가 믿어 의심치 않는 바는 우리의 현존재 전체가 궁극적인 충족을 요구하고, 우리가 창조주이자 구원자의 현존에 힘입어 선을 향한 마음의 요구와 이기심에서 비롯된 범죄 행위를 구별할 능력을 갖추고 있다는 사실이다. 인류는 계획되지도 않았고 예측할 수도 없는 사건들에 용감히 맞서거나 그러한 사건들에서 궁극적인 의미를 획득하고 세계의 죄악과 자기 자신의 죄악적인 욕망에 맞선 싸움에서 진실과 선을 향한 지향점을 발견할 수 있다.

이 세계는 완전하지 못할뿐더러 죄악으로 가득 차 있으며 복잡하고 혼란한 상황이 지배하고 있다. 이러한 상황 속에서 우연, 더욱이 죄악으로 위협받고 있는 현실, 가치 갈등 그리고 의무의 충돌을 고려하지 않는 윤리 체계는 아무런 가치도 지니지 못한다. 인류 공동의 경험과 숙고에 힘입어 우리는 가치와 욕구 간의 타당한 질서를 인식할 수 있고 인식해야 하며, 도상의 상황에 직면해 잠정적인 타협의 윤리를 고안해야 한다. 우리는 하느님이 부여한 우리의 최고의 소명을 배반해서는 안 된다. 그러나 일상의 상황에서 우리는 의식주 및 생명의 안전과 같이 가장 긴급한 욕구를 우선 만족시켜야 한다. 그러나 그럼에도 우리는 더 높은 가치를 향한 지향점을 시야에서 잃어버리지 않는 방식으로 그러한 물질적 욕구를 만족시켜야 한다. 많은 갈등 상황에서 모든 가치를 동시에 실현시킬 수는 없다. 그러나 뚜렷한 가치 선호 체계가 밝혀지고 우리 스스로가 자기실현과 마찬가지로 사랑, 정의 그리고 평화 속에서 공동체 건설에 기여할 수 있도록 우리는 다양한 가치들이 지니는 긴박성과 높낮이에 주의를 기울여야 한다.

교황 바오로 6세의 회칙, 『인간생명』[Humanae vitae. 1968.7.29. 인공피임과 낙태를 금지한 회칙: 역주]에 대한 설명에서 프랑스 주교들은 강조한 바 있다. 출산 조절(이는 언제나 특정 형태의 조작 행위이다)을 위해 기계적, 화학적 수단을 사용하는 행위는 그 자체로서 선이 아니다. 그러나 이런 행위는 부부간의 조화, 사랑 그리고 신뢰와 같이 더 높고 긴급한 가치들을 지켜야 하는 갈등 상황에서는 죄가 되지 않을 수도 있다. 여기서 프랑스 주교들이 올바르게 강조한 바는 이것이 결코 예외적인 경우가 아니며, 오히려 인간의 삶이 늘 반복하여 유일한 원칙을 통해 일방적으로 해결될 수 없는 갈등 상황을 통해 특징지어진다는 사실이다.

인간 본성, 역사 그리고 무수한 갈등 상황들이 지니는 복잡성을 고려하지 않는 일종의 목적론적 시각은 기껏해야 불완전한 시각일 따름이다. 그러나 그럼에도 윤리적 존재로서 우리는 우리의 현존재에 대한 목적론적 시각 없이는 형성되어가는 우리의 본성 그리고 우리의 공동책임을 정당화할 수 없다. 이 주장이 의미하는 것은, 우리가 우리 현존재의 내부 가장 깊숙한 곳에 기록되어 있는 자기실현의 경향과 마찬가지로 우리의 행동들이 가져올 예상된 결과들을 고려하고 있다는 사실이다. 절대적인 것으로 설정될 수 있는 어떠한 권리와 의무도, 만약 이들 권리와 의무가 구체적 상황에서 우리 자신, 타인 그리고 사회에 맞서 더 높은 가치 또는 더 높은 권리 및 의무와 갈등을 일으킨다면, 존재하지 않을 것이다. 우리는 불완전한 피조물로서 또한 불완전하고 부분적으로 죄에 빠져 있는 세계 속에서, 죄의 역사와 구원의 역사 간의 긴장 속에서 삶을 영위하고 있다. 이처럼 불완전한 존재로서 우리는 우리가 내리는 결정이 언제나 모든 면에서 완전하리라고 기대할 수 없는 노릇이다. 우리는 단지 우리 자신의 소명을 단계적으로 실현하면서 그리고 보다 나은 세계를 위해 봉사하면서 각각의 경우에 최선의 해결책을 추구하고 기대할 수 있을 뿐이다.

목적론적 윤리가 지니는 의미에 대해 이처럼 근본적으로 심사숙고한 이후, 이제 나는 결정적으로 중요하며 우리에게 항상 요구되는 가치를 몇 가지 제시하고자 한다. 창조주인 하느님에 의해 인간의 본성 속에 주어진 소명은 그 속에 항구적으로 보다 잘 펼쳐나가야 할 특정 능력을 포함하고 있다. 모든 결정들은 그것이 추구하는 의미목표와 예상되는 결과들이 이러한 가치들에 기여하는지의 여부를 검증해야 한다. 나는 특히 다음과 같이 기본 가치들을 제시하고자 한다.

- 서로 사랑하고 존경하는 능력, 이웃과 공동체에 대한 건강한 관계, 대화와 공동 책임을 위한 준비 자세, 특히 분별력
- 모든 아름다움에 경탄하고, 고상한 것을 숭배하고, 하느님의 현존을 그분의 작품들 속에서 발견하여 숭배하며 명상의 정신을 전개할 수 있는 능력
- 참과 선에 대한 부단한 모색 그리고 선을 실행하는 현존하는 가능성을 위해 늘 깨어 있는 자세
- 자신을 이웃들의 경험과 인식에 개방하고 자신의 인식과 생각을

이웃과 함께 나누며 전통을 비옥하게 만드는 일
- 현존재를 전체적으로 관찰하려는 시도 그리고 타당한 행동 동기의 선택
- 명상과 행동의 종합 모색
- 다른 이들에 대한 공동 책임과 더불어 자신의 자아에 대한 책임 그리고 다른 이들과의 유대
- 자유를 연대성 속에서 펼치고 각 인격체 그리고 모든 사회 계급과 모든 민족의 자유를 위해 헌신하며 창조적 자유와 창조적 신뢰에 유리한 삶의 조건들을 창출하려는 열정 어린 시도
- 선한 의지를 지닌 인간과 더불어 모든 이들의 자유, 정의, 사랑의 능력 그리고 연대에 기여하는 환경, 경제, 사회, 문화 및 정치 구조의 창출 그리고 여기서 자신의 양심에 따라 행동하고 이웃의 양심에 대해 무조건적으로 존중하고 비폭력적인 공동 행동에 동참하며 자기 자신과 환경 속에서 적대적인 공격성을 극복하려는 자세
- 어려움과 부분적인 실패 속에서도 신뢰, 희망 그리고 유머 정신의 강화, 모든 것을 하느님 아버지의 선물로 이해하고 따라서 공동체와 모든 이웃에 대한 봉사에서 기쁨을 발견하는 일

이러한 기본 가치와 여기서 비롯되는 모든 다른 가치는 다 함께, 조작 행위와 관련하여 결정적인 기준을 이룬다. 그리고 이러한 가치는 타인을 조작하거나 인간의 존엄성을 해치는 의존성 속에 가두려는 모든 시도에 맞서 결정적인 치료 수단을 제공한다.

### 10) 목적론적 지향성에 대한 포괄적인 신학의 시각

앞에서 나는 조작과 관련된 타당한 기준의 문제를 모든 위대한 종교의 정신적 흐름과 최상의 휴머니즘 전통이 서로 만날 수 있는 방식으로 제기했다. 종교적 차원이 제시된 경우 그것은 인격신을 믿는 모든 이들이 상호 대화에 초대되는 방식으로 이루어졌다. 그러나 이 대화에서 우리는 우리 자신의 지향점을 잊어서는 안 된다. 그리스도인으로서 우리는 모든 인간적 경험과 신념을 궁극적으로 그리스도의 빛 가운데서 보아야 한다. 그리고 우리는 그리스도인으로서 스스로 특수하게 기여함으로써 다른 종교와 다른 신념을 지닌 사람들과 대화를 풍부하게 할 의무를 지니고 있다.

나는 행복과 즐거움을 추구하는 모든 인간의 노력과 동경을 처음부터 일종의 윤리학적 목적론의 관점에서 제시했다. 여기서 나온 결론은 행복과 기쁨을 향한 목적론적 방향 설정은, 우리가 어떤 종류의 행복과 기쁨을 추구해야 하는가를 인식하는 경우에 비로소 윤리적 기준의 근거로 도움을 줄 수 있다는 사실이다. 이로부터 오로지 자기 자신만을 위한 행복 추구는 유일한 기준으로 표현될 수 없다는 결론이 도출된다.

나자렛 예수 그리스도를 세계의 구원자로 인정하지 않는 이들도 예수가 이웃들에 봉사하면서 인간의 자유와 존엄성을 경험하는 가운데 인간 완성의 최정점에 이르렀다는 사실은 부정하지 않는다. 우리는 모든 것 속에서 우리에게 기쁜 소식을 전하고 우리에게 궁극적인 의미 충족과 행복의 길을 제시하기 위해 오신 예수를 바라본다. 삶, 죽음 그리고 예수의 모든 가르침이 산상설교[Sermo montanus] 속에 요약되어 있으며, 그것의 종합을 산상설교에 제시된 여덟 가지 축복 속에서 발견한다. 이 축복들은 다른 그 어떤 것들보다 자유롭고 모든 인간의 해방을 위한 성장의 역동성과 동시에 행복과 기쁨을 향한 모든 인간의 목마름에 대한 해답을 계시한다.

그리스도는 지복[至福, die Seligkeit]의 육화이자 인간화이다. 그리스도는 모든 이들을 부유하게 하고 모든 이들을 참된 존엄성과 자유로 이끌기 위해 자신을 가난하게 만든 분이다. 그는 마음의 정화[淨化]이며 평화를 위한 시종이며 사자이다. 또한 그는 이 세상이 아버지의 정의로 다스려지기를 갈망하시는 분이다. 그의 절대적인 내적 자유는 그 자신을 모든 형제와 자매들의 종으로 만들게 한다. 그리고 여기서 그는 모든 인간에게 아버지의 사랑 받는 아들로서 자신의 존엄을 함께 나누도록 한다. 그리스도는 우리를 형제자매, 그의 친구이자 자식으로 맞아들이고, 우리를 건강한 인간관계와 이웃 관계로 이끈다. 그는 우리가 상호 경외와 공동 책임, 사랑과 선 가운데서 진정한 평화를 발견할 수 있음을 보여주었다.

산상설교의 도덕은 창조적 자유로의 경이로운 초대이다. 여기서 자유는 자유롭고 확신에 찬 하느님의 다스림에 대한 헌신 가운데서 전개된다. 그리스도는 인간에게 자신의 의지를 강요하기 위해 오지 않았다. 그가 행한 모든 것 그리고 그가 행한 모든 방식은 인간에 대한 조작을 철저히 배격하는 것이다. 우리와 함께 하는 임마누엘, 곧 하느님은 우리에게 자신의 생명, 사랑, 창조적 자유 그리고 신뢰에 동참하도록 한다. 하느님은 모든 이들의 형제이자 구원자이다. 하느님은 자신의 어린 자녀들에게 노예와 같은 복종을 원하지도 그 어떤 보수도 바라지 않는다. 하느님은 개인적인 통찰로부터 그리고 양심의 진실성에서 분별력을 갖추고 있으며 사랑, 정의 그리고 평화에 의해 이끌리면서 하느님을 따르는 친구들을 원한다. "이제 나는 너희를 종이라고 부르지 않고 벗이라고 부르겠다. 종은 주인이 하는 일을 모른다. 그러나 나는 너희에게 내 아버지에게서 들은 것을 모두 다 알려 주었다"(요한 15,15).

축복받은 기쁜 소식을 전해준 그리스도가 우리에게 보여주는 것은 산상설교에 나오는 여덟 가지 축복 이후의 삶이 모든 약속의 도움을 받게 된다는 사실이다. 그러나 우리는 이 여덟 가지 축복을 단순한 보상 의도로 이해할 수 없다. 그리스도는 아버지에 대한 사랑에서 우러나오는 내적인 기쁨으로부터 자기 자신을 모든 인간에게 이타적으로 선사했다. 그는 우리에게 그리스도 자신 및 아버지와의 새로운 해방의 관계를 선사했다. 그리고 그는 우리가 어떻게 하면 서로를 존중하고 사랑할 수 있으며 그리하여 자유와 행복에 이를 수 있는지를 보여주었다. 그리스도에게서는 어떠한 자의적인 위협도 발견할 수 없다. 그러나 자신의 우정 속에서 축복, 기쁨 그리고 평화를 체험하기 시작한 이들은 이 모든 것들을 죄악적으로 상실한다는 것이 얼마나 공포스러운 일인지 잘 알고 있다.

예수 그리스도 속에 육화되어 있는 여덟 가지 참된 행복들은 우리를 가장 강하게 끌어당기는 궁극적인 목적을 제공한다. 그리고 여덟 가지 참된 행복들은 우리에게 궁극적인 자기실현과 평화로의 길을 뚜렷이 제시한다. 각각의 참된 행복들은 이미 여기 지상에서 시작되고 있으며 결코 끝나지 않을 기쁨으로 이끄는 길잡이이다. 여덟 가지 참된 행복들과 산상설교에서 제시된 모든 것들은 우리가 궁극적으로 추구해야 할 목적에 대한 계명이다. 우리가 알아야 할 것은 우리가 아직 목표에 이르지 못했다는 사실과 그럼에도 하느님께서 우리가 실제적으로 그 목표를 지향하고 있는 한 다른 이들을 향해 한 걸음 다가서도록 우리에게 허락하셨다는 사실이다. 따라서 여덟 가지 참된 행복들은 우리에게 참을성 있는 성장을 허락하지만 선을 행할 지금 이 순간의 가능성에 늘 깨어 있을 것을 요구한다. 여덟 가지 참된 행복들은 우리에게 현실로부터의 어떠한 도피도 허락하지 않으며, 우리로 하여금 "...이면 좋으련만" 따위의 게으른 소리를 내지 않을뿐더러, 피상적인 시각에 사로잡힌 사람들의 단견적인 행동인바, 폭력 행위로부터 벗어나도록 이끈다.

그리스도는 자기 자신을 기쁨과 평화를 알리고 선사하는 데 전적으로 바쳤다. 그는 자신의 인간적인 본성이 하느님의 말씀, 아버지의 아들과 하나임에 감사하면서 자신을 모든 인간과 모든 피조물을 자유롭게 하고 축복하는 종으로 삼았다. 그리하여 그리스도는 첫 번째이자 근본적인 참된 행복을 알린다. "마음이 가난하여 자신을 이웃들의 종으로 삼는 이들은 행복하도다. 하늘나라가 저들의 것임이라." 예수는 하느님의 손으로부터 모든 것들을 맞아들인다. 이 첫 번째 참된 행복에 마음을 여는 자들은 큰 기쁨으로 모든 것을 하느님 사랑의 살아있는 선물이자 표징으로서 체험하게 되며, 따라서 그들이 공동의 아버지인 하느님의 이 선물을 다른 이들과 함께 나누고 전해줄 수 있다면, 자신들의 기쁨을 발견하게 된다. 그리스도의 참된 제자라면 하느님과 이웃을 위해 자유롭다. 때문에 그는 지배욕과 소유욕, 따라서 이웃들을 이용하고 조작하기 위한 어떠한 시도로부터도 벗어나 있다. 모든 다른 참된 행복들이 담겨 있으며 그로부터 비롯되는 첫 번째 참된 행복은 우리에게 모든 것과 모든 장소에서 하느님께 감사할 것을 가르친다. 그리고 그렇게 함으로써 우리는 하느님을 참되게 경배하는 자로서 우상과 이념들로부터 해방되고, 우리 자신이 행하는 이타성을 통해 다른 이들의 해방에도 영향을 미칠 수 있는 것이다. 첫 번째 참된 행복은 하느님의 왕국이 도래하는 곳에 가난한 이들과 약자들이 더이상 착취당하거나 조작당하지 않는다는 약속이다.

예수의 괴로움과 죽음을 바라보면서 고통과 삶의 좌절이 지니는 참된 의미를 파악할 수 있는 이들은 행복하다. 큰 고통 가운데서 자신의 죄악을 체험하고 신뢰와 속죄의 자세로 하느님께로 향하는 자들은 행복하다. 자신의 이기적 욕망 때문이 아니라 함께 괴로워하면서 다른 이들의 고통에 마음을 열며, 고통받는 이들의 부담을 함께 덜어주는 이들은 행복하다. 하느님의 왕국을 온 가슴으로 맞아들이고 하느님의 정의를 위해 헌신하는 이는 또한, 비록 그가 모순과 탄압으로 괴로워할지라도, 옳음을 위해 일할 준비를 갖추고 있는 것이다.

"마음이 깨끗한 사람은 행복하다. 그들은 하느님을 뵙게 될 것이다." 스키너는 이 여덟 가지 참된 행복 선언을 보고 비웃을 수밖에 없을 것이다. 왜냐하면 그는 쾌락 추구와 고통의 회피를 넘어서는 그 어떠한 양심과 심리적 동기도 믿지 않기 때문이다. 스키너는 인간이 이기적 욕구를 넘어설 수 있으며, 보상과 처벌을 피하고자 하는 이기적 충동 저편에 있는 심리적 동기에 따라 행동할 수 있다는 사실을 믿지 않았다. 이러한 생각으로부터 그는 인간이 어차피 전적으로 조작된 존재이며 그렇기에 행동 기술자들은 인간을 개조할 수 있다고 확신하기에 이른다. 스키너에게 산상설교의 도덕은 단지 불합리할 따름이다. 왜냐하면 그는 인간이 지닌 선성(善性)의 존재와 인간의 내적 치유력을 믿지 않았기 때문이다. 그의 심리학은 예수조차도 인간을 오도하는 이상주의자로 고발하는 종교 재판관의 세속적 모델이다.

예수는 여덟 가지 참된 행복 선언을 통해 모든 폭력적인 수단과 이웃의 존엄성을 해치는 수단을 배제했다. "온유한 사람은 행복하다, 그들은 땅을 차지할 것이다." 그들은 그 땅을 진정한 사랑, 정의 그리고 평화를 위해 차지할 것이다. 마하트마 간디(Mahatma Gandhi, 1869~1948. 인도의 정신적, 정치적 지도자), 마틴 루터 킹(Martin Luther King Jr., 1929~1968. 미국의 개신교 목사. 인권운동가. 1964년 노벨 평화상 수상자) 그리고 다른 많은 이들이 예수에게서 비폭력 해방을 위한 연대의 가르침을 인식했으며 평화와 화해의 임무에 전적으로 헌신해 왔다. 모든 인간에 대한 그의 연민은 모든 인간의 존엄성에 대한 인정과 맞물려 있다. 예수는 모든 이들을 구원의 사랑과 평화의 왕국으로 이끌고자 한다. 조작을 다루는 신학적 윤리학은 자비, 우정, 외경 그리고 정의를 위한 모든 차원의 비폭력적인 공동의 헌신 행위들을 연구해야 한다. 많은 사람들이 공동의 비폭력적 헌신이 지니는 해방의 힘을 발견하지 못했기에 사회 문제를 해결할 목적으로 폭력 사용에 전념한다. 그러나 이럴 경우 인간이 모든 종류의 조작으로부터 벗어나리라 기대하기 힘들 것이다.

"옳은 일에 주리고 목마른 사람은 행복하다. 그들은 만족할 것이다." 이는 그리스도 속에서 육화되고 하느님 아버지를 경배하는 바로 그러한 정의를 행동으로 실현할 준비를 갖춘, 마음 깊은 곳에서 우러나

오는 요구이다. 이러한 참된 행복은 모든 이들의 존엄성을 인정하는 일이자 발전과 공동 책임 그리고 창조적 자유 가운데서 기쁨을 인정하는 일이다. 산상설교의 이 참된 행복과 더불어 모든 다른 참된 행복들은 더 건강하고 즐거우며 우애가 넘치는 세상을 건설하기 위해서라면 스스로 고통받고 희생할 준비 자세를 포함한다. 예수를 따르는 일, 다시 말해 이웃들을 위해 봉사하고 죄악에 맞선 싸움 속에서 기꺼이 괴로움을 감수할 준비를 갖추었다는 것은 내적 자유의 표현이다. 그리고 바로 이러한 자유는 우리가 우리를 조작당하는 조작자가 되지 않도록 보호한다. 고통은 그 자체 결코 선은 아니다. 그러나 고통은, 그 고통이 이웃사랑, 하느님께 대한 믿음 그리고 내적 강인함을 표현할 경우, 더 큰 자유에 이르는 길이다.

## 2. 분별력을 행사할 수 있는 인격체

객관적인 기준을 고찰함에 있어 잘못된 객관화의 위험성에 대해 경고가 되풀이되었다. 문제는 선과 참을 갖춘 올바른 사고방식의 성숙한 인간을 길러내는 일이다. 객관적인 기준은 그 기준이 내적으로 깊이 각인되지 않는다면 아무런 도움도 되지 못한다. 자유, 타인에 대한 외경, 책임의 자세가 지니는 근본적인 가치를 믿는 자만이 마침내 타당한 기준에 따라, 자연에 대한 지배의 위임을 이행하는 것인 정당한 조작과 다른 한편 이웃의 양심과 자유를 짓밟는 행위로서의 조작, 이 양자를 구분할 능력을 갖추게 될 것이다. 오로지 순수한 객관적인 기준만을 입에 올리는 윤리학자는 그 자신의 임무에 충실하지 못한 것이다. 무엇보다 중요한 것은 우리가 서로 도우며 우리에게 분별력의 덕을 갖추도록 하는 일이다.[62]

의료 사회학을 대표하는 이들도 공동 책임과 분별력의 정신으로 모든 이들을 교육하는 일이야말로 오늘날 교회와 사회의 시급한 당면 과제임을 강조한다.[63] 이 문제와 관련하여 우리는 우리의 교육 제도를 근본적으로 다시 생각해야 한다. 과연 오늘날 가족 내에서 행해지고 있는 교육 관행이 단순히 외적으로 기술적인 능력을 습득하는 일보다 윤리적인 가치에 마음을 여는 일이 더욱 중요하다는 사실을 분명히 하고 있는가? 교회는 사회의 비판적 양심으로서 자신의 예언자적 사명을 다하고 있는가? 우리 모두는 예언자들이 우리의 눈을 열고 주요 사안들에 있어서 사고의 근본적인 전환을 요구할 때, 그들의 말에 귀 기울일 준비가 되어 있는가? 모든 이들은 하느님의 면전에서 복음, 하느님의 선물 그리고 이웃들의 고통을 바라보는 관점에서 자기 자신을 비판적으로 탐구해야 한다. 현존재 특히 자유와 인간 존엄성이 지니는 선물과 같은 특성을 깊이 체험한 이는 선과 참에 일치하는 공통 본성을 지니게 될 것이며, 확고한 신념으로 모든 이들의 자유와 존엄성에 기여하는 것이 무엇인지를 발견하게 될 것이다.[64]

---

62 Bernhard Häring, *Theologie im Protest. Die Kirche im Konflikt*, Otto Müller, Salzburg, 1971, 26~38, 66~98쪽 참조.

63 Amitai Etzioni, *Genetic Fix*, Macmillan, New York, 1973, 11, 13쪽 이하 참조.

64 매슬로우는 이와 관련하여 "초동기화"란 표제 아래 중요한 생각들을 지니고 있다; 그의 책 *The Farther Reaches of Human Nature*, The Viking Press, New York, 1973, 299~340쪽 참조.

인간을 자유롭게 하고 구원하는 힘들 속에서 건전한 인간관계가 성립된다. 인간의 존엄성을 해치는 조작은 사고와 행동 가운데서 이웃을 대상으로 다룰 수 있는 가능성을 활짝 열어 놓았다. 인격적인 관계가 지배와 의사소통의 냉혹한 시스템을 통해 단축되고 생략될 때 자기 보호 능력과 분별력은 위험에 처한다. 인격체의 성숙은 다음과 같은 기본적인 관계 모두를 포함한다. 즉 하느님께 감사하는 신뢰, 공동체와 이웃 개개인들에 대한 감사, 서로 돕고 서로 섬기는 감사하는 자세, 그리고 마지막으로 자연 전체에 대한 건강한 관계들을 포함한다. 하느님을 인식하는 일과 인간을 인식하는 일은 늘 함께 맞물려 진행되어야 한다.

우리는 무엇보다도 의료 직업에 종사하는 이들에게는 이웃과 특히 환자들과의 성숙한 인격적인 관계가 기본적이라는 사실을 강조할 기회를 갖게 될 것이다. 그렇다면 의사는 환자를 단순히 대상으로 다루려고 하지 않을 것이다.

## 3. 누가 조작자들을 통제하는가?

모든 이들은 원자탄의 파괴적 힘을 통제하는 일이 얼마나 시급한 일인지를 잘 파악하고 있다. 그러나 과학자들과 기술자들이 원자탄을 만들고 이 폭탄이 인구가 밀접한 거주 지역에 투하되는 것을 막을 수도 막을 의사도 없었다는 것도 사실이다. 이러한 사실은 과학자들이 자연과 인간에 대해 새로이 획득한 조작의 힘을 통제하기를 원하거나 또 그렇게 할 수 있다고 기대하기 어렵게 만든다.

피상성은 우리로 하여금 문제를 회피하도록 오도할 수 있을 뿐이다. 과학자들의 행동을 포함하여 인간의 미래가 달린 사안에 있어서 과연 인간의 행동은 통제될 수 있는가? 또 어떤 방식으로 통제되어야 하는가? 그러나 단순히 통제를 호소하는 것은 순진한 발상에 지나지 않는다. 그 이유는 만약 우리의 문화가 전체적으로 책임과 분별력을 장려하지 않는다면, 우리는 최고의 강력한 통제 기관 앞에 절망적으로 끌려와 있는 상태일 것이기 때문이다. 우리는 독재자에 의해서도 과학자 엘리트 집단에 의해서도 통제되기를 원치 않는다. 이들 과학기술적 엘리트 집단은 동료 인간을 조작하고 자연과 마찬가지로 동료 인간을 마음대로 다룰 수 있는 능력을 점점 더 확장해 가고 있다. 그럼에도 우리는 우리 모두에게 물어야 한다. 어떤 종류의 통제 기관이 필요하며 어떤 정신에서 통제가 행사되어야 하는가? "우리는 과연 어떤 종류의 통제가 윤리적으로 올바른지를 심사숙고해야 하며, 그 경우 현재 진행되는 과정들의 작용과 기제, 그리고 앞으로 바람직한 통제의 정도를 생각해야 한다."[65]

그럼에도 일방적으로, 그리고 너무나 큰 목소리로 모든 종류의 통제를 요구하는 것은 사람들을 불안에 시달리게 한다. 통제에 모든 희망을 거는 이는 이미 포괄적인 조작의 기제 가운데 빠져 있는 사람이다. 조작 관련 입법과 최소한의 법적 금지는 물론 필요하다. 그러나 우리는 법적 제재에 모든 희망을 걸어서는 안 된다. 이미 강조한 대로 우리

65 Delgado, *Physical Control of the Mind*, 249쪽.

는 특히 분별력을 갖춘 인격체를 키워나갈 수 있는 교육 방식을 심사숙고해야 한다. 바로 그렇기에 우리는 국가에 의한 교육 독점에 대해 분명한 반대 의사를 표시한 바 있다. 시민의 생존, 자유 정신, 그리고 분별력의 성숙을 열쇠로 하는 국가는 다원주의적 교육 체제를 촉진시켜야 한다. 가족과 마찬가지로 교회, 그리고 다른 사회단체들도 인격체의 전인적인 발전을 중요시하는 교육 방향을 증진시키기 위해 스스로 희생할 준비를 갖추어야 한다, 그렇게 함으로써 인간의 존엄성을 파괴하는 조작이 불러올 엄청난 위험이 최선의 방식으로 예방될 것이다. 마찬가지로 비조작적 방식으로 여론 형성을 위해 참여하는 것에 지대한 관심을 기울여야 한다. 만약 우리 모두가 창조적 자유, 창조적 신뢰 그리고 분별력과 같은 덕의 정신이 함양되도록 기여한다면, 통제 기관에 대한 요구의 목소리를 낮출 수 있을 것이며 통제를 덜 두려워하게 될 것이다.

여론이 단지 약하게 형성되고 대중을 오도한다면, 아마도 법 또한 열악하게 될 것이다. 그리고 법이 글자 그대로 좋은 것이라 할지라도 법을 실현하기 어려울 수도 있다. 그럼에도 국가 속에 조직된 사회는, 예를 들어 태아 생명의 보호와 같은 생명의 문제와 관련된 입법의 중요한 기능을 결코 포기해서는 안 될 것이다. 나는 다니엘 로빈슨(Daniel Robinson, 1937~2018. 미국의 법학자)의 견해에 전적으로 동의한다. 그는 다음과 같이 말한다. "우리는 사회와 마찬가지로 우리의 미래도 법을 통해 지켜야 한다. 법의 지시와 보호가 없다면 각자가 나름대로 정신분석가, 판사, 배심원 그리고 윤리학자가 될 것이다. 그러나 그 심각한 결과는 학교 교육에서 법과 도덕의 문제가 거의 후안무치하게 노골적으로 회피될 것이라는 사실이다."[66] 그러나 훌륭한 법이 제정될지 그리고 그 법이 의미 있게 적용될지, 또는 정치적 책임을 진 담당자들 자체가 이미 조작되어 있는 것은 아닌지 또한 그들이 자신들의 감독 의무를 자유에 봉사하는 방식으로 수행할지의 여부는 의문으로 남아 있다. 이 모든 문제는 우리가 모든 분야, 모든 시대 그리고 모든 민족을 위해 자유, 존엄성 그리고 정의를 위해 온 몸과 마음을 바칠 수 있느냐에 달려 있다. 정치 지도자와 마찬가지로 과학적 엘리트, 심지어 교회 지도자도 비인간적인 조작에 연루될 수 있다. 이처럼 어두운 가능성은 우리 모두가 새로운 여건들에 의미 있게 맞서 나갈 수 있는 사회를 위해 헌신해야 하는 더욱 중요한 이유이다.[67]

66 Daniel Robinson, Therapies: A Clear and Present Danger, in: *American Psychologist* 28 (1973) 133.

67 A. Etzioni, *The Active Society*, Free Press, New York, 1968, and *The Self-guiding Society*, Free Press, New York, 1971; Charles Wengel and Stephen E. Trinkler, Eugenics and Law's Obligation to Man, in: *South Texas Law Journal* 14 (1973) 361~391쪽 참조.

# 제2부

## 인간 의학, 행동 조절, 인간 유전학에서 긴급한 문제들

우리가 전체 인간의 삶 안에서 조작의 범위와 종류의 전체 모습을 그리려고 시도한 다음, 그리고 정신을 식별하기 위한 결정적 기준과 실존적 조건을 곰곰이 생각해 보았고, 이제 이러한 기준들을 의학, 행동치료 및 행동 조절, 인간의 두뇌에 대한 새로운 능력, 특히 인간 유전학의 여러 영역에 적용하고 어떤 경우에는 더욱 특수한 기준을 찾을 수 있고 그럴 필요가 생겨났다.

특히 이러한 조사의 대부분이 우리가 장차 마주치게 될 문제를 향하고 있을지라도, 나는 먼저 현대 의학에서의 문제들을 탐구하는 것이 옳다고 생각한다(제1장).

양심을 고려하지 않고, 타인의 양심에 대한 믿음이 없이 그들의 행동을 취급하려는 능력과 경향이 증가하는 가운데 들 수 있는 학파의 예는 스키너와 그의 행동주의 학파(Behaviorismus)가 명명하는 행동 공학이다. 바로 여기서 치료와 타인의 행동을 바꾸어 짜맞추는 것 사이의 경계를 짓는 것은 늘 쉬운 것은 아니다. 우리는 또한 인간 뇌공학이 인간의 행동과 그것의 '취급'(Management)에 전용하는 방법에 관하여 질문해야 할 것이다(제2장).

인간의 뇌에 관한 연구는 치료를 위한 새로운 지평을 열어놓기는 하지만 진정한 치료와 자유를 파괴하는 조작 사이의 경계와 관련해서는 새로운 특수한 문제들을 남겨 놓기도 한다. 향정신성 의약품(Psychopharmaka)에 직면하여, 뇌 기능과 인간적 감정 및 전체적 느낌을 화학적으로 변화시키려는 예측하지 못한 가능성에 직면하여 이미 섬뜩한 문제들이 존재한다(제3장).

나는 특히 인간 유전학에 관심을 두고 있다. 우리는 생명과학과 응용과학의 놀랄만하고 빠른 진보에 직면하여 늘 새로운 문제를 만나게 될 것이고, 이들 문제는 윤리학자뿐만 아니라 전체 인류의 중요한 관심사이다. 유전적 구조에 대한 개입이 어느 정도 진정한 치료인가, 창조적 자유의 표현인가 아니면 지극히 위험한 조작인가? 유전인자의 건강 문제에서 상담은 양심에 대한 봉사인가 아니면 조작인가? 우리는 인간의 비성적인, 즉 성교에 의하지 않은(asexuell) 생식의 다양한 가능성에 대하여 생각해야만 하지 않을까?(제4장)

**제1장**

# 현대의료적 실무(Praxis)의 문제들

이미 언급했듯이 우리는 비성적인 생식의 문제와 같은 크게 물의를 일으키는 미래의 문제들에 직면하여 인간 의학의 현재의 문제들을 외면해서는 안 된다. 우리는 현재의 문제들에 용기와 식별의 재능으로 맞설 때에만 미래의 더 큰 문제들을 극복할 희망을 가질 수 있다. "의사의 돌봄은 떠들썩한 상황을 통하기보다는 오히려 공개된 안목에서 벗어난 모든 결정의 총화를 통하여 정해져 있다. 이것이 오늘날의 드라마이다."[1]

나는 이미 진정한 치료와 허용할 수 없는 조작을 구별하는 과제가 얼마나 복잡한가를 그때그때 언급했다. 경계들은 때로는 선명하지 않게만 인식될 터이고 부분적으로는 뚜렷하지 않다. 거의 모든 치료적 개

1 Daniel Callahan, Medicine's "New" Ethics. A Challenge to Daily Decisions, in: *Prism* 2, 4 (1974) 46.

입은 조작, 즉 몇몇의 생물학적이거나 심리학적인 기능 혹은 기제의 조작 요소들을 지니고 있다. 진정한 치료에서 전체의 건강, 즉 신체뿐만 아니라 개인의 건강에 이바지하기 위해서는 몇 가지 기능을 온전히 다룰 줄 알거나 또한 그것을 우회시킬 필요가 있다. 우리가 이미 보았듯이 결정적인 기준은 전체적 발전에 있어서 인격의 통합과 특히 각 개인의 양심과 자유에 대한 절대적 존중이다.

의료적 개입, 즉 실행과 중단을 윤리적 기준으로써 평가하기 위해서는 다음과 같은 근본적 질문이 결정적이다. 우리는 인간적 본성을 무엇이라고 이해하는가? 인간 생명의 의미는 무엇인가? 죽음에 대한 우리의 태도는 어떠한가? 인간의 건강과 이에 상응한 모든 치료의 의미 목적은 무엇인가?[2] 자기 자신에 대한 의사의 이해는 뚜렷하게 달라졌다. 의사의 직업적 신분에 따르는 과제는 이전 세대들에 있어서 보다는 훨씬 더 포괄적으로 되었다. 개인을 치료하는 도움이 중요할 뿐만 아니라 국민건강에 이바지하는 모든 조치들, 예컨대 국민의 보건교육, 건강한 환경과 건강한 인간적 및 사회적 관계와 관련하여 공공의 양심을 강화하는 것이 또한 중요하다. 우리가 의사의 실무에서 조작의 개별적 문제에 주목한다면 늘 의사의 직업적 신분과 전체 사회의 사회적 공동 책임을 상기해야 한다.

2 나는 다음과 같은 나의 책의 대부분을 이 문제들을 위해 할애하였다. *Heilender Dienst*, Grünewald, Mainz, 1972, 46~65, 108~116, 133~144쪽 참조.

## 1. 파트너인 환자

의사는 결코 인간 존엄성, 즉 인간의 고유한 존엄성과 자신의 환자의 존엄성을 잊지 않을 것이다.[3] 그럼에도 의사는 – 예컨대 의존성 질병과 같은 – 특수한 질병의 결과로 부분적으로 자유의 사용과 인간 존엄성의 요구에 상응하여 처신할 능력을 상실한 환자를 자주 돌보아야 한다. 바로 이런 상황에서 결정적인 것은 의사가 환자를 인격적 존재로서 대우하고 자유와 존엄성에 대한 감각을 새롭게 일깨우는 일이다. 나는 과거 수년 동안 의존증 환자를 치료하는 병원을 알고 있었는데, 거기에서는 모든 것이 각 환자의 존엄성에 대한 경외와 고유한 존엄성에 대한 의식을 일깨우는 데 집중되었다. 이것은 좋은 성과를 내었다. 그럼에도 의사나 간호사는 치료과정에서 이따금 환자를 위한 결정을 내리고 환자에게 부드러운 힘으로 강제조치를 취하는 것을 의무로 느끼게 될 것이다. 그럼에도 의사가 환자의 존엄성과 자유를 믿는다는 것을 환자가 모든 경우에 알아챌수록 파트너로서 협력하도록 준비하게 되고 또 그렇게 할 수 있게 된다.

인간에 대한 의학적 실험은 늘 기능적 조작의 몇 가지 요소를 지닌다. 그러나 인격 자체에 대한 조작은 결코 필요한 것이 아니다.[4] 살아

---

3 Thomas S. Szasz, Illness and Dignity, in: *J.A.M.A.* 225,4 (1974) 543~545쪽 참조.

4 J.L. Charron, *Experimentation on Humans*, unveröffentlichte Dissertation, Accademia Alfonsiana, Roma, 1970; Jay Katz, *Experimentation with Human Beings*, Russel Sage Foundation, New York, 1972; Bernhard Barber, John J. Kelley and others, *Research on Human Subjects: Problelms of Control in Medical Experimentation,* Russell Sage Foundation, New York, 1973 참조.

있는 사람의 최초의 장기이식과 어머니가 자신의 신장 한 개를 제공함으로써 아이를 살려낸 경우조차도 많은 이들에게 충격이었다. 일부의 사람들은 곧장 '자아의 훼손'에 격렬하게 반대하는 발언을 했는데, 이들에 따르면 이런 행위는 신체의 불가침에 대한 절대적 위반이며 분노를 일으키는 조작이었다. 그 이후에 판단은 교회 안에서도 달라졌다. 물론 한 개의 신장이나 다른 사람의 장기를 살아있는 육체에서 적출하는 것은, 타인의 생명을 구하기 위한 것이기는 해도 조작이다.

그러나 위험과 성공할 가망 사이의 균형관계를 분명히 평가한 뒤에, 자신의 장기 중 한 개를 온전한 자유에 의해 제공하는 개인은 바로 이 경우에 고도의 자유, 책임에 대한 준비상태를 보여주는 것이며 상호간의 존경과 사랑, 그리고 건전한 인간 사이의 관계를 촉진하는데 이바지하는 것이다.[5] 이 경우에 이것은 인격 자체에 대한 조작은 아니다. 그럼에도 압력이 행사되거나 오류를 이끄는 정보가 제공되는 경우는 전적으로 다른 것이다.

자신이 시체에 대한 실험이나 의학적 실험에 협조하는 것은 모든 것이 자유 안에서 그리고 책임능력 안에서 발생하는 한, 근본적으로 선하고 치료법의 사회적 기여를 정당화하는 것이다. 여기서는 의사와 연구자 및 모든 협조자가 타인의 건강에 기여할 수 있는 점을 고려하는 것이 전제되어 있다. 그러나 이 경우에 위험 가능성과 남을 위해 기대된 기여 사이의 관계를 평가하기 위한 지혜와 현명함의 문제는 늘 존재한다. 조작의 원리를 고려할 때 결정적인 문제는 온전한 자유 안에서의

5 C. Perico, *Trapianti, in: Dizionario Encicl. di Teologia Morale*, Ed. Paoline, Roma, [3]1974, 1162~1171쪽 참조.

동의이고 그것은 믿을만하고 충분한 정보, 내적 자유와 외부 압력에서의 자유를 미리 포함한다. 협조자들의 고유한 자유 행사는 그들이 모든 사람의 건강, 자유 그리고 존엄성에 이바지하려고 할수록 도덕적으로 그만큼 더 가치가 있다.

매우 선한 의도와 어려운 상황에서라도 언젠가 의사가 환자를 목적을 위한 수단으로 사용하거나 환자의 동의를 조작적 방법에 의하여 획득하는 것을 허용하지 않는다. 자신이 관리하는 한 그룹의 사람들을 확보하기 위하여 필요한 의사의 도움을 주지 않는 것은 비윤리적이다. 관리하는 그룹에 약효 없는 가짜 약을 자주 사용하는 것은 최소한 다음의 두 경우에는 우려스럽다. 1. 가짜 약이 환자가 권리를 갖는 치료제를 대신하는 경우에, 2. 당사자를 속이는 경우에 그렇다. 그럼에도 불구하고 다음의 경우에는 윤리적 종류의 이의제기가 생기지 않는다. 가짜 약이 치료가 필요 없는 이들에게 제공되거나 치료의 지연이 심각한 위험을 가져오지 않는 경우에, 그리고 모든 당사자들이 일정 기간동안 가짜 약의 수령에 대하여 통지받는 것을 전제로 하는 경우에 그렇다. 이러한 의료 실무를 앎에 있어서 자유로운 동의가 있다면, 우리는 인격 자체의 조작에 관하여 언급할 수 없다.[6]

인간적 건강과 치료의 완전한 개념은 자유와 존엄을 갖는 인간의 자기실현과 관계가 있다. 의사가 우선 몇몇 장기의 작동기능을 다시 회복시키려고 노력할지라도, 치료의 목표인 전체 건강이라는 관점을 도외시해서는 안 된다. 이러한 목표의 의미를 실현함에 있어서 환자와 의

6 F. Böckle, Experimentation in Clinical Research, in: *Concilium* 7 (1971) 348쪽 이하 참조.

사는 신의와 존경을 포함하는 유대관계에 있다. 이 두 사람 중 아무도 상대편을 조작하려고 해서는 안 된다. 환자는 의사의 양심에 어긋나는 행동에 있어 자신이 알고 있는 어떤 것도 의사에게 요구해서는 안 되며, 의사도 환자 자신이 할 수 있는 결정을 환자를 위해 내려서는 안 된다. 일반적 교육이 후진적이던 시기에 우리가 의사에게 용인한 온정주의(Paternalismus)는 경우에 따라서는 그의 가족에게 유대관계에 있는 파트너로서 상호협력을 위해 필요한 정보를 제공해야 한다.

구체적 사례에서 이것은 다음과 같이 알기 쉽게 설명할 수 있다. 어떤 환자가 무도병의 한 형태인 헌팅턴 무도병[die Huntingtonsche Chorea. 두뇌의 유전 질병. 신경퇴행성 유전질환. 특히 14세기에 유럽에서 발생하여 사람들이 걸렸던 질병. 오늘날에는 원시종족에서 발견되며, 경련과 열광적인 춤을 동반하는 흥분상태가 신체의 여러 부분에서 근육의 불규칙하고 무의식적이며 목적이 없는 운동에 의해 생기는 신경학상의 무질서. 의사결정이 어려워지고 기억력이 상실된다. 진행성 중증 신경질환으로서 뇌꼬리핵(Caudate nuclei) 영역의 뉴런이 급격히 파괴되는 병이다. 증상이 나타나는 평균연령은 36세이다: 역주]의 보균자이다. 이러한 사실과 그의 삶에 대한 결과에 대하여, 즉 그가 30세에서 40세 사이에 유전적 원인이 있는 이 질병의 황폐한 결과를 경험하게 된다는 것을 그에게 알려야 하는가? 환자가 자신의 수족에 대한 통제뿐만 아니라 점차로 이성의 사용을 잃게 된다는 것을 안다면, 여러 가지의 결정이 달라질 것이고, 물론 그는 꽤 많은 불안을 극복할 것이다. 환자가 몇 년 동안 공포와 불안이 없이 살 수 있게 하기 위하여 그에게 정보를 주지 않기로 작정한 좋은 의사들을 나는 알고 있다. 이런 의도가 아무리 좋을지라도, 그런 행동방식은 단편적이며 의료 가부장주의를 드러내는 것이다. 사회적 의식을 유지하는 것과 인격을 그 자체로 중시하는 것은 이 질병의 보유자가 자주 치유 가능성에 대한 매우 자세한 정보를 받는다는 것을 암시한다. 상황에 대한 분명한 지식이 있으면, 당사자와 그의 가족은 어려운 시련에 직면하여 침착하게 대처하고 책임의 정신으로 결혼과 생명의 연장과 같은 매우 어려운 문제를 결정할 수 있다.[7] 그럼에도 나는 의사가 모든 경우에 정보를 제공할 의무가 있다고 말하고 싶지는 않다. 환자가 참담한 예후(die Prognose)에 대응할 준비가 전혀 되어있지 않고, 지금 여기서 정신적으로 그것에 준비가 되어있지 않을 수 있다. 어느 정도 또 어떤 시점에서 정보를 제공해야 하는지를 예감하는 것은 늘 의사의 소관이다.

의사와 환자 사이의 건강하고 창조적인 관계는 이 두 사람의 성격의 결과이고 하나의 커다란 예술이다. 이 경우에 특히 의사가 직관적 신뢰로써 환자에게 잠재하는 내적인 치유력을 발견하는 것이 결정적이다.[8]의사가 동일한 신뢰로써 자상하고 진실하며 경외하는 마음으로 환자에게 정보를 제공한다면, 그것만으로 이미 치유하고 해방하는 과정인 셈이다.

우리 모두는 우리의 기술적 문화에서 어떻게 해서든지 우리 자신의 타고난 에너지를 일깨우는 대신에 매우 빠르게 그리고 자주 조작적 수단들을 잡으려고 한다. 칼 메닝거는, 오늘날 의사 전체가 "암담할 정

7 Robert S. Morison, Rights and Responsibilities: Redressing the Uneasy Balance, in: *The Hastings Centre Report* 4, 2 (1974) 1~4쪽 참조.

8 John H. Stone, The Patient as Art, in: *The Pharaos* 37, 1 (1974) 9~10쪽 참조.

도로 자기조절의 힘을 소홀히 했다"고 비난한다. 그러나 다른 한편으로 그는, 인간의 전체적 건강과 자기발전을 고려할 때 적극적인 책임 있는 준비가 자신의 행복을 위해 얼마나 중요한지를 늘 더 분명하게 가리키는 새로운 타개책들을 칭찬한다. 이것은 특히 내면적인 상태들을 의식적으로 통제하기 위한 '생물학적 귀환 훈련' (bio-feedback training) [특수한 기기를 이용하여 심신 반응을 측정하고, 이 측정된 정보를 소리나 광선이나 그래프와 같이 환자가 지각할 수 있는 형태로 되돌려 알려줌으로써, 환자가 이완이나 긴장 상태를 스스로 조절할 수 있게 하는 훈련: 역주][9]에서 드러난다.

아마도 조작의 허용된 경계를 넘어가려는 가장 큰 유혹은 현대의 의학과 과학의 일부에 특징적인 환원주의(Reduktionismus)에서 온다. 개별적 기능들을 생화학적으로 취급하기 위해서만 교육받은 의사는 자신을 생화학적 개입에 제한함으로써 자주 인간의 전체성에 폭력을 가할 것이다. 생화학의 전문화에 반대하여 언급할 것은 아무것도 없지만, 전체성과 관련하여 유일한 관점만을 절대화하여 눈이 멀게 되도록 오도하는 그런 관찰방식과 교육의 편파성에 대하여는 수많은 이의제기가 있다. 바로 이 환원주의가 자주 인간을 대상으로서 다루는 '행동기술공학' (eine Verhaltenstechnologie)과 '생명공학' (Biotechnik)을 초래한다.[10]

환원주의와 경험의 한 관점을 절대화하거나 그것만을 고려하려는

9 K. Menninger, *Whatever Became of Sin?*, Hawthorn Books, New York, 1974, 79쪽; Abraham Black, Unlearning Visceral Learning, in: *New Scientist* 61, 883 (1974) 269~270쪽 참조.

10 F. Böckle, Experimentation in Clinical Research, in: *Concilium* 7 (1971) 80쪽; H. Ryffel, Probleme der Biotechnik in soziologischer Sicht, in: *Arzt und Christ* 11 (1965) 193~212쪽 참조.

모든 경향은 특히 의사의 직업을 가진 사람들만의 전문화에 경계를 넘어서는 위험을 가져온다. 이런 경계를 넘어감은 받아들일 수 없는 조작의 주된 기준이다. 그래서 인간에 대한 범성욕적 설명을 지지하는 분석가들은 실제로 그들의 환자를 오직 성적인 욕구에 국한된 존재로서만 취급할 것이다. 다른 이들은 범공격적인 세계관을 따라서 마찬가지로 그들의 환자들을 이런 방향에서 조작하려고 시도할 것이다. 치료자의 모든 편파적 관점의 방식은 인간적 인격에 폭력을 행사하며 인격의 자유와 의식의 폭을 축소하는 경향이 있다. 인격을 위한 시선을 인간의 모든 실존적 관계 안에서 열어놓는 전체적인 관점만이 의사의 치료를 허용되지 않는 조작으로부터 보호할 수 있다.[11] 의료적 진보가 전문화를 포기할 수는 없지만, 전문가들이 인간의 전체적 건강을 위해 봉사할 수 있게 하는 교육과 양성은 이에 못지않게 중요하다.[12]

전체 의사들은 연대하여 인간의 품위를 떨어뜨리는 조작의 위험과 원인에 대처하지 않으면 안 된다. 이 경우에 우리는, 의사들 자체가 많은 관점에서 조작에, 예를 들면 제약회사에 의한 조작적 정보에 노출되어 있다는 것을 잊어서는 안 된다. 마찬가지로 의사들이 지나치게 자기 이익을 생각한다면 여론에 대해 조작적인 영향을 미칠 수 있다. 의사들은 압력단체로서 행동할 수 있다. 그래서 다른 모든 사회적 계급처럼, 우리 문화 안에서 거의 불가피하게 우선 자신들의 권력과 재정적 이익

---

11 John Wilkenson, M.D., The Christian Understanding of Health and Healing, in: Claude Frazier (Hrsg.), Faith Healing. *Finger of God? Or Scientific Curiosity?*, Thomas Nelson, New York and Nashville, 1973, 44~55쪽 참조.

12 Edmund D. Pellegrino, M.D., Educating the Humanist Physician, in: *J.A.M.A.* 227, 18 (1974) 1288~1294쪽 참조.

관심을 고려하고 그것에 따라서 여론과 정치적 기관에 압력을 행사할 유혹에 노출되어 있다.

그럼에도 불구하고, 바로 의료진들은 수용할 수 없는 조작을 극복함에 있어서 다른 사람이 대신할 수 없는 역할을 한다. 치유하는 힘은 상당한 정도로 대화의 능력에 의존하고 의사의 윤리(Ethos)는 역사의 경과 중에 인간의 인격에 대한 경외를 위해 큰 기여를 했으므로, 의사들은 일반 사람들과의 의사소통을 인간화할 수 있다. 이것은 의사들의 관심 여하에 달려 있다. 사람들이 의사들을 신뢰해도 좋다는 것, 즉 의사들이 진정성 있는 의사소통과 경외의 자세로 하는 건설적인 협력에 일정한 책임이 있다는 것을 모든 사람이 알아야 한다.[13]

## 2. 조작과 출산 조절

나는 여기서 다양한 인구문제를 포함하는 출산 조절과 관련하여 전체적인 복합적 문제를 개진할 의도는 없다. 일반적으로 말하여 가톨릭 윤리신학(Moraltheologie)은 비교적 에너지의 대부분을 이 분야를 위해 소모한 반면에 다른 긴급한 문제들은 경시하였다. 아마도 이것은 성도덕의 문제들과 특히 산아조절의 문제들이 항상 성과 있게 취급되지 않은 이유에 기인하는 것 같다. 그럼에도 나는, 이 문제에서 수용할 수 있는 조작과 그럴 수 없는 조작과 관련하여 더욱 엄밀한 기준이 매

13 C.M. Fletcher, *Communication in Medicine*, London, 1973 참조.

우 중요할 수 있다고 믿는다.

출산 조절의 실제와 이와 연계된 이론과 관련하여 역사적 및 의학 사회학적 연구는 그때그때의 환경 조건들이 대단히 중요한 영향을 미친다는 것을 증명한다.[14]

교황 바오로 6세의 회칙인『인간생명』에 대한 반응들, 즉 교회, 사회적 계급, 국가의 상이한 부분들의 문화적 및 사회적 상황과 독립하여 교회와 세속 사회에서 있었던 반응들을 연구하는 것은 마찬가지로 교육적(계몽적)인 것이다. 한 세밀한 분석은, 예를 들면 북아메리카에서 성직자 중 상이한 일부의 확신이 연령별 그룹과 어떤 민족의 그룹에 속하는 것에 매우 강하게 의존한다는 것을 보여준다.[15] 이 분석은 이러한 확신이 단순히 환경에 의해 조작되어 있다는 것을 말하려고 하는 것은 아니다. 그런데 우리가 허용되지 않는 조작에 맞서 우리의 투쟁을 해 나아가기 위해서 도움이 되는 영향들과 자신의 양심형성을 해치는 영향들을 구별하려 할 경우에, 전체적 삶의 조건과 환경 조건의 엄청난 영향에 주목해야 한다. 우리는 가톨릭 보편교회의 지체로서 이데올로기들, 문화적으로 제한을 받은 편견들과 다양한 이익집단의 오도하는 교묘한 술수에 맞서는 우리의 투쟁에서 신앙공동체를 통하여 빛과 도움을 경험할 수 있다. 그러나 우리는 또 권위 보유자의 전통과 책임에 대한 편파적인 이해 때문에 전제적 깊이와 넓이에서 인류의 새로

14 John T. Noonan, *Contraception: A History of Its Treatment by Catholic Theologians and Canonists*, Harvard Univ. Press, Cambridge, Mass., 1965; L.D. Langley (Hrsg.), *Contraception*, Hutchin and Ross, Dowden, 1973 참조.

15 Maurice J. Moore, *Death of a Dogma. The American Clergy's Views of Contraception*, Community and Family Study Center, Univ. of Chicago, Chicago, 1973.

운 문제들에 과감하게 대응하지 못할 정도로 편협할 수 있다. 교회의 적지 않은 사람들이 과거와 현재에도 출산 조절이 생물학적 과정의 조작이므로 전적으로 부도덕하다는 확신을 가지고 있다. 다른 이들은 출산 조절이 반드시 조작을 포함하지는 않는다는 것을 보여주려고 함으로써 타개책을 찾는다. 모든 형태의 의식적인 출산 조절은 명백하게 조작적인 과정을 자체적으로 포함한다는 것이 나의 확신이다. 그러나 윤리학자들이 관심을 갖는 문제는, 조작이 있느냐 없느냐가 아니라 오히려 모든 인간의 존엄성에 의해 설정된 경계선을 넘어서는 그런 형태의 조작이 중요하냐 아니냐 하는 것이다. 인격의 조작, 인격의 자유의지와 양심의 조작이 문제가 되는가 아니면 생물학적이거나 생리학적인 과정의 조작만이 문제인가? 또한 더 나아가 우리는 단지 생물학적 기능들의 조작과 아니면 정신적인 기제들 사이의 구별을 하지 않으면 안 될 것이다.

나는 모든 형태의 의식적 출산 조절이 생리학적 과정들을 통제하려 한다는 데 대하여 의심의 여지가 없다고 생각한다. 불임 시기를 정확히 확인하기 위한 다양한 방법을 포함하는 주기적 금욕은 생물학적 기능의 화학적 및 물리적 조작을 자체에 포함하지 않는다는 점에서 다른 방법들과 구별된다. 그러나 부부관계에서 자신들의 임신 가능성을 배제하려는 목표를 가지고 불임 시기를 계산하는 것은 아무래도 조작적 동기를 포함하는 것 같다. 그럼에도 이런 통찰만으로는 이런 방법과 관련하여 부정적 판단을 내릴 수 없다.

다소간에 받아들일 수 있는 방법들을 구별하기 위한 주요 기준들은 나에게는 다음과 같은 것들로 보인다. 1. 어떤 특정한 방법이 부부

사이와 부모–자녀 사이의 기본적인 인간관계에 어느 정도 영향을 미치는가? 2. 어느 것이 수태 중인 생명의 소모에 대한 위험이며 어느 것이 신체적으로나 정신적으로 장애가 있는 자녀에 대한 위험인가? 3. 특정한 방법이 수정을 효과적으로 배제하느냐 아니면 수정란(Zygote)이 자궁 안에서 착상하는 것을 방해하느냐 하는 것이 결정적인 문제이다. 물론 피임의 어떤 방법은, 그것이 효과적이기 때문에 부도덕한 것은 아니다. 그럼에도 어떤 다른 동기에 그것을 적용할 때는, 예를 들면 동기가 이기주의나 배우자에 대한 멸시인 경우에 그 방법은 부도덕할 수 있다.

개별적인 행위와 관련하여 피임의 모든 방법은 어쨌든 부부의 두 개의 의미목표, 즉 충실하고 해소해서는 안 되는 부부간의 사랑을 표현하고 촉진하는 것과 다른 면에서 새로운 삶을 불러일으키는 것을 분리시킨다.

아이들에 대한 기본적 반감이든 이기주의적이며 물질주의적인 태도이든 철저하게 피임을 찬성하는 태도는 생식의 의미를 철저히 분리함으로써 충실한 사랑과 절대적 연대라는 표현도 심하게 훼손한다. 이와는 반대로 피임의 책임 있는 사용은 부부간의 사랑을 보존하고 확고히 하여 간접적으로 부모의 소명과 아이들의 복지에 유용하게끔 기여한다. 모든 부부관계는 경외심으로 가득한 부드러운 사랑을 표현하고 촉진하지 않으면 안 된다. 이것이 생명의 책임 있고 고결한 계승과 아이들의 조화로운 교육을 유용하게 하는 만큼, 부부생활의 두 가지 주요한 의미목표는 서로 상관관계에 있고 일치한다. 우리가 부부관계 자체를 부끄럽게 여겼고, 더구나 생식의 필요성을 위해서만 그런 관계를 납득할 수 있었던 아우구스티누스적 전통을 따르는 경우에만, 생명의 계승을 위해 실제로 개방되지 않은 모든 부부관계를 단죄해야만 한다. 그럼에도 부부관계가 자체로 사랑의 표현이며 해소할 수 없는 결합의 헌신으로서 좋다는, 제2차 바티칸 공의회에서 명백하게 인정된 다른 전통을 우리가 따른다면, 생명의 계승이 지금 여기서 무책임할 경우에는 기본적으로 피임하는 방법의 사용을 단죄할 수 없다.

생물학적 과정에 개입하는 것이 치료의 목표 의미에 의해 정당화되지 않는 경우에 의료 윤리는 이런 개입을 그 자체로 선은 아니라고 본다. 우리는 피임을 위한 개입이 그 자체로 선하지 않다는 것을 더 나은 이유로서 말할 수 있다. 그런데 다양한 의무의 충돌을 알고 있는 현실적 윤리에서 임신 조절의 최상으로 가능한 좋은 방법들을 적용하는 것은 지금 여기서는 더 작은 악이거나 가능한 한에서 좋은 해결일 수 있다. 이제 어쨌든 생명의 책임 있는 계승을 부부간의 사랑, 충실, 불가해소성의 구체적 요구들과 조화시키는 객관적 난관이 여러 가지로 있다. 이것은 피임의 일반적 허용을 의미하지는 않는다. 피임은, 이미 언급했듯이, 다양한 이유에서 윤리적으로 받아들일 수 없다. 그 이유는 그것이 양심, 자유와 인격체의 사랑의 능력에 의해 제한되어 있는 조작의 경계를 넘어서기 때문이다.

피임 수단이나 방법을 적용하는 것과 적용하지 않는 것도 부부 파트너의 조작을 의미할 수 있다. 아내의 이성적인 의지에 반대하여 임신을 가능하게 하는 부부관계를 요구하는 남편은 아내의 자유와 존엄성을 훼손하며 부부간의 사랑과 교육의 과제도 해친다. 자신의 양심에 위배되는 출산 조절의 방법을 다른 남편들에게 강요하는 자는 마찬가지로 조작의 죄를 짓는 것이다. 부부가 부부관계에서 실제적으로 성의 소비 이상의 것을 보지 않는다면, 이제 생명을 일깨우든지 아니면 화학적 수단이나 물리적 수단을 통하여 임신을 방해하든지 간에 상호 간의 조작에 책임이 있다. 이것은 불임주기와 관련한 공리주의적 계산에도 해당된다. 자신들의 문제를 어떤 방법의 적용을 통하여 자동적으로 해결할 수 있다고 생각하는 부부는 위험한 조작의 미끄러지기 쉬운 작은 길 위에 있는 것이나 마찬가지이다.

우리가 이제까지 조작의 도덕적 질과 관련하여 공동으로 논의하여 만들어 낸 모든 기준은 다음의 결론에 도달한다. 즉 고해신부나 그 밖에 어떤 사람이 부부의 진정한 양심과 진지한 확신에 반대되는 해결방법을 그들에게 강요하려고 하는 것은 별로 의미가 없다는 것이다.

이와 관련하여 우리가 많은 사람에게 중요한 정보와 절대로 필요한 식별들을 알려주지 않음으로써 그들의 여론과 양심을 혼란스럽게 한다면, 부도덕한 조작에 책임을 지게 될 수 있다. 이러한 일은 특히 우리가 실제로 피임 방법과 낙태라는 동일하지 않은 것을 공통점을 찾아 일치시키려 하거나 양자 사이에 세미콜론(;) 조차 만들 수 없는 이 두 가지 문제에 관하여 언급하는 경우에 발생한다. 낙태는 피임 방법과는 전혀 다른 종류의 조작이다. 실제로 낙태를 반대하기보다는 효과적인 피임 방법을 반대하는 데에 더 많은 노력으로 투쟁하거나 이들 양자를 똑같이 대죄라고 판정하는 사람들은 진지하게 스스로에게 다음의 질문을 제기하지 않으면 안 된다. 즉 그들이 많은 이들의 양심과 낙태를 인구조절의 수단으로서 합법화하는 입법자들을 혼란시키는 데 한몫을 하느냐 아니냐는 문제이다. 산아 조절의 도덕성에 대한 우리 자신의 확신이 무엇일지를 막론하고, 직책이나 지식을 통하여 동료 인간에게 자신들의 책임성을 깨우쳐야 하는 의무를 지닌 사람들은 모든 방법과 관련하여 건강에 대한 만일의 위험과 수태하는 생명에 있어서 혹시 일어날 수 있는 소모의 위험을 분명하게 언급하지 않으면 안 된다. 그래서 의사들은 누구에 못지 않게 출산 조절용 피임약이 초래할 위험을 거듭하여 언급했고, 자궁 내 피임용 페서리[die intrauterne Spirale/pessary: 나선형의 자궁전 子宮栓 :역주]의 부작용과 정상적 위치를 벗어난 임신과 매우 위태로운 임신의 위험 가능성도 최근에 언급했다.[16]

주기적 금욕이나 주기법(주기적 자제방법)과 관련하여 연구자들은 새로운 인식을 축적했고, 우리는 이것을 독자들에게 숨겨서는 안 된다. 이미 수년 전에 가정(假定)이 세워지고 일련의 연구를 통해 뒷받침되었다. 이에 따르면 주기법만을 신뢰하는 여성들은 다른 여성들보다 정신적이거나 신체적으로 결함이 있는 후손을 가질 비율이 더 높은 것으로 나타났다.[17] 이러한 의심은 최근 몇 년 동안에 이것이 완전히 증명되기까지 깊어졌다.[18]

의사 종블렛(Dr. Jongbloet)은 장애아를 가진 가톨릭 신자 부모와 협력한 연구에서 다음의 결론에 도달한다. 즉 피임하기 위해 오직 불임일수에, 대체로 배란 이후 단계의 불임일수에 의존하는 부모들에게 정신적이거나 신체적인 장애아가 가장 많이 생긴다. 배란기 이후 불

---

16 M.P. Vessey, Bridget Johnson, Richard Doll, P. Peto, Outcome of Pregnancies in Women Using an Intra–uterine Device, in: *The Lancet*, 23. März, 1974, 495~498쪽 참조.

17 P. Ramsey, Fabricated Man, 98쪽 참조.

18 다음에 나는 나의 논문의 요약을 제시한다: Neue Dimensionen verantworteter Elternschaft, in: *Theologie der Gegenwart* 19 (1976) 1~12쪽. 거기에서 많은 전거와 간행물에 관한 참조사항의 제시를 확인할 수 있다.

임 기간 중에 원하지 않은 임신을 한 59건 가운데 35쌍의 부부는 8건의 자연유산 이외에 정신적이며 신체적 장애가 있는 33명의 아이들(이것은 56%이다)을 가졌다. 이 사례들에 대한 정확한 조사는, 이러한 현상이 어머니들이나 부모들의 고령에 기인하지 않으며 가족 중에서 어떤 중대한 유전병이 알려져 있지 않았다는 것을 보여준다. 그렇지만 종블렛의 연구에서 가장 중요한 사실은 다음과 같다. 즉 동일한 부부들이 주기(週期) 피임법(Rhythmus Methode)의 개입이 없이 간절히 원하던 100건의 임신을 했다. 여기에서 비율은 정반대로 되어 있다. 즉 이들 부부의 74%는 건강하고 정상적인 아이들을 임신했다. 다만 14건의 자연유산 이외에 이 부모들은 정신적이거나 신체적 장애가 있는 12명의 아이들을 얻었다. 그 결과 유전병이나 난모[卵母]세포의 난포[卵胞]내 과성숙(intrafollikuläre Überreife der Oozyten)과 같은 다른 인과적인 관련이 배제되지는 않으나 주기 피임법의 부정적 영향은 명백하다.[19] 이 문제에 관한 상당히 많은 또 다른 연구들이 진행되고 있다.

나아가서 이제까지 취급되었듯이, 약간의 체온상승에 의해 배란이 결정되는 경우에, 계획되지 않은 임신이 생기는 경우에, 주기 피임법은 평균을 넘는 높은 빈도의 유산을 보여준다는 것이 이제 증명된 것처럼 보인다. 그 이유는 과성숙한 생식세포들의 결합에 있다. 성교가 배란 전에 3일이나 4일 이상 행해진다면, 정자들은 아주 자주 과성숙하거나 지나치게 오래된 것으로 있게 된다. 성교와 배란 시점의 간격이

---

19 P.H. Jongbloet, *Mental Health and Physical Handicap in Connection with Overripeness Ovopathy*, Stenfert Kroese, Leiden, 1971. 또한 *Population Report: Periodic Abstinence*, George Washington University, Medical Center, Series J, 1. Juni, 1974, 1~12쪽 참조 (유사한 연구와 관련된 참고문헌이 제시됨).

크면 클수록, 출생할 확률은 적지만 수정의 경우에 허약한 접합체[接合体. Zygote 새로운 개체인 단세포 수정란]일 확률이 크다. 이 접합제가 착상에 성공한다면 자연유산할 확률이 크다. 이 문제에 관한 연구들은 여러 차례 그리고 성과를 내면서 고등 포유동물들을 대상으로 실시되었다.[20] 동일한 것이 인간적 수태 능력에도 해당되느냐는 질문을 제기한 최초의 연구들은 납득이 가는 결과들에 이르지 못했다. 그 이유는 연구된 사례들의 수가 너무 적었거나 시점의 결정이 이 목적을 위해 절대로 접근하기 어려운 달력에 맞춘 방법에 따라 이루어졌기 때문이다.[21] 그럼에도 불구하고 이제 널리 계획하여 만들어졌으며 학문적으로 엄하게 수행된 연구들은, 인간적 수태 가능성의 경우에 생식세포들

20 예를 들면 M. Yamamoto und T.H. Ingalls, Delayed Fertilization and Chromosome Anomalies in the Hamster, in: *Science* 176 (1972) 518~521쪽. (다른 종류의 포유동물에 대한 유사한 탐구와 관련된 풍부한 참고문헌이 제시됨). – J.M. Tesh und T.D. Glover, Influence of Aging Rabbit Spermatozoa on Fertilization and Prenatal Development, In: *Journal of Reproduction and Fertility* 12 (1966) 414~415쪽. – K. Mikamo, Intrafollicular Overripeness and Teratologic Development, in: *Cytogenetics* 7 (1968) 212~233쪽. – Washington D.C.에 있는 인간생식과 생명윤리의 연구를 위한 케네디 연구소의 현직 소장인 André E. Hellegers 는 출산문제 연구를 위한 교황청 위원회의 생명분과가 이러한 연구 결과들에 주목하도록 했다. 인간의 생식력에서 가능한 유례들이 분명하게 언급되었다. Humanae vitae가 공표되자마자 Hellegers는 자신의 논문에서 다시 이 문제를 언급했다: "A Scientist's Analysis", in Charles E. Curran (Hrsg.), *Contraception: Authority and Dissent*, Herder and Herder, New York, 1969, 216~233쪽. 그는 교황 바오로 6세가 *Humanae vitae*를 공표하기 직전에 이 문제에 관한 다음의 가장 중요한 박사학위 논문 을 제공받았다는 것을 알았다: R. Guerrero, *Time of Insemination in the Menstrual Cycle and Its Effect on the Sex Ratio*, Dissertation an der Harvard School of Public Health, Boston, 1968. 이 연구에서는 더이상 동물의 생식이 중요한 문제는 아 니다. 이제 와서 분명하게 된 몇 개의 지평들이 이미 명백하게 묘사되어 있었다. 교황 이 이 연구논문을 검토했는지 여부는 저자에게 알려져 있지 않다.

21 예를 들면 J. Marshall, Congenital Defects and the Age of Spermatozoa, in *Int. Journal of Fertility* 13 (1968) 110~120쪽.

(die Gameten)의 과성숙과 자연유산 사이에 유사한 상관관계가 있다는 증거를 제시했다. 이러한 종류의 가장 중요한 연구는 로드리고 게레로(Rodrigo Guerrero)와 오스카 로하스(Oskar Rojas)의 연구이다.[22] 특히 배란 이후에 배란과 성교의 간격이 크면 클수록, 임신의 확률은 더 적어질 것이다. 그럼에도 불구하고 임신이 되면 자연유산의 빈도가 더 커지게 된다. 배란 이후 4일이나 그 이상의 시일에 행해지는 성교에 의한 수태의 경우에, 입증된 자연유산의 빈도수는 24%이고, 이에 대하여 배란 이전 3일 이상이 되지 않고 배란 이후 1일을 넘지 않을 때 성교가 행해지는 경우에 확인할 수 있는 유산의 빈도는 5.5%이다. 다른 연구들도 같은 결과에 이르렀고 또한 염색체의 무질서가 인공유산의 주요 원인이라는 것을 밝혀냈다. 이 연구들은 다음의 결론을 암시했다. 즉 확인할 수 있는 유산에 직면해서는 어쩌면 착상한 직후 유산율이 더 높을 것이고 특히 너무 오래 저장된 생식세포들의 '과성숙'에 비례하여 그렇다.

46개의 염색체를 지닌 포유동물의 수태 가능성에 관한 수많은 연구는 다음의 내용을 밝혀냈다. 즉 지나치게 오래된 생식세포들로 이루어진 수태의 결과 때문에 상실배[桑實胚, Morula. 수정란이 15–20시간 안에 둘째 세포로 된 후에 빠른 세포증식이 진행되어 형성되는 14–16개의 세포군: 역주]와 배반포[胚盤胞, Blastozyst. 배아가 수정 후 6–8일에 걸쳐 그 안에서 조직되는 형태학적으로 정돈되고 기능적으로 통합된 구조: 역주]의 단계에서 고도의 수정된 난세포의 상실과

22 R.V. Guerrero und O.I. Rojas, Spontaneous Abortion and Aging Human Ova and Spermatozoa, in: *The New England Journal of Medicine* 293, 12 (1975) 273~275 쪽.

착상 직후의 배아 상실이 입증할 수 있는 자연유산에 맞서 있다. 게를리치(Guerlich), 랑크토(Lanctot)와 미카모(Mikamo)의 최근 연구에 의하면[23] 인간적 수태 가능성과 관련해서도 이런 현상이 타당하다는 것이 명백하게 밝혀졌다. 그러므로 수태의 경우 과성숙한 생식세포(생식체) 때문에 확인할 수 있는 자연유산들에 대하여 훨씬 더 큰 접합체(수정란)의 소모가 있다고 한다. 난세포나 정자들이 자체 생명력의 절정을 이룬 뒤에 수태를 오랫동안 기다려야만 할수록, 접합체가 자궁내막(Endometrium) 안에서 성공적으로 착상하기 위해 필요한 생명력을 가진다는 통계적 확률은 더욱 낮아진다. 염색체들의 심각한 이상이 있는 경우가 많다.[24] 그러므로 접합체의 이른 소모는 확인할 수 있는 자연유산들의 빈도(수)보다 훨씬 높다. 접합체가 착상 이전이나 착상하려 할 경우에 사멸한다면, 느낄 수 있는 아무런 징후도 어머니에게 나타나지 않는다. 이런 손실이 착상한 후 즉시 발생한다면, 뚜렷하게 지체된 월경에서 어떤 징후가 있다.

대부분의 윤리신학자들은 과거 수년 동안, 통상 수태가 아니고 그와는 반대로 자궁내막 안의 상실배의 착상을 방해하는 산아조절의 방

23 F. Mikamo, Anatomic and Chromosomal Anomalies in Spontaneous Abortion, in: *American Journal of Obstet.* Gynec. 107 (1970) 243~254쪽 참조.

24 특히 K. Mikamo, Anatomic and Chromosomal Anomalies in Spontaneous Abortion, in: *Am. Journal Obstet.* Gynecol. 107 (1970) 243~254쪽; und R. Guerrero und C.A. Lanctot, Aging Fertilizing and Spontaneous Abortion: Effect of the Day of the Ovulation and the Time of Insemination, in: *Am. Journal Obstet. Gynecol.* 106 (1970) 263~267쪽; 그리고 이미 언급한 R. Guerrero의 박사학위 논문, *Time of Insemination in the Menstrual Cycle and Its Effect on the Sex Ratio,* Harvard School of Public Health, Boston, 1968. 결론의 올바른 추론은 내가 생각하 기로는 모든 관찰의 전체에서만 생긴다. 모든 관련성들을 밝히기 위해서는 계속적인 연 구와 논의가 필요할 것으로 보인다.

법들을 거부했다. 이런 이유에서 '성교 후 복용 경구 피임약' [사후피임약, Pille am Morgen danach]이 단죄되었다. 이와 관련하여 배란억제제의 어떤 합성물은 마찬가지로 의심을 받았다. 부정적 판단은 특히 자궁내 페서리에 해당된다.[25] 최신의 인식들을 근거로 하여 이제 똑같은 문제가 계산된 리듬방법(월경 주기법)에도 제기되는데, 최소한 이 방법은 이제까지 일반적으로 예측되고 추천된 그런 형식에서 문제가 된다. 배란이 기초체온의 상승을 통하여 뿐만 아니라 월경주기 사이 배란 시의 중간통증의 관찰과 질[膣]안의 점액분비(Mukus)의 질[質]에 의해서도 보충된다고 하는 새로운 연구들이 행해진다면, 이 결과들도 빛을 보게 될 수 있다.

나는 오늘날 우리가 모든 학문적 방법으로써 주기적 금욕을 산아조절의 비교적 더 안전한 방법으로 만들 정도로 준비되어 있다고 생각한다. 그런데 나의 견해로는, 배란의 시점이 가장 정확하게 확인되고 성교가 배란 이후의 시기에 제한되며, 특히 배란 후 넷째 날 이후에만 시작되지 않는 한, 이런 방법은 피임의 안전한 방법이 전혀 아니다. 성교가 수태 불가능하다고 간주된 배란 이전의 시기에 행해진다면, 착상

25 점점 더 많은 연구자들이 최근에, 자궁 내 페서리(Pessary/ 독일어. Spirale; 일반적이거나 동일한 것의 어떤 형태)가 효과적으로 수태를 저지한다는 의견을 표명한다. G. Jonas, Ectopic Pregnancy Despite Intrauterine Contraception: A Clue to the Mode of Action of the I.U.C.D., in: *British Journal of Medicine* 5981, 3 (1975) 467쪽 참조 (유사한 연구의 참조지시와 함께). 언급된 저자는 자궁내 페서리가 일반적으로 자궁 외 임신의 경우를 별도로 하고, 수태를 배제한다고 믿고 있 다. D.R. Mischell은 더 조심스럽게 다음과 같이 말한다. "자궁 내 피임장치(I.U.D.)를 더 사용하는 대부분의 여성에 있어서 수태가 배제되느냐 아니냐는 아직 확실하지 않 다.", Assessing the Intrauterine Device, in: *Perspectives, Family Planing* 7, 3 (1975) 110쪽. 나는 우선 매우 조심할 것을 촉구하고 싶다.

이전, 착상 중 그리고 착상 이후 즉시 접합체의 높은 손실 가능성을 예상해야만 한다.

이것은 나에게 도덕적으로 아무래도 좋은 문제로 보이지 않는다. 일반적으로 모든 접합체의 30-50%가 사멸한다고 예상하지 않으면 안 된다고 해도 그렇다.[26] 이제 우리는 꽤 많은 손실의 가능한 원인들과 이들 원인 중 리듬방법의 통상적 적용을 알기 때문에, 다음의 문제에 주의를 기울이지 않으면 안 된다. 접합체가 이미, 인간적 종의 구성원들에게 귀속되는 모든 기본권을 가진 개체나 인격체로서 간주되어야 하느냐 아니냐는 문제에 주의를 집중해야 한다. 과거 몇 년 동안의 연구들은 이 문제의 해결에 한층 더 가깝게 다가섰다.

이제 모든 접합체가 쌍둥이가 될 가능성을 갖는다는 것이 증명된 것 같다. 상실배 단계 중에 모든 세포는 만능이다. 왜냐하면 분화(Differenzierung)가 아직 시작되지 않았기 때문이다. "세포 덩어리가 양분되고 양분된 반쪽의 각 부분이 성장의 가능성을 갖는다면, 각 반쪽은 성숙한 유기체로 발전할 수 있다. 이것이 쌍생아 형성의 과정이다. 이 과정은 자연적으로 발생하거나 인공적으로 일어날 수 있다."[27]

26 현재의 연구 수준에서는 초기 단계에서 접합체 혹은 수정란들과 배아들의 '자연적' 소모가 얼마나 많은지는 아무도 우리에게 말해줄 수 없다. C.J. Robert와 C.R. Lowe는 대개 수정된 모든 난세포의 22퍼센트만이 출산에 도달한다고 생각한다 (*The Lancet* I [1975] 498). 방금 인용된 잡지의 편집인들은 이러한 평가가 현실에 근접할지도 모른다고 자신들의 견해를 말한다. 이들 연구자가 옳다면, 수정된 난세포의 거의 4/5정도는 이식 전에 사멸하거나 (매우 이른) 자연적 손실로 끝난다. *The Lancet* II (1975) 592쪽 참조. 우선 이러한 그리고 이와 유사한 평가에 대한 모종의 회의가 적절하다고 나는 생각한다.

27 J.J. Diamond, Abortion, Animation and Biological Hominization, in: *Theological Studies* 36 (1975) 312쪽.

마찬가지로 세포들이 아직 분화되어 있지 않는 동안에는 두 개의 접합체가 하나로 묶일 수 있다는 것은 충분히 증명된 것 같다.[28] 경험적 연구의 다음과 같은 확인도 중요하다. 즉 집합체는 자체의 고유한 DNS(Desoxyribonukleinsäure, 유전적 전체 정보)를 가짐에도 불구하고, 대개 수태 후 14일까지는 자체적 RNS(Ribonukleinsäure, 리보핵산)의 징후를 갖지 않는다. 즉 세포들 안에서 유전정보를 전달하기 위한 자체의 어떤 유효한 언어를 갖지 않는다. 대개 14일까지 이 발달의 최초 단계는 이미 수태 이전에 주어진 난모세포(미수정란 세포, Oozyte)의 RNS의 영향 아래 발생한다.[29]

이제까지 알려진 모든 학문적 자료를 토대로 하면 이 기간 중의 접합체는 아직 최종적인 개체성을 갖지 않고 있다고 추론해도 괜찮을 것이다. 이 결론은 최소한 보에티우스(Boethius, 480?~524. 로마의 철학자, 정치가)의 정의를 따르는 이들에게는 정당하다. 이 정의에 따르면 인간의 인격은 '이성적 본성의 분할할 수 없는 실체(Substanz)'이다.

오늘날에는 성교와 수태가 다르다는 것을 모든 이가 알고 있다. 수태는 아마도 성공 후 8일이나 10일에 가능하다. 수태의 과정, 그것은 여성의 난자와 남성의 정자의 결합이며 몇 시간 동안 지속된다. 이 결정적 과정과 최종적 개체화의 시간 간격은 14일이다. 이것은 일종의 회

28 A.E. Hellegers, Fetal Development, in: *Theological Studies* 31 (1970) 4; R.M. Restak, *Premeditated Man. Bioethics and the Control of the Future Human Life*, Viking Press, New York, 1975, 57쪽 참조.

29 "수정된 난세포안의 DNR은 수정 이전에 난모세포(die Oozyte) 안에서 합성되었으므로 배아의 어머니 쪽 유전자형의 산물이다. 이식이 성공한 후에 비로소 배아의 유전자형은 자체의 배아 DNR-정보 안으로 전사[轉寫]된다". Cl. Villee, *Biology*, Saunders, Philadelphia, 1972, 596쪽.

색지대이다. 인간 인격의 발전 가능성을 자체 내에 지닌 생명의 과정을 방해하는 것은 확실히 단순하게 도덕적으로 중립적이라고 간주되어서는 안 되지만, 도덕적 견지에서 개체화한 배아를 제거하는 것과 같은 의미일 수는 없다.[30]

수태를 방해하는 것(특히 이것이 진정한 책임 의식에서 발생하는 경우에)과 최종적 개체화가 아직 이루어지지 않은 시점에 인간에 의해 의식적으로 야기된 접합체의 손실 사이에는 질적인 차이가 있다. 그럼에도 불구하고 인간의 종의 개체가 문제가 되자마자, 나는 매우 분명한 질적인 차이를 발견한다.[31] 이 시점으로부터 우리는 엄밀하고 완전히 도덕적인 말의 의미에서 임신중절에 관하여 언급할 수 있다.

우리는 가정의 복지를 고려하는 산아조절과 사회의 복지를 고려하는 인구조절을 구별하지 않으면 안 된다. 인도와 자바처럼 과잉 인구를 가진 국가에서 책임 정신을 불러일으키고 아이들의 수를 합리적으로 제한할 것을 권고하려는 모든 시도는, 최소한 가정이 좋은 교육과 직

30 J. Diamond (Abortion, Animation and Biological Hominization, 320쪽)는 새로운 지 식에 직면하여 '임신'과 '피임'의 정의를 새롭게 검토하고 '수정'과 '수정의 방해'를 구별 할 것을 제안한다. 그에 따르면 우리는 성공한 이식과 개체화로써 비로소 본래적 의미 의 임신에 관하여 말해야 한다.

31 더 이른 시점에 대한 책임을 배제하지 않고 Baruch Brody는 다음과 같이 강조한다. "수정후 두 번째 주와 열두 번째 주 사이는 3개월 된 태아가 모든 생명권을 지닌 인간적 본질이 되는 시점이다", *Abortion and the Sanctity of Human Life: A Philosophical View*, MIT Press, Cambridge, Mass., 1975, 116쪽. 자신의 증언 이후 가톨릭 신도를 제외하면, 낙태는 윤리적인 문제가 아니라고 처음으로 생각한 유다인 철학자는, 임신후 8주동안은 태아가 기본권들, 특히 자기생명의 불가침성에 대한 권리를 가진 우리들 종(Spezies)의 구성원이라는 확증이 충분히 주어져 있다는 강한 확신을 피력했다. 전형적으로 인간적인 대뇌의 성공적인 형성과 함께 비로소 모 든 개연성을 부정하려는 시점이 오게 된다는 Brody의 가정이 없이도, 오히려 내게는 성공적인 개체화가 결정적인 시점으로 보인다.

업 교육을 감당할 수 없는 경우에는 결코 인격들을 조작하려는 것이 아니다. 반대로 이런 시도는 미래에 대한 위험한 조작들을 예방할 수 있다. 인구문제를 해결하기 위한, 책임질 각오와 책임의 능력을 갖춘 협력을 일깨우기 위해 우리의 능력 범위에 있는 모든 것을 실행하거나 수용할 수 있는 피임 방법들에 관한 정보와 관련하여 우리가 좌절한다면, 인구과잉이 매우 위협적인 정도에 이르게 되는 즉시, 마침내는 정부가 압박, 강제 그리고 심지어는 엄중한 제재를 가할 것이라는 것을 우리는 매우 염려해야만 한다.[32]

## 3. 아이의 '경영'?

우리는 이용 중심의 사유와 보상을 넘어서 어린아이가 지닌 인간의 존엄성을 높이 평가한다. 우리가 어린아이와, 특히 장애가 있고, 유전적으로나 환경에 의한 장애가 있는 어린아이와 만나는 방법이 시험케이스다. 어른들 세대의 공리주의적 기대들을 채워주지 못하는 어린아이는 존재와 인간다운 대우에 대한 권리를 갖는가? 이 근본적인 질문은 출생된 아이와 출생되지 않은 아이, 건강한 아이와 장애가 있는 아이 모두에게 해당된다.

어떤 아이가 그 아이의 부모, 교사 혹은 사회에 의해 받아들여지지

32 L.H. Janssen, SJ (Hrsg.), *Population Problems and Catholic Responsibility*, University Press, Rotterdam-Tilburg, 1975; B. Häring, Some Theological Reflections about the Population Problem, a.a.O., 156~163쪽 참조.

않는다면, 불명예스러운 조작에 모든 문호가 열려있게 된다. “아이들은 갖고 싶어져야 한다”는 격언에는 많은 진실이 담겨 있다. 인간 생명을 계속하여 이어가는 것은 책임 있게 이루어져야 하고 모든 아이는 환영을 받아야 한다. 그런데 ‘갖고 싶은 아이들’에 관한 잡담은 흔히 다음과 같은 의미이다. 즉 부모들이 생산한 생명과 어머니가 생명을 선사한 아이를 받아들여야 하느냐 않느냐를 부모들 마음대로 결정할 수 있는 것처럼 여긴다는 것이다. 여기서 신앙을 가진 그리스도인에게는 기본적인 선택이 중요하다. 우리는 우리의 결점과 유한함이 있다고 해도, 자신이 하느님에 의해 받아들여진다는 것을 알고 있다. 이로부터 절대적으로 명백하게 다음의 결론이 나온다. 즉 하느님 아버지처럼 우리는 동료 인간을 온전히 받아들여야 한다. 매우 특별히 부모와 교사는 자신들의 모든 아이를 사랑할 수 있고 사랑하지 않으면 안 된다. 낙태를 위하여, ‘오직 원한 아이들’이라는 구실을 내세우게 하는 방법은 인간생명에 대한 다음의 태도를 보여주며 촉진한다. 이런 태도는 필연적으로 점점 더 많은 아이들이 내적으로 거부되며, 오직 인간 존엄성을 훼손하는 조작으로부터 보호하는 경외와 사랑으로써 대우받지 않는다는 사실을 수반한다.

### 1) 조작된 태아

개인들이 사물들처럼 계속하여 조작되는 사회 안에서 인간의 태아가 조작의 주요 대상 중 하나가 되는 것은 이상한 일이 아니다. 심지어 개체화가 완전히 종결되고 뇌의 구조가 형성되며 심장이 고동치는 시점에 사람들은 피상적으로 '세포조직', '유전적 재료'(genetisches Material)와 유사한 종류의 사물에 관하여 언급한다. 모든 여성의 낙태에 대한 권리를 강조하기 위해 사람들은 태아를 단순히 여성들이 원하는 대로 처리할 수 있는 어머니 자궁의 일부라고 설명한다.

미국 최고 연방재판소의 일곱 명의 판사들은 두 명의 판사에 반대하여 임신한 여성의 '사적 영역에 대한 권리'(das Recht auf Privatheit)가 태어나지 않은 아이의 생명권을 배제한다는 정도로까지 기존의 법률을 변경했다. 이에 더하여 최고 법원의 이런 판결은 200년의 전통과 법률규정을 철저히 변경함으로써 공동생활의 결정적인 문제에서 이 나라 시민들의 공동발언권을 박탈했다. 인간을 사물처럼 취급하는 조작자들과 순수히 공리주의적 세계관에 속하는 낙태의 옹호자들에게 낙태는 더 나아가 윤리적 문제조차 아닌 것으로 간주된다. 다음의 인용은 독특하다. "우리가 여기서 강조하고자 하며 우리의 책에서 거듭하여 강조한 바는, 임신 여성에게는 권리나 비권리가 문제가 아니고 단순히 선택의 다름이 문제라는 것이다."[33]

낙태에 대한 권리를 강력히 요구하는 사회 운동은 소비사회의 특징이다. 소비사회에서 성적인 활동, 자세히 말하면 이성애적 활동과 마찬가지로 동성애적 활동은 소비의 한 품목으로 간주된다. 이 경우에 진정한 사랑, 충실과 사회적 책임은 고려되지 않는다. 태어나지 않은 생명을 마음대로 취급할 수 있는 사회가 생긴다면, 인간들 사이의 모든 관계는 변화된다. 부모와 자신들의 부모가 일부 아이를 낙태시킨 것을

33 R. Bruce Sloane, M.D., and Diana Frank Horowitz, *A General Guide to Abortion,* Nelsontale Publ., Chicago, 1973, 253쪽. 이 책은 바로 조작적 정신의 범례이다.

알거나 생각할 수 있는 아이들의 관계, 남편과 아내의 관계, 태어나지 않은 생명을 수호하기 거부한 국가에 대한 시민들의 관계 등이 변화된다. 의료직 종사자나, 의사와 환자의 관계는 엄청나게 해를 입는다.[34]

물론 낙태라는 문제는 법률적인 종류의 것만은 아니다. 현재 상황을 극복하기 위해서는 확실히 법률적 제재 이상의 것이 요구된다. 그러나 태어나지 않은 생명을 보호하기를 근본적으로 거부하고, 너무나 많은 시민들이 자신들의 양심에 주목하는 대신 법률만을 쳐다보는 사회에서는, 양심 문제에 대하여 여론의 관리자들이 일반인들을 기만하기가 비교적 쉽다. 이 모든 것은 사회정의의 긴급한 문제이며 우리의 문화가 질적인 변화를 필요로 한다는 의식을 우리가 더욱 명백하게 갖게 하는 것이어야 한다.[35]

오늘날에는 많은 경우에 양수검사[Amniozentes. 진단의 목적으로 주사기 바늘로 태포를 찔러 양수를 채집하여 검사하는 방법: 역주]로, 임신 3개월 이후의 태아가 유전질환에 걸리거나 다른 어떤 방법으로 손상을 입었는지의 여부를 임신 4개월 말기에 찾아낼 수 있게 되었다. 이는 사정에 따라서는 태아의 치료를 위한 중요한 보조수단이 될 수 있다. 그럼에도 조작적 사회는, 원하지 않은 아이라는 부담을 낙태로 해

34 Mary F. Liston, Abortion Decisions – Impact on Nursing Practice, Maternity and Child Care, in: *The Jurist*, 1973; Heft 2: *Abortion Decisions*, 1973. A Response, *Abortion Decisions*, 230~236 (andere Artikel von D. Granfield, E. McGlynn Caffney, R.M. Nardone, Ch. Curran, J.A. Coriden, E.I. Ryle) 참조. 또한 National Conference of Cath. Bishops and United States Cath. Conference, *Documentation on the Right to Life and Abortion*, United States Cath. Conference, Washington D.C., 1974 참조.

35 Thomas W. Hilgers and Dennis I. Horan (Hrsg.), *Abortion and Social Justice*, Sheed and Ward, New York, 1972 참조.

결하기 위해 이 수단을 사용하는 것에 매우 큰 관심을 갖고 있다. 양수검사는 이미 다음의 목적으로 자주 시행되었다. 즉 아이가 남성인지 여성인지를 확인하고, 아이가 원하는 성이 아닐 경우에 낙태를 할 목적으로 시행되었다.

일반적으로 인간의 품위를 빼앗는 조작들에 대해 반대 의견을 명백하게 표명하는 의료사회학자 아미타이 에치오니(Amitai Etzioni, 1929~ . 미국의 사회학자)는, 바로 어머니들이 양수검사와 그 이후에 시행되는 낙태에 의해 장애가 있는 자녀들을 배제해야 한다는 생각에 사로잡혀 있는 것 같다. 그는 대략 스무 번씩이나 그의 저서인 『유전적인 고착』(Genetic Fix)에서 몽골리안 유전병 증상[19세기 중엽 존 랭던 다운(John Langdon-Down)이란 연구자가 처음으로 유전적 변화장애를 언급함으로써 다운증후군(Down-syndrom)이라고 불리게 되었다: 역주]을 보이는 태아를 이런 방식으로 식별할 필요나 의무에 관하여 언급한다. 심지어 그는 다음과 같은 제안을 한다. 이런 병증을 낙태에 의해 '해결하지' 못하는 부모들에게는 이런 다운증후군을 지닌 아이의 교육이 사회의 부담이 되지 않도록 한다는 선언에 서명할 의무가 지워져야 한다.[36] 그럼에도 그는 낙태 후의 태아의 실험에 반대하는 비판적인 견해를 갖고 있다. 그는 또한 미국의 최고법원의 결정에 반대하여 비판을 했다. 그 이유는 최고법원의 판사들이 낙태와 관련된 모든 문제에

36 Amitai Etzioni, Genetic Fix, Collier Macmillan, New York-London, 1973, 179와 188쪽. 동일한 아이디어는 다음의 자료에 표명되어 있다, in: *The Mental Health of Children: Services, Research and Manpower.* Reports of Task Force II and V, and the Report of the Committee of Clinical Issues by the Joint Commission on the Mental Health of Children, Harper and Row, New York, 1973.

있어서 실제적인 능력을 갖추지 못하고 있기 때문이라는 것이다.[37]

양심의 숙고 없이, 모든 치료법에 의한 낙태 허용의 사유가 없이 낙태에 동의하는 사람들이 낙태 후의 태아를 실험대상으로 삼는 것에 격렬하게 반대하는 것이 확인되는 것은 흥미롭다. 그것은, 그런 사람들이 우리가 마음대로 처리할 수 있는 사물보다 태아가 훨씬 더 소중하다는 것을 본능적으로 느낀다는 것을 나에게 알려 준다. 의사들이 낙태 후에 살아있는 태아를 환자로서가 아니라 단지 실험용 재료로서 간주한다는 것을 그들은 받아들일 수 없다. 그런데 우리가 묻게 되는 것은, 태아가 살아있게 하는 환경을 박탈하는 의도적 낙태와 낙태 후 태아의 조작 사이에 실제적인 본질적 차이가 있느냐는 것이다.

우리가 유산 후 태아의 사체를 사용하는 것으로부터 살아있는 태아의 치료를 위한 가치 있는 통찰을 기대할 만 하다면, 나는 그런 사용에 반대할 어떤 근거를 발견하지 못한다. 그럼에도 의도적으로 낙태된 태아 조직이 사용되는 경우에, 상황은 여러 가지로 다르다. 이런 실험들로부터 그리고 더욱이 낙태 후 아직 살아 있는 태아의 실험으로부터 미래의 치료에 유익할 법한 중요한 지식들이 얻어질 수 있다는 것은 부정할 수 없다. 그러나 낙태와 관련된 그와 같은 조작들이 공론에 의해 승인되는 경우에 인류애, 인간의 하느님에 대한 이해와 인간적 관계들에 지나치게 커다란 손해를 입힌다는 것이 나의 확신이다. 인류는, 의학적 통찰들이 이런 손해를 결코 보상할 수 없을 정도로 자신의 고유한

37 Amitai Etzioni, Genetic Fix, 140쪽. 태아의 연구 및 실험과 관련하여 윤리 문제에 관 한 최고의 정보는 폴 램지가 제공한다, *The Ethics of Fetal Research*, Yale Univ. Press, New Haven, 1975.

존엄성을 크게 격하시킬 수 있다.

자신들의 자녀들을 보살피고 사랑할 부모들의 능력이 줄어든 공리주의적 환경에서 낙태는 태아를 위협하는 유일한 것이 아니다. 임신 기간 중에 과도하게 흡연하고 음주를 하거나 향정신성 의약품을 오용하는 경솔한 어머니들은 태아를 심하게 훼손한다. 치료를 목적으로 하여 복용하는 약품들도 위험할 수 있다. 콘테르간-아이들[Contergan-Kinder. Contergan은 1950-60년대에 임신부들이 복용하여 태아에 큰 장애를 일으키게 한 수면과 진정을 위한 독일제 약품으로서 기형아 출산의 원인이 됨: 역주]은 모든 이를 위한 경고이다.

## 2) 출산 후 아이의 조작

특히 정신적으로 혹은 신체적으로 장애가 있는 아이들은 많은 조작적 수법에 내맡겨져 있다. 스키너의 행동 공학과 리탈린[Ritalin. 주의력 결핍, 과다행동장애와 기면증의 치료제로서 향정신성 의약품: 역주]과 같은 향정신성 의약품은 아이들의 상황을 충분히 개선하기 위해서가 아니라 그들을 다루기 쉽게 만들기 위해 사용된다. 그러므로 이런 경우에는 치료가 중요하지 않고 마치 물건들을 다루는 듯한 자유로운 처분이 중요하다. 그래서 목적은 돌보는 이의 직접적 만족이다.[38] 행동

---

38 Maya Pines, The Brain Changers, Harcourt, Brace & World, New York, 1973, 111쪽. 전체 복합적인 문제에 대해서는 다음의 책을 참조할 것: Joseph Goldstein, Anna Freud, Albert J. Solnit, *Beyond the Best Interests of the Child,* The Free Press, New York 1973; Glenn Doman, *What to Do About Your Brain-Injured, or Your Brain-Damaged, Mentally Retarded, Mentally Deficient, Spastic, Flaccid, Rigid, Epileptic, Autistic, Atteloid, Hyperactive Child?,* Doubleday, Garden City, 1974; O. Ivar Lavaas

수정의 방법들과 약물을 이용한 이 아이들의 치료는 다음의 경우에만 치료에 해당한다. 즉 아이가 덜 의존적으로 되고 최소한 부분적으로 책임질 수 있게 되도록 도움을 주기 위해 의도와 수단들의 선택들이 조정되어야 한다.

모든 교육의 기초는 사랑과 경외심이다. 환경에 의한 장애아나 유전에 의한 장애아에게는 친절한 환경이 필요하다. 친절한 환경에서 그리고 사랑, 경외심과 격려의 분위기에 영향을 받는 아이들의 다수는 인간 사이의 관계, 사랑, 자존감 그리고 타인에 대한 경외심에서 커다란 진전을 달성할 수 있을 뿐만 아니라 또한 자주 놀라운 방식으로 자신들의 제한된 재능들을 발전시킬 수 있다. 그럼에도 이것은, 단순히 멋대로 취급되고 단지 성과만을 노리는 행동 공학에 내맡겨져 있는 아이에게는 불가능하다. 이들 아이에게 큰 위험은 아이들의 교사와 부모들의 비관주의적 견해이기도 하다. 이 견해로 인해 아이는 장애가 희망이 없는 사례라는 것을 느끼게 된다. 이런 태도는 정신적으로나 신체적으로 장애를 가진 아이에게는 다시 복구할 수 없는 손해를 의미한다. 이 아이들에게 유리한 환경을 제공하고 아이들의 자립적인 적응 능력을 증가시키기 위하여 우리 모두가 오늘날 자유롭게 사용할 수 있는 인문·사회과학의 지식을 사용하는 데 대한 권리를 바로 이 아이들이 갖고 있다.[39]

---

and Bradley D. Bucher (Hrsg.), *Perspectives in Behavior Modification with Deviant Children*, Prentice Hall, Englewood Cliffs, N.J., 1974; Peggy Napear, *Brain Child: A Mother's Diary,* Harper and Row, New York, 1974; Sylvia Görres, *Leben mit einem behinderten Kind*, Benziger-Verlag, Köln, 1974.

39 Rudolph Schaffer, Behavioural Synchrony in Infancy, *The New Scientist* 62 (1974) 16~18쪽; Roger E. Stevenson, M.D., *The Foetus and Newly Born Infant: Influences*

학문의 진보는 정신적 지체에 대한 예방적이며 치료적인 다양한 조치의 발전을 가능하게 한다.[40] 그럼에도 이런 환영할 만한 가능성으로 말미암아 정신적 장애가 있는 아이들을 대상으로 하는 실험과 관련하여 수많은 질문이 제기된다. 극도의 위험과 사소한 위험 사이의 근본적인 구별 이외에 우리는 그 이상의 기준들을 찾아야만 한다. 실제적인 도움에 대한 희망이 위험보다 더 크다면, 나는 진정한 치료적인 방법이나 행동 치료의 새로운 방법들에 반대할 어떤 윤리적인 어려움을 발견하지 못한다.

그럼에도 나는, 특별히 정신적으로나 신체적으로 장애가 있는 아이들에게뿐만 아니라 일반적으로 시설에 있는 아이들에게 도움이 되는 실험을 위하여 그런 아이들을 사용하는 것은 반대한다. 하지만 아이들이 상당한 위험에 처하게 되지 않는 한, 이들의 치료와 관련하여 매우 특별한 방식으로 수행되는 실험은 전적으로 다른 사안이다. 나의 숙고는 이런 범주의 인간들에게 치료가 도움이 된다면, 인간 인격과 주도면밀하게 실시된 실험들을 정당화할 수 있는 치료의 사회적 차원을 염두에 둔 것이다. 부모들이나 후견인들이 일반적으로 자주 듣는, 아이들이 처해 있는 어떤 실험에 결코 동의할 수 없다는 이의제기는 부모들과 교사들이 그들의 아이들을 위한 그 밖의 수많은 중요한 결정들을 내려야만 한다는 사정을 간과하는 것이다. 결정적인 문제는 이런 결정들이 어떻게 내려지느냐 하는 것이다. 그럼에도 내가 확실하게 생각하는 것은,

---

*of Prenatal Environment*, C.V. Mosby, St. Louis, 1973 참조.

40 S.D. Elek and H. Stein, Development of a Vaccine Against Mental Retardation Caused by Cytomegalovirus in Utero, in: *The Lancet* (1974) 1~5쪽 참조.

부모들과 후견인들이 아이들을 중대한 위험에 처하게 해서는 안 된다는 점이다.

정신장애아나 지체장애아를 위한 시설을 포함하는, 다수의 사람들이 수용되어 있는 모든 시설의 종사자들은 엄격한 통제의 위험을 알아야 한다. 모든 아이에게, 매우 특별하게 정신장애아에게는 무엇보다도 나와 너의 관계 안에서 인간들 사이의 경험이 필요하다. 서로 알 수 있는 그룹 안에서 그리고 가족적인 정신으로써 교육되는 매우 모범적인 장애아 시설이 있다. 그와 같은 시설이 마련되지 못한다면, 시설 안에서의 교육보다 좋은 가정 안으로 들어가는 것이 선호되어야 한다. 다른 한편으로 정신장애아나 지체장애아에게는 잠정적이지만 특수시설 안에서의 체류가 훨씬 긴요하다. 사회는 적합한 시설이 부족하지 않도록 배려하고 기존의 시설 안에서는 개인적 관계가 친밀하게 이루어지게 하는 의무감을 가져야 한다.

정신적 장애인에 대한 성교육은 특별한 임무이다. 물론 지능지수가 낮은 사람도, 사랑과 경외를 위해 교육되어 있기만 한다면, 결혼하고 합당한 상호관계를 발전시킬 수 있다. 이들은 성적인 관계가 어떻게 상호 간의 사랑과 책임의 전체 안으로 융합되는지를 알기 위하여 때로는 특별한 안내를 필요로 한다.[41] 지난 수년 동안 여러 나라에서 공공의 양심은, 정신 장애아가 매우 이른 시기에 강제되는 단종[斷種, Sterilisation]의 상황에 처하게 된다는 사실에 놀라게 되었다. 더 정확히 말하면, 이들 장애아가 장애에도 불구하고 결혼뿐만 아니라 아이들도

41 Felix F. de la Cruz and Gerald D. Lavek (Hrsg.), *Human Sexuality and the Mentally Retarded*, Brunner/Mazel, New York, 1973 참조.

잘 교육할 수 있다는 좋은 전망이 있다고 해도 그런 상황에 처하게 된다는 것이다. 대부분의 국가에서 소녀들 자신과 그들의 부모나 교사들이 조종하거나 심지어 강제되는 것을 방지하기 위해 필요한 조치가 취해진 것은 다행스러운 일이다. 근본적으로 말한다면 사회는 결혼 가능한 사람들로부터 자녀획득에 대한 권리를 박탈할 권리를 갖고 있지 않다. 그러나 나는 다음의 사실에 대해 침묵하고 싶지 않다. 즉 내 생각으로는 우생학적 책임 감각을 일깨우는 것에 대한 일련의 문제들, 예를 들면 자녀가 중대한 손상을 입는 것이 거의 확실한 경우에, 자발적인 단종이 책임질 일이냐 아니냐의 문제, 또 어느 정도 책임져야 하느냐는 문제는 해결이 되지 않고 있다.[42]

## 4. 임종하는 사람들에 대한 조작

우리 자신의 죽음을 자유롭게 수용하고 그것에 최선의 의미를 부여하기 위해, 또 임종자를 돕기 위해 우리 모두는 스스로 질문을 하지 않으면 안 된다. 죽음이란 무엇인가? 그리고 이 질문은 인생 전체의 의미에 대한 질문과 관련해서만 대답될 수 있다. 이 질문은 건강과 치료에 관한 올바른 시각과 관련이 있다.[43] 조작의 윤리는 자유의 역사적 문

42 Jonas Robitscher (Hrsg.), *Eugenic Sterilization*, Charlos Thomas, Springfield, I11., 1973 참조.

43 나의 책 *Heilender Dienst*, Grünewald, Mainz, 1972, 108~132쪽 참조; Ulrich Eibach, Der verdrängte Tod; ein gesellschaftliches, ethisches und theologisches Problem, in: *Theologische Beiträge* 6 (1975) 139~166쪽; derselbe, *Recht auf Leben -*

제들과 죽음을 고려한 경외로운 관계들의 문제들에 전적으로 특별한 관심을 기울이지 않으면 안 된다.

우리는 그리스도인으로서 죽음의 최종적 의미를 이해하고 그것을 자유롭게 수용하는 경우에, 죽음이 우리 자유의 역사에 절정이 될 수 있다고 믿는다. 그러므로 우리는 긍정적으로 그의 자유의 역사 안에 써 넣을 수 있는 그런 사랑을 임종자에게 선사하고 의료적 도움을 주어야만 한다. 임종자들에 대한 우리의 태도는 우리 관계의 인간다움, 사랑, 외경, 신뢰를 나타낼 수도 있고 아니면 이런 근본 관계들의 결여를 보여줄 수도 있다. 죽음에 관한 영국의 문헌에서 우리는 매우 자주 임종자에 대한 '관리'와 같은 표현을 읽을 수 있다. 이는 다음의 사실을 나타낸다. 즉 신체적 기능들이 조작될 뿐만 아니라 임종자 자신이 관리나 조작의 대상이 된다는 것이다.

### 1) 치료에서 최종적인 임종의 도움까지

의사들과 간호사들은 질병과 죽음에 대항하는 전투 중에 있다. 그런데 이 전투가 끝나는 순간이 온다. 수많은 사례에서 의사나 간호 담당자들은 확실히 치료가 무의미하게 된다는 판단에 이를 수 있다. 그렇다면 사람들은 정말 더이상 구제조치가 있을 듯이 행동해서는 안 된다.

*Recht auf Sterben. Anthropologische Grundlegung einer medizinischen Ethik*, Brockhaus, Wuppertal, 1974 (좋은 참고문헌 첨부); Igor A. Caruso, *Die Trennung der Liebenden. Eine Phänomenologie des Todes*, Kindler, München, 1974; Paul Krauß, *Medizinischer Fortschritt und ärztliche Ethik*, Patmos, Düsseldorf, 186~212쪽; Fridolin Wiplinger, *Der personal verstandene Tod. Todeserfahrung als Selbsterfahrung*, Alber, Freiburg-München, 1970.

의료진은 가족들에게 무의미한 비용지출을 절약하게 해야만 하는 정의에서뿐만 아니라 특히 임종자를 경외하는 마음에서 올바르게 행동해야 한다. 임종자는 이 순간에 보살핌, 사랑을 주고받는 현시점과 관심에 대한 매우 특별한 권리를 갖는다. 자신의 자녀들에게 사랑은 주지 않으면서 엄청난 선물 공세를 하는 많은 부모처럼, 임종자에 대한 태도에서 이와 비슷한 일이 생길 수 있다. 사람들은 최종적이며 결정적인 시간에 처한 임종자에게 진정한 사랑을 줄 수 없거나 주려고 하지 않기 때문에 치료적 행동을 그럴싸하게 보여준다. 그리고 이것은 임종자에 대한 조작을 의미한다.

전체 치료가 실제로 경외와 사랑하는 이해 안에서 환자의 인격에 향해 있다면, 임종자와의 관계도 인간적 관계의 진정성을 보여줄 것이다.[44] 원목 봉사자[院牧 奉仕者, Krankenseelsorger], 의사와 간호사들은 올바른 태도를 발견하고 가족들과 친구들이 임종자에 대하여 어떤 행동을 취해야 하는지를 그들에게 가르쳐 주기 위해 임종자의 심리에 관하여 알 필요가 있다.[45]

### 2) 일상적 거짓말을 통한 임종자의 조작

죽음의 구제에 관하여 전혀 모를 뿐만 아니라 온정적으로

44 P. Ridder, Die Patientenkarriere: *Von der Krankheitsgeschichte zur Krankengeschichte*, Enke, Stuttgart, 1974 참조.

45 Ann. Cartwright (Hrsg.), Life Before Death, Routledge and Kegan Paul, London, 1973 참조. 이 책은 수백 명 환자들의 임종을 기술한다. 또한 Ulrich Eibach, *Recht auf Leben - Recht auf Sterben*, 335~365쪽 참조: "인간 존엄성에 합당하게 죽음을 맞이할 수 있도록 우리는 어떤 도움을 주는가?"

(paternalistisch) 자신의 환자들을 관리하는 의사들은 특히 죽음에 직면하여 너무나 쉽게 관리자가 되어버린다. 그러고 나서 치료는 하는 척만 하는 것으로 되어버리고, 많은 수의 잘 생각해낸 거짓말로 인하여 임종자는 자신의 죽음을 직시하고 개인적으로 준비하는 데 방해를 받게 된다. 이 결정적인 시간에 임종자를 그렇게 취급하는 자는 그를 한 사물처럼 마음대로 다루는 것이다. 이런 행동은 자유의 역사적 의미와는 정면으로 대립된다. 환자가 결정적인 질문을 하지 못하도록 필요한 통증완화제를 훨씬 넘어서는 향정신성 의약품이나 마취제가 투입되는 경우가 적지 않다. 의사, 간호사 그리고 사목자들을 포함하여 우리 모두가 우리 동료 인간의 임종이라는 사건에 의해 우리의 인생의 최종적 진리에 대하여 스스로 묻게 되는 경우에만, 동료 인간에 대하여 진정하고 충만한 사람으로 행동할 수 있을 것이다.

### 3) 죽음의 정치적 사용

조작적 사고의 가장 놀랄만한 표현 중의 하나는 자연적 죽음을 정치적으로 받아들이는 것이다.[46] 나는 지금 여기서 정치적 이해관계에서 조직적으로 드러난 집단살인에 관하여 언급하는 것은 아니다. 이런 죽음은 예컨대 과거의 수많은 전쟁과 히틀러와 스탈린의 죽음의 수용소에서 있었다. 이런 경우에는 더이상 조작이 문제 되는 것이 아니라 공개적인 폭력 행위와 전멸시키려는 확실한 의지가 문제가 된다. 내가 여

46 Ivan Illich, The Political Uses of Natural Death, in: *Hastings Centre Studies* 2, 1 (1974) 3~20쪽.

기서 염두에 두는 것은, 어차피 발생하는 죽음을 받아들이는 것이지만 더욱 좋지 않은 것은 타인의 임종을 발생하게 하고서 그런 일에 가담하지 않았다고 발뺌하는 냉혹한 태도이다. 가난한 이들과 가난한 나라들을 돕지 않고, 그들이 마땅히 받아야 할 필수적인 의료지원을 하지 않거나 식량난에 대하여 아무런 조치도 취하지 않으려는 정치적 결정들과 그와 같은 결정을 정당화하기 위한 모든 거짓 꾸밈과 기만적 책략은 사회적 계급이나 민족들의 이기심의 노예가 되는 조작의 음험한 행태들이다.

우리가 예를 들면 이기적 동기에서 친척이나 친구들의 죽음을 기다린다면, 개인과 그룹의 수준에서 유사한 죄가 발생하는 것이다. 물론 우리는 누구를 죽이지는 않으므로, 꺼림직한 마음은 없을 것이다. 그런데 우리는 또한 죽음을 방지하기 위해 여러 차례 필수적인 것을 행하지 않는다. 여기서 나는 자문을 구하는 어떤 부부와의 대화를 기억한다. 남편은 자기 아내의 뜻하지 않은 임신에 직면하여 태아가 자궁 안에서 가로누워있기 때문에 유산이 예견된 것을 알면서도 그대로 놔둘 것을 제안했다. 임신한 아내는 이에 대해 다음과 같이 대답했다. 즉 생명을 구하기 위해 아무 조치를 취하지 않는 것은 내게는 낙태를 원한 것이나 거의 유사할 것이다.

이와 관련하여 다행히 소수의 사제 그룹에게 질문이 제기된다. 이혼자들과 재혼자들에게 성사를 허용하는 것이 문제가 되면 – 첫 번째 혼인의 무효선언이 이루어지지 않은 상태에서 – 사제들은, 하느님이 당사자들의 어려움을 이전 배우자의 죽음을 통하여 해소시킬 수 있을 것이라는 생각으로 그들을 위로한다. 심지어는 두 번째 혼인의 축복을 가능하게 하기 위해 그와 같은 죽음을 위한 기도가 권고된 사례들을 들은 바 있다. 이는 분명히 교회의 정신은 아니지만, 그런 일은 늘 거듭하여 발생한다. 그리고 율법주의가 바로 조작적 정신의 뿌리 중 하나라는 것이 이렇게 분명해진다.

### 4) 임종 과정의 무의미한 연장

어떤 사람이 최종적으로 의식을 잃었다면, 현세의 삶과 관련하여 이 사람의 자유의 역사는 끝난 것이다. 그럼에도 최종적이긴 하지만 의식의 상실 때문에 그 사람을 죽일 권리는 없다. 그러나 그 사람의 인위적인 연명을 위해 어떤 수단들이 적용되어야 하느냐는 문제가 제기된다. 그럼에도 나는 이하에서 의식의 상실에 관해서뿐만 아니라 임종 과정이 최종적으로 시작된 임종 환자에 관하여 말하려고 한다. 치료와 무의미한 임종 과정의 연장 사이에는 절대적이며 질적인 차이가 있다. 물론 실제로 이 과정의 이행은 때로는 그 경계가 분명하지 않다. 생명이 의미 있게 연장될 수 있고 치유나 고통의 완화에 대한 실제적 전망이 있는 한, 환자 자신이나 가족이 요구하는 도움이 거부되지 않아야 한다. 치유의 가망이 없음에도, 임종 과정의 연장을 통하여 환자에게 의미 있는 인간관계와 하느님 앞에서 최종적으로 죽음을 받아들이도록 하는 근거 있는 희망이 있다면, 이것은 당연히 긍정적으로 자유의 역사에 기록된다. 그럼에도 현대적 병원들에서 의식이 없는 임종자의 임종이 기계장치와 노력의 엄청난 소모에 의해 어떻게 연기되는지를 안다는 것은 고통스러운 일이다.[47] 병든 생명을 포함한 생명의 치유와 의미 있는 생명의 연장을 위해 아무 의미도 없는 조작적 개입과 죽음 과정의 소용없는 연장을 포기하는 것은 때로는 간접적 혹은 수동적 안락사라고 불린다. 이런 언어 사용은 매우 자주 혼란스럽다. 이런 결정은 일반적 언어 사용이 안락사를 이해하는 것과는 조금도 관계가 없다. 그것은 죽임과, 또 자비심에서 죽임과는 전혀 관계가 없고 단순히 존엄한 죽음에 대한 권리를 인정하는 것이다.

다른 한편으로 '간접적(소극적) 안락사'라는 표현 속에는 가끔 환자, 또한 불치의 환자가 요구하는 그런 치료에 대한 의식적인 거부가 숨어 있다. 그리고 그런 치료의 중단은 실제로 사형선고와 같을 수 있다. 이 범주에는 다음의 예가 속한다. 즉 다운증후군 징후를 지닌, 원하지 않은 아이를 죽게 할 의도로 평소에 정상적인 외과적 개입이나 정상적인 치료를 고의로 하지 않는 것이다. 이렇게 아무런 조치를 취하지 않는 것과 죽음의 과정의 무의미한 연장 사이에 본질적인 차이가 있다는 것은 모든 사람이 알 수 있다.[48]

47 Henry Miller, Keeping people alive, in: F.J. Ebbing (Hrsg.), *The Future of Man*, Academic Press, London–New York, 1972, 127~136쪽; John Langone, *Vital Signs: The Way We Die in America*, Little Brown Boston, 1974; Ernst Becker, *The Denial of Death*, Free Press, New York, 1973; D.C. Maguire, *Death by Choice*, Doubleday, New York, 1974 참조.

48 Joan L. Venes and Peter P. Huttenlocher, Management of the Infant with unmanageable Disease, *The New England Journal of Medicine* (28. Feber 1974) 518. 제목이 전형적으로 조작적인 언어를 사용함에도 불구하고, 저자들에게 전적으로 중요한 것은 구별을 위한 진정한 기준들이다. 극단적인 경우들에서만, 예컨대 대뇌는 있으나 뇌간이 없는 무뇌증이나 심하게 눈에 띄는 뇌수종이 명백한 경우에 그들은 생명을 연장하는 치료를 포기할 것이다. 달리 말하면 저자들은 적극적인 안락사는 반대하지만 다음의 질문을 제기한다. "우리는 누구를 죽게 버려두는가?" – 이에 관해서는 Richard A. McCormick, to Save or Let Die, *America*

심장정지 후에 소생시키는 것은 오늘날 좋은 의료적 실천으로 간주된다. 이 경우는 늘 환자의 건강을 회복시키거나 그의 생명을 의미있게 연장하기 위해 기여할 희망이 있다. 그럼에도 이미 일어난 대뇌의 심각한 훼손 때문에 환자가 정신적으로 매우 장애가 심한 생명으로만 소생될 수 있다는 것을 예견해야만 하는 경우에, 생명의 연장은 확실히 그의 관심사가 아니다. 나에게 결정적인 기준은, 여기서는 경우에 따라서 중지될 수 있는 예외적인 수단이 중요하지 않고 오히려 이미 언급한 상황에서는 그것으로는 도움이 되지 않는다는 문제이다.

### 5) 적극적 안락사에 대한 분명한 거부

진통제는 그 상황을 견디어내기에 필요한 만큼만 임종 과정의 환자에게 주어질 수 있고 주어져야 한다. 그 때문에 죽음이 일찍 닥칠 것이라고 예견할 수 있다고 해도 그렇다. 그럼에도 고통을 완화하고 마취시키는 약물들을 생명을 단축할 의도와 교활한 언행으로, 환자의 희망에 따라 제공해서는 안 된다. 생명의 단축을 목표로 하는 모든 개입은 적극적 내지는 직접적 안락사의 개념에 속한다. 우리가 적극적 안락사를 찬양하는 저작물을 대충 훑어보면, 늘 동정과 공리적 계산의 기묘한 혼합물을 발견하게 된다. 그렇지 않으면 우리는 동정이라는 표현의 이면에 어떻게든 공리적 생각을 숨겨놓으려고 한다. 우리는 어쨌든 여론을 조작하고자 한다.[49]

---

131, 26 (1974) 6~10쪽 참조.

49 Richard Trubo, An Act of Mercy: Euthanasia Today, Nash Publ., Los Angeles,

바로 이 점에서 공리주의적인 목적론적 고려와 가치의 위계질서를 아는 그런 목적론의 차이가 나타난다. 공리주의적 목적론의 대표자들은 안락사를 정당화하는데 아무런 어려움도 갖지 않는다. 싸구려 행복과 모든 고통의 회피가 삶의 주요 목표라면, 우리는 생명을 긍정적으로 말하기 위한 납득이 가는 이유들을 전혀 발견할 수 없다.

이와 반대로 우리가 받아들인 생명의 전체 의미를 고려하여 안락사의 법적인 허용이나 심지어 도덕적 찬양의 사도를 평가한다면, 이에 대한 이유들은 납득할 수 있는 것이다. 즉 안락사를 긍정하는 사회에서 노인과 병자들은 명시적이거나 포괄적으로 안락사의 시간이 임박했다고 생각하지 않느냐 어떠냐는 질문을 받게 될 것이다. 의사들이 기본적으로 요청을 받아 죽일 권리를 갖고 있다면, 그러한 요청의 표현은 쉽게 협박되거나 조작될 수 있다. 그렇다면 의사와 환자의 관계는 철저히 변한 것이다. 안락사에 반대하는 우리의 가장 강한 논변은 삶과 죽음의 의미를 고려한 자유와 인간 존엄성에 대한 우리의 믿음이다. 생명은 하느님으로부터 우리에게 맡겨진 것이다. 우리는 생명을 감사와 자유 안에서 받아들인다. 우리는 정말로 생명을 던져버림이 아니라 오히려 죽음이 우리에게 다가올 때에 그것을 긍정하는 가운데 우리의 자유의 정상에 도달한다. 우리는 그리스도인적인 희망의 빛 안에서 인간 인격의

---

1973; Marvin Kohl, The Morality of Killing: Sanctity of Life, Abortion, Euthanasia, Peter owen, London, 1974; M. Kohl, Understanding the Case for Beneficent Euthanasia, Science, Medicine and Man 1 (1973) 111~121쪽. - 균형 잡힌 서술에 대해서는 다음의 저서를 참조 바람. Volker Eid (Hrsg.), *Euthanasie - oder soll man auf Verlangen töten?*, Grünewald, Mainz, 1975; Albin Eser (Hrsg.), *Suizid und Euthanasie als human- und sozialwissenschaftliches Problem*, Ferdinand Enke Verlag, Stuttgart, 1976 (여기에는 나의 논문도 들어있다: Moraltheologische Überlegungen zu Suizid und Euthanasie, 261~270쪽).

자유의 역사를 보며, 이 희망은 우리의 삶과 죽음에 그리스도의 부활의 신비에 참여할 수 있는 한 몫을 부여한다. 노인과 병자 그리고 고통받는 이들을 사랑과 경외로 감싸는 가족, 친구들과 전체 사회의 구성원들은 자신들의 자유와 존엄 및 모든 이의 존엄에 최고로 기여하는 것이다.

## 제2장
# 행동 공학 혹은 행동 치료?

아무도 오늘날 특히 행동주의 학파를 대표하는 스키너처럼 우리를 그렇게 명백하게 인간 인격의 조작의 문제를 제기하는 사람은 없다. 이 학파의 전체 언어는 조작적 사유의 전형이다. 그런데 우리는 늘 거듭하여 최초의 질문 앞에 서게 된다. 이것은 타인의 행동에 대한 독단적 조작과 행동의 치료에 기여하는 수용 가능한 시도 사이의 경계선이 어디에 있느냐는 질문이다. 이 영역에서는 모든 종류의 세뇌에 노출될 수 있는 인류의 미래에 대한 심각한 걱정이 문제가 될 뿐만 아니라 우리가 오늘날 이미, 특히 죄수들과 정치적 수감자들을 이용하여 성과를 내고 있는 것이 문제가 된다.

## 1. 도덕적인 문제의 새로운 차원

사람들은 모든 시대에 동료 인간을 마음대로 다루고 자신들의 이익 관심에 순종을 강요하거나 그들에게 자신들의 이념들을 강요하려고 한다. 그럼에도 오늘날에는 이 질문이 전적으로 새롭고 예리하게 제기된다. 지배욕이 강하고 광신적인 사람들이 행하는 그때그때의 조작만이 문제인 것은 아니다. 학문의 진보를 통하여 철저한 행동의 조작을 향한 질적 및 양적 도약이 가능하게 되었다. 학자들은 행동 공학의 전체적 체계를 확장했고, 개인들뿐만 아니라 전체 그룹과 다수의 인간을 조직적으로 조작하려는 명백한 의도를 가지고 이런 체계를 계속하여 완성하는 중이다. 최고의 전문 지식을 가진 다른 학자들은 행동의 연구에 전념하고, 악한 의도는 없으나 누구에 의하여 그리고 무엇을 위해 신지식이 사용될지에 관하여 설명하지 않고 행동의 수정 가능성에 몰두하고 있다. 그러나 우리가 보게 될 것처럼, 다른 학자들은 어쨌든 미래의 적용에 대하여 생각을 했을 뿐만 아니라 미래의 학문적 엘리트들에게 그들의 동료 인간을 온전히 조작하는 것을 허용해야 하는 계획들까지도 만들어 내었다.

꽤 많은 사람들은 유전학적 개입을 통한 인간종의 변형을 생각하고, 다른 이들은 인간의 뇌의 직접적인 통제에 관하여 더 많은 것을 기대하고 있다. 향정신성 의약품, 수술에 의해 신경로[神經路]에 개입하는 것, 그리고 조직적인 자극 통제를 통하여 행동을 수정하는 것이 가능하게 되었다.[1] 이 장에서 우리는 우선 행동의 통제 및 행동의 조작이 인간의 사회를 변화시키는 데 최고로 효과적인 방식이라고 확신하는 이들과 만나 볼 것이다. 이 영역의 엄청난 정도의 연구를 우리는 '조건형성'(conditioning)과 '조작적 조건형성'(operant conditioning)이라는 표제어 아래서만 '의료색인'(Index Medicus)에서 찾아볼 필요가 있다.

그리고 "우리가 자유에 대한 우려와 관련하여 그때그때 경고한 것을 제외한다면, 학문의 한 분과인 윤리학은 행동 통제의 체계적 문제에 아직까지 주의를 기울이지 않았다."[2] 다양한 통제 기술들의 긍정적 가능성들과 또한 고도의 위험성에 대한 면밀하며 균형 잡힌 판단이 불가피하게 되었다. 여기서 우리는 늘 주도적 학파들의 제안 들의 이면에 숨겨진 세계관이나 이데올로기에 신경을 쓰지 않으면 안 된다.

우리는 행동 통제를 어떤 방법과 기술을 통하여 타인의 행동을 의식적으로 수정할 수 있을 것이라고 이해한다. 이들 방법과 기술은 쾌락과 공포의 저변에서 자유로운 동기를 형성하는 방법에는 효과적이지 않다. 특히 스키너의 행동주의와 환경요소의 중요성을 강조하고 직접적인 환경을 변경함으로써 인간의 반사작용을 야기시키는 모든 행태의 행동조작은 면밀하게 조사해야만 한다.

학습 과정들과 어느 정도까지는 행동변경을 일으키는 반사작용과 제한된 반사작용의 경험에 의한 교육도 유익할 수 있다는 것이 나의 확

1 Gardner C. Quarton, Deliberate Efforts to Control Human Behavior and Modify Personality, *Daedalus* (Journal of the American Academy of Arts and Sciences), 1967, 837쪽.

2 The Hastings Centre, *Programme in the Ethical, Social and Legal Issues of Behaviour Control*, 4쪽.

신이다. 이 문제점을 더욱 면밀하게 검토하는 것은 우리가 동물 세계와 공통으로 지니고 있는 그런 영역들에 대하여 우리 행동과 행동 치료의 특별히 인간적인 것을 강조하는 데 도움을 줄 수 있다. 마찬가지로 우리는 우리의 자유의 제한과 환경 세계의 엄청나게 강한 영향과 관련하여 더욱 예민한 의식을 획득할 수 있다. 오늘날 모든 이는 심리학, 정신분석과 행동 공학에서 무엇이 행해지는가를 알고 있지 않으면 안 된다. 우리는 과학자들이 무엇을 행하며 어떤 기준들에 따라 자체로 행동하는가를 그들로부터 경험한 경우에만 윤리적 기준들을 제공할 수 있다.

## 2. 파블로프에서 스키너까지

행동의 조작은 대체로 실험 동물심리학에 근거를 둔다. 파블로프의 개들은 이른바 선구자들이다.[3] 파블로프는 특정한 말소리를 연결시켰다. 먹이를 주는 것은 '무조건적인' 반사작용을 불러일으킨다. 즉 개의 입안에 군침이 돌게 한다. 늘 똑같은 말소리가 반복하여 먹이를 주는 것과 연결되는 경우에는, 실제로 먹이가 제공되지 않는 경우라고 해도, 타액효과를 내게 한다. 파블로프는 이 현상을 '자극대체' 혹은 '조건반사'라고 불렀으며 이를 토대로 자신의 조건화한 반사작용의 심리학을 기초하였다. 파블로프는 스탈린에게 세뇌를 위한 원본을 제공했다.

3 Iwan Petrowitsch Pawlow, *Die bedingten Reflexe*. Hans Drischel의 전기체의 에세 이가 부록으로 있는 러시아의 노벨상 수상자의 기초연구들, Kindler, München, 1972; *Sämtliche Werke*, dt. Übersetzung Albert Kopp u.a., Gesamtredaktion der dt. Ausgabe: Lothar Pickenhain, Akademischer Verlag, Berlin, 1953~1955 참조.

영어 언어권에서 왓슨(John B. Watson, 1878~1958, 미국의 심리학자)은 행동주의의 아버지로서 간주된다. 왓슨은 모든 인간의 행동이 특정한 조건 하의 반사작용의 시각에서 설명될 수 있을 것이라고 믿었다. 오늘날의 행동주의는 주로 스키너의 연구와 철학에 의지한다.[4] 스키너는 특히 노르웨이 쥐와 나중에는 원숭이에 대한 실험을 실시했다. 특히 그는 학습과정의 다양한 조건과 통제자에 관심을 갖는다. 그는 효과 있는 통제자를 조작적 조건형성[operant conditioning. 조건형성의 한 방법. 어떤 반응이 일어났을 때만 그 행동에 대해 강화자극 혹은 보상을 주어 그 행동을 강화하는 절차: 역주]이라고 부른다. 특정한 성과를 산출해야 하는 조건과 환경의 영향을 의식적으로 구성하는 것이 중요하다. 그는 통제자를 위협적(처벌하는) 통제자와 위협적이지 않은(보상하는) 통제자로 구별한다.

어떤 의미에서 스키너는 휴머니스트이다. 그는 다음의 희망으로 산다. 즉 학문의 진보는 인류에게 대부분의 위협적 조건과 통제자로부터 벗어나서 주로 보상하는 통제자에게 집중할 수 있도록 허용한다는 것이다. 그럼에도 스키너에게 결정적인 문제는 늘 효과적으로 결과를 산출하는 환경조건을 구성하는 것이다. 그 때문에 그의 표어가 '조

---

4 다음에 이어지는 페이지에서 나의 참조 지시는 미국의 원서와 관계가 있다. 스키너의 여 러 저서들은 독일어로 번역되어 있고 여러 판을 거듭했다. *Denken und Lernen*, Westermann, Braunschweig, [3]1971; *Erziehung als Verhaltungsformung. Grundlagen einer Technologie des Lehrens,* Werner, Düsseldorf, 1971; *Futurum Zwei (Walden Two). Die Vision einer aggressionsfreien Gesellschaft*, Rowohlt, Reinbek b. Hamburg 1973; *Jenseits von Freiheit und Würde,* Werner, Düsseldorf, 1973; *Wissenschaft und menschliches Verhalten*, Kindler, München, 1973. 스키너는 특히 다음의 저서에서 자신의 철학을 옹호한다 in: *About Behaviourism*, Knopf, New York, 1974.

작적 조건'인 것이다. 이 점에서 그는 성과 지향적 문화의 전형적 대표자이다. 조작되는 사람에게 이런 기제가 숨겨져 있다면, 성과를 불러오는 조건들은 더욱 효과적이다. 사람들이 자신을 조작하게 내버려 두는 것 이외의 어떤 것을 원하지 않는다면, 조작의 목적에 최고로 도움이 될 것으로 보인다. 행동의 기술자는 어떤 조치들이 효과적인지를 알며 그 사람 혹은 그의 위임자들이 그가 어떤 종류의 행동을 발생시키기를 원하거나 엄하게 가르치기를 원하는지를 결정한다. 스키너는 정당화를 인도주의적 가치들, 즉 동물들과 조작의 대상인 인간 그룹들의 생존에서 발견한다.

스키너는 그의 동물 실험과 결과들을 인간에게 적용하는 데 환경이 엄청나게 중요하다는 것을 깨달았다. 그러나 이 발견으로 인하여 그는 거의 다른 모든 것에 대하여 눈이 멀게 되었다. 그는 인간의 모든 행동이 환경의 결과에 지나지 않는다고 믿었다. 그리고 이것이 한번 확고하게 정해진다면, 사람들이 열망할 유형의 인간을 환경의 조작을 통하여 고안해도 좋고 또 그렇게 할 것이라는 논리적 결론이 나온다. "요람에서 성인의 연령까지 능숙하게 응용하여 보상과 종종 있는 처벌을 올바르게 부여하는 것은 결과적으로 사회화하고 도덕적이며 능력 있는 성격으로 이끌 것이다. 이런 견해에서 선과 악은 사회의 창조물, 문화와 관습의 산물과 다른 것이 아니고, 이들 자체는 또 다른 발명품인 것이다."[5]

---

5 Daniel Robinson, Psychology: *A Study of Its Origins and Principles*, Dickenson, Encino, Cal., 1972, 316쪽. 로빈슨은 스키너의 심리학에 대하여 균형이 잡힌 판단을 제시한다. 그는 스키너의 경험적인 연구와 철학을 구별한다. 마찬가지로 Finley Carpenter, *The Skinner Primer: Behind Freedom and Dignity*, Free Press, New

우리와 관계있는 철학은 제레미 벤담(Jeremy Bentham, 1748~1832, 영국의 철학자)과 존 스튜어트 밀(John Stuart Mill, 1806~1873, 영국의 철학자)의 공리주의적 쾌락주의이다. 행동주의와 에드워드 손다이크(Edward Thorndike, 1874~1949, 미국의 심리학자)의 효과의 법칙[만족스럽고 유쾌한 결과만이 자극과 반응의 결합의 강도에 영향을 미치고, 불쾌하거나 불만족스러운 자극은 결합의 강도에 영향을 미치지 않는다는 것: 역주]의 전체 구조, 학습 과정에서 충동 극복에 관한 이론들, 지그문트 프로이트(Sigmund Freud, 1856~1939, 오스트리아의 정신과 의사이자 정신분석학의 창시자)의 '원초아'[原初我, Es], 스키너의 『월든 투』[Walden Two, 1948년 간행, 과학적 이상사회 혹은 실험적 공동사회에 관한 공상소설: 역주], 실제로 단지 경험만을 토대로 하여 만드는 모든 심리학적 규칙들은 벤담의 쌍둥이 교사인 쾌락과 고통에 의거한다.[6]

스키너는 특히 영어 언어권의 심리학에 엄청난 영향을 미쳤다. 많은 행동기술자들은 스키너의 공리주의적 철학과 행복의 개념에 몰두했다. 다른 이들은 스키너의 기술 중 일부를 받아들이면서도 그의 철학은 자기 것으로 만들지 않았다.[7] 다른 한편으로 인도주의적 전통의 심리학

---

York, 1974 참조.

6 Daniel N. Robinson, The Enlightened Machine. *An Analytic Introduction to Neuropsychology*, Dickenson, Encino, Cal., 1973, 119쪽.

7 A.C. Catania (Hrsg.), *Contemporary Research in Operant Behaviour*, 60 Readings in Skinnerian Psychology, Scott, Foresman, Glenview, Ill., 1966; J. Wolpe, *The Practice of Behaviour Therapy*, Pergamon Press, New York, 1969; H.R. Beech, *Changing Man's Behaviour*, Penguin Press, Baltimore, 1969; A. Robert Sherman, *Behaviour Modification: Theory and Practice*, Brooks, Cole Publ. Co., Monterey, Cal., 1973; F.I. McGuigan and R.A. Schoonover (Hrsg.), *The Psychology of*

자들은 그를 신랄하게 비판했다. 많은 심리학자들은 그에게서 인간의 자유를 부정하고 위협하는 모든 경향의 총괄 개념을 본다. 의심할 것 없이 그의 연구결과들은 그의 철학과 함께 독재자들의 손아귀에서 극도로 위험한 도구가 될 수 있고 오늘날 심리학에서는 이미 위험하기까지 하다. 가장 날카로운 비평가 중 한 사람은『인간의 척도』(The Measure of Man)의 저자인 조셉 우드 크러치(Joseph Wood Krutch)이다.[8]

스키너에 의해 훈련 받은 교육자는 양심이나 자유의지에 의존할 수 없으므로, 그의 동료인간을 조작하는 것을 당연하다고 느낀다. 그리고 그는 어차피 모든 이가 자기 환경의 산물이라고 믿기 때문에, 그가 철저하고 체계적인 조작을 통하여 타인들을 행복에 접근시킨다면, 인류의 자선가로서 느끼게 될 것이다. "효과적인 조건 형성(조작적 조건 형성)의 실행에 있어서 과제, 보상과 처벌에 대하여 결정하는 자는 실험의 책임자이다. 반면에 조건화의 대상은 자신이 변화된다는 것을 아마도 알지 못하고 있을 것이다. 자신의 교육에 있어서 한 개인은 보통 무의식적 과정을 의식적으로 통제하기를 배워서 부가적인 자유를 얻게 된다. 우리는 이러저러하게 효과적인 조건 설명을 통하여 인간들의 행동을 변화시키는 이외의 어떤 선택을 갖지 않는다는 것이 스키너의 견

---

*Thinking. Studies of Covert Processes,* Academic Press, New York, 1973 참조. 대부분의 논문들은 행동주의를 뚜렷하게 드러낸다. Ralph K. Schwitzgebel and David A. Kolb, *Changing Human Behavior. Principles of Planned Intervention*, McGraw Hill, New York, 1974, 271쪽 참조: "윤리는 결국 실용주의적이며 공리주의적인 토대에 의거할지도 모른다."

8 Joseph Wood Krutch, *The Measure of Man: On Freedom, Human Values, Survival, and the Modern Temper*, Bobbs, Merrill, Indianapolis, 1954; *Human Nature and the Human Condition*, Random House, New York, 1959; *And Even if You Do. Essays on Man, Manners and Machines*, Morrow, New York, 1967.

해이다. 이것이 폭력적인 억압이 없이 평화를 보장하는 길이라고 그는 믿고 있다."[9]

## 3. '자유와 존엄을 넘어서'

스키너와 그의 추종자들은 그들의 확신에 따라 자유가 환상이고, 따라서 인간은 이 환상으로부터 해방되어야만 한다는 것을 매우 공개적으로 고백한다. 스키너의 행동주의와 그의 행동 기술자들에 있어서 양심, 자유와 존엄과 같은 말은 공허한 소리이다. 『월든 투』(*Walden Two*)에서 스키너의 영웅인 프레지어 박사(Dr. Frazier)는 매우 공개적으로 다음과 같이 설명한다. "만일 인간이 자유롭다면, 행동 공학은 불가능하다."[10]

스키너가 장막을 슬쩍 들어 올렸고, 그의 심리학이 오직 생물학과 공학에만 의거한다고 매우 명백하게 의견을 말한 것은 그를 위하여 기록되어야만 한다. '행동 공학'은 스키너 학파에서 가장 자주 사용된 표현 중 하나이다. 그것은 일종의 주술적인 말이며 인간들의 의식적인 조작을 명백하게 찬양하는 것이다. 스키너는 솔직하다. 그는 행동에 대한

9 Maya Pines, *The Brain Changers. Scientists and the New Mind Control,* Harcourt, Brace, Javanovich, New York, 1973, 83쪽.

10 B.F.Skinner, *Walden Two*, Macmillan (paperback, 20th printing), New York, 1970, 256쪽. 스키너는 수년 동안 자신의 이러한 철학을 변경하지 않았다. 그는 마지막 저서인 『행동주의에 관하여』 149쪽에서 다음과 같이 반복한다. "자아 혹은 개별성은 기껏해야 행동을 수용하는 대야인데, 이는 조건을 체계화한 결과를 통하여 제공된다."

기술적 통제자들, 즉 공학의 수단들로써 환경과 동료 인간의 행동 모형을 만드는 엘리트 학자들을 사회에 제공하고자 한다. 스키너의 한 영리한 제자는, 교육과 자체교육은 "행동이 그것들에서 결과로서 나타나는 변인들(die Variablen)을 조작하기 위한" 기술과 다른 것이 아니라고 말한다.[11] 절대적 결정론에 대한 믿음으로 인하여 스키너와 그의 제자들이 심리학을 통제의 학문으로 만드는 것은 당연한 것이다. 프레지어 박사는 『월든 투』에서 다음과 같이 말한다. "결국 우리는 어떤 계획자를 더이상 필요하지 않게 될 것이다. 우리에게는 매니저로 충분하다". 그리고 저자는 다음의 구절을 통하여 이 말을 강조한다. "그리고 프레지어 박사는 노골적인 만족의 표정으로 나에게 문의했다."[12]

행동 공학의 매니저는 자신을 '지혜'의 주입식 교사라고 간주한다. "자유의 문제를 고려하지 않은 채 세우는 정부의 계획과 행복한 백성의 창조는 몇 개의 아름다운 일반적 원칙을 내포한다."[13] "너는 어디에서 자유의 주입식 교사를 발견하겠느냐? 우리가 원자과학과 같이 강력한 행동의 과학을 발전시킬 때까지만 기다려라. 또 그 다음에 너는 차이를 발견할 수 있다. 인간들을 설계하는 데 대하여 너는 무슨 말을 하겠느냐? 이 경우에는 더이상 어떤 우연적인 도덕이 없다. 이렇게 우리의 자녀들의 삶을 통제하고 우리가 자녀로부터 무엇을 만들 수 있는가를 보도록 하자."[14] 윌리엄 버드(William Budd)의 다음과 같은 말은 자신의

11 William C. Budd, *Behaviour Modification: the Scientific Way to Self-Control*, Libra Publ., New york, 1973, 90쪽.

12 Skinner, *Walden Two*, 272쪽.

13 Skinner, *Walden Two*, 281쪽.

14 Skinner, *Walden Two*, 291~292쪽.

스승을 그대로 반영하고 있는 것이다. “인간의 행동은 다른 자연적 발생과정과 똑같이 발생한 것이다. 원인들은 이 과정 자체의 외부에 있다. 우리는 예언된 과정들이 실제로 발생하는가를 보기 위하여 조건을 조작하면서, 인과적 연쇄를 증명할 용기를 북돋아 일으켜야만 한다.”[15]

스키너는 양심과도 같은 자유를 근본적으로 부정한다. 그런데도 그가 가정하는 경우에, 더 자세히 말하면 그가 모든 인간이 근본적으로 조작되기를 원한다고 가정한다면, 그의 새로운 지식, 즉 자유가 없다는 것이 세계를 철저하게 변화시킨다고 설명한다.[16] 그런데 그가 새롭게 의식하는 시점이 도래했다. 즉 오직 전[前] 과학적이며 비과학적인 세계관만이 착한 행동을 개인에게 귀속시킨다는 것이다. 과학적 견해는 이 행동을 부분적으로 유전소질을 통하여 설명하고 대부분 환경 조건에 의해 설명한다. 스키너에게 결과는 분명하다. 즉 착한 행동은 유전적 변화와 행동의 기술적 조작을 통하여 설계되지 않으면 안 된다.[17] 자유를 부정함으로써 사랑과 친절과 같은 가치들도 파산재단(die Konkursmasse)의 일부가 된다. 스키너의 영웅인 프레지어는 다음과 같이 묻는다. “도대체 사랑이 긍정적인 통제자의 사용에 대한 상이한 이름과 다른 것이 무엇인가? 그리고 저자는 다음과 같이 덧붙인다. ‘혹은 역으로’라고.”[18]

인간적인 삶에서는 아무 자유가 없다는 스키너의 아이디어를 자발

15 Budd, *Behaviour Modification: the Scientific Way to Self-Control*, 24~25쪽.

16 Skinner, *Beyond Freedom and Dignity*, 31ff쪽 참조.

17 Skinner, *Beyond freedom and Dignity*, 101쪽.

18 Skinner, *Walden Two*, 330쪽.

적으로 받아들이지 않으려는 이들은 성난 통제자들에게 맡겨진다. 즉 "가장 난폭하게 행동의 조작에 대하여 반대 의견을 말하는 사람들이 그럼에도 불구하고 생각을 조작하기 위하여 전력을 다하는 것은 놀랄만한 사실이다."[19] 조작에 대한 이론적 반대자들도 언제나 양심과 자유를 존중하여 따르지 않는다는 것을 인정한다고 해도, 타인들의 사유와 행동에 대한 전체적인 조작과 진정으로 자유롭게 하는 대화 사이의 구별을 절대적으로 할 수 없다고 하는 스키너에게 이의를 제기하지 않으면 안 된다. 행동 공학의 세계에는 자유롭고 의식적으로 학습된 확신들과 타인의 확신들 일반에 대한 경외의 범주들이 존재하지 않는다. 바로 이런 자유와 헌신적 동기에 대한 믿음의 절대적 결여가 행동 공학의 미래에 대한 유일한 믿음과 함께 존재한다. 행동 공학으로 인하여 스키너와 그의 제자들은 조작자의 직업을 선택하고 조작자들을 양성하는 것 이외의 다른 선택을 할 수 없게 된다.

## 4. 환원주의의 대표적 형태

스키너는 교사로서 주로 엄격한 시험, 지속적인 통제, 의무에 대한 훈계와 관련하여 생색내는 보상을 통하여 혹은 필요한 경우에 처벌을 통하여 학생들과 그의 관계를 이해하고 있다.[20] 바로 이런 종류의 교사들이 과거 수십 년 동안 학생들의 항의를 자주 일으키게 했다는 것을

19 Skinner, *Beyond Freedom and Dignity*, 91쪽.

20 Stephen Rose, *The Conscious Brain*, 281쪽 참조.

스키너는 이해하지 못했다.

그러나 스키너는 제멋대로 사회적 삶에 교사로서의 편협한 견해를 전용할 뿐만 아니라 더 나아가서는 호모 사피엔스에 대해 노르웨이의 쥐의 예를 전용하는 이상스러운 짓을 하고 있는 셈이다. 『유기체의 행동』(The Behaviour of Organisms)이란 제목을 가진 450쪽 분량의 그의 저서는 거의 오로지 '스키너 상자'(Skinner's Box) 안의 쥐의 행동만을 다룬다. 그리고 쥐의 학습 과정과 인간적 행동의 일부 학습과정안의 연합 사이에 몇 개의 유사성이 있기 때문에, 노르웨이의 쥐가 "수많은 심리학적 연구에서 호모 사피엔스의 대리로서 받아들여지기에 이르렀다."[21]

북아메리카의 군대들이 아돌프 히틀러(Adolf Hitler)의 생물학적 인종(차별)주의에 반대하면서 자유의 이상을 위하여 싸운 반면, 하필이면 북아메리카의 심리학자들이 노르웨이 쥐의 행동의 연구로부터 인간적 행동의 이해를 기대한 것은 이상하지 않은가! "노르웨이 쥐는 동물의 세계를 연구한 심리학자들의 총애를 받았다. 그런데 정말로 놀라운 일은, 1930년부터 1950년까지 학습 과정과 그 조건들에 관하여 발표된 심리학적 연구들의 절반이 노르웨이 쥐를 대상으로 삼았다는 사실이다."[22]

스키너 교수는 그 자신의 좁은 세계와 직업 활동의 포로이다. 그의 지식의 대부분은 갇혀있는 상태, 즉 '스키너의 상자' 안에서 사는 동

21 Frank A. Beech, The Snark was a Boojum, in: Daniel Robertson (Hrsg.), *Heredity and Achievement. A Book of Readings*, Oxford Univ. Press, New York, 1970, 385쪽.

22 Frank A. Beech, The Snark was a Boojum, 380쪽.

물들의 실험에서 얻은 것이다. 그의 쥐들은 실제로 완전히 조건에 제한되어 있으며 그것도 매우 비자연적인 방식으로 그렇다. 동물행동학(Ethologie), 즉 동물의 행동에 관한 연구는 갇혀있는 상태에 있는 동물들의 행동이 공간의 자유를 누릴 수 있는 동물들의 행동과 매우 다르다는 것을 입증했다. 스키너의 쥐들은 노이로제를 앓고 있으며 계속하여 중증의 노이로제로 떠밀린다. 동시에 인도주의적 치료전문가인 노벨상 수상자 콘라트 로렌츠(Konrad Lorenz, 1903~1989. 오스트리아의 동물행동학자)는 자유 상태에 있는 동물들의 사회적 행동에 주의를 기울였고, 길들여진 동물들과 그렇지 않은 동물들 사이에 본질적인 차이가 있다는 점, 그러나 양자가 다시 지속적으로 인공적인 행동 공학에 내맡겨진 동물들과 근본적으로 차이가 있다는 것을 입증했다.[23] 동물행동학은 인간의 행동과 동물의 행동 사이에 흥미 있는 유사성을 발견했다. 예를 들면, 동물들이 건강한 발전을 위하여 어느 정도의 생활공간이 필요한 것처럼, 건강한 상호 간의 인간관계도 공간 문제에 의존한다. 건강하지 않은 도시에서 인간이 군중으로 모여있는 것은 '스키너 상자'가 그 안의 쥐들에게 영향을 미치는 것과 유사한 영향을 인간들에게 미친다.[24] 나

---

23 Konrad Lorenz, *So kam der Mensch auf den Hund. Hundegeschichten*, Borotha-Schoeler, Wien, [3]1951; *Das sogenannte Böse. Zur Naturgeschichte der Aggression*, Schoeler, Wien, [15]1970; *Haben Tiere ein subjektives Erleben?*, Die Arche, Zürich, 1971; *Über tierisches und menschliches Verhalten. Aus dem Werdegang der Verhaltenslehre*. Gesammelte Abhandlungen, Piper, München, [15]1972; *Die Rückseite des Spiegels. Versuche einer Naturgeschichte menschlichen Erkennens*, Piper, München, 1973; *Die acht Todsünden der zivilisierten Menschheit*, Piper, München, [4]1973 참조. – 또한 Wolfgang Wickler, *Sind wir Sünder?* Mit einer Einführung von Konrad Lorenz, Droemer-Knaur, München-Zürich, 1969 참조.

24 Konrad Lorenz und Paul Leyhausen, *Antriebe tierischen und menschlichen Verhaltens*, Piper, München, [4]1973. 윤리학을 위한 동물행동학의 기여에 대해서는 Josef

는 동물행동학이 진화의 연구와 또한 인간의 행동을 위해 기여한 것을 적지 않게 평가한다. 그러나 동물행동학자들도 환원주의의 희생물이 되려는 강한 유혹을 느끼고 있다. 스티븐 로즈는 이 학자들을 '원숭이의 변형' (Chimpomorphia)을 주장한 이들로 고발한다. 이런 변형은 인간을 원숭이의 형상과 비유로서 묘사한 것이다.[25] 파블로프의 개들, 스키너의 쥐들과 더 나아가 콘라트 로렌츠가 연구한 야생동물들은 동물들의 발달과 사회적 행동 및 인간적 행동화의 유사성에 관하여 놀라운 것들을 우리에게 말해줄 수 있다. 특히 우리는 다음의 한 가지, 즉 동물들은 전적으로 조작되어 있는 경우에 자신들의 최선을 다하지 않는다는 것을 알게 된다.

인간을 동물과 구별하는 것은 무엇보다도 인간의 자아의식과 내면적 자유에서 유래하는 자기 규정이다. "우리는 인간의 본질을, 조작도 통제자도 통제할 수 없는 바로 그런 행동방식에서 발견한다."[26] 그럼에도 인간이 자신의 환경 세계의 한 기능으로 있는 한, 우리가 그 경계를 설정해주고 한정하려고 한다면, 천박한 동물의 지위로 격하되어 3, 4백년 동안의 발전은 헛되게 되어버린다. "인종이라는 유기적 구성의 문제는 인간이라는 종의 특색(본성)이다. 즉 발전해 나아가는 동물의 종과 개별적 동물들의 발전은 인간종의 문제를 해결하는데 별로 기여를 할 수 없다."[27]

Endres의 흥미로운 저서 *Guardate gli animali del campo*, Edizioni Paoline, Rom, 1975 참조.

25 Stephen Rose, The Conscious Brain, 381쪽.

26 D. Robinson, *Psychology*, 315쪽.

27 C.H. Waddington, *The Ethical Animal*, Univ. of Chicago Press, Chicago, 1967, 206쪽.

스키너 교수는 아마도 쥐와 원숭이에 대해서는 다른 어떤 사람들보다 더 많이 알고 있지만, 그가 우리에게 그의 철학을 설명하자마자 환원주의를 향한 지루한 가르침이 우리를 지겹게 한다. 그는 문화와 관련하여 특히 생존에 관심을 가지므로, 우리의 문화가 철저하게 조작에 몰두하고, 생존하며 행복에 대한 의무를 실현하기 위하여 자유와 존엄과 같은 개념을 포기하지 않으면 안될 것이라고 우리에게 감히 말하려고 할 수 있다.[28]

스키너 학파는 사유의 과정에 관심을 가지며 자기인식에 관해서도 오직 통제자의 관점에서 관심을 갖는다. "자기인식은 그것이 성립된 조건을 꿰뚫어 보도록 돕는 한에서만 충분한 가치가 있다."[29] 물론 스키너에게 죄와 덕은 효과 없는 통제자와 효과 있는 통제자 이외의 어떤 다른 의미를 갖지 않는다. "어떤 가치판단에서 어떤 것을 선하거나 악하다고 부르는 것은 다음의 의미를 갖는다. 즉 이 가치판단은 자체의 통제하는 효과와 관련하여 분류한다."[30] 우리가 이미 보았듯이 조작자들의 공장(제작소)에서 사랑은 통제와 다른 것이 아니며, 감사하는 마음과도 관계가 있다. "어떤 사람을 기쁘게 하는 것은 통제하는 것보다 나으며 감사하는 마음은 상호 간의 통제와 관계가 있다."[31]

스키너는 일찍부터 기술적 문화와 공리주의적 소비사회의 포로였으므로 통제와 강제주입의 범주를 넘어 시야를 넓힐 수 없었다. 그는

28 Skinner, *Beyond Freedom and Dignity*, 181쪽.

29 Skinner, *Beyond Freedom and Dignity*, 193쪽.

30 Skinner, *Beyond Freedom and Dignity*, 105쪽, 113쪽 참조.

31 Skinner, *Beyond Freedom and Dignity*, 108쪽.

그의 이런 관점을 구체적으로 설명한다. 그래서 절도가 옳지 않은 일이라는 발언은 그에게는 어떤 사람이 물건을 훔치다가 붙잡히는 경우에 처벌된다는 것과 다른 것이 아님을 의미한다.[32] 이 모든 것은 스키너의 전략의 다음과 같은 기본 계획과 관련이 있다. 즉 사람들은, 행복해지기 위해 또 그 때문에 조작될 수 있기 때문에 자유, 존엄과 양심 같은 개념들을 단념해야 한다. "사람들이 자기 자신에 관하여 과학적으로 생각한다면, 자기 자신의 생각을 뒤에 남겨두고, 사람들이 자연적 사건들을 조작하는 것과 마찬가지로 자신들의 행동을 조작하지 않으면 안 된다."[33]

스키너와 그의 제자들이, 사람들이 자신들을 조작하게 하고 따라서 자기 자신들의 양심을 따라 행동하지 않고 자유 안에서 행동하지 않는 그런 모든 상황에 대한 예리한 안목을 가지고 있다는 것은 부정할 수 없다. 그러나 이로부터 스키너와 그의 제자들은 일종의 비논리적 추론에서 인간의 행동 일반이 조작하는 것과 조작되게 하는 것 이외의 다른 것이 아니라고 추론한다. 스키너의 제자인 윌리엄 버드는 다음과 같이 말하는 경우에 나는 어느 정도까지는 그에게 동의할 수 있다. 즉 그는 "효과적으로 작용하는 것(효과적인 결과를 내는 것)을 학습 과정의 설명이라고 내세우는 것은 우리 행동의 대부분이 기대되는 결과들에 의해 통제된다는 가정에 의거한다"고 말한다.[34] 그런데 여기서 버드가 대부분의 스키너 추종자들처럼 간과하고 있는 것은, '매우 자주'와 '모

32 Skinner, *Beyond Freedom and Dignity*, 114쪽.

33 W.C. Budd, *Behaviour Modification*, 26쪽.

34 W.C. Budd, *Behaviour Modification*, 31ff., 41쪽.

든 경우에'의 차이가 있다는 점이다. 그래서 환원주의는 정당화되지 않은 일반화와 손을 잡는다.

## 5. 오만한 엘리트들

행동주의자들이 인간을 지능 있는 쥐들과 원숭이들과 같은 수준에 놓는다면, 그들은 양심의 가책이 없이 이 인간들의 '비밀'을 알지 못하는 대중들의 지도자이며 조작자로서의 권리를 부당하게 주장할 수 있다. 『월든 투』의 영웅인 프레지어 박사는 타인들을 조작할 이런 권리가 있다고 명백하게 표명한다. 그리고 그는 줄곧 자신의 후예들과 함께 실망할 수밖에 없었던 신학자들의 신보다는 더 나은 세계를 조작하려고 한다는 것을 확신하고 있다.[35]

인류의 소질과 관련하여 스키너 교수는 지그문트 프로이트보다 훨씬 더 비관주의자이다. 그는 인간이 본성적으로 선하다는 것을 상상할 수 없다. 이런 점은 특히 그가 실제로 헌신적인 이타적 동기의 가능성을 철저히 배제하는 데서 드러난다. 히틀러, 스탈린과 이들의 동료들에 의한 범죄적 조작들에 직면하여 비관주의자들은 기본적으로 인간의 선함을 믿는 사람들처럼 그렇게 정신적 충격을 받을 수는 없다. 스키너는 인간들을 행복하게 만드는 그 자신의 능력과 관련하여 지그문트 프로이트보다 훨씬 더 낙관적이다. 프레지어 박사는 다음과 같이 자랑스럽

35 Skinner, *Walden Two*, 296쪽.

게 말한다. 즉 "우리 구성원들은 자신들이 하기를 원하는 것을 늘 실제로 행한다. 그것은 그들이 선택한 것이다. 그러나 우리는 그들과 공동체에 대한 우리의 판단에서 최상의 것인 바로 그러한 것들을 그들이 원하도록 배려한다. 그들의 행동은 그렇게 결정되어 있다. 그것은 그들의 자유이다. 그래서 우리는 소수의 인간들이 인류로부터 무엇을 만들어낼 수 있는가를 스스로에게 질문하게 된다. 그리고 그것은 20세기의 결정적인 문제이다. 우리가 행동과학이라고 알고 있는 것으로 어떤 종류의 세계를 건설할 수 있다니!"[36]

다른 모든 학파를 경시하는 스키너 학파의 비관주의적 실증주의는 행동주의자들의 여행용 장비이다. 우리가 자유에 대한 우리의 희망을 포기하고 이 희망을 우리의 삶 안에 그리고 우리의 환경에 뿌리내리기 위해 전력투구를 하지 않는다면, 희망이 없이 이런 불손한 엘리트들, 매니저들과 조작자들에게 넘겨질 것이라는 것을 분명히 알 필요가 있다. 한 위대한 치료사는 다음과 같이 말한다. "스키너의 제자들은, 우연이 아닌 모든 것을 자유의지에 돌리는 도덕주의자들 및 율법주의자들과 똑같이 맹신적이고 완고할 수 있다. 도덕주의자들과 율법주의자들은 모든 것에 대하여 모든 사람이 책임지게 하는 반면에, 스키너의 입장은 모든 책임성을 신화로서 끝맺으려고 한다."[37] 스키너와 그의 제자들은, 자유와 존엄에 대한 믿음을 포기하지 않으려 하고 새로운 과학적 엘리트주의자들에 의해 전적으로 조작되기를 '자유롭게' 동의하지 않는 모든 이들을 싫어하고 경멸하면서 바라본다.

36 Skinner, *Walden Two,* 296~297쪽.

37 Menninger, *Whatever Became of Sin?*, 79쪽.

스키너의 세계관과 인류를 총체적으로 과학적으로 조작하려는 계획들은 객관적 비판을 받을 만 하고 실제로 많은 측면으로부터 이미 그런 비판을 받았다. 동료 인간들의 행동을 끝까지 관리하려고 하는 새로운 공학은 자유를 가장 철저하고 단호하게 부정하는 것이며 따라서 서양의 역사와 특히 북아메리카의 자유의 역사에 대한 부정이라는 것이 내게는 의심의 여지가 없다. 그럼에도 우리가 스키너와 그의 제자들만을 희생양으로서 공공연하게 비난한다면 사리적으로 별 도움이 안 될 것이다. 인간이 전적으로 환경에 의해 결정된다는 그들의 이데올로기와 인간을 그들의 행동 공학에 복종시키려는 그들의 계획들에 대한 비판을 위해서는 그들의 환경, 교육 그리고 행동 공학의 후원자들을 염두에 두면서 더욱 정확한 조사를 해야 한다. 우리는 현재 전체 사회와 문화 안에 위험한 세균이 있느냐 없느냐는 질문을 우리 자신에게 제기하지 않으면 안 된다. 스키너의 세계관은 무로부터 생겨난 것이 아니다. 그의 세계관은 일방적으로 급속한 성과를 지향한 우리의 문화와 최상의 인도주의적 전통과의 단절을 의미하는 전체 이데올로기를 통하여 준비된 것이다.

인문 · 사회과학들의 전문가들은 스키너의 '효과적 조건형성'에 관한 그의 관리에 대하여 자주 다음과 같이 비판한다. 즉 "개별적 반작용들이나 행동의 유일한 특징은 효과적으로 조작된 반면, 증후군(Syndrom)이나 질병 전체는 고려되지 않았다."[38] 이런 이데올로기가 크

38 L.S. Birnbrauer, Contingency Management Research, in: Marilyn Erikson and Ben Williams (Hrsg.), *Readings in Behaviour Modification Research with Children*, MSS Information Corporation, New York, 1973, 319쪽.

게된 역사적이며 문화적인 관련 배경을 고려하지 않고서 스키너의 행동주의와 이와 유사한 방향들과 논쟁하는 이들에 대하여 내게는 유사한 비판이 필요할 것으로 보인다. 스키너가 몇 개의 야릇한 구상을 숙고하는 것이 아니라 수많은 명예와 제자들을 얻게 된 것은 우리의 사회, 특히 우리의 고등교육의 대부분의 질병에 대해 경고하는 표징이다. 스키너가 또한 정밀한 연구의 분야에서 긍정적인 성과를 올렸다는 것을 부정해서는 안 되지만, 이런 성과는 자유와 존엄을 전혀 고려하지 않고 심지어는 이들 가치를 전적으로 부정한 채로 타인의 행동을 철저히 관리하라는 그의 제안에 의해 가려져 있다. 지식과 기술적 능력이 결국 인간의 자유와 존엄을 파괴하기 위해 투입된다면, 우리는 지식과 이 능력이 무엇을 의미하는가를 깊이 생각하지 않으면 안 된다. 우리 모두는 도전을 받은 것으로 느껴야만 한다. 현대 인류의 대부분이 기본적으로 자유와 존엄이란 가치를 믿고 많은 이들이 이들 가치를 최소한 외적으로 고백함으로써 자신들의 종교적 신앙의 표현으로서 인정하는 반면, 그럼에도 생활 중에 너무나 많은 사람들이 스키너가 큰 성공을 거두고 있는 공리주의와 쾌락주의(Hedonismus)의 영향을 받는다는 사실에 대하여 우리는 판단을 잘못해서는 안 된다.

그러므로 스키너 학파에 대한 비판이 개인적 및 사회적 차원에서 철저한 양심의 연구로까지 이어질 경우에만 의미가 있다. 행동주의의 오류들과 틀린 길들은 하나의 거울이다. 이 거울은 우리 자신의 실패, 특히 중심의 상실이나 우리의 개인적 삶과 사회적 삶에서 전체의 정신을 보존하기 위해 충분히 노력하지 않은 것을 꾸짖는다.

우리는 나아가서 스키너의 세계관과 행동 공학이 도덕과 심리학에서 뿌리뽑힌 개인주의에 대한 철저한 반응을 나타낸다는 것을 인정하지 않으면 안 된다. 지난 수백 년간 가톨릭 교회의 도덕도 환경에 대한 현실적인 책임을 둘러싸고 노력한 것이 매우 적다. 현대의 가장 위대한 심리학자들 중 한 사람은 다음의 사실을 인정해야 할 것으로 느낀다. 우리 관계들을 모두 포괄하는 견해는 전적으로 스키너의 연구들의 몇 개의 결과들, 경험적 사회학과 다른 과학들의 결과들을 통합할 근거를 가진다는 것이다. "이런 관점에서 나는 나의 이전의 관찰방식이 아무래도 생태적이고 사회적이며 이와 유사한 요인들의 영향을 소홀히 한 것 같다는 것을 배워야만 한다."[39] "인간의 내적인 삶이, 더욱 정확하게는 외부로부터 침투하는 영향들과 연관된다는 적절한 이론을 만들어 낼"[40] 필요성과 관련하여 나는 기본적으로 올포트 [미국의 사회심리학자. 인간의 행동을 깊이 이해하기 위해서는 그 의도를 고찰해야 한다고 주장함: 역주]에 동의한다.

## 6. 행동 치료

타인의 행동에 대한 모든 관리를 매우 강하게 거부할수록 우리는 자유와 존엄의 의무가 있는 행동 치료에 관심을 두어야만 한다. 이 경우에 우리는 행동주의의 긍정적인 연구 결과들과 또한 행동주의의 놀

39 Gordon W. Allport, Traits Revisited, in: Daniel N. Rovinson (Hrsg.), *Heredity and Achievement*, O.U.P., New York, 1973, 134쪽.

40 Gordon W. Allport, Traits Revisited, 134쪽.

랄만한 오류들로부터 교훈을 얻는다. 기계론적인 행동 공학을 전적으로 거부하는 경우에도 우리는 그것들로부터 의미있는 행동 치료를 개발할 수 있는 모든 요소들에 대하여 감사하지 않으면 안 된다. 이 경우에 개인에 대한 치료적인 노력이 중요할 뿐만 아니라 사회교육학적인 관심사도 중요하다.

### 1) 책임의 준비와 자유를 고려하는 행동 치료

행동 치료는 신체적 질환의 치유보다 더 긴급하다. 그런데 이 치료는 이론과 실천에서 많은 요구를 한다. 그것은 모든 개별적이고 인격적이며 사회적인 관계를 내포하는 과제이다. 그렇지만 행동 치료는 관리나 타인들에 의한 우리 행위의 행정적 관리와는 전혀 다른 것이다. 또 이 타인들이 학자들이라고 해도 그렇다. 행동 치료는 가정, 공동체, 사회와 특히 교회의 과제이다.

심리 치료, 특히 의미치료(Logotherapie)는 행동 치료에 필요한 요소들을 포함하고 늘 행동의 조작의 경향에 대하여 경계하고 있지 않으면 안 된다.

치료와 특히 행동 치료는 무엇보다도 개인들과 개인적 자유에 대한 고도의 경외, 즉 우리가 행동주의의 언어와 방법에서 아쉽게 생각하는 바로 그런 경외를 요구한다. 의료윤리가 의사와 환자 사이의 파트너 관계라는 본래의 중요성을 강조하는 것은 옳다. 행동 치료는 이와 관련하여 신체적 질병을 취급하는 경우, 의사와 환자의 관계보다 더 높은 요구를 한다. 자유 안에서 자기 직분에 대한 소명을 받지 않고 경외하는 파트너로서 행동할 자격이 없으며 준비가 되어 있지 않은 경우에는, 아무도 행동 치료사의 역할을 부당하게 행사하지 않아야 한다. 누구든지 그 자신에게 늘 지속적인 심정의 개혁과 이른바 행동 치료가 필요하다는 것을 잊어서는 안 된다.

우리들 그리스도인은 심정의 변화 없이 외적 행동만의 치료를 생각할 수 없다. 우리는 나쁜 나무가 좋은 열매를 맺을 수 있다고 믿지 않는다. 우리가 치유할 수 없는 행동에서 드러나는 인류의 상처를 치유하기를 원한다면, 다음과 같은 행복선언의 관점을 따르지 않으면 안 된다. "마음이 깨끗한 사람은 행복하다."(마태5.8). 이것을 세상의 언어로 번역하면 다음과 같은 것을 의미한다. 우리는 인간의 양심의 실재(die Wirklichkeit)를 믿고, 선하게 있고 더 선하게 되기 위한 내적 자유의 힘을 믿으며, 정직하게 획득한 확신들의 결정적인 가치를 믿고, 최종적 의미실현을 추구하고 진실한 것과 선한 것에 대한 물음을 매우 우선시하며, 그의 행동에서 자신을 보수에 대한 요구와 체벌에 대한 공포를 훨씬 넘어서는 동기들에 의해 인도되게 할 인간의 가장 내적인 능력과 타고난 열망을 믿는다.

그럼에도 우리는 그리스도인으로서 우리의 공동체(Mitwelt)와 환경(Umwelt)에 대한 책임이 없이는 심정의 변화에 대해 의미 있게 언급할 수 없다. 인간을 다루는 학문들(die Humanwissenschaften)과 특히 행동 연구는 이런 책임의 중요한 차원들에 대한 안목을 우리에게 제공할 수 있고 또 그래야만 한다. 우리가 자유의 원동력을 우리의 인간관계와 문화, 사회적이고 정치적이며 경제적인 생활의 구조 안에 착근하게 하는 만큼만 모든 인간 인격의 자유와 존엄에 대한 우리 자신의 믿음은 우리와 동료 인간들을 돕는 것이다.

정신분석과 행동주의의 어떤 이론들의 오류와 실패들이 있을지라도 그것들은 중요한 과제들에 대해 우리의 눈을 뜨게 했다. 이 두 분야의 연구의 덕택으로 우리는 우리의 삶이 어떻게 우리의 환경에 의해 제약되어 있고, 우리의 자유 안에서 더불어 성장할 수 있기 위해 이런 제한들과 어떻게 대결하느냐는 더욱 명백한 상[像]을 만들 수 있다. 우리의 무의식적 현존 안에 있는 조건들을 부분적으로 통제할 수 있기 위해 그것들을 밝은 의식 안으로 옮겨놓는 데 성공한다면, 우리에게 이 모든 것은 일종의 치유과정이다. 책임성의 차원에서도 이런 사정은 유사하다. 우리가 수많은 사회적 조건들을 정면으로 대면하고 부분적이거나 단계적으로 변경하거나, 가능하다면 우리의 자유를 위해 이바지하게 하기를 원하지 않는다면, 이 조건들의 바람[風]을 등에 지고 있다는 것을 알지 않으면 안 된다.

대체로 우리가 비관주의적 정신분석의 추종과 이보다 적지 않게 비관적인 행동주의의 추종을 구별하게 하는 것은 양심과 자유에 대한 우리의 믿음이다. 우리는 자유롭고 도덕적으로 명백한 동기들을 가지고 조건들 중 몇 개를 변경할 수 있다. "새로운 행동주의가 주장한 명증(Evidenz)에도 불구하고 우리 중 대부분은, 우리가 의식이 깨어 있는 경우에는 이따금 우리의 행동의 일부를 통제하고 변경하며 올바른 방향으로 이끌 수 있다는 건전한 이해를 고수한다."[41] 그리고 이것은 대체로 우리가 우리를 둘러싸고 있는 세계를 더 좋게 만들기 위해 노력하는 동

41 Menninger, *Whatever Became of Sin?*, 185쪽.

안 일어난다. 우리는 모든 것을 단번에 변경할 수 없다는 것을 매우 잘 알고 있다. 그러나 그렇다고 해서 우리가 수동성이나 아무것도 하지 않는 비관주의로 후퇴해서도 안 된다. 그리고 단순히 성공을 중시하는 사유에서 자신들의 동료 인간을 가능한 대로 빨리 그리고 효과적으로 조작하려고 하는 사람들의 월권은 정당화되지 않는다. 우리는 심정의 변화에 절대적 우위를 부여한다. 그러나 동시에 우리는 우리의 동기를 순화하고 자각을 행하는 더 큰 노력을 함으로써 상태들의 개선에 착수한다. 더욱 온전한 환경과 행동 치료를 위한 노력에서 우리는 전적으로 신지식과 인간을 다루는 과학들의 경험이 필요하다. 그러나 우리는 우리 자신의 에너지, 양심과 자유에 대한 우리의 믿음과 인간 안의 선함에 대한 우리의 신뢰에 더 많은 것을 걸고 있다.[42]

### 2) 자유와 치료에 대한 전체적 관점

우리는 명백한 윤리적 방향과 인간의 자유와 존엄에 대한 믿음으로 인하여 성과를 내기 위해 파블로프, 벤담과 스키너의 사용할 수 있는 모든 통찰을 이용하는 데 결코 방해받지 않고, 오히려 그런 통찰들을 이용할 의무를 갖는다. 우리가 행동 통제에 관한 학문적 성과들을 인간에 대한 인도주의적 관점과 화해시키는 데 성공하지 못한다면, 스키너 학파의 방법에 따르는 전체적 조작의 체계를 매도하는 것은 우리

42 Tee Lamont Guidotti, Environic Medicine: Steps in the Foundation of the Discipline, *Pharos*, Band 37 (Jan. 1974), 17~23쪽 참조. Lilian Blöschl, *Grundlagen und Methoden der Verhaltenstherapie,* Hans Huber, Bern, 1974; Petra Halder, *Verhaltenstherapie*, Kohlhammer, Stuttgart, 1973 참조.

에게 아무 도움이 되지 않는다.[43] 우리는 기본적으로 윤리적인 방향에서 자유로운 책임성에 호소함으로써 바로 자유의 가능성의 증대를 고려하여 유전병을 없애고 우리의 환경 조건들을 개선하는 데 기여할 의무를 갖는다.[44]

오늘날 우리는 기술적 쇄신이 경제생활과 고용에 미치는 가능한 효과만을 목표로 하여 연구되는 것에 만족할 수 없다. 우리에게 필요한 것은 모든 중요한 쇄신이 유전병질이 없는 건강과 인간의 사회적 행동에 어떤 영향을 미치는지를 검토하는 새로운 학문이다. 그리고 이 경우에 파블로프와 스키너의 인식들도 우리에게 도움이 될 수 있다. 인간의 행동을 부분적으로 함께 규정하는 효과적인 조건들에 관하여 더 알면 알수록, 의미 목적뿐만 아니라 우리의 모든 결정의 예견할 수 있는 결과들도 더 검토하지 않으면 안 된다. 이 경우에 우리는 알려진 모든 요소들이 우리가 의무를 지고 있다고 느끼는 기본적 가치들에 어떤 영향을 미치는지를 검토해야만 한다. 예컨대 인간의 생명, 또한 태어나지 않은 아이들의 생명까지도 보호하면서 감싸려고 하는 자는 인간 생명의 가치가 효과 있게 인정되고 보호되어 있는지를 기준으로 하여 인간의 전체 행동, 여론에 대한 가능한 영향, 모든 종류의 입법 등을 검토할 것이다. 이 경우에 출산 조절과 인구문제의 의미 있는 해결의 방법들이라는 문제가 중요할 수 있을 뿐만 아니라, 우리가 유사한 방식으로 식품의 충분한 생산과 의미 있는 분배를 위해 배려하고 개인과 공동체

43 많은 저자들 가운데 나는 다음의 저자를 추천한다. William T. Powers, *Behaviour. The Control of Perception*, Aldine, Chicago, 1973.

44 Th. Dobzhansky, *Genetic Diversity and Human Equality*, 49쪽 참조.

로서 기근이 닥친 지역을 도와주기 위한 준비를 보여주지 않으면 안 된다. 그것을 넘어서 인류를 테러리스트의 집단과 전쟁의 재앙으로부터 해방시키는 데 함께 도울 수 있는 행동 치료가 중요하다.

율법주의적 도덕이 임의적인 명령을 내리려고 했고 사회적 공동 책임성이 약화된 뒤에, 인간을 다루는 과학들은 자유의 잘못된 개념을 교정했다. 그런데 환상들의 파괴가 중요할 뿐만 아니라, 만인의 자유에 도움이 될 수 있으며 인간적 생활조건들을 촉진할 수 있는 적극적인 가능성에 대한 더욱 명백한 인식도 중요하다.

### 3) 통제와 동기부여

스키너 교수와 같은 비관주의자들은 관리인이 혼자서 마음대로 하는 미래보다 더 좋은 것을 우리에게 제공할 수 없다. 그럼에도 우리는 오늘 이미 부분적으로 행동 관리인의 손아귀 안에 있다는 사실에 대하여 착각하지 않으려고 한다. 이 행동의 관리인은 광고, 여론의 조작을 통하여 특정의 소비 태도, 삶에 대한 견해와 특정의 행동방식을 머릿속에 주입시킨다. 더 자세히 말하자면 자신이 마음대로 취급되기를 원하지 않는 이들에 대하여 동일한 자극, 동일한 약속, 동일한 불행의 소식을 끊임없이 반복함으로써 그렇게 한다. 최소한 어떤 특정의 분야에서 우민화[愚民化]를 목표로 하는 감정과 노력에 대한 이 관리인들의 정체가 폭로되지 않으면 안 된다. 모든 사람이 이 관리인들의 책략과 의도를 분명히 인식할 경우에, 관리인들은 인간들에 대한 자신들의 영향력

의 일부를 잃게 될 것이다.[45]

이 모든 것은 동기부여와 통제를 올바른 관계로 바로잡아야 할 과제를 우리에게 제시한다. 우리 자신의 삶과 교육을 위한 노력은 의미 있는 동기들의 토대에 의거해야만 한다. 우리는 세뇌와 행동 관리를 통한 인간세계의 변화를 철저히 거부하므로, 교육자로서 진정한 정보와 도덕적인 동기 형성을 통하여 인간의 선함에 대한 궁극적인 신뢰를 표명하지 않으면 안 된다. 여기서 중요한 것은 이상과 이성적 동기들을 강화할 뿐만 아니라 마찬가지로 냉철한 동기부여, 사리적으로 합당한 주요 동기, 정신들의 구별을 위한 감각을 습득하는 것이다.

그리스도의 교회는 성사와 자유와 해방의 선봉이기 위한 소명을 받았으므로 통제와 제재들에 어떤 자리를 부여했고 아직도 부여하는가를 점검하도록 자체의 모든 삶의 표현들, 입법, 사목과 권위의 행사를 늘 준비하고 있지 않으면 안 된다. 이런 통제와 제재들이 과거에 이따금 인간적 성숙과 진정한 동기 형성을 향하는 길을 방해하지는 않았는지? 이런 전환기에 교회는 스키너가 제안한 전체적 통제의 체계와 대결하고 윤리에서뿐만 아니라 교회의 전체적인 삶을 통하여 이 체계를 멀리하지 않으면 안 된다.

설교의 내용과 방식은, 교회에 중요한 것이 권력에 대한 요구와 인간의 사유와 양심에 대한 통제가 아니고 인간의 양심에 대한 호소, 양심의 계몽과 책임 능력 및 창조적 자유를 향한 교육이라는 것을 만인에

45 Ludwig von Bertalanffy, Human Values in a Changing World, in: Maslow (Hrsg.), *New Knowledge of Human Values*, 71~72쪽.

게 분명히 밝혀야만 한다.[46]

법률, 통제와 제재는 명백하게 복음의 해방하는 소식과 전체의 정신을 향한 교육에 순응하고 따르는 한에서만 선하다. 모든 개인, 모든 가족과 공동체는 이런 목표에 기여해야만 한다.

### 4) 보상 동기와 처벌 동기의 수정

원하는 행동을 주입시키기 위한 보상 동기와 처벌 동기의 사용에 대한 스키너의 '유일하게 옳은' 믿음 때문에 모든 이, 특히 윤리학자들과 윤리신학자들은 그리스도교적 윤리의 전체 안에서 보상과 처벌의 입장을 철저하게 검토하도록 요청을 받아야만 한다. 스키너의 저술에는 그 자신이 유년기와 청년기에 처벌 동기의 과도한 사용에 의해, 특히 신의 제재의 협박에 의해 불리한 영향을 받고 상처를 받았다고 추측할 만한 충분한 근거들이 있다. 설교자들과 교육자들은 과거에 너무나 쉽게 신(자신들의 엄격한 원리들의 으뜸 교사인)과 연관되어 있었다. 심지어 사람들은 아이들을 상대로 자주 대죄와 영원한 지옥에 관하여 말했다. 이러한 현상은 상당한 정도로 매우 쉽게 무거운 형벌, 징역형, 사형 선고를 집행하는 사회에 의해 생겨난다. 칼 메닝거는 자신의 저서인 『왜 죄가 되는가?』에서 의사들이 과거 200년 동안 그들의 환자들에게 자위행위의 무서운 결과들에 대한 역겨운 이야기를 어떻게 했는가를 우리에게 보여준다. 이 엄격주의자들은 자신들이 청소년들에게 어

46 Bernhard Häring, *Evangelization Today*, St. Paul Publications, Slough, 1974, 115~140쪽 참조.

떤 하느님의 모습을 갖게 하는지를 자문하지 않는다. 이들은 규범들을 주입함에 있어 지나치게 성과를 고려했다. 세속적 사회와 유사하게 교회의 일부도 편파적으로 본보기로서의 동기와 엄한 명령을 신뢰했다. "처벌의 사용을 정당화하는 것(스키너가 위협하는 조건형성이라고 부르는 것)은 의료봉사처럼 공공연하게 자선을 베푸는 직업의 역사에서 부차적 현상 이상의 것이다."[47]

"교회 안에서 지옥불의 위협에서 출발하여 새롭게 하느님의 사랑을 강조하는 것이 분명하게 되었다는 사실을 스키너는 기꺼이 인정한다."[48] 그러나 그는 다른 모든 종교에서와 마찬가지로 교회에서도 결국 통제와 엄명의 체계와 다른 것을 발견하지 못한다. 그럼에도 이 중대한 오해는 과거의 실수를 돌아보면 어쨌든 간에 이해할 수는 있다. 오늘날 우리가 보상과 처벌의 동기를 사용한다면, 과거에 관하여 알아야만 하고 인간들의 민감성을 존중해야만 한다. 그러나 특히 하느님의 사랑에 관한 복음의 순수함이 중요하다.

임마누엘 칸트와 막스 셸러(Max Scheler, 1874~1928, 독일 철학자)와 같은 위대한 사상가들은 전혀 다른 방식에 의한 것이기는 하지만, 보상과 처벌의 동기를 편파적으로 강조하고 행복의 요구를 편파적으로 호소함으로써 내적인 존엄성과 선한 것의 아름다움을 어둡게 만드는 모든 행복주의적 윤리체계들을 날카롭게 비판했다. 우리에게는 선이 중요하고 통제와 엄명이 우선적으로 중요하지 않다는 것을 우리의 삶과 말을 통하여 분명하게 할 때에만 스키너식의 공리주의와 행복

47 Menninger, *Whatever Became of Sin?*, 30쪽.

48 Skinner, *Beyond Freedom and Dignity*, 33쪽.

주의를 극복할 수 있을 것이다. 선과 진실은 양심에 호소하는 한 자체의 빛남, 아름다움과 존엄성을 지닐 수 있다. 선과 진실의 빛남을 인식하는 자는 그것들에 매력을 느낀다. 우리는 결코 별로 매력이 없는 임마누엘 칸트의 의무윤리에 주의를 기울일 필요가 없지만, 보상과 처벌의 동기를 잘못 사용하는 것에 대한 그의 비판을 간과할 수는 없다.[49]

우리는 산상설교(마태, 5, 3~10)의 도덕과 모든 형태의 행복주의적 윤리 사이의 본질적인 차이를 명백히 판단하지 않으면 안 된다. 하느님은 우리를 필요로 하기 때문에 우리를 사랑하는 것이 아니다. 하느님은 사랑이시고 그 때문에 그분의 사랑과 축복을 함께 기뻐할 자를 원하시므로 우리를 사랑하신다. 우리가 사랑과 감사하는 마음에 사로잡혀 우리에게 보상할 수도 없고 우리를 처벌할 수도 없는 그런 이들에게 선을 행하도록 배우는 만큼 진복팔단에 따라 평화, 기쁨, 친절, 불쌍히 여기는 호의를 발견하게 된다. 고위 경찰관들의 모습도 복수하는 정의의 화신도 우리를 살아계신 하느님께 대한 신앙으로 인도하지는 못한다. 하느님은 자신의 사랑과 호의로 우리를 당신께 끌어당기기 위해 모든 것을 행하셨고 당신의 하느님다운 자비를 통하여 우리에게 자애롭고 행동으로 보여주는 연민을 가르치셨다.

스키너 학파의 심리학자들이 자애로운 호의에 관한 영성적 체험에 대하여 더욱 맹목적일수록, 우리는 더욱더 명백하게 한편으로는 엄명과 통제의 체계와 다른 한편으로는 하느님의 사랑의 복음과 산상설교의 윤리 사이의 본질적 차이를 알지 않으면 안 된다. 물론 문명사회는

49 나의 책 *Das Heilige und das Gute,* Erich Wewel, München, 1950, 111~135와 233~261쪽 참조.

자체의 기본권들을 보상과 처벌을 통해서라도 지킬 것이다. 그러나 모든 제재, 보상과 처벌은 진리, 정의와 인간끼리의 상호성이라는 타당한 이상의 밑에 자리 잡아야만 한다. 이러한 이상들이 없는 경우에 어떤 신뢰할 만한 사회 질서는 보상과 처벌을 토대로 해서도 증축되지 않는다.

모든 형태의 공리주의적 윤리와 이에 따른 실천은 천박한 문화의 일차원적 인간만을 만들어 낼 수 있다. 진정한 행동 치료는 질적인 심정의 변화를 요구한다. 그럴 때만이 인류는 자신을 행동 조작자들의 손아귀에 잡힐 나쁜 가능성으로부터 구출할 수 있는 희망을 가질 수 있다. 이들 행동의 조작자는 이미 현재와 더 나아가 미래에 인간들의 존엄성과 자유를 위협하는 무기를 소유하게 된다. 현대 사회가 파블로프와 스키너의 행동 치료에 관한 통찰을 이용하려고 한다면, 지혜와 식별의 재능이 필요하다. 유전병질이 없는 건강, 더욱 건강한 환경과 모든 행동 치료를 위한 온갖 노력은 양심의 자유, 공동선을 위한 책임 있고 고결한 자유의 사용을 지향하는 교육을 전제한다.

## 7. 누가 행동의 통제를 통제하는가?

위협하는 조작의 여러 형태에 직면하여 스스로 제기하는 문제 중 하나인 통제에 관한 질문을 다시 제기하자. 그럼에도 이것이 우리의 주요 관심사이고 최종적으로 통제를 신뢰한다면, 우리는 숙고의 바로 이러한 지점에서 우리 자신에게 이 문제가 얼마나 위협적인가 하는 통찰을 하게 된다고 나는 믿는다. 무겁게 짓누르는 긴장들과 무질서들에 직면하여 단독으로 혹은 특별하게 통제와 제재를 가하는 사회는 자체의 사유와 행동에서 이미 스키너의 행동 공학과 세계관의 차원에서 움직이는 것이다.

사회가 통제의 심급, 형법과 질서 정연한 형 집행을 필요로 한다는 것이 부정되어서는 안 된다. 보상과 처벌의 단순한 투입과 더 나아가 모든 것을 그것에 기대를 걸게 하는 여론은 정말로 인간적 문화의 종말일 것이다. 세력 집단과 오만한 엘리트들이 자신들의 동료 인간을 조작하고 통제하려고 한다면, 국가와 사회는 이들이 제멋대로 하도록 방치해서는 안 된다. 더 나아가서 우리는 동료 인간을 독단적으로 마음대로 다루는 월권을 일부 그룹에 허용하는 사회적 원인들에 관하여 물어야만 한다. 우리의 전체 문화는 철저한 치료를 필요로 한다. 우리는 특히 책임 능력과 책임에 대한 준비를 목표로 하는 전체적 교육, 그리고 결정 과정과 여론 형성에 참여하기 위해 가장 가능한 통로를 제공하는 가정, 공동체 그리고 사회의 제도를 목표로 하는 전체적 교육이 필요하다.

## 8. 조작과 수감자들의 행동 수정

알렉산드르 솔제니친(Alexandr Solzhenitsyn, 1918~2008. 러시아의 작가)과 다른 사람들이 세뇌와 정치적 수감자들에 대한 모든 종류의 비인간적 취급에 대하여 우리에게 보고하는 바는 우리들 서구 민주주의의 시민들 안에 자기 만족감을 불러일으킬 수 있다. 그런데 우리는 모든 차이에도 불구하고 잘못 이해한 정의가 많은 조작의 원인이라는 것을 잊어서는 안 된다. 칼 메닝거는 경찰, 재판관 그리고 그 밖의 다른 사람들에 의해 형 집행의 과정 중에 저질러진 조작죄의 긴 리스트를 우리에게 제공한다.[50] 자유와 모든 개인의 존엄에 대한 경외를 인간의 공동생활의 기초로서 간주하는 사회는 중대한 범죄인 이러한 조작들과 싸우지 않으면 안 된다.

최근의 역사에 이르기까지 전쟁 포로들, 때로는 충분히 납득할 만한 이유가 없이 범죄자로서 간주된 사람들은 고문이나 세련된 형태의 심리적 폭력을 면치 못했다. 명백한 의도는 이들이 '진실을 말하고 고백하도록" 강요하는 것이었다. 파블로프와 스키너의 지도 아래 행동 공학자들은 포로들을 '성과 있게' 심문하기 위해 점점 더 효과적인 방법들을 만들어 내었다. '자유와 존엄을 넘어서' 자리잡고 있는 행동주의는 전적으로 새로운 행동 수정의 방법들과 함께 교도소의 수감자들을 고려했다. 이론에서는 긍정적인 훈계자들이 우세함에도 불구하고, 실제로는 부정적 훈계자들의 잔인한 적용이 발생했다.[51]

일방적으로 성과만을 생각한 윤리는 정치적 수감자들과 죄수들에 대한 심리적 고문과 세뇌를 그 자체의 방식으로 정당화할 수 있었다. 이와 반대로 교양이 있는 세계에서는 어떤 다른 목적의 중대한 정보에

50 Karl Menninger, *Whatever Became of Sin?*, 54ff쪽. 또한 Albert D. Biderman und Herbert Zimmer (Hrsg.), *The Manipulation of Human Behaviour*, John Wiley and Sons, New York-London 1961 참조. 이 저서의 많은 논문들은 특히 심문시의 조작의 문제를 다룬다.

51 다음의 저서는 이와 관련된 스키너의 이론에 대한 좋은 논쟁점을 제공한다: Harvey Wheeler, *Beyond the Punitive Society*, W.H. Freeman and Co., San Francisco, 1973.

대한 요구로 인하여 인간적 인격들의 존엄과 자유를 짓밟을 근거가 주어질 수 없다. 인문 · 사회과학과 윤리학의 진보는 우리의 교도소들의 많은 수감자들이 대부분 건강하지 않은 환경 조건들과 예방조치 대신 일방적으로 처벌을 생각하는 사회의 용납하기 어려운 태만의 산물이라는 의식을 인구의 넓은 층 안에 일깨워 주었다. 이러한 통찰은 죄수들에 대하여 더 인간적인 이해와 관계를 갖도록 했다. 우리는 정의가 그것이 늘 가능한 경우에 교정하는 작용을 하기보다는 오히려 더 적게 보복하도록 한다는 것을 통찰하기 시작한다.[52]

이러한 이유에서 우리는 어떻게 심리 치료(Psychotherapie)의 진보가 수감자들에게 도움이 될 수 있느냐는 질문을 제기하지 않으면 안 된다. 왜냐하면 이들 중 다수는 진지하게 범죄적 경향들로부터 벗어나기를 동경하고 적극적으로 합리적인 치료의 제공에 동의하기를 간절히 원하기 때문이다.[53] 그러나 우리 사회에서는 수감자들에게 제공해야 하는 치료의 성격에 대하여 매우 상반된 생각들이 지배하고 있다. 꽤 많은 사람들이 실제로는 위협 수단들만을 생각하면서 행동 치료에 관하여 언급한다. 경비원들의 과제를 경감해 주는 것이 편파적으로 중시되어서는 안 된다. 이렇게 하는 것이 진지한 관심사여야만 할지라도 그렇다. 사회가 교도소를 철저하게 개혁하려고 결심하는 경우에만, 개별 수감자를 위한 모든 조치들은 효력이 있다.[54]

52 Leonard Orland, *Justice, Punishment, Treatment*, Free Press, New York, 1973 참조.

53 Jerome S. Stumphauser (Hrsg.), *Behaviour Therapy with Delinquents*, Charles C. Thomas, Springfield, Ill., 1973 참조.

54 이와 관련하여 북미의 주교단은 전체 프로그램을 작성하여 1973년 11월에 공표했다: The Reform of the Correctional Institutions in the 70's, *Catholic Mind* (Juni

스키너 학파는 교도소의 정신장애 수감자들을 위한 '위협의 치료'를 발전시켰다. 여러 가지 다른 행동을 효과적으로 발생하게 하는 전기충격, 약물과 다른 수단들이 정신분석과 동기부여에 의한 교육을 대신해야 한다. 이에 대한 반론은 다음과 같다. "위협의 치료방법은 정신분석처럼 행동의 심리적 뿌리에 관심을 두지 않는다. 이러한 치료는 파블로프의 개가 종이 울릴 때에 침을 흘리도록 조건이 만들어진 것처럼, 치료받는 이들에게 그러한 행동을 반복하지 않도록 요구할 뿐이다."[55] 이러한 치료 방법을 허용하는 것은 논쟁의 여지가 많으며 많은 경우에 고문의 현대판으로 보인다. 여러 신문 보도에 따르면 수감자들은 이른바 이러한 치료의 의미에 관하여 한 번도 알게 된 적이 없고, 하물며 자신들의 자유로운 동의에 대해서는 질문을 받은 적이 없다고 한다. 지나치게 의심스러운 위협의 치료 방법을 수감자들에게 적용하는 경우에 일반적으로 얼마나 환자 자신들이 혹은 그들의 가족들이 치료의 의미에 관한 정보를 얻을 수 있느냐는 문제가 있다면, 곰곰이 생각해 보아야 한다.

우리의 기준들에 의거하여 모든 행동 수정과 특히 위협의 치료 방법은 진정으로 인간적인 동기부여들, 자유에 대한 호소와 인간 존엄성에 대한 존중 위에 증축되어야만 한다. 더 나아가 행동주의는 외적인 영향들의 단순한 기능이 아닌 어떤 동기부여가 없다는 전제에서 출발하므로, 이 학파의 기술들은 검토하지 않은 채 인간 존엄성에 합당한

---

1974) 40~51쪽.

55 Stephen I. Sansweet, Aversion Therapy, The Wall Street Journal (2. Jan. 1974) I. *Newsweek* (20. Mai 1974): Carrots and Sticks 참조. Philipp J. Hilts, *Behaviour mode*, Hapers Magacine Press, New York, 1974 참조.

치료 방법을 위하여 차용되지 않는다.

사회는 이미 제시한 도덕적 고려를 제외하고 고안된 행동 수정의 방법들을 수감자들에게 적용하기를 주저해야 한다. 그 이유는 이들이 실제로 세뇌라는 사안의 전문가가 되어 교도소 담장을 떠난 즉시 동료 인간에게 이 방법들을 적용하는 것이 두렵기 때문이다.

나는 델가도의 다음과 같은 주장에 동의한다. 개인의 자유는 공동선에 의해 제한되어 있고, 그 때문에 어떤 사람이 모두에게 위험한 경향들을 극복하기에 매우 무력한 한에서, 사회가 이러한 자유를 효과적으로 제한할 권리를 가진다는 것이다. 그래서 약물 및 고문과 유사한 위협의 치료 방법으로 인격을 완전히 파괴하는 것은 공동선을 촉진하는 기본 가치에 위배된다. 델가도가 공동체의 건강을 보호하기 위하여 음료수 안에 투입되는 화학물질과 똑같이 위험한, 주체들에 대한 행동 조작이 정당화된다고 생각하는 것은 잘못이다. 두 개의 매우 다른 조치를 동일한 의미로 허용하는 조작으로서 간주하고 또 자유의 필요한 제한으로서 간주하는 것은 혼란스럽다.[56]

교도소 수감자들이 동성애, 알코올의존증의 문제에서 그리고 여타의 의존증, 강박 신경증과 같은 종류의 질병인 경우에 치료를 청한다면, 사람들에게 우호적인 치료자들은 가능한 대로 이들을 도와야 한다. 아마도 주요 동기 중 하나가 더 일찍 출소하려고 하는 요청일지라도 그렇게 해야 한다. 이와 반대로 요청이 수감자 자신으로부터가 아니고 교도소의 행정부서에서 온다면, 치료자는 수감자가 행동 수정을 받게 하

56 Delgado, *Physical Control of the Mind*, 221쪽.

는 것을 거부해야 한다. 이 문제는 특히 정치적 수감자의 경우에 긴급하다. "인문 · 사회과학과 의학의 전문가들은 일반적으로 개인과 사회 전체의 요구 사이에서 중재자 역할을 갖지 않는다."[57] 타인에게 중대한 손해를 끼쳤고, 그들의 행동이 변하지 않는 한 석방될 수 없을 정도로 위험한 범죄자들이 문제인 경우에는 사정이 다르다. 이들 경우에 치료자들은 당사자를 종신(무기)의 격리로부터 보호하기 위하여 사법당국이나 교도소 행정부서가 지정한 치료 방법을 실시할 수 있다. 그런데 치료자들이 제공하는 것은 진정한 치료 방법이어야만 한다.

교회는 교도소 수감자들과 관련하여 자신의 치유하는 봉사를 아주 특별하게 중시해야 한다. 이 경우에 교도소의 수감자들이 내적인 자유와 진정한 동기부여를 얻도록 돕기 위하여 온정과 심리학적 지식이 필요하다. 예를 들면 서신 교환, 방문, 수업 하기, 교도소 안에서의 교육코스를 통하여 심한 고통을 받는 이들을 돕기 위한 다양한 가능성이 있다. 나는 교도소에서 기도 모임을 시작하기 위하여 '기도의 집들'을 성공적으로 시도한 것에 관하여도 들은 바 있다.

## 9. 인공 뇌과학: 인간은 만들어질 수 있는가?

미국의 여러 대학교에서 나의 눈에 뜨인 것은, 수많은 젊은이들이 바로 진보해 가는 인공 뇌과학에 직면하여 더이상 전통적 인간상을 이

57 Daniel Robinson, Harm, Offense and Nuisance: Guides for Establishment of an Ethics of Treatment, *American Psychologist*,. 29, 4 (1974) 238.

해하지 못하게 되고 자유와 존엄에 대하여 의심하기 시작한다는 점이다. 인공 뇌과학은 역동적이고 자체를 조절하는 체계들에 관한 이론이다.[58] 체계들의 구조들, 기능들과 행동들 사이의 관계들이 중요하다. 신경체계와 대뇌의 기능은 기계적이고 전기적인 의사소통의 체계들과 일종의 전기적 뇌를 의미하는 장치들과 비교된다. 기술시대의 인간은 고도로 발달한 컴퓨터의 제작에서 큰 성공을 거두고 있다. 이러한 성과는 프로그램 작성과 통제에서 인간이 합리성의 새로운 방법들을 알게 한다. 그럼에도 인간이 동시대인들을 설득하여 그들의 뇌를 일종의 컴퓨터로서 간주하게 하고 인간의 행동을 그것을 통하여 프로그램 계획에 집어넣고 통제하려고 한다면, 그는 제멋대로 부당하게 경계를 넘어서는 것이다. 스티븐 로즈는 기술적 합리성을 절대적으로 간주하는 인공 뇌과학자들과 행동주의자들을 기계 원숭이라고 부른다.[59] 인간 대뇌의 가장 원시적인 기능들 만이 컴퓨터의 성능을 닮았다. 컴퓨터의 도움으로 인간의 뇌와 전체 사회적 삶을 프로그램 계획에 집어넣고 통제하기를 꿈꾸는 뇌와 행동의 감독자들은 그들 자신의 생산물과 일차원적 인간의 범례들의 숭배자들이다. 이들은 인간을 특징짓는 창조적 자유의 차원을 모르고 있다.

『월든 투』는 스키너의 영웅인 인자한 교수 프레이저 박사가 대학을 사임하고, 더이상 기획자는 없고 오직 더 많은 관리자들만 있는 '월든 투'에 상주하게 된다는 내용으로 끝을 맺는다. 모든 것을 컴퓨터를 통하여 혹은 컴퓨터의 모델에 따라 프로그램 계획에 집어넣기를 꿈꾸는

58 G. Klaus, *Kybernetik in philosophischer Sicht*, Berlin 1961, 27쪽.

59 Rose, *The Conscious Brain*, 288쪽.

자는 애초부터 교육의 보편성이라는 이념을 떠나 자신의 정신적 이주를 결정한 것이다. 모든 것을 컴퓨터의 본보기에 따라 이해하여 통제하려는 자는 개인들과 사회의 생활에서 생기는 질적인 변화에 대한 모든 기대들을 포기한 것이다. 더 높은 인간의 지능과 지혜는 인공 뇌과학적인 조작에 희생된다. 가치가 있는 것은 이제 기술적 합리성밖에 없다.[60] 선물처럼 주어진 현존재(Dasein)의 성격, 창조적 계획에 대한 기쁨은 제조 가능성과 인과적 작용이라는 유일한 차원에 굴복한다. 여기에 자기파괴의 뿌리가 있다는 것을 에리히 프롬은 직시했다.[61] 이렇게 인간은 자신과 자신의 동료 인간들의 존엄과 자유를 대량 생산과 교환한다. 자연과학들과 기술공학의 모델을 사회의 삶에 전용하는 것은 모든 건전한 비판적 이론에 대한 위반이다. 그것은 실증주의적 사회의 원죄이다.[62]

행동 공학의 스키너 학파뿐만 아니라 '유전공학'의 대표자들도 명백히 인공 뇌과학적 세계관에 사로잡힌 자들이다. 이제 사람들이 기술공학적 합리성과 계획을 믿는다면, 생물학적 기능들이 컴퓨터를 이용한 기능에 맞추어 조정되어 있는, 인간과 유사한 존재를 만들려는 꿈에 대하여 이상하게 생각하지 않을 것이다.[63] 우리는 이미 그러한 존재에 대한 영어 이름인 '사이보그'(Cyborgs)를 알고 있다.

60 Mancini, Manipolazione e futuro dell'uomo, Ed. Dehomiane, Bologna, 1972, 114~115쪽 참조.

61 Erich Fromm, *Anatomie der menschlichen Destruktivität*, Stuttgart, 1974 참조.

62 Luthe, Was heißt Manipulation?, in: *Concilium* 7 (1971) 317f.

63 Kenneth D. Eberhard, Genetics and Human Survival: A Christian Perspective, *Linacre Quarterly*, Aug. 1973, 177쪽 참조.

그런데 컴퓨터가 홀로 결정한다면, 경제생활과 인간 사이의 관계에 끔찍한 영향을 미칠 수밖에 없다. 컴퓨터는 반복의 순환 속에서만 작동할 수 있다. 사회적 및 경제적 생활의 질서에는 창조적 상상과 과감한 결단력이 필요하다.[64] 전적으로 인공 뇌과학에 의해 프로그램화된 세계는 환원주의의 폭력적인 형태와 동일하다. 효과가 크지 않은 조작은 인간사회와 그 안에 사는 사람들을 기형으로 만들 것이 틀림없다. 이미 인공 뇌과학이 미래를 결정할 것이라고 동료 인간들을 확신시키려는 시도는 조작의 교묘한 수단이다. 이러한 조작을 통하여 어떤 그룹들은 모든 권력을 장악할 수 있을지 모른다.[65]

가장 단순한 도구의 발명으로부터 가장 완전한 컴퓨터의 제작에 이르기까지 인류는 놀랄만한 합리성을 보여주었다. 그것은 좋은 것이다. 그런데 우리는 인간이 단순히 기계의 제작자만은 아니라는 것을 잊어서는 안 된다. 인간 자체는 기계처럼 제작되고 계획되며 통제될 수 없다[66] 인간은 다음의 경우에만 자신의 영혼을 인공 뇌과학에 팔아넘길 유혹으로부터 구할 수 있다. 즉 인간이 자신의 전체적 삶을 꾸려감에

64 Hedley Voysey, Computers, Conflict and the job, *The New Scientist* 62 (1974) 112~113쪽 참조.

65 K.-W. Merks, Sozialkybernetik oder Sozialethik, in: *Concilium* 7 (1971) 333f.

66 Mortimer Adler, *The Difference of Man and the Difference It Makes,* Rinehart & Winston, New York, 1967; Wolf Rohrer, *Ist der Mensch konstruierbar?*, Ars Sacra, München, 1968; N. Wiener, *Ich und die Kybernetik – Der Lebensweg eines Genies,* W. Goldmann, München o.J.; K. Steinbuch, *Programm, 2000*, Deutscher Taschenbuchverlag, München, 1971; F.v. Cube, *Was ist Kybernetik? Grundbegriffe, Methoden, Anwendungen,* Deutscher Taschenbuchverlag, München, 1971; H. Krauch, *Die Komputer-Demokratie. Hilft uns die Technik entscheiden?*, W. Goldmann, München o.J.; M. Warner u. M. Stonge, *Die Komputer-Gesellschaft*, König Verlag, München, 1973; H. Schilling (Hrsg.), *Herrschen die Komputer?*, Herder, Freiburg, 1974 참조.

있어서 창조적 자유와 충실에 높은 위상을 부여하고, 자신의 고유한 삶을 살 용기를 북돋아 일으키며 공동 책임의 정신으로 모든 관점에서 창조적 자유라는 이 가치들의 구체화를 명백히 보여주는 세계를 건설할 용기를 북돋아 줄 경우에만 그렇다.

## 제3장

# 뇌 연구와 그 조작자들

달 표면의 사막에 대한 탐사는 매우 경이롭고도 새로운 사건이다. 그런데 과학이 과거 수십 년간 인간의 뇌를 연구하여 밝혀낸 것이 인류를 위해서는 훨씬 더 경이롭게 여겨진다.[1] 뇌는 생명의 중심이며 인간적 자아의식과 모든 정신적 표명의 기반이다. 위대한 과학자들이 자신들의 연구에서 뇌를 통제하는 것만을, 즉 타인을 조종하는 것만을 중시한다고 생각하는 것은 옳지 않다. 그러한 과학자들의 최초의 계획은 뇌의 언어를 해독하는 것이다.[2] 신경화학, 신경생물학과 신경생리학은 기

1 본문에 거듭하여 언급한 저서들 외에 나는 다음의 간행물들을 참조할 것을 지시한다: S.M. Farber and R.H.L. Wilson (Hrsg.), *Control of the Mind*, McGraw Hill, new York, 1961; Stephen Rose, *The Conscious Brain,* Alfred A. Knopf, New York, 1973; Marilyn Ferguson, The Brain Revolution. *The Frontiers of Mind Research*, Toplinger, New York, 1973. 러시아가 이 분야에서 우위를 차지하는 것 같다. 다음의 저서는 읽어볼 만하다. Alexander Romanowich Luria, *Higher Cortical Functions in Man* (Basil Haigh의 영어번역), Basic Books, New York, 1966.

2 Maya Pines, *The Brain Changers. Scientists and the New Mind Control*, New York,

본적으로 인간의 가장 중요한 기능에 도움을 주고자 한다. 이 경우에 물론 조작의 새로운 모험과 위험이 나타난다.[3]

뇌에 관한 더 나은 지식은 의학의 모든 분야에 도움이 될 수 있다. 그런데 새로운 희망과 위험에 직면한 바로 여기에서 학제적 대화가 권고된다. 연구를 의미 있게 계속하고 그 성과를 얻기 위해서는 이 분야에서 철학적이고 윤리적인 문제들에 대한 직감력을 지닌 모든 이들의 협력이 요구된다. 대화를 소홀히 하면, 바로 여기에 특히 환원주의의 커다란 위험이 있게 된다.[4] 이러한 연구와 새로운 지식이 건전한 이론적 토대를 갖지 않는다면, 늘 거듭하여 최소한 내포적인 의미로나마, 인간의 정신 상태가 뉴런(신경 단위)들의 행동표면과 결과에 지나지 않는다는 가정이 발표된다. 우리가 이러한 견해를 받아들인다면, 이에 상응하는 치료의 시도들은 인간의 자리를 다른 어떤 것으로 바꾸어 놓기 위한 인격의 실제적인 사형집행을 의미한다.[5]

개별적 연구자들은 기계적인 과정들에만 관심을 갖고 있고, 다른 이들은 전기적 과정들(die elektrischen Vorgänge)과 그것들의 생리학적 부수현상 등을 전문으로 한다. 그럼에도 다른 분야에서는 뇌 연구에서와 같은 전체의 관점이 권고되지 않는다. 러시아의 유명한 심리학자인 알렉산더 루리아(Alexander Luria, 1902~1977)는 특히 사회적이며 문

1973, 31쪽; Karl Pribram, *Languages of the Brain*, Prentice Hall, Englewood Cliffs, N.J., 1971.

3 Stephen Rose, *The Conscious Brain*, 295쪽.

4 J.C. Eccles, *The Neuro-physiological Basis of Mind*, Clarendon Press, Oxford 1953; *Facing Reality*, Springer, New York, 1970 참조.

5 Daniel L. Robinson, Therapies: A Clear and Present Danger, *American Psyhologist*, Feb. 1973, 131쪽.

화적인 관련 배경과 발달심리학을 강조한다. 즉 "인간의 더 높은 정신적 기능들은 복합적인 반사작용의 과정이며, 이들의 원천은 사회적이고 구조적으로 중개되었으나 기능의 종류는 의식적이며 자발적이다."[6] 그는 연구를 통하여 다시 뇌의 전체기능에 관심을 갖게 된다. 즉 "우리는 뇌가 전체로서 모든 고등 신경기능의 물질적 토대이지만, 그것 자체는 매우 세분화한 체계이고 이 체계의 구분은 나누어진 전체의 다양한 국면에 책임이 있다고 말한다."[7]

뇌 연구가 새로운 지평을 열고 전체 인류의 복지를 위한 중요한 성과를 약속한다는 것을 아무리 강조해도 부족하지만, 새로운 지식이 뇌를 통제하여 인간의 감정, 감각들과 지향을 조작할 엄청난 유혹을 뜻할 수 있다는 것을 부정할 수 없다. 이러한 위험은 특히 향정신성 의약품의 사용, 신경외과학, 뇌 박동기인 전극의 이식과 마지막으로 조화롭게 결합된 세뇌의 방법에서 드러난다.[8]

## 1. 향정신성 의약품 (Die Psychopharmaka)

신경화학은 신경생물학의 막강한 분야이다. 모든 뇌 활동은 화학

6 A.R. Luria, *Higher Cortical Functions in Man*, 32쪽.

7 Luria, *Higher Cortical Functions in Man*, 35쪽.

8 E. Lausch, *Manipulation. Der Griff nach dem Gehirn*, Stuttgart, 1972; Nigel Calder, *The Mind of Man. An Investigation into Current Research on the Brain and Human Nature,* Viking Press, New York, 1973; Erwin Lausch, *Manipulation: Dangers and Benefits of Brain Research*, Viking Press, New York, 1974 참조.

적 성분을 갖고 있다. 그로 인해 화학물질을 공급하여 인간의 기분을 전환할 수 있게 한다. 이것은 오늘날에는 보통 뇌 일부의 신경들에 영향을 미치는 정신 활성제인 향정신성 의약품을 통하여 발생한다. 이러한 화학약물은 우울증과 공포상태를 억제하는 의약품으로서, 혹은 신경을 최고도로 작동하도록 자극하는 것으로서 안정을 줄 수 있다. 가장 염려스러운 것은 모종의 최고의 기분을 일으키는 환각제들이다.

신경화학은 기분을 전환하는 데만 기여하는 것이 아니다. 신경화학의 발달은 약과 주사에 의한 모든 과정과 관계가 있다. 어떤 화학성분을 주입함으로써 질병의 발생을 방지하거나 치유할 수 있다. 신경과 그 기능에 관한 더 나은 지식은 건강한 영양에 관한 중요한 설명을 제공한다.[9] 물론 이후 수십 년 안에 과학적 영양 공급과 환경의 영향의 도움으로 삼 개월 이상 된 태아와 유아의 뇌가 이전보다 발달할 것으로 전망되는 경우에 뇌 연구가 중요한 결과들을 얻을 수 있다고 예상된다. 위험한 순간에 일방적으로 영양을 공급한 결과 수백만 아동의 뇌 발달이 방해되거나 손상을 입게 된다는 것은 사실이다.[10] 뇌의 여러 다른 부분의 신경들의 기능이 더 많이 연구되면 될수록 균형의 장애와 화학적, 전기적 및 다른 수단에 의한 고통을 훨씬 더 효과적으로 제거할 수 있다.

예를 들면 오늘날 시상하부[視床下部, der Hypothalamus]가 성적인 욕구와 행동에 영향을 준다는 것을 우리는 알고 있다. 동물을 조사하자

9 John D. Fernstrom, Richard J. Wurtman, Nutrition and the Brain, *Scientific America* 230 (1974) 84~91쪽 참조.

10 Maya Pines, *The Brain Changers. Scientists and the New Mind Control*, 128쪽.

흥미로운 결과가 나왔다. "난소가 제거된 암컷 동물의 시상하부에 여성 호르몬(에스트로겐, Östrogen)을 주입하면 암컷은 수컷에 대하여 이전에 중단된 행동을 다시 시작한다. 수컷에 여성호르몬을 투입하면 이어서 둥지 짓기와 새끼들의 돌봄과 같은 여성적 행동이 뒤따른다."[11] 수컷과 암컷의 행동은 뇌의 자극을 통하여 생길 수 있다. 하지만 이미 진척된 동물 실험의 결과는 단순히 인간의 행동에 전용할 수 없다. 왜냐하면 인간의 뇌는 훨씬 더 복잡하기 때문이다.[12]

특히 정신건강의학(die Psychiatrie)은 신경화학과 신경생리학에 관한 더 나은 지식으로부터 중요한 도움을 기대해도 좋을 것이다.[13] 심리치료(Psychotherapie)와 정신건강의학은 아마도 미래에는 뇌의 기능을 변화시키기 위하여 화학물질과 전기를 점점 더 많이 사용할 것이다. 예를 들면 뇌 연구에서는 아편 성분이 들어있는 약의 효과를 뇌에 활용할 수 있었다. 이것은 장차 모르핀의 사용으로 매우 분명하게 나타날지도 모른다.[14]

도덕적 평가뿐만 아니라 마약의 효과도 대부분 동기부여에 의존한다. 동기부여가 건전하면 할수록 마약이 부정적인 행동으로 영향을 줄

11 Daniel Robinson, *The Enlightened Machine*, 113쪽.

12 Robinson, *The Enlightened Machine*, 115쪽; Maya Pines, *The Brain Changers Scientists and the New Mind Control*, 131쪽 참조.

13 Joseph Mendels (Hrsg.), *Biological Psychiatry*, John Wiley Sons 1973; W. Ruff, Auswirkungen der Psychopharmaka und ihre Bedeutung bei psychologischen Störungen, *Stimmen der Zeit* 92 (1967) 44~51쪽. Gerald L. Kerman, Psychotropic Drugs as Therapeutic Agents. Controlling Behaviour Through Drugs, *The Hastings Centre Studies* 2, 1 (1974) 81~93쪽. R.M. Veatch, Drugs and Competing Drug Ethics, *The Hastings Centre Studies* 2,1(1974), 68~80쪽 참조.

14 Roger Lewin, Step Towards Safer Morphine, *New Scientist* 61, 880 (1974) 64~65쪽 참조.

위험이 더 줄어든다. "어떤 마약들은 사용 동기에 따라서 행동에 다른 영향을 준다."[15]

그렇지만 특히 마약에 의한 문제들을 너무 쉽게 해결하려는 우리 사회의 경향을 볼 때, 부정할 수 없는 긍정적 전망과 마찬가지로 상당한 위험에 맞서고 있다. 우리와 동시대 사람들은 대부분 너무 쉽게 마약에 손을 뻗으며 많은 의사들은 또한 이러한 경향에 동조한다.[16] "현재 미국 전체 인구의 반수가 이따금 향정신성 의약품을 사용하고 17%는 자주 사용한다."[17] 미국에서는 매년 대개 2억5천만 개의 향정신성 의약품 처방전이 불안 상태를 진정시키는 데 기여한다.[18] 그리고 최신 조사들이 가리키듯이 유럽의 상황도 별로 다르지는 않다.[19]

우리는 증가하는 의존증의 희생자들을 이러한 사회적이며 문화적인 배경에서 이해하려고 하지 않으면 안 된다. 사회 안에서 모든 문제를 짧은 기간에 해결하려고 하는 경향이 있다면, 다음의 경우는 놀랄 만한 일이 아니다. 즉 "마약에 직접 손을 뻗는 대신에, 인간 스스로가 처리할 수 있고 처리해야만 할 마약의 오남용을 화학공업의 강력한 광고들이 모든 상황으로 확장하는 데" 성공하는 경우이다.[20] 마야 파인즈

---

15 Oakley S. Ray, *Drugs, Society and Human Behaviour*, Mosley, St. Louis, 1972, 48쪽.

16 C. Muller, the Over-medicated Society: Forces in the Marketplace for Medical Care, *Science* 176 (1972) 488~492쪽 참조.

17 Maya Pines, *The Brain Changers, Scientists and the New Mind Control*, 224쪽.

18 Elmer Gardner, M.D., Implications of Psycho-active Therapy, *The New England Journal of Medicine* 290 (1974) 800~801쪽.

19 Mitchell B. Balter, Ph.D., Jerome Levine and Dean I. Manheimer, Cross National Study of the Extent of Anti-anxiety, Sedative Drug Use, *The New England Journal of Medicine* 290 (1974) 769~774쪽 참조.

20 Maya Pines, *The Brain Changers, Scientists and the New Mind Control*, 108쪽.

(Maya Pines)는 전문가들의 확신만을 반복하여 다음과 같이 적고 있다. 즉 "질병의 극복을 위해서가 아니고 사회적 문제들을 위하여 마약을 처방하려는 경향이 계속 확장되어 더욱더 사회적으로 용인된다."[21] 우리 문화의 지배적인 경향과 제약산업을 통한 의식적 조작 사이의 상호작용은 부정할 수 없다. 그와 같이 이러한 경향은 마구 악용될 뿐만 아니라 동시에 강화된다.[22]

공리주의적 쾌락주의와 매우 빈번하게 연결되는 자유에 대한 개인주의적 오해로 인해 마약 오남용이 가능해진다.[23] 두드러지게 나타나는 새로운 결과들에 대한 반응은 매우 변하기 쉽다. 우리는 한편으로 과도한 희망을 보며 다른 한편으로는 두려움으로 가득 찬 경보의 소리를 알 수 있다. 하버드대학교의 제럴드 커난(Gerald Kernan) 박사는 향정신성 의약품에 의해 가능하게 된 모든 종류의 쾌락주의의 시대를 예언한다. "여기서 실적을 향상시키고 학습과정과 기억을 개선하는 약들, 즉 흥분시키거나 안정시키는 약들과 우리의 쾌락을 증가시키는 상당수의 약들 사이에 모든 이가 자유롭게 선택할 수 있게 된다. 그리고 이 모든 것은 화학적 우둔화에 대한 공포 없이 이루어진다."[24] 우리는 사회 개혁자들로부터 전혀 다른 말을 듣고 있다. 사회 개혁자들은, 생활과 사회의 질적인 변화를 향한 외침을 잠재우기 위하여 착취자인 사회가 고의로 진정시키고 도취시키는 마약들을 제공한다고 믿는다.

21 Pines, *The Brain Changers, Scientists and the New Mind Control,* 108쪽.

22 John Pekkanen, *The American Connection: Profiteering and Politicking in the "Ethical" Drug Industry,* Follett, Chicago, 1973, 14쪽 참조.

23 O.S. Ray, Drugs, *Society and Human Behaviour,* 276쪽 참조.

24 Maya Pines, *The Brain Changers, Scientists and the New Mind Control,* 226쪽.

미국 사회는 다음의 뉴스에 매우 경악하였다. 즉 수천 명의 아동들이 치유 목적이라기보다는 안정을 얻기 위하여 향정신성 의약품들을 규칙적으로 전달받는다는 것이다. "현재 어린아이들에게 강한 향정신성 의약품들을 건네주는 것은 의사들의 자유에 맡겨져 있다. 유일한 이유는 교사들이나 부모들이 이 약들을 최고로 효과가 좋은 것이라고 말하기 때문이다."[25] 이와 관련하여 가장 선호한 마약은 리탈린[Ritalin, 원래 Methylpenidate로서 주의력 결핍, 과다 행동장애와 기면증의 치료제인 향정신성 의약품이다: 역주]이다. 이 향정신성 의약품은 강한 흥분을 일으키도록 성인들에게 영향을 미치는 반면, 아이들을 안정시키는 기능을 한다. "리탈린은 암페타민[Amphitamin/ 영어로는 amphetamine, 중추신경을 자극하는 각성제: 역주] 시장의 ⅔를 이루고 있다. 그것은 이제까지 아동의 질병으로서 모든 의학이 정확하게 정의하지 못하는 과도한 활동을 제거하기 위하여 대량으로 제공된다. 과도하게 활동적인 아동들을 위하여 이러한 종류의 향정신성 의약품을 적용하는 것은 점점 더 비판을 받는다."[26]

현재의 과학 수준에서 다양한 향정신성 의약품의 가능한 미래에 대하여 균형잡힌 판단을 내리기는 어렵다. 현재의 오남용에 대하여 매우 비판적인 사람들도 미래의 중요한 발견들이 우리를 놀라게 할 수 있다고 생각한다. "우리가 뇌의 상이한 부분들의 발전과정의 모자이크

---

25 Pines, *The Brain Changers Scientists and the New Mind Control,* 212쪽.

26 John Pekkanen, *The American Connection: Profiteering and Politicking in the "Ethical" Drug Industry,* 326쪽. D. Safer, R. Allen, E. Barr, Depression of Growth in Hyper-active Children on Stimulant Drugs, *New England Journal of Medicine* 287 (1972) 217~220 참조; Stephen Rose, *The Conscious Brain,* 300쪽.

에 대하여 더 많은 지식을 가지게 되면 될수록, 헉슬리(Aldous Huxley. 1984~1963, 영국 작가)가 그의 저서인 『멋진 신세계』(*Brave New World*)에서 예견한 것과 아주 똑같이, 아동들의 뇌를 출생 이전에 가능한 효과적으로 형성하는 것이 가능할지도 모른다."[27] 전문가들은 이에 반대하여 과장된 희망들에 대하여 경고한다. 그동안에 대다수의 인구가 자신의 에너지를 정상적인 상황을 성취하기 위하여 투입하는 대신에, 환각 진정제를 복용하는 현재의 실제적인 위험보다 기억과 다른 정신적 기능들을 향상시키겠다는 희망은 훨씬 더 낮게 평가된다.[28]

성장호르몬으로 쥐들의 뇌를 자극할 때 그 뇌는 엄청나게 성장했고 노화 과정이 지연되었다. 그런데 인간의 뇌를 그렇게 자극함으로써 동일한 결과가 나오는지, 그와 같은 실험이 초래할 수 있는 위험을 대략이나마 어림잡을 수 있는지 우리는 충분한 근거들을 가지고 의심한다.[29]

신경화학과 신경생물학 분야의 진보가 이미 치료의 새로운 지평을 가능하게 한다는 것은 이제 의심의 여지가 없다. 그런데 우리는 조작의 중대한 문제에 직면해 있다.[30] 인간의 뇌를 화학적으로 자극함으로써 행동을 통제하는 것은 인간 신체의 어떤 다른 생물학적 기능을 조작하는 것보다 자유에 대하여 훨씬 더 높은 위험을 초래하는 조작이다.[31] 책

27 Maya Pines, *The Brain Changers, Scientists and the New Mind Control*, 130쪽.

28 Stephen Rose, *The Conscious Brain*, 298ff쪽 참조.

29 P. Overhage, Manipulation am menschlichen Gehirn, *Stimmen der Zeit* 184 (1969) 54 참조.

30 H.L. Lennard, L.I. Epstein, A. Bernstein and others, Hazards Implicit in Prescribing Psycho-active Drugs, *Science* 169 (1970) 438~441쪽.

31 R. Neville, R.M. Veatch, G.L. Kerman, P.H. Wender, L.J. West, Controlling

임 있는 의사들은 미래의 위험과 관련해서만 경고하는 것이 아니고 현재 일어나는 여러 가지의 오용을 비난한다. 예를 들면 두려움을 진정시키는 마약은 노인들의 고독을 경감하거나 사고를 당한 사람들의 우울증과 두려움의 체험을 감소시킬 목적으로만 사용되지 않는다. 마약은 간호요원의 과제를 편하게 할 목적으로 더 자주 사용되는 것으로 보인다. 우리는 여기서 모든 이가 관심을 가져야 할 다음의 문제들에 직면해 있다. 즉 "미래에 공격성과 성적인 욕구를 제한하고 기억을 향상시키며 학습과정을 빠르게 할 목적으로 마약을 마음대로 사용해도 된다면, 향정신성 의약품을 처방하는 경우 세상 사람들은 의사의 새로운 역할에 더 큰 주의, 경계 설정과 제재를 요구한다."[32]

의료인이 기분의 상태를 변화시키고 실적을 향상시키며 상이한 쾌락감각을 불러일으키기 위해 마약을 더 많이 처방할수록 사회적 오남용과 의존증의 위험이 더욱 확장된다. 자신들이 처방이 허용한 정도를 훨씬 넘어설 정도로 사람들을 조작한다는 것을 많은 의사들이 자각하지 못하는 것이 사실이다. 여기서도 우리는 다시 우리의 근본적인 기준을 생각하게 된다. 이를테면 이 기준은 내적 자유와 존엄의 촉진, 그것 없이는 책임 있는 행위와 자유로운 동의가 불가능하게 되는 그런 정도의 정보를 확보하는 것이다. "신경정신의학적 처방에서는 원하는 치료와 원치 않은 치료, 충분한 정보와 불충분한 정보, 사회적 목표와 의료적 목표 사이의 경계가 향정신성 의약품의 제공시에 아주 쉽게 간과되

---

Behaviour Through Drugs, *The Hastings Centre Studies* 2, 1 (1974) 65~112쪽; Kenneth Vaux, *Biomedical Ethics*, Harper and Row, New, York 1974, 85~95쪽 참조.

32 Elmer A. Gardner, M.D., Implications of Psycho-active Drug Therapy, *New England Journal of Medicine* 290 (1974) 801쪽.

거나 전혀 지켜지지 않는다."[33]

## 2. 정신외과

대뇌에 대한 모든 외과적 개입은 특별한 면밀함과 의술을 요구한다. 과거 50년 동안 의사들은 행동을 변화시키기 위하여 위험한 자극을 뇌 안에 국한시켜 가할 수 있다는 믿음에서 뇌의 부분들을 파괴하였다. 오늘날에도 아직 이러한 개입이 매년 수백 건이나 된다. 개인의 행동이 사회적으로 용인된 기준(규범)에서 철저히 이탈하는가를 판단하는 것은 정신외과의 몫이다. 정신외과를 통한 행동 변화의 위험은 매우 크다. 지식이 증가함에도 무엇이 그와 같이 철저한 개입의 결과들이 될지는 오늘날까지도 아직은 개연적으로 미리 말할 수 없다. 다니엘 로빈슨 같은 인정받은 전문가는, 정신외과가 "이론이라고 불릴 만한 이념들의 총계 없이 실행된다"[34]고 적고 있다. 동시에 정신외과, 뇌심부 자극술[뇌조율기라고 불리는 의료장치를 뇌 안에 이식하는 외과적 치료법으로서 전기치료의 일종: 역주], 마약, 또한 스키너의 행동 공학이 인격에 심각하게 유해한 변화를 초래할 수 있다는 것을 로빈슨은 많은 이들에게 경고한다. "사람들은, 인격이 살아남는 반면에, 오직 이것이나 저것은 변화된다고 말한다. 그런데 이 인격은 무엇이며 무엇이었나? 종

33 Elmer A. Gardner, M.D., Implications of Psycho-active Drug Therapy, *New England Journal of Medicine* 290 (1974) 801쪽.

34 Daniel N. Robinson, Therapies: A Clear and Present Danger, *American Psychologist*, Feb. 1973, 131쪽.

래의 치료방식과는 반대로 우리는 결과들의 영향 범위를 규정할 처지에 있지도 않고, 치료 중단 이후의 비자연적 상황을 다시 되돌려 놓을 가능성을 약속할 수도 없다."[35]

정신외과는 뇌 안에 심각한 손상과 부분적으로는 파괴를 일으킨다. 그러므로 특히 생명의 진행에서 뇌의 상태와 발전에 대한 현재 우리 지식의 불완전한 상황에 직면하여 가능하다면 정신외과는 회피해야 한다. 이와 관련하여 알렉산더 루리아도 다음과 같이 경고한다. "뇌 내부에서 밀접한 관련과 상호작용이라는 성격은 기능 발전의 다른 단계들에서 동일한 것이 아니며 그렇기 때문에 뇌 특정 부분 손상의 영향도 기능적 발전의 단계들에 따라 다르다."[36]

윤리학자들과 윤리신학자들은 정신외과의 대두를 전문가의 낙관적인 표명을 근거로 일반적으로 승인하였다. 여기에는 환자의 전체적인 상황이 의미 있게 호전되리라고 기대할 수 있다는 전제가 있다. 오늘날 판단에 있어서 더욱 신중할 필요가 있다.

## 3. 뇌심부 자극술(Gehirnschrittmacher)

대담한 형태의 뇌 연구의 하나는 전기 공급으로 뇌 부분들에 관한 직접적 정보를 얻는 것을 목표로 한다. 정서적 반응을 관찰하기 위하

35 Daniel N. Robinson, Therapies: A Clear and Present Danger, *American Psychologist*, Feb. 1973, 132쪽.

36 A.R. Luria, *Higher Cortical Functions in Man*, 37쪽.

여 전극[電極, Elektroden]이 뇌의 가장 민감한 중심 안에 삽입된다. 이러한 연구는 짐승들, 특히 쥐와 원숭이들의 연구에서 성과를 거두었다. 그러나 동물 세계로부터 인간의 뇌까지 이행은 결코 쉬운 것이 아니다. 모든 과학적 기관들은 전극을 통한 직접적 정보와 자극인 뇌심부 자극술을 시험하려고 한다. 이러한 시도가 얼마나 위험하고 이 경우에 매우 색다른 종류의 조작이 문제가 된다는 것을 연구자들은 숨길 수 없다. 여기서는 최대의 주도면밀함이 필요하다는 것을 모든 이가 알고 있지만, 연구자들은, 모든 위험에도 이들 연구가 인간에 대한 더 나은 이해와 어쩌면 인간의 자유를 촉진할 것이라고 강하게 희망한다.

이러한 분야로 연구를 확장하는 것은 과학의 논리상 어쩔 수 없다. 인간 유전학과 인간에 대한 환경의 영향을 다루는 모든 인문 · 사회과학은 이제 자유를 방해하거나 촉진하는 많은 것들에 관한 정보를 우리에게 제공한다. 또 사람들은 뉴런(Neuron) 기능을 직접 연구하는 모든 위험에도 불구하고, 뇌의 다른 기능들이 유전소질(Erbmasse)뿐만 아니라 환경에서 유래하는 모든 자극과 상호작용의 방식에 관한 새로운 지식을 기대한다. 뇌 연구의 개척자 중 한 사람은 다음과 같은 글을 쓰고 있다. "최대로 가능한 자유를 획득하기 위한 기본 전제는 우리의 활동에 영향을 주는 많은 요인에 관한 명확한 지식이다. 이러한 지식으로만 우리는 우리의 대답들이 자동적이 아니고 숙고되며 개인적이라는 확신에 이를 수 있다."[37] 우리의 결정과 기분에 영향을 주는 모든 요인에 관한 지식의 정도와 함께 우리의 개인적이며 사회적인 책임 능력의 공간

37 José M.R. Delgado, M.D., *Physical Control of the Mind. Towards a Psycho-civilized Society,* Harper and Row, New York, 1971, 8쪽.

이 확장된다. "우리가 우리의 행동에 영향을 주는 모든 요인에 관하여 명백하게 자각한다면, 이 영향들 중 많은 것을 받아들이거나 거부하며 우리에 대한 그것들의 영향을 줄일 처지에 있을 것이다."[38] 우리에게 인문 · 사회과학이 총체적으로 제공하는 지식의 성장 규모는 의심할 것 없이 인간의 자유에 관한 꽤 많은 환상을 파괴했지만, 동시에 이러한 지식은 자유를 추구하고 차츰 실현할 수 있는 길들도 가리킨다. 델가도는 자신과 동료들의 연구를 다음의 방식으로 기술한다. "기분의 신체적 연구에 대한 토론에서 나는 다음과 같이 제안했다. 문제를 일반적이 아니라 상세하게 해결하려고 할 것, 문제를 제기하고 쾌감, 행동의 반응 및 정신적 활동의 다른 증명들에 대한 실험자료를 축적할 것, 더욱이 뇌의 직접적 조작을 통하여 그렇게 할 것 등이다."[39]

델가도는 다른 연구자들처럼 '조작'이란 말을 매우 자주 사용한다. 또 그는 그 말이 무슨 의미인지를 잘 알고 있다. "뇌 구조의 직접적 조작을 통하여 정신적 활동에 영향을 미치는 능력은 분명히 역사에서 새로운 것이며, 현재의 목표들은 우리의 기분과 정신적 활동의 신경생리학적인 기초에 대한 우리의 지식을 늘릴 뿐만 아니라 뇌의 구조들에 인과적으로 영향을 끼치려고 한다."[40]

특히 미국에서 현재의 뇌 연구는 매우 광범위하게 계획되어 있다. 이 연구는 개별적 기능들에 국한할 뿐만 아니라 두뇌, 이어받은 유전

38 osé M.R. Delgado, M.D., *Physical Control of the Mind. Towards a Psycho-civilized Society,* 10쪽.

39 Delgado, *Physical Control of the Mind. Towards a Psycho-civilized Society*, 35 쪽.

40 Delgado, *Physical Control of the Mind*, 67쪽.

적 소질과 환경 사이의 상호작용도 규명하려고 한다. 뇌의 일부들, 특히 결정적인 통제의 중추들의 직접적인 자극은 외부로부터 밀려들어오는 정보들 중 다수가 어떻게 뇌 안에서 반응하는지를 관찰하는 것을 목표로 한다. 델가도는 특별히 기분을 포함한 정신적 활동과 뇌의 기능들 사이의 관계를 연구하는 것을 과제로 삼았다. "신체 전체를 위한 통제의 중요한 단계들은 뇌 안에 있다. 전극의 이식이라는 수단을 갖는 방법론 덕택으로 우리는 우리의 신체적 활동의 대부분을 조절하는 중심부들에 직접적으로 접근할 수 있게 되었다. 그런데 뇌는 모든 정신적 기능들의 물질적 기체(das materielle Substrat)이며 뉴런의 기능에 관한 연구를 통하여 우리는 뇌와 인간적 정신의 관계라는 몇 개의 고전적 문제들을 연구해야만 한다."[41]

여기에서 뇌와 동시에 인간적 행동의 원격조정이라는 전적으로 새로운 가능성의 지형이 열린다. 인공 뇌과학은 인간에게 더욱 가깝게 다가온다. 델가도는 다음과 같이 질문한다. "충동의 방향, 요구와 생각이 전자공학의 인공적 지휘 아래 있을 수 있는가? 뇌의 전기자극을 통하여 인간을 원격적으로 유도할 수 있는가? 정신은 육체적으로 통제될 수 있는가?"[42]

뇌 연구의 이러한 선구자의 작업가설은 다음 4가지 전제에 의거한다. 첫째, 뇌 안에는 어떻게 해서든지 모든 정신적 활동, 인간 상호 간의 행동, 창조적 예술 등에 함께 책임이 있는 기본적인 구조가 있다. 둘째, 이 구조들은 발견되고 분석되며 영향을 받을 수 있다. 물론 때로는

41 Delgado, *Physical Control of the Mind,* 97쪽.

42 Delgado, *Physical Control of the Mind,* 97쪽.

물리적이며 화학적인 기술의 도움으로 이 구조를 대체할 수 있지만, 사랑과 생각이 신경생리학적인 현상에 지나지 않는다는 것을 의미하지는 않는다. 셋째, 뇌의 직접적인 조작은 예견 가능한 행동과 정신적 활동을 야기할 수 있다. 넷째, 전제는 대체로 다음의 수수께끼를 낸다. "우리는 뉴런의 기능에 대한 지능적이며 목적의식이 있는 조작을 통하여 맹목적이며 자동적인 반응을 대체할 수 있다."[43]

러시아의 위대한 뇌 연구자인 알렉산더 루리아처럼, 델가도 또한 뇌, 환경 전체와 유전적 소질 사이의 상호작용을 줄곧 강조한다. 뇌에서 무엇이 생기느냐는 유전적 소질에 함께 주어진 가능성에 달려 있고, 유년기로부터 성년기까지 환경의 영향과 마침내는 개인에게 고유한 자유로운 책임성에 달려 있다. 델가도는 감각 경험의 지속적인 유입과 충동과 언어 등을 통한 '최대한의 정보'의 필요성을 거듭 언급한다. 그럼에도 그는 정보의 이상적인 규모와 원할 만한 가치가 있는 질과 관련하여 식별 능력을 생각하지 않는 것 같다. 그가 "나는 내가 관계하는 모든 것의 일부이다"라는 테니슨의 말을 인용하는 경우에, 단지 수동적인 수용과 그에 상응하는 형성됨만을 생각하는 것은 아니다.[44] 오히려 그의 전체 숙고는, 인간이 실제로 자신 안에 받아들이려고 하는 것을 이러저러하게 타고난 선택의 원리들을 통해 자유로운 선택으로 규정한다는 것을 시사한다. 유전적 소질과 관련하여 델가도는, "유전자가 성격과 본성의 특징들을 규정하지 않고 반응을 규정한다는 도브잔스키의 견해

---

43 Delgado, *Physical Control of the Mind*, 68쪽.

44 Delgado, *Physical Control of the Mind*, 236~237쪽.

에 동의한다."[45]

이제까지의 뇌 연구의 성과에 대한 그의 숙고에서 델가도는 유전적 소질의 영향보다는 환경의 영향에 더 큰 비중을 둔다. 인간은 완성되지 않은 과제이지만, 유전적 소질에 의하여 그리고 환경과 지속적으로 상호작용을 하면서 정신과 감정의 힘들을 발휘할 수 있다. 언어와 비슷하게 자유도 가르치고, 배우고 만들어지는 것임이 틀림없다. 체험한 자유에 대한 생각, 환경에서 수집된 표현들과 그 밖의 경험들의 전체적 풍부함에 대하여 뇌가 대답할 능력을 준다. "동굴에서 사는 사람과 현대적인 과학자 사이의 더욱더 큰 차이는 유전적 종류의 것이 아니고 환경과 문화의 상이함에 의거한다."[46]

뇌 연구가 학제적 대화를 요구한다는 델가도의 주장은 옳다. 그렇지 않으면 이 연구는 인간에게 도움이 되지 않을 수 있는 것이다. 그런데 다른 과학들이 뇌 연구의 수확을 고려하지 않을 수 없다는 그의 주장은 옳다. "신경생리학적 요인과 환경에 국한된 요인들을 동시에 고려하지 않으면 안 된다. 또한 오늘날에는 이 요인들에 대한 공동연구를 위한 방법들이 있다. 뇌의 구조들에 대한 실험적 연구는, 그 구조들이 공격적 행동에 대하여 책임이 있는 한, 사회의 연구를 위하여 필수적이다. 이것은 사회학자들과 생물학자들이 인정해야 한다."[47]

참을성 있고 가치지향적으로 체계화된 교육과 상호 존중하는 대화 및 자체 교육을 전자공학의 통제로 대체하는 것이 델가도의 의도는 아

45 Delgado, *Physical Control of the Mind*, 63쪽.

46 Delgado, *Physical Control of the Mind*, 64쪽.

47 Delgado, *Physical Control of the Mind*, 123쪽.

니다. 그는 또한 통제가 비교적 약한 사회가 자주 해치우는 조작에 대해서도 날카로운 감시를 한다. "나는 관대한 행동이 아동 안에 진정하고 자유로운 인품을 발전시킨다는 잘못된 추론을 강조하여 지적한다. 통제가 덜 구조화된 아동이 극도로 권위주의적인 어머니의 아이보다 더 적지않게 부모가 조작한 산물이라는 것을 간과하지 말아야 한다."[48] 우리는 여러 번 다음과 같은 동일한 결론에 이른다. 자유는 학습되지 않으면 안 된다. 그것은 전체 문화와 모든 개인이 노력한 성과이다. 우리가 자유로운 인간과 자유로운 사회를 원한다면, 책임질 능력과 각오를 갖추도록 아동을 교육해야만 한다.[49]

델가도는 뇌심부 자극술인 전극을 직접 치료에 적용하는 것과 관련하여 발견자의 기쁨에 취해 지나치게 낙관적이다. "경험에 의하면 전극을 인간의 뇌 안에 이식하는 것의 안전과 이점은 장기적 전망에서 보증되었다. 또한 간질, 원하지 않은 충동에 의한 흥분과 발작, 치유할 수 없는 고통, 불안 노이로제(신경증), 기타 뇌의 장애를 갖고 있는 수천 명의 환자를 돕기 위하여 이 치료방식이 세계의 여러 다른 지역의 특별 의학센터들에서 적용되었다."[50] 델가도와 그의 동료들은 매우 작지만 아주 날카로운 도구들을 일종의 라디오 방송국과 수신소로서 발전시켰다. 그는 이 장치를 '자극 수용기'(stimo-receiver)라고 부른다. 사람들은 전체 과정을 위해 독일어로 '뇌심부 자극술(Gehirnschrittmacher)'이란 말을 만들어 내었다. 이 뇌심부 자극술이 연구, 진단과 모든 종류의 뇌

48 Delgado, *Physical Control of the Mind*, 239~240쪽.

49 Delgado, *Physical Control of the Mind*, 240~242쪽.

50 Delgado, *Physical Control of the Mind*, 87~88쪽.

의 장애에 대한 치료에서 큰 약속이라고 델가도가 생각한다면, 지나치게 낙관적이라는 것이 다른 저명한 연구자들의 견해이다. 그는 다음과 같이 적고 있다. "우리는 가까운 미래에 뇌심부 자극술이 상호 간의 반응(Feedback)을 갖는 인간과 컴퓨터 사이의 본질적인 매개자가 될 것이라고 희망할 이유가 있다."[51] 그의 낙관주의는 오직 뇌 활동 중의 전기신호를 해독하는 어려움 때문에만 견제된다. 그는 심지어 최고로 발전된 방법론조차 메시지의 전달자만을 발견할 수 있겠지만, 그것의 의미는 발견할 수 없을 것이라고 생각한다.[52]

뛰어난 뇌 연구자이며 델가도의 찬미자인 발렌스타인(Eliot S. Valenstein)은, 적어도 가가운 미래를 전망할 때, 훨씬 더 비관적이다. 그는 미국 심리학회의 신임 회장인 클라크(K.B. Clark)의 취임 연설에 대하여 매우 비판적으로 다음과 같이 말했다. "우리는 과학적이고 생화학적인 적용이라는 한 유형의 문[門]에 서 있다. 이러한 적용은 인간의 도덕적이며 윤리적인 경향성을 안정시키고 지배적인 것으로 만들 수 있을 것이다. 반면 아주 소멸될 수는 없을 테지만 인간의 부정적이며 원초적인 행동의 경향은 부차적이다." 이러한 목표를 뇌심부 자극술이나 화학적 수단으로 달성할 가능성은 전혀 없다고 발렌스타인은 강조한다. 그에 따르면 우리는 "정상적인 뇌를 가진 사람들이 사회적으로 원하지 않은 행동을 억제할 아무 기술을 갖고 있지 않다. 뇌의 어떤 부분에 대한 전기적이거나 화학적인 자극이 오직 특정한 행동의 특성을 변화시킬 수 있다는 것이 먼저 입증되어야만 한다. 뇌에 관한 직접적

51 Delgado, *Physical Control of the Mind*, 91쪽.

52 Delgado, *Physical Control of the Mind*, 227쪽.

정보의 체계를 통한 의미 있는 개입은 필연적으로 전체적인 행동 경향에 영향을 줄 것이 틀림없다."[53]

그의 간행물의 여러 다른 곳에서 델가도 역시 조심스럽게 말한다. 그럼에도 그는 개인의 정체성과 반응의 능력이 대다수의 요인, 경험, 환경과 유전소질의 전체 영향에 의존한다는 것과 극히 복합적인 뉴런의 연결망 안에서만 효력을 발휘한다는 것을 알고 있다. 그래서 그는 클라크만큼 낙관적이지는 않다. 그러나 행동 반응의 특정한 관점들을 뇌심부 자극술을 통하여 제한적으로 변경할 수 있다고 확신한다.[54]

그런데도 민감한 분야의 연구에 제기되는 위험들과 윤리적 문제들에 대하여 델가도가 결코 맹목적이지 않다는 것을 인정해야 한다. 그가 의학과 인간 생명의 전체에서 실험을 매우 강조한다면, 우리는 이렇게 성공적인 선구자의 태도를 나쁘게 생각할 수 없다. 그는 동물 세계로부터 인간적 생물학으로 그리고 특히 인간 뇌의 연구로까지 도약하는 것이 얼마나 어려운가를 알고 있다. 그는 연구자가 합리적인 신중함과 불가피한 위험들 사이의 타협을 찾아야 하는 것에 해결이 있다고 본다.[55]

그의 모든 낙관적 진술에 따르면, "정신질환의 경우에 뇌의 전기적 자극이 아직은 많은 의심을 받고 있고 겨우 실험단계에 도달해 있다"[56]고 그의 동료들에게 경고한다. 늘 계속하여 자신의 삶의 최종목적과 의미 및 과제에 관한 질문을 스스로 제기하는 고도로 숙달된 연구자는 인

53 Elliot S. Valenstein (Hrsg.), *Brain-stimulation and Motivation. Research and Commentary*, Scott, Foresman and Co., Glenview, 1973, 32쪽.

54 Delgado, *Physical Control of the Mind*, 193쪽.

55 Delgado, *Physical Control of the Mind*, 208쪽.

56 Delgado, *Physical Control of the Mind*, 209쪽.

간의 공동선, 현세대와 미래세대에 의무를 지고 있다는 것을 알고 있다. 그는 연구와 실험의 기쁨 가운데, 인류의 값진 유산인 자유와 각 개인의 존엄을 보존할 필요가 있다는 것을 잊지 않을 것이다. 직접적인 뇌의 자극이라는 분야에서 연구와 치료의 새로운 길을 개척하기 위해서는 사실대로의 정보와 파트너의 자유로운 동의와 관련하여 전적으로 특별한 신중함이 요구된다. "위험과 불필요한 고통을 가져오는 개입들은 없어져야만 한다."[57] 결코 넘어서서는 안 되는 경계들은 – 모든 분야에서처럼 – 개인의 존엄과 내적인 자유이다.

새로운 신경학적 기술은 쾌락이나 고통의 중심부들과 관계있는 세련된 수단들을 자유로이 다룬다. 이러한 기술은 과거의 모든 고문보다 더 나쁜 고통을 아주 갑자기 일으킬 수 있다. 개인의 자유에 대한 개입 역시 더 위험할 수 있다. "개인은 뇌의 직접적 조작에 대하여 전적으로 무방비 상태이다. 그 이유는 이러한 조작이 생물학적으로 반응을 가능하게 하는 개인의 기제들을 내적으로 깊게 박탈하기 때문이다."[58] 실험 진행 중에 뇌에 대한 전기적 자극은 자유의지보다 더 강력하다. 여기로부터 연구의 뚜렷한 경계가 생기며, 연구자 자신에게는 특별히 고도의 책임성이 요구된다. 그럼에도 나는 우리가 이로부터, 개인의 병적인 행동을 뇌심부 자극술이나 직접적 정보의 유사한 방식을 통하여 연구하고 영향을 미치려는 모든 시도가 부도덕하다고 말해야 한다고 믿지는 않는다. 만일 두 파트너, 즉 치료자와 환자 또는 그의 법적인 대리자가 충분히 고려한 뒤에, 병적인 행동이 변화되어야만 한다고 의견이 일치

57 Delgado, *Physical Control of the Mind*, 212쪽.

58 Delgado, *Physical Control of the Mind*, 214쪽.

한다면, 그리고 이 두 사람이 수단에 대하여 일치하고 실제로 전체적으로 더 나은 건강과 더 건강한 행동이 기대될 법한 경우에, 나는 이에 대해 어떤 부득이한 이의들을 알고 있지 않다.

## 4. 종합된 방법들로 세뇌하기

신경 중심부들과 행동에 영향을 미치는 여러 방법들은 인간의 치유능력을 뚜렷이 향상시킬 수 있다. 그런데 이 방법들의 종합은 마찬가지로 인간의 자유, 존엄과 건강을 해칠 수 있다. 신경생물학은 인간을 조작하면서 마음대로 다루고 싶어하는 사람들의 손안에 있는 위험한 칼일 수 있다. 신경화학, 인격을 변화시키는 약품들, 신경생리학과 신경생물학은 인간의 뇌와 정신 및 감정을 통제할 수 있다. 고등수학과 연결된 생물학은 인간이 컴퓨터에 의해 조정되는 미래를 계획할 수 있다.[59] 더 나아가 뉴런들의 언어와 뇌의 기능들을 해독하는 데 성공한다면, "인간들은 전보다 더 강해지겠지만 동시에 더 상처를 입게 된다. 원자력이 한 번에 우리를 위험에 처하게 하듯이, 뇌 통제의 문제는 마찬가지로 인간들에게 큰 위험으로 닥칠 것이다."[60] 그러므로 우리의 미래는 대부분, 뇌를 변화시키는 자들이 오늘날 벌써 행하고 있는 것과 다

59 Delgado, *Physical Control of the Mind*, 293쪽.

60 M. Pines, *The Brain Changers*, 236쪽. K. Thomas, *Die künstlich gesteuerte Seele*, Stuttgart, 1970; F.A.M. Meerlo, *The Rape of the Mind*, London, 1957; Elliot S. Valenstein, *Brain Control. A Critical Examination of Brain Stimulation and Psychosurgery*, John Wiley, New York, 1973 참조.

가올 미래를 위해 무엇을 준비할 생각이 있는가를 우리 모두가 주의 깊게 관찰하느냐 아니냐에 달려 있다.

이러한 관점에서 우리는 정신분석도 무시해서는 안 된다. 정신분석은 치료에 가치있는 기여를 할 수 있지만, 조작자의 손 안에서는 위험한 도구이기도 하다. 벌써 상당히 오래전부터 일부 사람들은 일종의 정신분석의 상이한 경향들과 방법들로 인하여 불안한 상태에 있다. "몇몇 '성장'의 선구자들은 사기꾼들이며, 그들에게는 주로 돈이 중요하거나 인간의 감정과 정신을 조작할 힘에 대한 욕구가 중요하므로 의심의 근거가 없는 것은 아니다."[61]

지난 몇 년 동안에 행동을 변화시키는 자들과 정신분석의 몇 가지 경향에 반대하는 주요 비난 중 하나는 "이러한 자들과 경향들이 기계적이고 비인간화하며 인격을 파괴하면서 진행한다"[62]는 것이다. 그럼에도 일반화하는 것은 오류임을 분명히 표명해야만 한다. 과거와 같이 오늘날에도 많은 환자들은 정신치료의사들에게 감사해야 하는데, 이 의사들은 의식과 자유, 특히 삶의 최종 의미를 추구하는 내적인 자유를 강화하는 것을 중시한다.

일부의 정신분석학자들은 절대적으로 가치중립적이며 단순한 청취자처럼 처신한다. 반면에 그들은 실제로 환자의 세계관과 행동을 그들 자신의 이데올로기에 따라 변화시키기 위하여, 환자를 자신들에게 의존하게 만들도록 정신치료를 사용한다. 위대한 정신치료의사인 칼

---

61 Perry London, The Future of Psycho–therapy, *The Hastings Centre Report* 3,6 (1973) 11.

62 Perry London, The Future of Psycho–therapy, 11쪽.

메닝거조차도, 환자는 정신분석가가 어디에 위치해 있는지 분명히 알아야 한다고 강하게 주장한 것은 옳다. 그럴 때에만 환자 자신이 대화의 파트너일 수 있고, 환자의 자유가 위험에 빠지지 않기 위하여 치료자가 더 쉽게 자신의 진단과 조언을 제공하게 될 것이다. 동일한 직업의 사람들 중 최고의 대표자들과 더불어 메닝거는 자신들의 환자들을 성적으로 능욕하는 정신분석가들을 매우 신랄하게 단죄한다. 그러한 행위는 장기적으로 볼 때 자신의 환자들뿐만 아니라 자신에게마저도 심각한 손해를 입힌다는 것을 치료자는 알고 있어야 한다.[63]

치료자 자신이 어쨌든 아버지 상(das Vaterbild)이 되는 위임[委任]이라는 현상을 올바로 사용하기 위한 시금석은 최종적으로 다음의 질문이다. 아버지 또는 어머니인 정신분석가에 대하여 또다시 미숙한 의존을 보여주지 않고 건강하지 않은 행동을 반복하지 않을 "자유를 찾도록 환자를 도와주느냐 아니냐는 질문이다. 유감스럽게도 치료의 실시가 여러 차례 이러한 목표를 허용하지 않는다는 것, 즉 이 실시가 모든 것을 선사하거나 거절하는 부모의 몫에 대하여 개인을 미숙한 의존에서 벗어나게 하지 못한다는 것은 분명하다."[64]

우리가 진보로 인하여 가능하게 된, 모든 종합적 방법들을 갖춘 미래의 세뇌의 위험을 예방하고자 한다면, 오늘날의 의료실무에서 생기는 모든 오남용을 반대하지 않으면 안 된다. 물론 그 이상으로 우리는 지나치게 기술적인 개념과 치료술에 대한 물질주의적 시각에 맞서 싸

63 K. Menninger, *Whatever Became of Sin?*, 214~216쪽.

64 Lee H. Beecher, in: Claude A. Frazier (Hrsg.), *Faith Healing*, Thomas Nelson, New York–Nashville, 1973, 59쪽.

워야만 한다. 이반 일리히(Ivan Illich, 1926~2002, 오스트리아 출신 철학자, 신학자)는 우리에게 다음과 같이 경고한다. "고통, 질병과 죽음을 개인에 대한 간청(Anruf)으로 인정하는 대신 순수하게 기술적인 문제로 바꾸는 의료적 시도는 자동적으로 인간적인 삶의 관계들과 맞설 내적인 힘을 인간들에게서 빼앗는다. 그렇게 하여 이러한 실시는 새로운 종류의 '건강하지 않음'의 주된 뿌리가 된다."[65]

## 5. 결정적 질문: 우리의 자유

뇌와 그 기능들에 관련된 새로운 인식들에 의해 우리는 영혼, 정신, 감정과 자유라는 주제와 같은 전체 전통적인 주제들을 새로운 언어와 신중함으로 표현해야 한다. 이들 실재들과 관련하여 자신들의 연구 성과와 동시에 전통적인 개념의 언어와 씨름하는 과학자들이 자주 혼란스러운 상태에 있게 된다는 것은 분명하다. 사람들이 플라톤적 이데아와 정신세계의 방식에 따라 영혼과 정신에 대하여 청년기의 과학자들에게 말했다면, 이것은 매우 특별한 경우이다. 연구자들은 신체로부터 소외된 유심론(Spiritualismus)과 함께 아무것도 시작할 수 없다.

두 세계 사이의 이러한 만남은 특히 델가도의 성찰에서 나타난다. 그는 다리가 어떻게 건축될 수 있는가를 알지 못한다. "영혼의 딜레마는 이것이다. 즉 우리가 정신적 활동을 영혼의 발음이라고 가정한다면,

65 Ivan Illich, Medical Nemesis, *The Lancet*, 11. Mai 1974.

예컨대 뇌의 전기자극과 같은 물리적 수단을 통한 이 기능들의 변형은 영혼 자체가 전기를 통하여 조작될 수 있다는 것을 뜻한다. 그런데 이것은 무의미하다. 왜냐하면 영혼은 그 정의에 따르면 비물질적이기 때문이다."[66] 이와 반대로 우리가 영혼이 화학적이며 전기적인 반응에 내맡겨진 기능들을 행사한다는 것을 부정한다면, 도대체 순수한 추상일 반 이외에 영혼으로부터 무엇이 남느냐고 그는 놀라워하며 묻는다. 왜냐하면 이 경우에 영혼은 온전히 비물질적일 뿐만 아니라 현실과는 상징적인 관계만 있을 것이기 때문이다.

이러한 연구자들과의 대화에서 성서적 인간이해가 스콜라 철학적, 플라톤적 이해보다 우리에게 더 도움이 된다. 인간은 신체와 정신 혹은 더 낫게는 신체화한 정신이다. 또 우리는 인간의 자유가 신체에 뿌리내린 자유라는 것을 마찬가지로 강조해야만 한다. 인간의 자유가 더 정신적일수록 그만큼 더 살과 피가 된다. 우리가 더 구체적인 방식으로 기억, 이성과 의지가 어떻게 "실험적 연구에 이용될 수 있고 화학적 과정들, 리보핵산[Ribonukleinsäure, 오탄당의 일종인 리보스를 기반으로 뉴클레오타이드를 이루는 핵산의 한 종류: 역주]과 해마[Hippocampus, 해마체라고도 불리며 대뇌피질과 시상하부 사이의 경계에 있다: 역주]의 전기적 활동 및 두뇌엽[頭腦葉, Gehirnlappe]의 해부학적 완전성과 관련될 수 있는 활동성으로서 인식되는가를 관찰한다면, 성서에서 유래하는 그리스도교 사상에는 특별한 어려움이 초래되지 않을 것이 확실하다."[67]

66 Delgado, *Physical Control of Mind*, 30쪽.

67 Delgado, *Physical Control of Mind*, 30쪽.

우리의 정신이 단지 물질적 세계의 차원을 넘어서고 선과 진리를 위한 열정적인 사랑을 쏟을 수 있다는 것은 기본적인 인간의 경험이다. 그럼에도 이는 모든 것이 인간의 뇌의 놀랄 만한 조직과 관계가 있음을 우리가 아는 것을 결코 방해하지 않는다. 마찬가지로 이 모든 것이 일어나는 신체성과 정신적이며 초월적인 차원에 관하여 우리가 언급한다면, 인식의 증가와 함께 인간의 신비에 대하여 우리는 더욱더 놀랄 수 있다. 또 우리는 동시에, 우리의 인간적 한계를 받아들이는 것이 얼마나 중요한지를 알게 된다.

우리는 델가도처럼 선의를 가진 과학자들이 인간의 신체적 한계를 성공적으로 표현하는지 어떤지를 의심할 수 있다. 그런데 우리는 새로운 언어를 말하려는 그들의 시도를 고려하지 않을 수 없다. "뇌는 절대적 사상을 만들어낼 수 없고 절대적 가치를 창출할 수 없거나 윤리학의 내적인 절대적 원리들을 발견할 수 없다. 우리는 가치들의 불변성을 부정하면서 마찬가지로 우리 현존재가 운명적으로 규정되어 있음을 비난한다. 본성에 의해 규정된 운명을 받아들이는 대신에, 우리는 지능을 사용함으로써 새로운 개인적 자유를 획득한다. 그와 같이 우리는 이데올로기의 체계들과 행동의 규칙들을 상대적인 인간적 창조물로서 간주한다. 이들 창조물은 이성의 피드백(Feedback)을 통하여 변경될 수 있다."[68]

델가도와는 달리 나는 인간이 자신의 본성의 모든 제한성에 있어서 내재하는 윤리의 원리들을 인식할 수 있다고 믿는다. 물론 인간은

68 Delgado, *Physical Control of Mind*, 234쪽.

스스로 절대 가치를 창조할 수 없지만 이 창조자와 연결시키고 자유에 이르는 가치들을 발견할 수는 있다. 우리의 가치체계를 표현하고 현실 안으로 옮겨놓는 방식이 제한되었고 불완전하다는 것, 그리고 우리가 늘 새로운 경험과 공통적인 숙고에 열려있어야 한다는 것을 델가도가 호소한다면, 그 말은 옳다. 절대적 언어를 소유하고 모든 시대의 모든 사람들에게 동일하고 간결한 표현으로 된 동일한 해결책을 제시한다고 여기는 교회의 선포나 철학은 오늘날의 과학적 세계와 화해할 기회를 갖지 못한다.

인간적 발전과 모든 인간적 활동은 구체적 유산과 그때그때 주어진 환경에 대한 대답으로서 실행된다. 이 대답이 진정하며 창조적이라면 그 결과는 틀에 박힌 반복 이상의 것이다. 현세대는 "인간 유전학의 발전의 연속성과 특수성뿐만 아니라 뇌 내부의 변화 가능성도 알고 있다."[69]

인간의 자유라는 개념과 책임 능력은 '사회적 상호작용을 고려할 때'만 의미 있게 표현될 수 있다는 것을 우리는 과거 세대들의 윤리학자들보다 더욱더 강하게 의식하고 있다.[70]

자유는 유전적 요소들, 전체 환경과 창조적 대답을 준비하는 개인 사이의 놀라운 경기에 깊이 새겨진 현실로서만 존속한다. 또한 우리는 이러한 대답을 뉴런이라는 언어 없이는 더이상 생각할 수 없다. 우리가 자유를 인간 뇌의 전적으로 특수한 활동과 기능에 고정시키려고 한다면, 오류에 빠져 있는 것이다. 오히려 우리는 유전, 환경과 깊이 각인

69 Stephen Rose, *The Conscious Brain*, 294쪽.

70 S. Rose, *The Conscious Brain*, 291쪽.

된 인간의 정신 사이의 상호작용이 거기에서 최종 의미를 얻는 모든 것을 관통하는 현실을 자유 안에서 발견한다. 나는 주어진 자유에 대하여 과학적으로 언급하는 인도주의자 스티븐 로즈의 수고를 인정하면서도, 그가 '신경생물학의 힘을 설명하는 것과' 다른 한편으로 '그 힘을 예언하는 것' 사이를 구별한다면, 이러한 언급이 성공적이지 않다고 생각한다.[71] 인간적 자유의 충만한 의미는 신경생물학이 우리의 결정을 예언할 수 없다는 사실을 통하여 설명할 수 없다. 유전연구와 신경생물학은 우리에게 놀랄 만한 정보를 제공하지만, 인간적 현실의 전체와 자유는 끝없이 더욱 크다. 인간적 인격체 안에서 화학과 뇌 전기의 개념 세계 안에서 표현될 수 있는 것만을 보려는 과학자들의 사유와 언급은 줄곧 위험에 빠진다.

그리스도교 전통에 뿌리를 둔 몇몇 과학자들은, 우리가 인간적 자유의 비밀에 접근하기 위해서는 하이젠베르크가 발견한 불확정성의 관계가 어떻게 해서든지 도움이 될 수 있을 것이라고 생각했다. 그럼에도 나는 다음의 내용을 믿는다. 자유와 의식을 이해하기 위해서는 자유와 의식이 뇌 안의 상응하는 변화 없이는 발생할 수 없을지라도, 불확정성의 관계의 범주가 어쩌면 중요할지라도, 자발성과 책임 있는 선택을 위해 표현되는 그런 종류의 자유를 위한 공간을 만들기 위해서는 논리적으로 불필요하다. "의식적인 인간적 통제와 활동의 슐라이펜 모델[ein Schleifen-Modell, 뇌의 활동통제용 기능 모델: 역주]에 대한 선험적 이의 제기들은 근거가 없다."[72]

---

71 Rose, *The Conscious Brain,* 292쪽.

72 D.M. McKay, Cerebral Organization and the Conscious Control of Action, in:

때때로 혼동되는 두 개의 전혀 다른 사안들을 여기에서 확인하지 않으면 안 된다. 그 중 한 가지는 자유를 믿거나 부정하는 것이다. 또 다른 하나는 형이상학적 언어로든 개념의 세계에서든 인간적 자유를 개념들로 표현하는 것인데, 이 개념 세계에 행동과학들과 뇌 연구가 자리잡고 있다. 자유는 매우 큰 현실이어서 결국 개념의 언어로 정확히 표현할 수 없다. 그런데 우리가 자유에 관하여 의미 있게 말하려고 한다면, 신체상의 현실과 전체 환경을 더이상 간과해서는 안 된다. 인간적 자유는 전체의 현존처럼 육화[肉化]의 법칙의 지배를 받는다. 우리가 개인과 공동체로서 이제까지 달성된 자유의 정도를 철저하게 이용하고 전체 인간적 생활에서 자유의 확장을 위한 창조적 자유와 충실함으로 노력한다면, 이 자유가 결국 경험과학들의 언어에서 표현되지 않는다는 사실에 의해 혼란에 빠져서는 안 된다. 물론 전체 현실이 중요하다. 경험과학들이 인정하지 않을 수 없지만 이 과학들이 자체의 방법과 목표에 의하여 결코 해명할 수 없는 전체 현실이 중요하다. 우리가 인간의 자유와 존엄성을 믿지 않는다면, 과학과 기술의 진보가 우리에게 무슨 유익이 있겠는가!

세뇌의 시대가 오지 않도록 하기 위해서, 의사의 직업군뿐만 아니라 공동선을 중시하는 모든 사람들은 연대하여 노력하지 않으면 안 된다. 우리와 다르게 생각하는 사람들의 자유와 양심에 상처를 입히기보다는 오히려 사회적으로 원하지 않은 행동을 견디어 낼 준비가 되어 있

---

John Eccles (Hrsg.), *The Brain and Conscious Experience* (Texts of the Study Week, Sept. 28–Oct. 4, 1964, of the Pontificia Academia Scientiarum), Springer, New York 1966, 440쪽. John Eccles, *The Understanding of the Brain*, McGraw Hill, New York–London, 1973 참조.

어야만 한다. 그럼에도 이것은 "우리가 뇌 질환이 있다고 입증할 수 있는 사람들의 격렬한 행동을 통제하는 것을 배우는 데 방해가 되지 않는다."[73]

인간을 탐구하는 과학들과 뇌 연구의 계속 확장하는 지식은 우리들 인간에게 우리 자신의 현존과 환경을 개조하기 위한 증강하는 힘을 제공한다. 우리는 많은 관점에서 우리의 자유의 한계를 더 잘 파악할 수 있으면서도 우리들의 삶의 질, 유전병질이 없는 건강, 우리의 환경과 우리의 뇌의 발달을 개선할 새로운 가능성을 발견할 수 있다. 인간은 자기 안에서 의식을 향한 진화가 이루어지는 유일한 존재이며 그와 동시에 적극적인 역할을 해야 한다. 이것을 실행하기 위한 결정은 경솔한 자만과는 아무런 관계가 없다.[74] 예컨대 우리는 노화를 저지할 수 없다. 그런데 새로운 지식들이, 우리가 충분한 건강과 우리의 정신적 능력들의 사용을 누리는 세월을 증가하게 돕는다면, 왜 우리가 그 지식들을 이용하지 않아야 하는가! 뇌의 진보가 우리에게 그러한 것을 가능하게만 한다면, 그러한 진보가 우리의 자유와 책임 능력을 더욱 효과적으로 강화하도록 돕는다면, 우리가 왜 우리의 의식, 기억과 에너지의 공간을 확장하지 않아야만 하는가!

---

73 Maya Pines, *The Brain Changers*, 207쪽.

74 Charles E. Curran, *Politics, Medicine and Christian Ethics: A Dialogue with Paul Ramsey*, Fortress Press, Philadelphia, 1973, 177쪽 참조. C. Feinberg, *The Prometheus Project*, Doubleday, Garden City, N.Y., 1968 참조.

**제4장**

# 인간 유전학과 조작

지난 몇 년 동안 내가 인간 유전학과 뇌 연구의 진보라는 주제를 심도 있게 연구했을 때, 나의 최초의 반응은 걱정이나 경보가 아니고, 뇌 언어, 뉴런들의 신호와 그것의 전달체와의 관계를 판독할 인간들의 능력에 대한 경탄과 찬미였다. 이에 못지않게 우리는 인간 유전학이 우리에게 선물한 새로운 통찰들에 보람을 느끼며 경탄한다.

유전자는 계속하여 우리가 인간의 언어로 번역할 필요가 있는 암호화한 언어로 훌륭하고 풍부한 전달체를 제공한다. 64개의 기본기호로써 유전자(DNS, Desoxyribonukleinsäure. 영어로는 Desoxyribonucleic acid)는 특별한 유전적 유산을 알려준다. 이러한 언어에서 이미 접합자에서는 일란성 쌍둥이의 경우에서만 반복되는 생물학적 일회성이 표현된다. 이러한 전달체를 통하여 개인은 훌륭한 방식으로 장기간의 진화와 인간의 역사에 뿌리내리고 있다. 인간의 유전적 소질에 대한 표현은 모든 생명체와 많은 것을 공유하고 있으며 동시에 인간과 인간 이하의 생명 사이의 명백한 차이를 드러낸다.[1]

그 안에서 인간의 유전이 알려지는 생물학적 언어에 대한 더 나은 지식은 우리의 과거와의 연결에 관한 더 깊은 이해와 모든 생명체와의 새로운 연대감을 제공한다. 그와 같이 우리는, 과거와의 단절은 현대인의 중죄 중의 하나라고 한 유명한 동물행동학자인 콘라트 로렌츠의 경고를 더 잘 이해할 수 있다.[2]

인간 유전학은, 인간의 발전이 얼마나 엄청나게 특별한 생물학적 성공인가 하는 놀랄 만한 통찰들을 우리에게 제공한다. "인류는 환경을 자신의 유전적 소질에 적응시키고 또 이 유전적 소질을 환경에 적응시킬 능력을 획득했다."[3] 오직 생물학적인 것으로부터, 인간 생명의 유일무이성에 대한 새로운 인식들과 함께 경우에 따라서는 유전적 소질과 환경 사이의 상호작용을 더 많이 통제할 수 있는 새로운 가능성도 생긴다. 유전자 치료의 새로운 지평들 및 유전자 조작의 다른 형태들, 환경과 전체 인간 가족의 유전병질이 없는 건강에 대한 우리의 책임을 직감하는 새로운 능력이 생기게 되었다.

여기서 우리는 인간 유전학의 영역에서 조작의 다층적 문제에 주의를 기울여서 이제까지 연구하여 얻은 기준들을 복합적인 수많은 문제들에 적용하려고 한다. 이 문제들은 유전병질이 없는 건강과 그 가능

1 L.Kass, New Beginning of Life, in: M. Hamilton (Hrsg.), *The New Genetics and the Future of Man*, Eerdmans, Grand Rapids, 1973, 15~63쪽 참조.

2 K. Lorenz, *Die acht Todsünden der zivilisierten Menschheit*, Piper, München, 1973.

3 T. Dobzhansky, *Genetic Diversity and Human Equality*, Basic Books, New York, 1973, 113쪽.

한 통제에 관한 새로운 학설을 통하여 생긴다. 나는 지식과 함께 유전병질이 없는 건강에 대하여 증가하는 책임의 일반적인 문제들을 다루고, 그 다음에 유전자 치료(명백한 치료의 목표를 가진 조작)와 마지막으로 치료의 필요성을 넘어서 유전자 조작에 관한 서로 다른 가능성들을 다루고자 한다. 물론 우리는 이미 현재 중요해진 문제들을 스스로 제기해야만 한다. 예를 들면 인공수정, 시험관 아기들, 인공자궁의 유형, 성관계에 의하지 않은 인류의 생식이나, 사람들이 말하는 것처럼 성관계에 의하지 않은 번식의 서로 다른 형태들과 관련하여 오늘날 이미 생각해 낸 계획들이다.

## 1. 유전적 건강을 위한 각자의 책임

인간 유전학에서 우리의 지식이 진보하는 데 따라서 우리의 책임에 대한 새로운 요구도 제기된다. 아무도 새로운 문제를 알 수 없을 정도로 가정의 행복 및 사회적 관계와 직접 관계가 있는 문제들이 중요하다. 1930년대에 러시아의 과학자들에게는 멘델의 유전학을 연구하는 것이 허용되지 않았다. 그 이유는 마르크스적 교조들의 스탈린류의 해석에 따르면 환경의 관계들이 인간 역사의 결정적 요인이기 때문이다. 그 결과로서 러시아의 유전생물학은 서양 세계에 비해서 30년 정도 뒤지게 되었다. 그런데 그곳에도 마침내 인간 유전학이 연구에서 우선적인 자리를 차지해야만 한다는 것과 우리가 더 많은 지식을 가지면 수많은 인간의 고통을 저지할 수 있다는 확신이 터져 나왔다.[4] 이와 관련하여 창조와 구원에 대한 믿음은 그리스도인들에게 지식과 책임에서 앞서 나가기 위한 특별히 간절한 동기를 의미한다. 땅을 정복하여 하느님의 모상인 고유한 존엄성을 발전시키는 인간의 소명은 현재의 시점에서 유전적 병질이 없는 건강을 의식적으로 돌보아야 하는 의무를 포함한다.[5]

새로운 가능성과 마찬가지로 예견할 수 있는 위험성에서도 – 윤리학자들과 모든 통찰력 있는 사람들이 적절한 도덕적 문제들을 제기하고 그 해답을 위해 기여해야만 한다는 것은 많은 점에서 모험이다. 연구의 의미 있는 촉진과 마찬가지로 세간의 정보도 중요한 도덕적 문제이다. 우리는 편견 없이, 과장된 희망 없이 또 마찬가지로 떠들썩한 분위기 없이 새로운 문제들을 제기해야 한다.[6]

### 1) 인간 유전학에서 특별히 인간적인 것

인간 유전학은 서로 매우 다른 생명체의 연구와 특히 농물 실험을 통하여 그 기초가 세워졌다. 생명 일반과 인간 생명 사이에 뜻밖의 다리(교량)가 나타났다. 그런데 철저한 과학적 연구와 견실한 숙고는 과

4 C.P. Snow, Human Care, in: *Journal of the American Medical Association* 255 (1973) 817~821쪽 참조.

5 K. Vaux, *Biomedical Ethics*, New York, 1974, 54쪽 참조.

6 M. Lindquist, *The Biological Manipulation of Man and the Quality of Life*, Publication n. 6 of the research institute of the Lutheran Church in Finland, 190~192쪽 참조. 이 연구는 특히 오늘날 연구해야 할 문제들과 관련하여 매우 좋은 요약을 제공한다.

도함이 얼마나 큰지를 분명히 보여준다. 도브잔스키와 같은 위대한 인간 유전학자는 일부 과학자들의 환원주의에 대하여 인간 생명의 고유성을 사소하게 평가하는 경향을 거듭 반대하여 경고했다. "개별성과 고유성은 과학의 능력 밖에 있지 않다. 이에 대한 과학적 접근들도 있다. 인간 유전학은 인간적인 것 자체의 개별성을 더 잘 이해하는 데 기여할 수 있다."[7] 인간 유전학에서 일군의 행동 공학자들의 경우에서와 같은 현상이 나타난다. 이들은 동물행동과 인간행동 사이의 경계를 매우 희미하게 만들어서 균일성(Uniformität)의 가정을 제시했다.[8] 동물행동학자들과 생물학자들은 오직 결정적 사실들에 대한 다소 의식적인 맹목 때문에 그리고 일련의 환원의 교묘한 수법을 통하여 유전적인 결정론(Determinismus)을 가정할 수 있었다고 스티븐 로즈는 믿는다.[9] 한 부분과 관점만을 연구하여 이로부터 전체적인 것이라는 결론을 내릴 위험이 특히 유전학 분야에서 있는 것은 불행이다. 자신들의 세계관이 양성[養成]의 종류를 통하여 얼마나 많이 제한되어 있고 좁아져 있는가에 대하여 해명하지 못하는 과학자들은 기술적 세계와 성과의 추구라는 범주를 무비판적으로 자신들의 연구의 선택과 평가에도 적용한다. 이것이 '지능과 업적의 유전적 관점들과 관련되는' 경우이다. "이 관점들의 기준들은 기껏해야 사회의 행복을 위해서는 아주 사소하다. 그런데 이 기준들은 또한 잘못된 과학적 예측 위에서 움직인다."[10]

7 T. Dobzhansky, Of Flies and Man, in: D.N. Robinson (Hrsg.), *Heredity and Achievement*, New York, 1970, 425~441쪽 (429쪽).

8 Robinson, *Heredity and Achievement*, 352쪽.

9 Rose, *The Conscious Brain*, 279쪽.

10 Rose, *The Conscious Brain*, 295쪽.

연구자들, 철학자들, 윤리학자들과 미래에 책임질 각오에 대한 전망에서 새로운 지식과 씨름하고자 하는 모든 사람은 특히 다음의 기본 가치들과 사유의 방향들을 주목하지 않으면 안 된다. 종족과 유전자의 건강을 차별하지 않는 모든 개인의 존엄성, 인간적 역사의 고유함과 민족과 종족들의 모든 다양성 안에서의 일치, 변화 중에 있는 인간의 유전적 소질과 뇌의 유연성, 이들 변화는 가끔 개별적이지만 오랜 시간의 경과 중에 실현된다. 마지막으로 전체 환경, 유전자들과 개별적 경험 사이의 상호작용을 주목해야만 한다.

얼마나 놀랄 만한 범위에서 감각의 경험과 외부의 모든 정보가 여과되는가를 뇌 연구와 심리학이 알려 주었다. 우리 모두는 우리의 방식으로 선택한다. 우리의 기본적 태도와 타인들과의 관계가 무엇이 우리 주의[注意]의 문지방을 넘을 수 있는가를 결정한다. 편파적으로 기술적이며 경험적인 과학적 교육은 강력한 여과기[ein Filter, 濾過器]를 만든다. 이 여과기는 많은 과학자들이 윤리적 가치와 인간적 상호관계성에 주목하지 못하게 한다.[11] 이 여과기는 우리 모두에게 있어서 자신을 앞세우도록 위협하므로, 우리는 전체를 바라보는 선적으로 의식적이며 숙고된 주의를 필요로 한다. 상당히 많은 수의 과학자들과 윤리학자들이 이 점을 강조했고 이러한 측면에 주목했다.[12] "우리가 철저하고 단순히 인간적인 것을 위한 감각을 계속하여 날카롭게 할 경우에만, 어

11 Kass, New Beginning of Life, 16쪽.

12 C.H. Waddington, *Science and Ethics,* London, 1942; *The Strategy of Genes,* London, 1957; *The Nature of Life,* London 1961; *The Ethical Animal,* Chicago, 1960; R. Kaufmann, *Die Menschenmacher. Die Zukunft der Menschen in einer biologisch gesteuerten Welt,* Hamburg, 1964; F. Wagner (Hrsg.), Das Problem der genetischen Manipulierung des Menschen, München, 1969 참조.

떤 이론의 희생자가 되지 않기 위해 필요하고, 마땅히 그렇게 존재해야 하는 바를 우리에게 말하고자 하는 그러한 관점과 겸손을 보존할 것이다."[13] 삶에 불변하는 의미를 주는 자유, 존엄, 아름다움을 전혀 모르는 가운데, 생존이라는 생물학적 개념에 의거하는 이론들은 강한 유혹이다. 하디슨(O.B. Hardison)은, – 스키너의 저서인『자유와 존엄을 넘어서』(그의 저서인『자유와 존엄을 향한 길 위에서』로써)와 논쟁하면서 – 인간이 특히 인간적인 것에 대한 더 나은 이해를 위해 기술적이며 과학적인 결과들을 이용하는 데 성공한다면, 예상 못 한 미래의 충격을 극복할 수 있다는 신뢰를 표명했다. "나는 미래의 사회가 있다고 믿고 있다. 또 나는 그 사회가 상당한 정도로 기술적이라고 믿고 있지만, 인간 존재를 위한 사회이며 테크노크라티[Technokratie. 과학 지식, 기술의 소유자가 조직 전체를 관리하고 운영하며 조작할 수 있는 사회 시스템을 만들어야 한다고 주장하는 사회경제사상: 역주]적인 악몽들을 위한 사회는 아니라고 감히 믿는다."[14]

매슬로우가 개인들의 건강에 대하여 쓴 내용은 유전적 책임의 문제에서 건강한 인류에 대한 전망에도 가치가 있다. "건강은 환경을 만들어 낼 능력, 환경과 관련하여 창조적으로 효과적이기 위한 능력과 환경과의 적절한 관계를 발견할 능력을 포함한다."[15] 그런데 매슬로우에 의하면 환경과의 이 건강한 관계는 동료 인간과의 온전한 관계 없이 또

13 O.B. Hardison, Toward Freedom and Dignity. The Humanities and the Idea of Humanity, The John Hopkins Univ. Press, Baltimore–London, 1972, XXI쪽.

14 Hardison, Toward Freedom and Dignity, 121쪽.

15 A. Maslow, *Toward a Psychology of Being*, D. Van Nostrand, New York–Cincinnati, 1968, 179쪽.

전체의 관점을 따르는 지속적인 노력 없이는 불가능하다. 전체의 관점이 없이는 유전학상의 책임과 우생학과 관련된 결의론은 희망 없는 모험이다.

바로 이 분야에서 학제 간의 대화는 쉽지가 않다. 윤리학자 혹은 윤리신학자는 이 분야에서 아주 자주 정확하게 알고 있지 않거나 과학자들의 사유와 느낌의 수준에 있지 않다. 또 다른 측면에는 세계관과 기술 시대의 특별한 언어에 의해 각인되어 있는 과학자들과 대중이 있다. 이 분야의 간행물에 대한 면밀한 언어적 분석은 다음의 가정을 뒷받침해 준다. "이 가정에 따르면 세계관이 언어에 의해, 또 언어 자체는 세계관에 의해 함께 각인된다."[16] 윤리학자는 자신의 언어표현 방식이 적어도 부분적으로 과거의 문화에 속할 수 있을 것이라는 것을 알아야만 하고, 마찬가지로 기술 세계의 언어가 윤리 문제들에 대하여 의미있게 언급하기 위해서는 별로 적합하지 않다는 것을 과학자들이 알지 않으면 안 된다.

"과학자가 자신의 견해와 발언들을 비판에 내맡기는 중에, 이들 견해와 발언을 분명히 의식한다면 그것은 자유롭게 하는 선택이다. 그렇지 않으면 그것들은 과학적인 언어와 사유방식 안에 매장되어 있을 수 있다."[17] 학제적 대화의 모든 파트너들이 특별히 인간적인 것을 추구한다면, 각자의 기여는 모든 이를 위해 성과가 큰 것이다.

---

16 M. Lappé, Allegiances of Human Genetics: A preliminary Typology, in: *Hastings Center Studies*, I, 2 (1974), 64쪽.

17 K. Eberhard, Genetics and Human Survival, in: *Linacre Quarterly*, 40, 3 (1973), 175쪽.

### 2) 유전자와 환경의 상호작용에서 자유

스키너와 그의 제자들은 인간의 생래적인 선함이나 자유를 믿지 않는다. 또 이들은 이에 더하여 유전적 요소들을 과소평가하므로, 환경과 인간 자체의 조작을 전적으로 신뢰한다. 사람들이 더 적절하게는 유전학상의 기술자라고 부를 수밖에 없을 인간유전학자들은 이따금 인간의 자유와 환경의 중요성을 간과하고 있다. 그것들이 없이는 도덕적 책임에 대한 교육이 생각될 수 없는 지식과 의식의 태도는, 자유의 소여(사실), 본질 및 전제들과 또 윤리적 유산과 문화적 유산 사이의 상호작용을 완전한 의식 안으로 옮겨놓지 않으면 안 된다. 우리가 앞서 언급한 상호작용을 더 잘 이해하면 할수록, – 우리의 환경과 유전병질이 없는 건강과 관련하여 – 한층 더 자유의 현실적 개념에 도달할 것이다.

우리가 인간 본성에 관하여 말한다면, 인간이 문화에 의해 제한되면서 문화를 제한하는 존재라는 것과 자세히 말하면 유전인자들도 문화를 통하여 함께 제한되어 있다는 것을 결코 잊어서는 안 된다. "어떤 특정한 문화 안에서의 삶은 인간의 생물학적 본성에도 영향을 미친다."[18] 생물학적으로 주어진 것들과 특히 유전 요소들은 문화적 밑그림의 일부이며, 이 밑그림이 인간 본성의 다른 국면들에 영향을 주고 그것들을 제한하며 변화시킨다. 그로부터 생기는 문제는 우리가 얼마나 많이 의식적이며 의도적으로 유전요소들의 변화를 목적으로 삼아 노력할 수 있고 또 얼마나 많이 우리가 환경 조건들의 변화를 통해서뿐만

18 D. Callahan, New Beginnings in Life: A Philosopher's Response, in: M. Hamilton, *The New Genetics,* 100쪽.

아니라 직접적으로도 유전자를 변형시킬 수 있느냐는 것이다. 우리가 유전요소들과 역동적인 문화 사이의 상호작용을 더 잘 통찰하면 할수록, 가장 쉽게 이 문제에 의미 있는 대답을 발견하기를 희망할 수 있다.

내가 보기로는 특히 테오도시우스 도브잔스키가 이에 대해 중요한 기여를 했다. 그의 첫째 명제는 다음과 같다. "문화적 진화가 우리 인간 종의 유전요인들에 의해 함께 결정되어 있다는 것은 분명한 것 같다."[19] 그런데 이 명백한 진리로 인하여 우리는 한 순간만이라도 문화적 환경을 위한 인간적 책임의 중요성과 목표 방향을 잊지 않게 된다. "우리가 관찰할 수 있는 서로 다름은 유전적 요소와 환경에서 발견하는 차이의 공통된 산물이다. 관찰대상인 이러한 서로 다름은 적어도 유전적 요소와 환경에 대해 책임 있는 영향을 줌으로써 근본적으로 통제할 수 있다."[20] 진화와 문화의 역사의 경과 중에 인간은 자신의 생활 조건들과 씨름하는 방식으로 간접적으로 자기 자신의 유전적 요소들에 영향을 주었다. 또 오늘날까지도 유전적 요소들에 대한 직접적 영향과 관련하여 신 과학적이며 기술적인 지평이 두드러지게 나타나는 것에서는 다음의 내용에 의심의 여지가 없다. "특히 무엇보다도 환경조건들이 개선되기만 한다면, 유전인자와 유전적 병질이 없는 건강의 개선이 성공적으로 이루어질 수 있다."[21]

환경과 이러한 책임을 연구하는 과학에 대한 우리의 책임과 관련

19 T. Dobzhansky, Human Nature and Product of Evolution, in: A. Maslow (Hrsg.), *New Knowledge in Human Values,* Chicago, 1971, 80쪽.

20 T. Dobzhansky, *Genetic Diversity and Human Equality*, 49쪽.

21 Dobzhansky, *Genetic Diversity and Human Equality*, 49쪽.

하여 새로운 의식은 유전학과 우생학을 위해서도 매우 중요하다. 우리는 환경오염이 개별적 질병뿐만 아니라 돌연변이의 원인이라는 것을 더욱더 많이 알게 된다. 이러한 변이는 거의 대부분 부정적 성질을 갖는 유전자형(das Erbgefüge)의 변이이다. "많은 방사능이 돌연변이를 일으킨다는 것을 우리가 40년 전에 발견했을 때, 환경오염이 미래 세대의 유전적 상태에 영향을 줄 수 있다는 것을 비로소 분명히 인식하게 되었다. 심하게 유전자 변형을 일으키는 화학약품들이 점점 더 많이 사용되거나 이미 계속 사용되고 있다는 확률은 심각한 불안을 불러일으킨다."[22]

유전소질의 변이는 유일한 유전자의 화학적 기능이나 전체집단에 해당할 수 있고, 그뿐만 아니라 새로운 염색체들이나 그 일부 염색체들의 손실이나 출현을 야기할 수 있다. 신체의 각 부분과 기능 및 모든 신진대사 과정은 전체 유전요소들의 통제 아래 있으므로 서로 다른 돌연변이들의 결과는 매우 상이하다. "우리가 알고 있는 수많은 유전적 질병과 아직도 모르는 더 많은 질병의 원인은 결국 돌연변이이다. 돌연변이는 개인과 관련해서는 비교적 드물지만, 집단적 차원에서는 공중위생과 관련하여 심각한 우려의 원인이다. 돌연변이는 매우 유해한 결함들을 야기할 수 있는데, 이들 결함은 많은 경우에 유전적 발생에 그 연원을 두지 않는 질병과 유사하다."[23]

그럼에도 환경을 건강의 위협으로만 혹은 유해한 돌연변이의 원인

22 Dobzhansky, *Genetic Diversity and Human Equality*, 8쪽; T. Dobzhansky, *The Biological Basis of Human Freedom*, Columbia Univ. Press, New York, 1956 참조.

23 Ramsey, Fabricated Man, 6쪽.

으로서 간주하는 것은 잘못일 것이다. 환경은 진화에서 전적으로 결정적인 요인일 수 있고 실제로 그런 것이었다. "어쨌든 유전소질에 주어진 한계들은, 비록 그것들이 강하다고 해도, 환경의 조작을 통한 개선을 불가능하게 만들지 않는다는 것이 언급되어야 한다."[24]

유전적 병인이 있는 많은 사람들이 결혼 적령기에 도달하여 자녀를 갖게 되는 의학의 진보로 인해, 미래에 유전병질이 인류의 건강에 중대한 위험이 될 수 있다고 확신하는 이들로부터 우리는 수년간 여러 차례 경고음을 들었다. 여기에서 여러 견해들이 서로 격렬하게 부딪친다. 그럼에도 결정권을 가진 대부분의 연구자들은 단순히 비관주의적이 아닌 것으로 보인다. 인간의 유전소질은 놀랄 만큼 풍부하며 역동적이다. 인간의 개입 없이도 고도의 적응능력이 있으며, 더 자세히 말하면 새로운 돌연변이도 유의미한 적응에 유용할 수 있다는 것이다. "이러한 끊임없는 논의는 인간적 개입들에 의한 유전소질의 오염이 그렇게 쉽게 일어날 수 없음을 시사한다."[25]

이제까지의 연구들은, 인류가 유전병이 없는 건강을 위한 자신의 책임을 건강한 행동, 건강한 인간 상호 간의 관계와 특히 환경의 의미 있는 형성을 통해서도 가장 좋게 수행한다는 것을 암시한다. 그렇지만 이것은 다양한 과학들의 모든 해당되는 분석의 도움으로 – 생화학으로부터 시작하여 다양한 가능성을 철저히 이용하는 진화에 관한 전체 연구에 이르기까지 – 유전소질을 포함한 인간의 생활 조건을 개선할 필

24 G.W. Allport, Traits Revisited, in: D.N. Robinson (Hrsg.), *Heredity and Achievement*, 134쪽.

25 Etzioni, Genetic Fix, 83쪽; 24쪽 이하., 반면에 같은 필자는 더 비관적으로 표현한다.

요성을 배제하지 않는다. "이러한 깊은 이해로부터 우리는 인간적 행동과 현존하는 다양한 국면들이 좋게 발전할 수 있다고 전망하는 가운데 가능한 대로 환경을 좋게 조성하기 위한 노력에 희망을 걸지 않으면 안 된다."[26] 유전자 연구의 풍부한 성과들은 인간에게서 자기 책임을 빼앗을 결정주의를 허용하지 않는다. 인간은 모든 시대에 간접적으로 유전병질이 없는 건강에 영향을 주었다. 자세히 말하면 그의 행동과 환경의 조성을 통하여 그렇게 했다. 새로운 인식들은 유전병질이 없는 건강에 불리한 영향을 주는 모든 것을 가능한 피하고 또한 그 이상으로 유전소질을 풍부하게 하는 바를 인간이 적극적으로 계획하게 하고 동시에 그러한 의무를 갖게 한다. "발전의 결과는 유전자와 환경의 상호작용에 의해 제한되어 있다. 유전자들을 실제로 결정하는 것은 서로 다른 환경 조건들에 대해 다소 유사한 유전자들을 가진 개체들의 반응을 위한 활동 공간이다."[27] 그러므로 우리는 유전자형[Genotyp. 유기체의 풍부한 유전 정보: 역주]이 곧 표현형[Phänotyp. 생물이 유전적으로 나타내는 형태적, 생리적 성질. 실제적으로 관찰된 유기체의 특성들. 예, 형태, 발전, 행동: 역주], 즉 유기체의 아주 구체적인 특성을 결정하는 것이 아니고, 어떻게 해서든 환경에 대한 반응의 방식을 규격화한다고 말할 수 있다.[28] 매우 오랫동안 사회학자들이 자신들의 말을 경청하게 한 후에, 심리학자들과 선도적인 유전학자들은 환경 요소들의 영향을 충분히 고려할 태세를 갖추고 있다. 이 학자들은 이와 관련하여 이전의

26 Etzioni, Genetic Fix, 185쪽.

27 Dobzhansky, *Genetic Diversity and Human Equality*, 10쪽.

28 Ramsey, *Fabricated Man*, 6쪽.

견해들을 정정해야 한다는 것을 솔직히 인정했다.[29] 인간적인 책임을 더 잘 이해하기 위해서는 반응을 특정 방향으로 향하도록 지시하는 요소들과 함께 자발적인 반응을 유발하는 전체 요소들을 연구할 필요가 있다.

지난 수십 년 동안 특히 미국에서 서로 다른 인종들의 실적을 비교함으로써 지능지수와 다른 인간적 성질들을 연구하는 시도가 거듭하여 이루어졌다. 이들 연구의 다수는 인종적 편견에 의해 고취되었고 환경 영향과 관련해서는 개탄스러운 의식의 결핍을 나타낸다. "인종적 차이와 관련하여 논쟁의 여지가 있는 문제는 매우 빈번하게 개인의 차이와 민족적 차이의 유전학에 관한 부족한 이해와 통계학적 사실들의 해석 방식에 그 뿌리를 두고 있다."[30] 편견 없는 연구들은 최소한 인종주의적 해석을 지지하지 않는 결과에 도달한 것 같다. "서로 다른 인종들의 지능지수에서 어느 정도의 차이가 유전적으로 제한되어 있는지는 해결되지 않은 문제이다."[31] 인류의 발전은 "유전소질과 환경 요소들 간의 복합적이며 그다지 이해되지 않은 상호작용의 결과이다. 복합적이고 인간적인 행동을 유전소질이나 환경의 탓으로만 돌리려고 하는 문제들을 무리하게 꾸며내는 것은 인간적인 발전과 행동의 본질과 본성을 단순화하는 것이다."[32]

---

29 I.I. Gottesmann, Heritability of Personality, in: D.N. Robinson (Hrsg.), *Heredity and Achievement*, 217쪽.

30 J. Hirsch, Behavior, Genetics and Individuality Understood, in: D.N. Robinson, *Heredity and Acievement*, 372쪽.

31 Dobzhansky, *Genetic Diversity and Human Equality*, 90쪽.

32 P.L. Nichols, V.E. Anderson, Intellectual Performance, Race and Socio-Economic Status, in: *Social Biology* 20 (1973) 367~374; D. Layzer, Heritability Analysis of

동일한 사회적 및 경제적 관계들 아래에서 성장하고 동일한 문화적 영향에 내맡겨진 백인 아동들과 흑인 아동들을 비교하는 전체의 면밀한 연구들은 지성적 실적에서 서로 다른 점이 지극히 적다는 것을 보여준다. 미국에서 지능지수의 차이는 대부분 사회, 경제적 및 문화적 요인에 기인한다는 것이 이제 증명된 것으로 보인다.[33] 다른 한편으로 전체 연구들은, 정신적 능력의 발견을 위한 기준과 척도가 상당한 정도로 일차원적, 기술적 인간의 특수한 문화를 통하여 제한되어 있다는 사실에 직면하여 여전히 놀랄 만한 무지함을 보여준다. 직관적 능력들, 전체에 대한 감각, 삶의 기쁨과 사랑의 능력은 고려되지 않는다.

레온 카스(Leon Kass, 1939~ . 미국의 의사, 교육자)처럼 편견이 없는 과학자는 "아주 자주 결함이 있는 유전요소들을 걱정하면서" 인간적 유전소질의 악화를 예언하는 이들에게 경고한다.[34] 오늘날 세계가 유전적으로 건강이 좋지 않은 사람들 아래에서보다는 도덕적이며 정신적으로 결함이 있는 사람들에 의해 더 고통을 받을 수밖에 없다고 그가 주장하는 것은 전적으로 정당하다. 인류가 정의, 진실과 진정한 상호 인간관계의 진보를 위해 노력하고 알코올과 마약의 오용을 피하며 물과 공기의 오염을 극복하고 통틀어 건강한 생활 조건들을 보살핀다면, 일차원적인 생물학적 존재로서 이들 문제에 열중하는 유전학적 십자군 참가자의 모든 계획을 통해서보다는 인류의 유전병질이 없는 건강과

I.Q. Scores: Science or Numerlogy?, in: *Science* 183, 4, 413 (1974) 1259~1266쪽 참조.

33 Kass, New Beginning of Life, 18쪽.

34 Kass, New Beginning of Life, 19쪽.

미래를 위해 아주 훨씬 더 많은 것이 이루어졌을 것이다.

직접적인 유전자 조작을 통하여 인간을 변조하기를 꿈꾸는 이들은 인류의 복지를 위하여 유전자들의 어떤 변형이 바람직한가를 실제로 결정할 처지에 있는지 아닌지를 스스로 묻지 않으면 안 된다. 높은 지능지수가 반드시 결정적인 기준일 수는 없다. 그 이유는 매우 높은 지능지수를 가진 많은 사람들이 악의가 있는 성격을 나타낸다는 것을 우리가 알기 때문이다. 그런데 지능지수가 보다 낮은 다른 이들은 친절, 자애, 호의, 헌신적인 사랑, 신중하고 참을성 있게 일하는 능력을 통하여 두각을 나타낸다.[35] 가장 중요한 인간 유전학자들은 지능이 특히 유전요소들에도 의존한다는 것을 부정할 생각을 전혀 하지 않지만, 유전요소들과 환경요소들 사이의 상호작용에서 결정되어 있는 우리의 자유와 책임 능력을 사용할 것을 우리에게 가르쳐 준다.

우리는 계속 다음의 질문을 하게 된다. 우리는 어떤 종류의 인간을 열망하는가? 기술적으로 천부의 재능이 있으나 정서적 및 도덕적으로 덜 성숙한 인간을 열망하는가? 아니면 – 실적 사회의 척도로 측정하여 – 평균적 지능을 가졌지만 참으로 인간적이고 사랑과 친절 안에서 성장할 수 있으며 진정한 사랑, 정의, 내적 자유와 진보가 무엇을 의미하는지를 식별하는 지혜 안에서 성장할 수 있는 그러한 인간을 열망하는가?

35 Dobzhansky, *Genetic Diversity and Human Equality*, 11쪽.

### 3) 유전학과 부모의 책임

유전학과 우생학 분야에서 정확한 지식이 증가함에 따라 배우자 선택과 부부에 있어서 생명을 계속 전달하는 것이 새로운 차원의 책임이 되었다. 여기서 나는 가정과 개인들의 행복을 위한 유전학상의 책임과 개인 및 사회 모두의 우생학적 책임을 분명히 구별하고 싶다. 여기에는 가족계획과 인구 조절 사이의 관계처럼 유사한 관계가 있다. 인구 조절은 사회적이며 국가적인 측면과 관계있는 반면, 가족계획은 직접적으로 가정의 행복을 고려한다. 우리에게 제일 중요한 것은 건강한 가족을 위한 직접적인 책임이다. 따라서 우생학적인 책임의 전체는 아니지만 이미 일부는 이행된 셈이다. 가족에 대한 각자의 책임을 우선 고려하지 않는다면, 인구 조절을 통하여 인구 문제를 해결하려는 모든 시도는 좌절할 수밖에 없다. 유전학상의 책임과 우생학 사이의 관계도 유사하다. 불행하게도 역사가 이어지는 가운데 우생학과 우생학적인 조절의 시도가 최상위에 있었다. 유전병인이 없는 건강에 대한 매우 피상적이며 각양각색인 이론들을 근거로 인종적인 건강을 위해 강제 단종을 명령하는 법률들이 공포되었다. 이것은 상당히 영향력이 있는 광신적인 종족 우월감 때문만이 아니고 불충분한 기준들 때문만도 아니다. 또 정확한 지식의 결여 때문만이 아니라 특히 이와 관련하여 개인들의 행복과 책임을 충분히 주목하지 않았기 때문에 최고의 불행과 잘못이 시작되었다.

우리가 이로부터 이끌어내는 교훈은 건강한 생명을 계속 전달하기 위한 개인적 책임을 가장 중시해야 한다는 점이다. 또한 우생학에 대한 안목에서 교육은, 즉 유전적 병질이 없는 건강을 위한 염려는 전체적으로 심리학적인 법칙들에 주목하지 않으면 안 된다. 개관할 수 있는 조화 안에서 인간적 관계들이 중시되는 경우에 인간은 비로소 교제할 수 있다. 우생학적 교육은 특히 가정과 함께 시작해야만 한다.

유전학적 책임의 첫 걸음은 배우자 선택이다. 유전병질이 없는 건강 혹은 유전적으로 불리한 요소들의 부재는 물론 주목해야만 하는 한 국면이다. 이와 관련하여 나는 오늘날 모든 이가 알아야 할 몇 가지 사항에 대하여 언급하고 싶다. 인구 집단들의 전체 수는 극도로 위험한 유전적 무질서를 지닌 4%의 보유자보다 많음을 나타낸다. 잘 알려진 예로는 중유럽과 동유럽 출신의 유다인들에게 해당하는 유전성 대사질환 요소[der Tay-Sachs-Faktor. 두뇌와 척수 안의 신경 세포들의 파괴로 인한 유전적 무질서이다. 대부분의 일반적 유형은 대체로 3개월 내지 6개월 된 소아에서 나타나며 뒤집고, 앉거나 기어가는 능력이 없다: 역주]와 아프리카의 거의 대부분의 종족들에 있어서 적혈구의 유전적 질환[die Sichelzellenanämie. 초승달 모양의 적혈구가 발생하는 심각한 형태의 빈혈: 역주], 더 나아가서는 수많은 유럽 인구에 있어서 낭포성 섬유증[Zystenfibrose. 병적인 공동들. 유전자 결함으로 생기는 유전성 신진대사 질병: 역주]이 있다. 우리가 위험의 내용과 정도를 더 잘 이해하기 위해서는 성을 결정하는 염색체와 연결되어 있는 유전적인 무질서들과 다른 염색체들과 관계있는 유전학상의 잘못된 정보를 계속 전달하는 것을 정확히 구별해야만 한다. 가장 널리 알려진 경우는 혈우병[die Hämophilie, 血友病]이다. 이 병은 성염색체와 연결되어 있으며 보유자는 여성들이다. 반면에 남아들만이 직접적으로 이 병에 걸릴 수 있다. 언제나 50% 정도는 결코 걸리지 않는다. 부부 중 한 명만이 유전자 보유자일지라도 이 질병은 전염된다. 상[常] 염색체의 유전질환들(즉 성과 관련되지 않은 22개의 염색체 쌍에서의 장애)은 배우자 선택의 경우에 주된 고려 대상이다. 동일한, 더 정확히 말하면 우성인 유전적 결함이 있는 두 사람이 결혼한다면, 이러한 결함은 이들의 모든 자녀들에게 전이된다. 이와 반대로 우성의 유전질환을 지닌 어떤 사람이 보유자도 아니고 직접적으로 병에 걸리지 않은 다른 사람과 결혼한다면, 이들 자녀들의 대개 반수 정도가 이러한 유전질환에 시달리게 된다고 예상해야만 한다. 어떤 유전질환의 보유자, 즉 열성의 유전질환을 지닌 어떤 사람이 이 병에 걸리지도 않고 보유자도 아닌 다른 사람과 결혼한다면, 아이들의 75%는 완전히 정상적이라고 예상할 수 있는 반면에 대개 25%는 보유자(유전자 이질 접합자의)이다. 이형 접합자들[Heterozygoten. 대립 유전자가 동일한 동형 접합자와 달리, 서로 다른 대립 유전자를 지녀서 유전자 구성이 다른 것을 이형 접합자, 이형 접합체 혹은 헤테로 접합체라고 한다. 이형 접합자는 우성 유전자와 열성 유전자를 모두 가졌을 경우를 의미한다. 또한 이형 접합자의 존재로 인하여 유전의 다양성이 나타난다: 역주]에 관한 불완전한 정보는 염색체 쌍들의 일부만 해당되고 반면 다른 반수들은 정상적으로 기능한다. 두 보유자(이형 접합자)가 결혼한다면 이들은 자신의 자녀들 중 약 ¼이 직접적으로 질병에 걸리고 50%는 보유자가 될 것이라고 예상해야만 한다. 반면에 25%만이 질병이 전혀 없다. 이제까지 말한 것에서 분명한 것은, 결함 있는 우성의 유전인자라는 의미에서 유전병을 가진 이들이 결혼하면 늘 큰 위험부담을 안게 된다는 점이다. 각자는 평균적으로 약 6개의 다소 심각한 유전적 결함을 지닌 보유자이다. 이러한 사람이 동일한 결함의 보유자가 아닌 여성과 결혼한다면, 자녀들의 건강에는 아무 위험도 없다. 성염색체 이외의 염색체(상염색체)를 갖고서 유전적 질환을 지닌 두 보유자 사이의 결혼을 회피한다면 새로운 돌연변이가 일어나지 않는 한 건강하지 않은 유전적 계승은 세대가 경과하며 없어진다. 사람들이 아이들을 갖기를 원한다면, 동일한 상염색체의 무질서가 매우 크고 개인의 전체 장점을 통해서도 위험이 없어지지 않는 경우에, 이들은 양심적으로 그러한 무질서를 지닌 파트너와의 결혼을 회피해야만 한다. 우성이면서 매우 심각한 유전질환에 걸린 이들이 자진하여 혼인과 생명의 모든 전달을 포기한다면 잘 하는 것이다. 그러나 나는 사람들이 일반적으로 그와 같은 의무를 주장할 수 있다고는 생각하지 않는다. 유전질환이 있는 사람들은 자신들의 자녀를 포기한다고 해도 결혼에서 개인적인 성취와 진정한 행복을 발견할 수 있다.

새로운 지식에 직면하여 나는 다음과 같이 생각한다. 모든 신랑 신부는 상호적이고 정확한 정보를 보장하기 위하여 유전 건강증명서를 입수할 때가 왔다. 또 다른 질문은 물론 사회가 어느 정도 그와 같은 유전 건강증명서의 교환을 의무화해야 하거나 심지어 압력을 행사해도 좋으냐는 것이다. 지나치게 열렬한 몇몇 우생학자들은 다음과 같이 제안했다. 사회는 각 시민의 유전의 질을 컴퓨터에 저장하도록 배려해야 한다.[36]

36 H. Miller, What Genetic Course Will Man Steer?, in: J.F. Crow and J.V. Need (Hrsg.), *Proceedings of the Third International Congress of Human Genetics*, John Hopkins Press, Baltimore, 1967, 532ff쪽.

폴 램지는 '비극적인 출산에 대한 공동 책임을 피하기 위하여' 유전 건강증명서의 책임있는 성격을 옹호하는 발언을 아주 분명하게 한다. 그는 극도로 위험한 유전자의 전달을 피하기 위하여 국가가 혼인장애를 요구할 권리가 있다고 믿는다. 도덕적 견지에서 아무도 "자녀에 대한 무제한의 권리를 갖지 않으며 자식들은 부모를 위해 태어나지 않는다고 주장하는 그와 나는 의견을 같이한다."[37] 하지만 나는 결혼할 수 있는 사람들에게 법적으로 결혼을 금지하자는 제안에는 분명히 반대한다. 결혼에 대한 권리는 인간의 기본권이며, 부부가 중대한 이유에서 자발적으로 아이들을 갖지 않기로 결정한다면 그 또한 의미가 있다. 나는 여기서 오히려 양심과 여론을 예리하게 하는 것을 매우 강조하여 언급하지만, 이들 문제에 법적으로 개입하는 것을 거부하는 아미타이 에치오니의 견해에 동의한다.[38]

국가가 유전질환이 있는 아이들 또는 아이들의 부모에 대한 모든 도움을 거절하려 한다면, 그것은 가장 예리한 강제 수단의 하나일 뿐만 아니라 그러한 아이들에게는 크나큰 불의이기도 할 것이다. 그럼에도 이 책의 저자처럼 그와 같은 생각을 반대하는 이는 다른 한편으로 유전적 책임을 위한 인간들의 양심을 날카롭게 하기 위하여 모든 것을 행하

37 Ramsey, *Fabricated Man*, 97쪽; Endres도 같은 의견이다. J. Endres, L'uomo manipolatore, 71쪽.

38 Etzioni, *Genetic Fix*, 108쪽. 그럼에도 Etzioni는 다음과 같이 말하는 경우에 자기모 순을 범하는 것 같다. "사회는 사람들에게 아이들을 더 적게 갖도록 설득하려고 할 수 있다. 혹은 매우 중증의 결함을 가진 경우에 이 문제를 낙태에 의하여 해결할 것을 설득 하려고 할 수 있다. 그러나 그럼에도 사회는 선택을 강요해서는 안 된다. 이어서 그는 다 음과 같이 말한다: 그럼에도 개인들의 권리들은 자신들의 아이들의 교육을 사회에 떠맡 길 자유를 포함하지 않는다". 그는 유전적 질환이 있는 아이들에게는 모든 사회적 원조를 거부할 것을 제안한다.

지 않으면 안 된다. 교회와 전체 교육이 사람들에게 더 좋은 정보를 제공하고 이들의 도덕적 책임에 호소하기 위하여 자체의 몫을 행하지 않는다면, 장기적 전망에서는 법적인 강제 수단이 사용되거나 낙태를 향한 외침이 더욱 강해질 것이라고 예견된다.[39]

가톨릭의 가르침에 따르면 미혼자들에게 무책임한 생식을 피할 도덕적으로 유일하게 허용된 방법은 성적인 금욕이다. 그럼에도 이 문제는 유전적인 중증 장애아를 낳지 않는 것을 양심의 의무로 느끼는 부모들에게는 결정하기가 그리 쉽지 않다. 전적인 금욕의 시도는 이들의 결혼생활을 망칠 수 있을 것이다. 주기적인 금욕은 아마도 부부의 두려움을 증가시킬 수 있다. 또한 생식이 양심상 무조건적으로 배제되어 있는 경우에 피임의 다른 수단들도 충분히 확실하다고 간주할 수 없다. 사랑과 조화를 돌보는 것이 자신들의 주된 배려인 기혼자들이 문제가 되는 한, 다른 경우들에서 배제될 법한 경우가 있을지라도 예방적 단종은 성적인 무절제가 될 것 같지는 않다. 나는 더이상의 임신이 무책임할 것 같다고 자신의 부인과 의견이 일치한 어떤 남편이 혼외의 성적 교제를 찾는 여러 경우들까지도 알고 있다.

이미 중증 장애아를 가진 부부들에게 임신은 오늘날 해명되지 않은 여론의 무거운 압력 때문에 낙태의 더욱 큰 유혹이 있다. 바로 그렇기 때문에 유전적 책임에서 생명의 계승이 도덕적으로 무책임할 경우들에 있어서 교회의 가르침은 단종의 문제를 새롭게 연구해야만 한다

39 G.R. Taylor, *The Biological Time Bomb,* World Publishing Company, New York, 1968; D.J. Inge, *Who Should Have Children? An Environmental and Genetic Approach,* Bobbs and Merrill, Indianapolis, 1973; S.B. Twiss Jr., Parental Responsability for Genetic Health, in: *The Hastings Center Report,* 4,1 (1974) 9~14쪽 참조.

고 나는 믿는다. 긴장과 두려움의 구체적 상황에서 단종은 이따금 예방적 치료의 성격을 취할 수 있을 뿐만 아니라 절대로 필요한 정신치료의 일부분이 될 수도 있다. 윤리적 진술들은 무조건적으로 전체 문화적 및 사회적 맥락을 알고 있어야만 한다. 추상적인 대답은 실제와는 먼 것일 수 있다. 많은 사람들은 선택적 낙태로 이러한 부부들이 건강한 아이들을 가질 수 있을 것이라고 주장하기 때문에 이들 부부가 오늘날 유전적으로 증명된 단종을 거부한다는 것을 우리는 분명히 알고 있어야만 한다. 태아의 성별과 염색체의 이상을 판별하는 방법(Amniozentese/amniocentesis)의 도움으로 중증의 유전질환이 태아에 있어서 우세한지 어떤지를, – 만일 우세한 경우에 – 낙태를 시행하느냐 아니냐를 모든 임신에서 알아내게 될 것이다.[40] 생명을 계속 이어가는 것이 절대적으로 무책임한 경우들에 있어서도 전통적 윤리신학은, 인간의 수태 능력은 인간에게 속하지 않고 종(Spezies)에 속한다는 논증으로 단종을 거부했다. 그러므로 인간이 개입해서는 안 된다고 한다. 그런데 가정뿐만 아니라 사회를 위한 책임 때문에 생식을 배제해야만 한다고 인정한

40 A.E.H. Emery, Genetic Counseling, in: *British Medical Journal* (26. Juli 1975) 220 참조: "단종은 몇몇의 사례에서는 최상의 대답으로서 간주될 수 있을 것이다. 그럼 에도 그러한 견해에 대해서는 신중하도록 경고해야 한다. 왜냐하면 이제 증가하는 유전적 결함의 수가 자궁 내 진단을 통하여 매우 일찍 확인될 수 있기 때문이다. 태아가 질병에 걸렸다면 부모에게 선택적인 낙태를 권고할 수 있다." 'Focus'라는 제목의 책에 실린 편 집자의 다음과 같은 주요 논문은 더 많은 것을 생각하게 한다. 'Current Issues in Medical Ethics' in: *Journal of Medical Ethics*, 1,2 (1975) 58: "진단으로 결함 있는 태아를 발견한 경우에, 소수만이 낙태에 반대하여 도덕적인 이의 제기를 할 용기가 있을 것이다". Harry Harris는 다음의 저서에서 훨씬 더 강력하게 그리고 자주 자신의 견해 를 표명한다: *Prenatal Diagnosis and Selective Abortion*, London, 1974, 71쪽. 심지 어 그는 부부들에게 선택적 낙태를 하도록 압력을 행사할 것을 제안한다.

다면, 이러한 논증은 무의미한 것으로서 없어진다. 그럼에도 이 분야의 과장에 대해서는 단호하게 경고해야만 한다. 유전될 수 있는 모든 유전적 무질서가 도덕적으로 정당한 생명의 계승을 배제하지는 않는다. 지구의 생명체는 늘 어느 정도의 위험부담을 갖는다. 깊은 믿음, 질서정연한 사랑과 고도의 지혜의 증언을 선사하는 가정의 자녀들은 생물학적인 유전적 건강만을 보증할 수 있는 가정의 자녀들보다 훨씬 더 상위에 있다. 그와 같은 경고는 더욱 정당하다. 그 이유는 폴 램지와 같은 출중한 윤리학자도 이 문제에서는 극단으로 흐르기 때문이다. 그는 단종을 추천하거나 어쨌든 당뇨병(Diabetes)에 걸릴 것으로 예견되는 아이들을 임신한 부부들에게 피임할 것을 추천한다. 마찬가지로 그는 35세 이상의 여성들에게 더이상 아이를 갖지 않을 것을 추천한다.[41] 점점 나이가 들어가는 여성들이 다운증후군 징후의 아이를 가질 위험이 더 크다는 것을 인정한다고 해도, 35세의 연령에서는 개연성이 1% 이하이다. 결함 있는 아이들에 대한 두려움이 일종의 집단적 정신병에 이르게 할 수 있다는 것이 염려된다. 유전적 책임에 대한 교육은 이러한 위험도 자각하고 있다. 같은 이유에서 교회와 사회는 온갖 방식으로 유전적 장애가 있는 아이들과 이 아이들의 부모를 돕기 위하여 할 수 있는 모든 것을 실행해야만 한다.

히틀러와 그 외의 사람들의 인종적 망상은 많은 인간의 생명을 조작하기 위하여 우생학에 대한 불완전하고 잘못된 일부의 견해를 사용했다. 우리가 자발적인 단종을 예방적 치료로서 혹은 유전적 책임이 있

41 Ramsey, *Fabricated Man*, 98과 118쪽 참조.

는 극단적인 경우에 전체 치료의 일부로서 언급한다면, 강요된 단종은 거부해야 한다고 강조하여 말하지 않으면 안 된다. 국가와 사회는 가정을 고려하여 유전적 책임을 위한 인간의 양심을 예리하게 할 뿐만 아니라 우생학적 지식도 전파할 권리가 있다. 그런데 우생학적 양심 형성과 입법은 더 높은 가치들을 소홀히 해서는 안 된다.

## 2. 유전자 치료

과학은 항생물질[Antibiotika. 해로운 미생물을 죽게 하는 약: 역주]을 발명했고 그것을 전에는 예기하지 못한 돌파구를 마련한 약이라고 한다. 인간 유전학은 직접적인 유전자 치료를 통하여, 즉 결함 있는 유전적 정보를 교정하는 간섭을 함으로써 유사한 성과를 마련하려고 해도 좋은가? 이것은 인류를 위한 최대 성과 중 하나일 듯하다. 그 이유는 "유전적 질병을 지닌 모든 신생아의 15%가 다소간에 예민함을 드러내기 때문이다. 이제까지 종류가 다른 2000개 이상의 유전적 질병이 분류되어 있다. 다수는 약한 종류지만 대다수는 심한 유전적 소인이 있다. 굴곡이 많지 않은 모든 사망 사례의 40%는 부분적으로나 전적으로 유전적 성질이 있는 질병 탓이라고 한다."[42] 이어서 인간에 관한 생물학은 모든 유전질환과 관련하여 어떤 방식으로 유전자에 포함된 유전적

42 W.F. Anderson, Genetic Therapy, in: M. Hamilton (Hrsg.), *New Genetics and the Future of Man*, 110쪽; H. Smith, Genetics and Ethics: Reaffirming the Tragic Vision, in: *Linacre Quarterly* 40 (1973) 160 참조.

정보가 결함이 있는가를 정확히 확인하기에는 미흡하다. 그럼에도 놀랄 만한 진보를 이루었다. 결손이 있거나 잘못된 효소들 혹은 다른 잘못된 정보와 관련하여 매년 최소한 10에서 15개의 유전적 질환을 정확하게 정의할 수 있다.

괄목할 만한 유전자 치료는 유전자 의학의 연장 분야의 일부이다. 이 의학은 유전질환의 진단, 예방, 치료를 다룬다. 유전자 치료는 '유전공학 기술'의 일부이다. 이 기술은 유전자 조작의 한 형태이고, 이 기술을 통하여 무질서의 제거(유전자 치료)나 인간 유전자의 계획적인 개선의 제거가 이루어진다고 한다. 여기서 우리는 엄밀한 의미의 유전자 치료만을 다룬다. 유전자 정보의 일부가 제거되거나 대체된다면, 개인의 치유를 위해 필요한 한에서 그것은 일종의 유전자 외과학(Genchirurgie)이다. 많은 성과가 있는 유전자 치료는 물론 자녀들에게 도움이 될 것이다. 반면에 단순한 대증요법은 이러한 성과를 낼 수 없다. 유전자 치료는 우생학과는 구별된다. 우생학의 관심사는, 직접적인 개인의 치유가 아니라 환경과 전체적인 조건들의 총체적인 개선을 통하여 그리고 유전적이며 우생학적인 양심을 날카롭게 함으로써 인간의 유전소질을 개선하는 것이다. 우리는 아마 다음과 같이 말할 수 있을 것이다. 즉 우생학과 유익한 유전학상의 조종은 인류를 이들의 환자라고 간주하는 반면에, 유전자 치료는 존재의 초기 단계에 있는 개별적인 병자와 관계가 있다.

유전자 조작(혹은 오늘날 사람들이 영어로 유전공학, genetic engineering이라고 말하듯이)은 어쨌든 생식세포 혹은 3개월 이후의 태아와 관계가 있는 것, 또 예컨대 체외수정, 자궁 내 태아의 질병 치료,

마지막으로 정확한 설계도를 가지고 인간 존재의 철저한 생산을 시도하는 것 등과 같이 언제나 목적이 될 수 있는 모든 것을 포함할 수 있다.[43] 그러므로 유전자 치료는 생물학적 조작의 전체 영역 중 일부일 뿐이다. 또 이 치료는 인간 유전학과 우생학의 전통적인 방식들과 구별된다. 유전학과 우생학은 유전적으로 제약된 무질서에 대처하기 위하여, 예컨대 태아의 혈액을 Rh 음성인자와 바꿈으로써 혹은 페닐케톤 요증[PKU. Phenylketonurie. 아미노산의 하나인 페닐알라닌을 대사하지 못하는 유전병으로서 상염색체 열성으로 유전한다. 체내에 페닐알라닌과 그 대사산물의 축적으로 인하여 지능장애, 담갈색, 피부색소 결핍 등의 증상이 나타난다: 역주]의 해로운 작용을 알맞은 특별한 식이요법으로 방지함으로써 이미 꽤 많은 방법들을 발전시켰다. 우리가 지금 언급하는 새로운 유형의 유전자 치료는 화학적 요법이나 방사선 요법에 의한 일종의 유전자 외과학을 통하여 돌연변이를 취소하거나 유전자 안의 잘못된 정보를 제거하는 것을 목표로 한다. 유전자 치료의 전망과 예견된 기술은 유전적 무질서의 종류에 따라서 구별된다. 우리는 여기서 다음과 같은 무질서의 주요한 분류를 상기한다. 1. 염색체의 수와 그 구조의 질에 있어서의 일탈(예: 다운증후군, 잘못된 방식으로 인한 몽고인과 비슷한 두뇌와 얼굴의 형성, 아주 자주 정신지체에 이르게 하는 질병. 이 질병은 원인으로서 추가적인 반쪽 염색체를 갖는다). 전체 구조에서의 무질서는 특히 성염색체들의 잘못된 정보와 관계가 있다(예: 추가적인 x 혹은 추가적인 y).[44] 2. 개별적 유전자와만 관계가 있는 돌

43 Journal of the American Medical Association, 220 (1972) 1356.

44 R. Walbaum (und andere), 48 XXX Syndrome in an Infant, in: *Journal of Genetics*

연변이(예: 혈우병). 3. 방해하거나 방해받은 유전자 전체의 공동작용. 그러므로 이 경우들에서는 서로 다른 결함의 근원을 식별하는 것과 그 이상의 유전자 치료는 매우 의심스럽다. 4. 어머니와 아이의 혈액 사이의 불일치(Rh). 적지 않은 저술가들은 유전자 치료의 미래에 대하여 매우 낙관적인 견해를 표명한다.[45] 대부분의 인간 생물학 전문가들은 유전자의 재 돌연변이가 생각될 수 있는 정확히 국부적인 잘못된 정보와 다른 한편으로 현재의 생물학 수준에서 치료 가능성을 예견 가능한, 미래에 생각하기 어려운 다층적인 무질서들을 분명히 구별한다. 아르노 모툴스키(Arno Motulsky)는 이러한 상황에 대한 명백한 정보를 제공한다. 염색체 일탈의 경우에 우리는 치료가 가장 어렵다고 생각할 수 있다. 예를 들면 다운증후군에서는 (21번이라고 불리는) 추가적인 염색체가 있고 그것이 장수하도록 한다. 유전자 치료는 배[胚]의 형성 상태 중에 이 추가적인 염색체를 제거할 필요가 있다. 이 치료는 아무리 빨라도 뇌의 형성 이전에 시행되어야만 하고 이 경우에 무질서는 최대의 손해를 끼치게 된다. 개별 세포들에 대한 그와 같은 개입은 지금까지와 마찬가지로 가까운 장래에도 생각할 수 없다. 이와 비슷하게 다른 모든

---

*and Humanity*, 21 (1973) 43~56쪽; A. Christensen (Hrsg.), Psychological Studies of Ten Patients with the XYY Syndrome, in: *British Journal of Psychiatry* 123 (1973) 219~221쪽; K. Burke, The XYY Syndrome: Genetic Behavior and the Law, in: *Denver Law Journal* 46 (1969) 261~284쪽; M.A.Telfer, D.Baker, G.Clark, C. Richardson, Incidence of Gross Chromosomal Errors Among Tall Criminal American Males, in: *Science* 159 (5. März 1968) 1249~1250쪽 참조.

45 예를 들면 유명한 상황 윤리학자 Joseph Fletcher와 인간 생물학자 J. Lederberg가 있다. J. Fletcher, *The Ethics of Genetic Control. Ending Reproductiv Roulette,* Anchor Press/Doubleday, Garden City, New York, 1974. Anderson과 같은 출중한 과학자는 그의 논문에서 온건한 낙관주의를 표명한다: Genetic Therapy, in: Hamilton, *The New Genetics and the Future of Man*, 109~124쪽.

염색체의 무질서에 대한 가망성은 보이지 않는다.

마찬가지로 오늘날 수많은 유전자가 잘못된 정보에 관여되어 있는 모든 경우에 우리는 성과 있는 유전자 치료를 생각할 수 없다. 우리가 직접 조작하는 경우에 서로 다른 염색체들에 국한되어 있는 유전자의 전체 그룹을 얻을 수 있을 것이라고는 결코 생각할 수 없다.[46] 유전자 안에 구조적인 단백질을 함유하고 있는 유전적 무질서들에 있어서 유전자 치료는 이론적으로는 생각할 수 있지만 이에 필요한 기술에는 아직 도달하지 못했다. 특정한 단백질이나 효소의 결핍에서 입증되는 유전적인 무질서들은 가장 빨리 유전자 조작에 접근할 수 있다. 치료에는 서로 다른 방식으로 발생할 수 있는, 정상적으로 구조화한 유전자의 공급이 필요하게 될 것이다. 치료는 이론에서 잘못된 정보를 교정하는 것이거나 유전자와 관계된 분자 안의 정확한 정보를 통하여 그것을 교정하는 것을 뜻한다. 연구의 진보가 깜짝 놀랄 만하고 가장 수준이 높은 전체 과학자 그룹에 의해 이루어진다고 할지라도, 오늘날 유전자 치료는 엄청난 장애에 부딪친다. 이 장애는 더 구체적으로 말하면 지식의 부족에서뿐만 아니라 특히 유전자와 염색체들을 합리적인 방식으로 통제할 수 있게 하는 기술의 부족에 기인한다는 것을 언급해야만 한다.[47] 연구자들은 이제 자신들이 유전자의 언어를 해독하기 위해 필요한 지식을 가지고 있다고 확신한다. 1970년에는 전체 유전자를 종합적으로

46 A.G. Motulsky, Genetic Therapy, in: M. Hamilton, *The New Genetics and the Future of Man*, 127쪽 참조.

47 P. Overhage, Die Evolution zum Menschen hin, in: J. Hüttenbügel, *Gott, Mensch, Universum*, Graz-Wien-Köln, 1974, 404쪽 참조.

회복시키는 데 성공했다[48] 또한 유전학자들은 동물 실험에서 큰 진보를 이룩했다.[49] 그런데 동물 세계로부터 인간 유전학으로 넘어가는 것은 대단히 어렵다.

우리가 오늘날 제안된 직접적인 유전자 치료에 대한 도덕적 평가에 주의를 기울인다면, 자유롭게 처리할 수 있는 양자택일을 취하는 것이 바람직하다. 전체 인구에서 결함 있는 유전자들의 극적인 증가를 배제하지 않는 앤더슨(Anderson)은 오늘날 과학자들이나 윤리학자들, 언론인들과 정치가들이 제시한 여러 제안들에 대하여 균형 있는 판단을 제공한다. 더 나아가서 가장 과격한 제안은 중대한 유전적 질환을 더 이상 치료하지 않고 또 한 번 자연도태에 통제를 맡기자는 것이다. 그럼에도 이것은 그리스도인들과 인간 인격을 중시하는 모든 이들에게는 결코 대안이 아니다. "치료할 수 있는 질병에 걸린 아이의 치료를 거부한다면, 모든 형태의 의료 직업군은 윤리적으로 비인간적이고 비난받을 만하며 어긋나는 것이다."[50]

두 번째 제안은 자세히 말하면 개인을 개별적으로 치료하지만 피임, 단종, 중증의 결함있는 유전자 보유자들에게 혼인을 금지함으로써 유전소질의 계속되는 오염을 방지하자는 것이다. 이러한 관점에서 나는 이미 나의 견해를 밝힌 바 있다. 앤더슨도 강요된 조치에 반대하는 의견을 매우 강조하여 언급한다. "그렇다면 어떤 결함 있는 유전자를

48 W.F. Anderson, Genetic Therapy, 112쪽 참조.

49 Monitor, Cell Fusion to Repair Genetic Defects, in: New Scientist, 61 (1974) 3; G. Chedd, How to Repress an Operator, in: *New Scientist*, 61 (1974) 7~9쪽 참 조.

50 Anderson, Genetic Therapy, 123쪽.

용인할 수 있고 어떤 것이 덜 좋다는 최종 결정을 누가 하는가?."[51] 세 번째 대안은 오늘날 이미 널리 실행되어 있다. 우리는 의학의 진보 덕택에 생식력이 있는 연령에 도달한 개인들에게 결혼하여 아이를 가질 것을 허용한다. 하지만 (3개월 이상 된) 태아가 유전질환이 있다는 것이 확인되자마자, 모든 임신은 태아의 성별과 염색체의 이상을 판별하는 방법에 의해 점검이 되고 매번 낙태된다. 이것은 특별히 놀라운 대안이다. 건강한 태아의 낙태를 사회가 용인하고 법률적으로 규정하는 한, 이러한 행동 양식이 허용될 수 없다는 것을 대부분의 사람들에게 확신시키는 것이 점점 더 어려워지므로 이것은 더욱더 놀라운 대안이다.

유일하게 용인할 수 있는 대안은 우선 유전질환을 증상에 따라 치료하게 하는 연구를 촉진하는 것이다. 몇 가지 치료 방법은 이미 있다. 부분적으로는 유전질환의 발생을 방지하는 방법까지도 있다. 대체로 알려진 방법들은 다음과 같다. a) 특수 식이요법: 단백질 신진대사(Proteinmetabolismus)에서 이상(eine Anomalie)을 나타내는 페닐케톤요증의 경우에, 식이요법을 제때 실시한다면 페닐알라닌[Phenylalanin. 필수 아미노산의 일종: 역주]의 유입을 제한하는 특수 식이요법을 통하여 정상적인 정신적 발달을 기대할 수 있다. b) 부족한 유전인자의 지속적인 공급: 악성 빈혈(증)은 비타민 12를 주사함으로써 치료된다. 혈우병은 부족한 단백질 물질을, 즉 빈혈을 없애는 글로불린[Globulin. 혈청 중의 단백질: 역주]이라는 요소를 주사함으로써 치료될 수 있다. c) 예방을 위한 면역성의 부여: 이것은 순환하는 항체(Antikörper)

51 Anderson, Genetic Therapy, 124쪽.

를 공급하는 것이다. 예를 들면 Rh-글로불린의 주사는 양성 Rh인자(Rhesusfaktor)를 나타내고 기원을 태아에 두는 세포들을 파괴한다. 그래서 다음의 임신에서 용혈[溶血]을 야기하는 신생아의 질병의 원인인 자궁 안의 Rh-항체들의 종양이 방지된다. d) 효소의 공급: 약간의 부족한 효소는 약물을 통해 공급할 수 있다. 그래서 예를 들면 유전적 소질로서 이어받은 황달은 부족한 효소의 생산을 촉진하는 페노바르비탈[Phenobarbital. 경련 방지제: 역주]에 의해 치료될 수 있다.[52]

이상 열거된 치료 방법의 목록은 결코 완전한 것이 아니다. 이어지는 연구들이 전통적이라고 불리는 방법들의 방향에서 여전히 뚜렷한 효용을 가져올 수 있다는 것은 의심의 여지가 없다. 그럼에도 결함이 있는 유전자의 직접적인 치료법이 엄청난 방법적인 진보를 뜻할 것이라는 점은 분명하다. 왜냐하면 후손들이 유전적 질환에서 자유로울 뿐만 아니라 개인 자신도 계속 의사의 치료를 받을 필요가 없을 것이고 두려움 없이 아이들을 갖고 싶어할 수 있을 것이기 때문이다.

그래서 유전자 치료가 효과적이고 지나치게 큰 위험이 없이 시행될 수 있다면, 우리가 어떤 도덕적인 염려를 하지 않아도 될 최선의 내안이라고 말할 수 있다.[53] 유전자 치료는 일반적인 치료와 같은 윤리적 기준의 지배를 받는다. 성과와 위험에 대한 전망은 신중히 비교하여 검토해야만 한다. 인간의 생명은 바로 그 시초에는 매우 민감하다는 것을 인정해야 한다. 그런데 아무 조치도 강구하지 않는다면, 매우 큰 위

52 A.G. Motulsky, Genetic Therapy, 128쪽.

53 K.D. Eberhard, Genetics and Human Survival: A Christian Perspective, in: *Linacre Quarterly*, 40 (1973) 178참조.

험을 뜻하는 유전적 무질서가 있게 된다는 것을 똑같이 고려해야 한다. 많은 경우에 유전자 치료는 심지어는 인간 생명을 구하거나 그것을 정신의 전체적 붕괴로부터 보호할 수 있는 유일한 기능일 것이다.

폴 램지처럼 저명한 윤리학자들은(남성의 정자나 여성의 난자의) 생식 세포의 조작이 문제가 되는 경우에 유전자 치료를 전적으로 비난한다. 그의 주된 논변은 다음과 같다. “모든 가능한 수단으로, 심지어는 아직 임신되지 않은 아이에 대한 부가적인 위험을 자체에 포함하고 있는 수단으로 여성들에게 아이들을 가질 가능성을 부여하고 부부들에게 임신을 가능하게 하는 것은 의료술의 타당한 목표가 아니다.”[54] 나는 폴 램지가 아이를 갖고 싶은 부부들의 정상적인 욕구를 과소평가한다고 생각한다. 오직 당뇨병에 걸린 아이들을 얻는 것이 위험하다면, 그는 부부들의 출산을 한 번도 허용하지 않을 것이라는 점을 우리는 이미 알 수 있었다. 나는 모든 수단이 목적을 정당화할 수 없다는 그의 견해에 동의한다. 그런데 그가 어떤 위험도 있어서는 안 된다고 요구한다면, 가톨릭과 프로테스탄트의 전통적 윤리신학의 범위를 훨씬 벗어나는 것이다. 인간의 삶에서 모든 중대한 일과 특히 인간 생명의 계승은 위험 없이 일어나지 않는다. 그런데 높은 평가를 받는 저자의 다음과 같은 발언은 이와 어긋나는 것 같다. “유전자 치료와 생식 세포의 조작을 자체 안에 포함하는 경우에서 미래세대에 대한 알 수 없고 예견할 수 없는 위험은 개별 환자들을 위해 보장될 어떤 친절한 행위보다 더 중요하다. 그렇게 중요한 사안들에 있어서는 주목할 만한 위험이 존재

54 Ramsey, Genetic Therapy, in: M. Hamilton, *The New Genetics and the Future of Man*, 160쪽.

하지 않는다는 것만으로는 전혀 충분하지 않다. 우리는 전혀 위험이 없다는 것을 알아야만 한다 – 이는 유전자 치료가 충족하지 못할 수도 있는 필요조건이다."[55] 그럼에도 폴 램지는 생식 세포의 조작이 함께 주어져 있는 그런 경우에서만 그와 같이 엄격하다. 이와 반대로 이미 임신된 인간 존재의 치료가 문제인 경우에는, 매우 중대한 유전자 결함들을 제거하는 것이 문제인 한 그는 덜 엄격하다. 유전자 치료 혹은 유전자 외과학이 생명을 구하거나 전체적으로 쇠약한 생명을 보호하기 위한 유일한 방법인 한, 램지는 상당한 위험이 있다고 해도 이러한 방법을 찬성한다.[56]

유전자 치료 방법 중 하나는 형질도입 방법(Transduktion)이다. 이 방법은 동물의 생명과 관계하는 한, 이미 시험관 안에서 시험한 것이다. 결함이 있는 유전자는 세포 안으로 집어넣은 병원성[病源性]이 아닌 바이러스에 의존하여 유전적인 바탕(Material)에 합해진다. 앤더슨은 이에 대하여 다음과 같이 기술한다. "이론적으로 바이러스 보유자는 유전 바탕의 다른 유전자에게 부정적인 영향을 줄 수 없다. 그런데 바로 여기에 문제가 있다. 어떤 바이러스가 병원성이 아닌 것으로 간주된다고 해도 결과적으로 유전적 바탕에 어떤 작용을 하느냐는 알려져 있지 않고 완전히 명백하게 검토될 수 없다. 달리 말하면 우리의 방법이 확실하고 믿을 만한지 어떤지를 알기 훨씬 전에, 우리는 아마도 유전자를 조작할 가능성을 가지고 있을지 모른다. 이것은 거의 모든 새로운

55 Ramsey, Genetic Therapy, 169쪽.

56 Ramsey, Fabricated Man, 119쪽; C. Curran, *Politics, Medicine and Christian Ethics*, Fortress Press, Philadelphia, 1973, 167 이하.

방법에서 가능한 경우라는 것이 언급되어야만 한다."[57] 이 방법의 최초 시도는 인간 생명을 구하거나 자기의식과 자유의 능력을 보증하기 위한 아무 희망도 없는 극단적인 경우들에 이미 적용되었다. 이 경우들에서 유전자 치료의 그와 같은 방법들과 시도들이 정당화된다는 점에 대해서는 의심의 여지가 없는 것으로 보인다.

## 3. 새로운 인간 만들기

여기서 우리는 새로운 유전적 장비의 제조라는 엄격한 의미에서 유전자의 기술자에 관하여 말하고자 한다. 여기서는 유전학상의 잘못된 정보가 발견되는 경우에 더이상 단순히 치유하면서 영향을 미치는 문제가 아니고 오히려 유전자의 제조와 새로운 조립이 중요한 문제가 된다. 적지 않은 과학자들은 완전한 인간, 400만 년의 진화 후에 나타난 인간보다 더 완전한 인간을 유전학적으로 제조하는 것이 가능할 것이라고 믿는다. "미래의 위대한 성취는 아마도 인간적인 종을 유전학적인 조작에 의해 변화시키는 능력일 것이다."[58] 나는 조셉 플레처와 같은 극단주의자들의 몽상 및 제안들과 논쟁하고 싶지 않다. 플레처는 사이보그[Cyborgs, 인간의 육체가 컴퓨터와 연결되어 있는 몽상

57 Anderson, Genetic Therapy, 117쪽.

58 *The Mental Health of Children: Services, Research and Manpower,* Reports of Task Forces IV and V and Report of the Committee on Clinical Issue by the Joint Commission on Mental Health of Children, Harper and Row, New York, 1973, 259쪽.

된 인간에 대한 새로운 영어 명칭. cybernetic과 organism의 합성어: 역주]를 제조하는 방향에서 인간의 철저한 유전적 구조변환 혹은 예를 들면 전통적인 호모 사피엔스를 고등 영장류와 결합함으로써 잡종화(Hybridisation)를 통한 완전히 새로운 종의 출현을 고대한다. 이들에게 전형적인 것은 이제까지 들어보지 못한 모든 새로운 것이 자동적이며 필연적으로 인간의 진보를 뜻하고, 이러한 견해를 공유하지 않는 이들에 대해서는 가혹하고 모멸찬 말을 한다는 것이다. 그래서 조셉 플레처는 다음과 같이 기술한다. "기괴할지 모르지만, 적지 않은 사람들은 새로운 개척자의 투철한 성격이 드러나는 것에서 혐오를 느낀다."[59] 여기서는 진지하게 생각하는 윤리학자들에 대해서뿐만 아니라 대부분의 과학자들에 대해서도 인간의 고유한 생물학적 성에 의해 설정된 동의할 수 있는 경계를 초과한 것이다.

약 10년 전까지는 과학자들뿐만 아니라 신학자들도 '유전적 조작'이나 이와 유사한 표현들을 오직 인공수정을 위한 남성의 정자와 여성의 난자의 선별에 대해서만 사용했다. 그들은 특히 시험관 안에서의 배아의 인공적 형성에 주목한다. 자주 인용되는 칼 라너의 논문인 「유전자 조작의 문제에 대하여」는 이와 관련된 전형적인 것이다.[60] 오늘날 행동반경은 어떻게 해서든지 생명의 과정을 설계하려는 유전자의 모든 조작으로까지 엄청나게 확장되었다. 사람들은 이미 어떻게든 가능해진 모든 것과 우선 유토피아의 영역에 존재하는 모든 것에 대하여 토론한

59 Fletcher, *Ethics of Genetic Control*, 4~5쪽; 또한 43~45쪽 참조.

60 Karl Rahner, Zum Problem der genetischen Manipulation, in: *Schriften zur Theologie*, 8, Zürich, 1967, 286~321쪽.

다. 물론 그 전면에는 기술적인 문제들이 자리잡고 있다. 이와는 달리 윤리학자들은 특히 예견하거나 예감할 수 있는, 사회와 문화 전체에 대한 서로 다른 유전학상의 조작들의 영향을 중시한다.[61] 유전자 기술자는 유전자의 재설계, 우선 생식세포의 조작의 재설계를 생각한 다음에, 계속되는 배아나 태아의 발육단계에서 유전자들의 재설계를 생각한다. 사람들은 또한 염색체를 제거하거나 다른 염색체들을 부가할 가능성을 토론하고 있다. 진지하게 생각하는 일부 과학자들의 견해를 따르면 호모 사피엔스라는 종에 속하는 호모 노부스(homo novus, 신 인간)의 설계를 생각할 수 있을 뿐만 아니라 아마 가까운 장래에 실현할 수 있을 것이다. 호모 노부스는 44개의 염색체 쌍만을 갖고 있다고 한다.[62] 토론에서는 계속하여 유전자나 약간의 유전자 정보를 인간의 세포 안으로, 예를 들면 발육의 결정적 요소인 뇌세포 안으로 넣을 계획이 언급된다. 이 모든 제안에는 아직 많은 어려움이 남아 있다. 우리는 전체의 유전자 돌연변이를 통해서만 중요한 변화를 초래할 수 있다. 지능, 의지의

---

61 A. Huxley, *Brave New World and Brave New World Revisited*, Harper and Row, New York, 1965; F. Warshofsky, *The Control of Life in the 21st Century*, Viking Press, New York, 1967; G. Feinberg, *Prometheus Project*, Doubleday, New York, 1968; G.R. Taylor, *The Biological Time Bomb*, World Publishing Company, New York, 1968; D. Peterson (Hrsg.), *Genetic Engineering*, BBC, London, 1969; A. Rosenfeld, *The Second Genesis : The Coming Control of Life*, Prentice Hall, Englewood Cliffs, 1969; P. Handler (Hrsg.), *Biology and the Future of Man*, O.U.P., New York, 1970; R.T. Francoeur, *Utopian Motherhood: New Trends in Human Reproduction*, Doubleday, Garden City, 197; H.Still, *Man-made Man*, Hawthorn Books, New York, 1973; H.J.Müller, *Man's Future Birthright: Essays on Science and Humanity*, State Univ. of New York, 1973; R.M.Restak, *Premeditated Man. Bioethics and the Control of Future Human Life*, New York, 1975 참조.

62 Overhage, Die Evolution zum Menschen hin, 403쪽; 또한 P.Eberle, Spontane und induzierte Gen-Änderungen beim Menschen, in: *Arzt und Christ*, 11 (1965) 129~146쪽 참조.

강함, 창조적 재능과 같은 특징들은 개별적인 유전자에 의존하지 않고 상당수 유전자의 영향을 받으며 놀라운 상호작용에 의존한다. 앤더슨은 다음과 같이 분명하게 말한다. "제조과정에서 어떤 결함이 있는 자동차를 생산할 수 있는 것과 유사하게, 서로 다른 유전자 돌연변이 중 하나를 통하여 결함이 있는 지능(정신지체)을 생기게 할 수 있다. 그런데 지능을 유전적으로 개선하기 위해서는 상호간 관계가 있는 모든 요인들이 나중에 더 큰 효력을 내게 하는 방식으로 정확한 변화를 계획할 필요가 있을 듯하다. 그럼에도 뇌의 기능들에 관한 현재 우리의 지식은 아직 초보적이다. 그럼에도 언젠가는 우리가 지능을 개선하려고 해야 한다."[63]

직접적으로 유전자 돌연변이를 목표로 삼지 않는 다른 개입들은 아마 더 가망이 있을지 모른다. "우리는 특히 출산 전이나 후에 개입함으로써 계속되는 분할 조치에 의해 정상 수치를 넘는 두뇌신경의 증가가 초래하기를 희망한다. 이것은 이미 쥐들에 있어서 성공한 사례이고 (Zanenhoff), 그러므로 사정에 따라서는 지능의 향상도 이룰 수 있는 것 같다."[64] 이 경우에 우리는 특히 성장 호르몬(HGH)의 공급을 생각한다.

유전자에 대한 직접적인 영향이나 인간의 구조 변경을 계획하려고 노력하는 경우에 우리는 특히 다음의 문제들을 스스로 제기해야만 한다. 1. 인류가 도대체 직접적인 유전자 조작이나 다른 수법을 통하여 인간이라는 종을 변화시켜도 좋은가? 달리 말하면 인류가 직접적인 영

63 Anderson, Genetic Therapy, 119쪽.

64 Overhage, Die Evolution zum Menschen hin, 406쪽.

향을 미치려고 노력하는 경우에 필요한 치료의 기준들을 초과하는 것이 허용되는가? 2. 이것에 찬성한다면 우리는 어떤 기준들을 제시할 수 있는가? 3. 우리는 오늘날의 기술자를 신뢰할 수 있고 그가 그와 같은 시도를 지혜롭게 수행한다고 믿을 수 있는가? 아니면 인간의 보다 나은 생물학적 배양처[ein Substrat, 培養處]를 설계하려는 모든 연구와 수고를 애초부터 할 수 없게 하는 것이 더 좋지 않을까? 아니면 아마 – 인간이라는 종의 생존 처럼 – 중요한 이유들이 그러한 시도들을 정당화할 수 있을까? 기본적으로 유전자에 대한 설계상의 조작을 통하여 생활능력을 개선하려고 하는 인간의 소원을 처음부터 비난할 수는 없다고 나는 생각한다. 칼 라너는 대부분의 인간이 자신들의 개인적인 본질의 완성을 위해서는 생물학적으로 매우 미비한 상태에 있다는 것을 생각하도록 한다.[65]

이제 생물학적 본성은 인간의 자유, 책임 능력과 인간의 지혜에 맡겨져 있으므로, 인간은 자신의 역사적 본성에 의하여 자신의 유전인자의 관리자이기도 하다. 인간이 유전적인 진화에 영향을 줄 수 있느냐 아니냐가 문제일 수 없다. 의식적이든 무의식적이든, 원하든 원하지 않든 인간은 계속하여 자신의 유전소질에 상당한 영향을 끼친다. "우리의 기본적인 결정은 우리의 진화에 우연적으로 영향을 끼치는 대신, 의식적으로 이 진화를 통제하기를 선호하지 않아야 하느냐 어떠냐는 것이다."[66]

65 Rahner, Zum Problem der genetischen Manipulation, 352쪽.

66 B.D. Davis, Threat and Promise in Genetic Engineering, in: R.H. Williams (Hrsg.), *Ethical Issues in Biology and Medicine*, Schenkman, Cambridge, Mass., 1973, 18쪽.

우리는 오늘날 인간이 역사의 변천 과정 중에 자기 자신의 생물학적 유전에 어떻게 영향을 주었느냐에 관하여 대개 어떤 그림을 만들 수 있다. 또 우리는 부주의, 정신적인 타성과 무지에 의하여 인간이 특정의 질병들과 유전적인 무질서를 일으켰을 뿐만 아니라 불충분한 발육에도 책임이 있다는 것을 깨닫고 있다. 이러한 깨달음의 자세로부터 다음의 문제에 이르는 거의 불가피한 행보가 이루어진다. 그것은 인간들의 유전적 소질을 개선하기 위하여 이성적으로 수행될 수 있는 한, 모든 현대적인 지식과 마음대로 사용할 수 있는 기술을 사용하는 것이 더 좋지 않느냐 어떠냐는 문제이다.[67] 자신을 마음대로 다루는 것, 달리 말하면 인간의 자체 조작은 이제까지는 전적으로 무계획 상태에서 이루어졌다. 반면에 이 자체 조작은 미래에는 인간에 대해 계획적이며 조직적인 영향을 미칠 수 있다.

그리스도인들과 인도주의 전통의 또 다른 대표자들은 역사의 의미가 증가하는 인간화에 있다는 데 의견이 일치한다. 이것은 지능의 성장뿐만 아니라 무의미한 공격적 경향의 단계적 극복과 공동 책임에 대한 더욱 큰 책임을 뜻한다.[68] 그래서 유전자 치료가 우리에게 허용되어 있을 뿐만 아니라 직접적으로 인간의 생물학적이고 유전적인 소질을 풍부하게 하는 데에 협력하기 위하여 의미 있는 모든 수단을 사용해도 좋다는 결론이 나올 듯하다.

어쨌든 공동의 과제라는 방향에서 의미 있는 변화들에 대한 면밀하고 조직적인 계획 – 그것은 인간화와 지혜 안에서의 성장이라는 계

67 Rahner, Zum Problem der genetischen Manipulation, 346~347쪽 참조.

68 Davis, Threat and Promise in Genetic Engineering, 30쪽 참조.

획이다 –은 처음부터 인간 본성이나 인간의 소명에 대한 공격이라고 해석될 수 없다.[69]

그럼에도 여기서 아주 분명히 말해야 할 것은 유전적 소질에 대한 자의적인 개입을 일반적으로 허용하는 것이 문제가 될 수 없다는 점이다. 매우 일반적인 문제만이 중요하다. 즉 인간이 필요한 지식, 필요한 기술과 특히 식별능력을 지닌다면 유전적 발전 자체의 책임을 떠맡을 권리를 갖느냐 아니냐는 것이 문제가 된다. 인간의 전체적 사명을 존중하지 않는 유전적 조작과 관련하여 나는 C.S. 루이스(C.S. Lewis, 1898~1963. 영국의 작가이며 평신도 신학자)의 다음 견해에 동의한다. "유전적이며 과학적인 조작을 통하여 자녀들을 사람의 마음에 드는 존재로 만드는 것이 어떤 시대에 갑자기 일어난다면, 그 후에 살게 될 모든 사람은 그러한 영향력의 환자가 될 것이다. 이들은 더 약해지고 더 강해지지는 않을 것이다."[70]

이렇게 생명에 중요한 문제에서는 모든 인간과 모든 분과학문이 타당한 기준들을 발견하고, 실제로 비현실적이며 무책임한 모든 조작을 불가능하게 하는 강력하고 건전한 여론을 만들기 위하여 협력해야만 한다. "우리는 우리의 유전소질과 관련하여 이를 위해 전력으로 모든 일을 하도록 강요받지는 않고 있다. 우리의 미래를 조작하는 우리의 자유에는 한계가 있다. 유전적 조작은 책임을 져야 할 수도 아닐 수도 있다."[71]

---

69 Rahner, Zum Problem der genetischen Manipulation, 295쪽 참조.

70 C.S. Lewis, *The Abolition of Man*, Collier–McMillan, New York, 1965, 70~71쪽.

71 Nelson, *Human medicine*, 121쪽.

우리는 그렇게 결정적인 문제에 대하여 순수하게 추상적으로 언급할 수는 없다. 우리는 우리의 전체 상황, 인간의 정신 상태의 제한된 조건과 성과 지향적인 우리 사회의 연구자들에 대하여 알지 않으면 안 된다. 우리는 새로운 것에 대한 현혹과 센세이션이 우리를 압도하게 해서는 안 되며 우리 시대의 정신의 경향을 비판적으로 판단해야 한다. 많은 과학자들, 정직하고 선량한 사람들이 각자의 분야에서 최고의 성과를 거둘 수 있는 것은 교육제도의 결과이다. 전문가인 그들이 전체를 전망하도록 교육이 충분히 도와준 것은 아니다. 그래서 그들은 유전적 조작에 대한 전망에서, 특히 기술사회에서 성과라는 기준으로 평가될 수 있는 그러한 지능요인을 생각하게 된다. 인간이 총 유전인자(Genom)로부터 어떻게 더 좋은 지능을 가질 수 있느냐는 질문에 일방적으로 관심을 두는 사람들에게 칼 라너는 다음의 질문을 제기한다. "그런데 더 높은 지능과 더 높은 소질이 인간의 행동을 위해 명백히 연결되어 있는가? 개량할 수 있는 지능이 우리가 오늘날 사용하는 다음의 것들, 즉 지혜의 지능, 도덕적 책임의 지능과 사사로움이 없음의 지능이고, 반면에 기술적 지능이 컴퓨터, 인공두뇌학 등을 통하여 충분히 향상될 수 있는가?."[72]

우리는 유전자 엔지니어가 시장의 냉혹한 규칙에 따라 장사를 할 것이라는 이유 있는 두려움을 갖고 있다. 어떤 것이 생물학적이고 유전적인 조작의 이미 발전한 가능성과 기대하는 가능성을 위한 최선의 시장인가를 조사하는 연구들은 이미 존재한다.[73]

72 Rahner, Zum Problem der genetischen Manipulation, 317쪽.

73 전형적인 예는 다음의 간행물이다: Committee on the Interplay of Engineering

그러한 질문들이 시장의 경매에 부쳐진다면 어떤 일이 일어날까? 르로이 월터스(LeRoy Walters, 1940~. 미국의 생명 윤리학자)는 다음과 같이 비판적인 주제를 기술한다. "기술공학적으로 미리 평가하는 것은 지적으로 공리주의에 뿌리를 두고 있다. 그렇게 평가하는 것은 인간을 설계자로서 주목하는 데서 유래한다."[74] 우리는 시인, 예술가, 헌신적인 인도주의자, 지혜의 스승에게 어떤 위상을 부여하는가?

인류가 오늘날 기술적이며 과학적인 진보를 안전하다고 쉽게 말해도 좋을 것이지만, 진보가 마찬가지 방식으로 지혜롭고 안전하게 보장되는지 우리는 전적으로 의심해야 한다. 우리가 광범위한 문헌을 들추어 본다면 끊임없이 유전공학과 행동 기술공학의 전문가들과 마주치게 된다. 이들은 도덕적 문제를 전적으로 회피하거나 환경 조건들과 유전 소질이 특히 우리가 이해할 수 있는 요소들이라고 해명한다. 인간의 행동이나 결함 있는 행동이 주로 유전적 소질을 통하여 설명되는 경우에, 유일하게 의미 있는 자유의 사용은 유전소질의 유용한 변화를 계획하는 데 있다고 주장하는 경향이 지배적이게 된다.

이러한 경우에 성취한 진보에 대한 자랑과 동료 인간과 미래 세대들의 행동을 조작하는 기쁨이 인간의 자유와 존엄성보다 더 중요하다고 간주된다.[75] 하지만 제임스 구스타프슨(James Gustafson, 1925~ . 미국의 개신교 윤리학자)이 강조하여 주장하듯이, 인간적 지혜의 규범

with Biology and Medicine, *An Assessment of Industrial Activity in the Field of Biomedical Engineering*, Washington, 1971.

74 L. Walters, Technology Assessment and Genetics, in: *Theological Studies* 33 (1972) 683.

75 Skinner, *Beyond Freedom and Dignity*, 77~78쪽 참조.

적인 성격을 시선에서 잃어버릴 지속적인 위험이 있게 된다.[76]

이러한 상황에서는 비록 윤리적 문제들이 발견되더라도 쉽게 옆으로 밀쳐진다는 것은 이해할만하다. '아동의 정신적 건강'이라는 책을 출간한 연구위원회는, 연구자들이 사회적, 법률적, 도덕적 문제를 보고 있지만 기술의 진보는 저지할 수 없으며 저지하지 않아도 좋다고 확신한다는 것을 한편으로는 수긍한다. "언젠가 머지않은 장래가 아니라 몇십 년 안에 특별한 특징을 끼워 놓을 수 있고 한 쌍의 생식세포에 의해 미리 주어진 유전자들을 미소 외과학(Mikrochirurgie)과 생화학적 반응의 배합을 통해 선별하여 제거할 수 있게 되었다". 그들에게 이것은 '유전적 조작을 통하여 인간이라는 종을 변화'시키려고 하는 시도이다. 연구자들의 실제적 결론은 연구가 이런 방향에서 "무조건 계속되어야 한다"는 것이다.[77] 여기서 우리는 갈림길에 서 있게 된다. 인간의 유전소질을 지속의 의미에서 발전시키는 것 혹은 '인간의 종을 재구성하는 것'은 전혀 다른 것이다. 이미 영어에서 널리 통용되는 '유전공학'이나 '유전적 기술공학'이라는 표현은 자연과학들의 방법들과 '실험, 불가피한 오류, 위험'이라는 사유방식이 무비판적으로 인간 유전학 분야에 전용될 위험이 얼마나 큰지를 나타낸다. 마크 오버헤이지(J.Marc Overhage. 미국 인디아나 대학교 의과대학 교수)는 다음과 같이 기술한다. "그런데 생물학은 이러한 위험을 감수할 것이며 인간에 대한 조작을 태연하고 냉혹하게 실행할 것이다. 그럼에도 이 경우에 생물학에서 인간의 특

76 J.M. Gustafson, Genetic Engineering and the Normativ View of the Human, in: R.H. Williams (Hrsg.), *Ethical Issues in Biology and Medicine*, 46~58쪽 참조.

77 *The Mental Health of Children: Services, Research and Manpower*, 259쪽.

별한 실체가 얼마나 귀중하고, 이 실체가 오늘날 존재하기 위하여 수백만 년이 걸린다는 것을 우리는 결코 잊지 않아야 한다."[78] 염려를 하게 하는 문제들 중 하나는 과학자들이 그러한 성과들에 있어서 스스로 '실패한' 인간 존재들을 가지고 무엇을 행하느냐는 질문이다. 그래서 우리는 오늘날 다음과 같이 예언할 수 있다. 이 인간 존재들이 냉혹하게 쓰레기통에 버려진다고. 커란(Curran)이 말하듯이 우리는 유전이나 생식에 관한 기술자의 계획이 반드시 기형아들을 내버릴 의도를 포함하지 않는다고 이론적으로는 말할 수 있다.[79] 그런데 우리 사회가 3개월이 지난 건강한 태아의 낙태를 정당화하거나 최소한 허용할 수 있다고 생각하는 동안에는, 과학적 기술자들의 이러한 시도에서 이 기형아들을 경외심을 가지고 취급하리라는 희망은 거의 없다.

우리가 이들 실험에서 요구할 수 있고 해야만 하는 최소한은 이 실험들이 언제나 획득한 지식의 정도에 따라 천천히 이루어지는 것이다. 모든 위험은 면밀하게, 더욱이 인간이 직접으로 개입하지 않는 자연발생적인 진화의 위험과 비교하여 신중히 검토되어야 한다.[80] 이미 언급했듯이 아무 위험이 생기지 않아야 한다는 요구를 나는 과장된 것이라고 간주한다. 물론 나는 근본적으로 인간 인격의 존엄성을 존중하는 개입들에서의 위험과 모든 시도들이 적극적으로 인간 역사 안에서 자유의 의미를 기준으로 하여 평가되는 경우의 위험에 대해서만 언급한다.

78 Overhage, Die Evolution zum Menschen hin, 423쪽. Overhage 자신은 그의 저서를 참고하라고 한다. *Experiment Menschheit. Die Steuerung der menschlichen Evolution*, Knecht, Frankfurt, $^{3}$1969.

79 Curran, Politics, *Medicine and Christian Ethics*, 212쪽.

80 Curran, Politics, *Medicine and Christian Ethics*, 211쪽.

여기서 나는 다시 한번 내게 중요하게 보이는 성찰을 하고 싶다. 직접적인 유전적 개입에 대한 지나친 강조와 이와 관련된 비현실적인 희망은 인간의 전체적 행동을 통하여 그리고 이로운 생활 형편과 환경 조건을 가져옴으로써 유전소질의 건강에 대한 인간의 기본적인 책임을 소홀히 할 수밖에 없을 것이다. 그렇다면 유전자 조작이 특히 경제적 권력이나 정치적 권력을 위해 부역할 경우에, 인류에 대한 큰 위협이 될 수밖에 없을 것이다. 그런데 우리는 아무 정치적 압력이 없는 경우에도 지극히 의심스러운 실험들이 받아들여질 정도로 여론이 영향을 받을 수 있다는 것을 잊어서는 안 된다. 우리는 목표와 허용 가능한 수단과 관련하여 매우 면밀한 고려를 할 필요가 있다. "우리는 사회적 실험들을 열광적으로 진행시키기 위하여 이들 실험에 부역하는 인간 유전학이나 심리학에 대하여 충분히 알고 있지 않다. 그리고 어떤 행동양식을 향한 경향이 유전적으로 조작될 수 있는 경우에, 어떤 유형들이 선택되는지는 결코 명백하지 않다."[81]

나는 여기서 몇 가지 숙고를 다음과 같이 짧게 요약하고 싶다. 인간은 자기 자신 – 자신의 행동과 유전소질 – 을 장악할 권리를 갖는다. 그런데 인간은 이와 관련하여 지혜와 미래 세대를 위해 준비하는 충분한 책임으로 앞서가지 않으면 안 된다. 나는 인간이 엄밀한 의미에서 치료가 필요하지 않은 경우에도 자신의 유전자에 개입할 수 있지만, 비이성적인 위험을 무릅쓰고 감행되지 않을 정도로만, 개입하지 않는 경우보다 위험이 더 크지 않을 정도로만 개입한다는 견해에 기울어져

81 Robinson, *Psychology*, 311쪽.

있다. 폴 램지는 다음과 같이 경고한다. "생명에 봉사하는 의술의 시행은 자신의 유전적 조건들을 무제한적으로 조작하기 위한 인간의 모험과는 아주 다른 것이다."[82] 이와 관련하여 폴 램지와 함께 인간의 권리가 무제한적이 아니라는 것을 강조해야만 한다. 지혜롭게 행사해야만 하는 인간의 권리를 당연히 인정해야 한다고 나는 믿는다. 그럼에도 그렇게 새로운 모험을 받아들일 수 있는 경계들이 어디에 있는가를 말하기는 그리 쉽지 않다. 이미 시작되었거나 생각해 낸 과격한 형태의 유전적 조작이 있는데, 이 경우에 우리는 그러한 유전적 조작을 받아들일 수 없다고 분명히 말해야만 한다. 이것은 사람들이 늘 인간의 전체적 사명을 심각한 위험에 빠뜨리는 경우이다. 칼 라너는 매우 주목할 만한 기준을 다음과 같이 언급한다. 인간의 진정한 상호소통을 위한 생명의 배양처를 파괴하거나 심하게 손상시키는 유전적 조작은 비난받아야 한다.[83] 그 자체로 원할 만한 가치가 있는 기술적 기능의 성장이라고 해도, 예를 들면 사랑의 능력, 자유와 존엄을 위한 의미, 또 이와 유사한 가치들을 위험에 처할 수 있게 하는 조작들을 결코 정당화할 수 없다.

## 4. 유전학적 상담과 출산 전 진단

유전병질이 없는 건강에 대한 새로운 지식과 새로운 자각을 통하여 성장하는 책임의식은 수백 개의 유전적 상담소에서 나타난다. 이 상

82 Ramsey, *Fabricated Man*, 95쪽.

83 Rahner, Zum Problem der genetischen Manipulation, 296쪽.

담소들은 유전요인들이 문제가 되는 한, 보통 사회적으로 계획된 우생학이 아니라 가족들의 건강을 위하여 일하고 있다. 몇 년 전까지 이 상담자들은 유전적으로 책임을 질 수 없는 결혼을 회피하도록 상담을 원하는 이들에게 도움을 주거나, 기혼자들에게는 주어진 유전요인들을 후손들에게 전이할 위험을 추측하도록 도와주는 일이 자신들의 주요 과제라고 보았다. 미국에서는 과거 수십 년 동안의 가장 빈번한 유전질환과 관련하여 자발적으로나 법적으로 부과된 전체 인구의 조사를 통하여 이 상담소들의 일을 덜어주라는 촉구가 매우 강하다.[84] 출산 전 진단의 새로운 방법과 낙태의 경향으로 인하여 지난 수십 년 동안 많은 상담소의 과제와 전망의 방식에 구조의 변화가 생겼다. 1966년 이후 염색체들의 구조에 관한 정확한 모습을 얻을 수 있게 되었다. 그렇게 과거 수년 동안 태아의 성별과 염색체의 이상을 판별하는 방법이 개발되었다. 임신 주머니(der Fruchtsack/gestational sac)로부터 테스트 재료를 분리하는 경우에 임신 3개월 이상 된 태아의 세포와 어머니로부터 유래하는 세포를 정확히 구별할 수 있다. 이러한 분리로 인하여 임신 12주와 15주 사이에 100개 이상의 유전적 무질서가 매우 뚜렷하게 존재함이 밝혀진다.[85] 오늘날 많은 유전 상담소의 주요 강조점은 태아의

84 M. Lappé, Ethical Issues in Screening for Genetic Diseases, in: *New England Journal of Medicine*, 286 (1973) 1129~1132쪽 참조.

85 D. Bergsma (Hrsg.), *Intrauterine Diagnosis: Birth Defects*. Original Article Series vol. VII, n.5, Williams and Wilkins, Baltimore, 1971; A.E.H.Emery, *Prenatal Diagnosis of Genetic Disease*, Williams and Wilkins, Baltimore, 1973; A. Milunsky, *The Prenatal Diagnosis of Hereditary Disorders*, Charles C. Thomas, Springfield, 1973; A. Motulsky, *The Prevention of Genetic Disease and Mental Retardation*, Philadelphia 1975 참조.

성별과 염색체의 이상을 판정하는 방법을 평가하는 것이다. 몇 개의 경우에, 예를 들면 Rh질병의 경우에 이 방법은 태아의 치료에 도움이 된다. 그렇지만 대체로 미국에서는 '선택적 낙태'가 문제가 된다. 이 경우에는 늘 중증의 유전자 결함이 확인된다.

유전 상담자들은 특히 오늘날 정신지체의 원인이 되는 다운증후군(Down-Syndrom)에 대한 매우 널리 퍼진 공포와 관계가 있다.[86] 그 밖에 또 진지한 과학자들의 혼란과 전망은 우리가 보통 '치료적 낙태'에 관하여 언급하는 경우에 드러난다. 이 경우에 어머니의 유일한 '질병'은 유전적으로 손상된 아이에 대한 두려움을 갖는 것이다.[87] 그밖에 유전자 조작의 부정적일 수 있는 효과를 염려하는 사람들은 계속 이어지는 선택적 낙태와 함께 태아의 성별과 염색체의 이상을 판정하는 방법의 열렬한 사도(Aposteln)가 된다.[88] 이러한 새로운 상황에서 유전 상담은, 학문적인 윤리학자들이 염려하고 숙고하는 주요 분야 중 하나이다.[89] 어머니가 자신을 위해서나 그 이상으로 태어나지 않은 자신의 아

86 I.M. Berg (Hrsg.), *Genetic Counselling in Relation to Mental Retardation*, Pergamon Press, New York, 1971 참조.

87 Anderson, in: M. Hamilton, *The New Genetics and the Future of Man*, 116쪽.

88 예를 들면 A. Etzioni는 그의 저서 Genetic Fix에서 어떤 관련 아래 이 점을 15번 이상 강조한다. 여기서 우리는 이 문제가 생기리라고는 결코 기대하지 않는다. 그렇다면 우리는 상황 윤리학자인 J. Fletcher가 양수천자와 그것에 뒤따르는 낙태에서 과학의 가장 위대한 진보 중 하나를 보는 것은 놀랄 만한 일이 아니다. 이와 관련하여 "낙태는 산달이 찬 임신보다 더 작은 위험을 수반한다"는 것이 그의 주장이다. (*The Ethics of Genetic Control*, 58쪽).

89 R. Shinn, Genetic Decisions: A Case Study in Ethical Method, in: *Soundings*, 52 (1969) 299~310쪽; A.M. Capron, Informed Decision-making in Genetic Counselling: A Dissent to the "Wrongful Life" Debate, in: *Indiana Law Journal*, 48 (1973) 581~604쪽.

이를 위하여 그런 판정 방법에 의해 짊어지는 위험부담보다 유전적 결함의 위험이 더 적은 경우에서조차 선택적 낙태에 대한 전망에서는 이러한 판정 방법이 매우 자주 시행된다. 현재 지배적인 평가에 따르면 그와 같은 평가 방법은 태아를 손상시키고 다시 보상할 수 없는 장애나 자연발생의 유산을 불러일으킬 1내지 2퍼센트 확률의 위험을 포함한다.

가톨릭교회의 가르침에 따르면 유전적 결함 때문에 낙태를 하는 것은 도덕적으로 정당화되지 않는다. 그래서 로보(G.V. Lovo)는 다음과 같이 추론한다. "그러므로 태아의 성별과 염색체의 이상을 판정하는 방법이 치료의 목표로 행해진다고 해도, 출생 전 유전질환의 진단을 위한 판정 방법의 시행은 정당화되기 어렵다."[90]

낙태의 가능성을 지닌 그러한 판정 방법을 위한 열띤 광고는 여론의 조작을 위한 징후이다. 이러한 관점에서 평소에 그러한 판정 방법을 시행하는 많은 유전 상담소는 불건전한 여론의 이러한 경향을 한층 더 확대한다. 분명히 편협함으로 기울지 않는 다니엘 캘러핸은 다음과 같이 경고한다. "장애인들에 대한 이해심 있고 책임 있는 태도를 발전시키는 데 사회는 몇백 년이 필요했다. 이러한 소득이 장애인들의 수를 줄이기 위해 새로이 발견된 가능성을 통하여 위험에 처하게 되어서는 안 된다."[91]

유전 상담자들은 자문을 구하는 이들의 정신과 양심을 조작하지

---

90 George V. Lobo, SJ, *Current Problems in Medical Ethics,* St. Paul Publications, Allahabad, 1974, 155쪽.

91 D. Callahan, Ethics, Law and Genetic Counselling, in: *Science* 176 (1972), 199.

않도록 아주 특별히 주의해야만 한다. 많은 이들은 유전 상담자들의 역할이 엄밀하게 중립적인 방식으로 정보를 주는 데 국한되어 있다고 생각한다. 나는 자문을 구하는 이를 중립적인 사례로서 다루고 인격으로서 다루지 않는 비인격적 방식에 대하여 깊은 우려를 표명하는 제임스 넬슨(James Nelson)과 의견을 같이한다.[92] 상당히 그럴싸하게 보일 수 있는 중립성은 중대한 결정이 문제인 경우에 일종의 조작이다. 특히 상담자가 마치 이발사가 여러 종류의 헤어스타일을 선택지로 제시하듯이, 선택적 낙태를 하나의 가능성으로서 제안하는 경우에 그런 것이다. 물론 유전 상담자는 자문을 구하는 이의 양심의 결정을 빼앗아서는 안 된다. 유전 상담자는 자문을 구하는 이가 자신이 중시된다는 것을 느끼고 그래서 자신의 책임 아래 결정을 하도록 모든 질문을 취급해야만 한다.

미국에서는 부모들이 자기 자녀들의 성을 결정하기를 원한다는 이유 하나만으로, 의사들이 후속적인 선택적 낙태를 수반하는 태아의 성별과 염색체의 이상을 판정하는 방법을 계속 시행했다는 내용이 신문을 장식했다. 예를 들어 어떤 이가 사내아이를 원한다면, 3개월쯤 된 여아인 경우에 매번 낙태가 시행된다. 몇몇의 경우에서 유전병의 전달은 보유자의 성과 연관되어 있다. 예를 들어 어떤 남성이 혈우병과 같은 열성의 유전자를 지닌다면, 이 소질을 딸들에게만 계속 전이할 수 있다. 딸들은 스스로 질병에 걸린 것이 아니고 보유자로서 일부의 자기 자녀에게 계속 전이할 수 있다. 조셉 플레처는 다음과 같이 제안한다. "결과적으로 남성의 배아만이 살아남도록 선택적 낙태에 의하여 생식

92 Nelson, *Human Medicine*, 101쪽.

을 조절함으로써, 이 남성은 자신의 가계를 질병의 볼모에서 구출할 것이다. 그것은 도덕적 책임을 다하는 것이다."[93] 그에 따르면 성의 선택은 어떤 유전병에 관련되어 있지 않은 경우라면 적절하다. 그것은 통제가 덜한 사회와 그 사회의 조작된 예언자들의 조작적인 힘의 사례이다.

## 5. 인공생식

초기 자본주의에서는 생산과 인간 생명의 계속 전달의 문제 사이에 확실한 연관이 있다고 보았다. 따라서 이 문제에 '인간적 생식'이라는 이름을 부여했다. 이미 이 말은 오늘날 '유전공학'의 특정한 방향과 '인간 존재의 공장제 수공업'에 관한 전체적 어투에서 보이는 동일한 기계적 정신을 분명히 드러내고 있다. 언어분석은 그때그때 밑바탕에 있는 정신이나 유해한 이데올로기에 대한 판단을 내리기 위한 중요한 도구이다.

소수의 예외적인 경우인 유전자들에 대한 직접적인 조작은 아직 사용할 수 없지만, 이 분야에서는 전적으로 유행하는 아주 많은 조작이 있다. 인간은 체외수정 과정(Ontogenese)에서 임신 전후와 출생에 이르기까지 여러 다른 방식으로 조작될 수 있다. 다음과 같은 여러 가지 기술을 생각할 수 있다. 난자의 새포핵을 바꾸는 것, 배포[胚胞, 생식세포]를 포함하여 인간의 세포를 융합하는 것, 여성 생식세포를 접

93 Fletcher, *Ethics of Genetic Control*, 157쪽 참조.

붙이는 것처럼 남성의 정자 없이 난세포의 발육을 시작하게 하는 것 [Parthenogenese, 單性生殖], 시험관 내 수정, 유전적인 목표에 부합하지 않는 한 수태하는 생명을 선택적으로 파괴하면서 실험실(인공 태반) 안에서 배아의 성장을 조작하는 것 등이다. 여기서 열거한 형태의 인공 생식 중 개별적인 것은 현재 이미 시행되었거나 최소한 진척된 준비단계에 있다.[94]

이 실험들은 예를 들면 유전소질의 개선, 불임의 해결을 위한 투쟁, 아이들의 성의 선택 등 여러 가지 목표를 갖는다.[95] 직접적인 목적은 매우 단순하게는 연구이고, 이 모든 문제에서 점증하는 지식에 도달하여 아주 빈번하게 희망을 가지고 어떻게 해서든지 생명을 위해 봉사하기 위한 요청이다. 가장 널리 알려진 연구자 중 두 인물은 다음과 같이 자신들의 견해를 말한다. "우리는 물론 이러한 작업이 잘 근거 지워진 사회적이며 윤리적인 개념들을 의문시하는 것이라는 점을 알고 있

94 F. Wagner (Hrsg.), *Menschenzüchtung: Das Problem der genetischen Manipulierung des Menschen*, München, 1969; D.M. Rorvik, Taking Life into Our Hands: The Test Tube Baby is Coming, in: *Look* (18.Mai 1971) 83~88쪽; P.C. Steptoe, R.G. Edwards und I.M. Purdy, Human Blastocysts Grow in Culture, in: *Nature* 229 (1971) 132~133쪽; R.G. Edwards, Problems of Artifical Fertilization, in: *Nature* 233 (1971) 23~25쪽; D. Kratzer (und andere), Transfer of Human Zygotes, in: *Lancet* (29. September 1973) 728–729쪽; M. Lipkin Jr., P.T. Rowley (Hrsg.), *Genetic Reponsibility: On Choosing Our Children's Genes*, Plenum Press, New York, 1974 참조.

95 Joseph Fletcher는 모든 새로운 것과 익숙하지 않은 것에 열광하면서 교묘한 수법들로 써 부부간의 성교 외의 인공수정을 '아이들의 성을 선택하기 위해 평가할 수 없을 정도 로 가치 있는 수단'이라고 부른다 (*The Ethics of Genetic Control*, 62쪽). 제안하는 방 법은 다음과 같다: 시험관 속에서의 과도한 배란 후에 인공수정을 야기하는 것과 기대한 성을 나타내는 접합체를 선택하는 것, 반면에 "다른 수정란들은 폐기된다" (63쪽). 현재 성을 선택하는 가능성에 대한 진지한 심사숙고는 다음의 논문을 참조할 것: Leon R. Kass, New Beginnings in Life, in: *Hamilton, The New Genetics and the Future of Man*, 24~25쪽.

다. 우리의 견해를 따르면 강조점은 기대된 결과들, 곧 기초적인 지식과 치료술에 있어야 한다."[96]

1974년 6월에 영국의 연구자인 스텝토(Steptoe)와 에드워즈(Edwards)가 시험관 안에서 배태된 두 아이들이 건강하게 태어나 잘 발육하고 있다고 발표했을 때 과학계는 놀라지 않았다. 이미 12년 전에 이탈리아(역자 첨가) 볼로냐 대학교 교수인 페트루치(Petrucci)가 인간의 생명을 성공적으로 시험관 안에서 수정되게 했을 뿐만 아니라 발육 29번째 날까지 살아 있게 한 것을 전 세계는 알고 있다. 소식에 의하면 그는 나중에 태아를 59번째 날까지 인공 태반에서 자라게 하는 데 성공했다고 한다. 1966년에 독일 의사회보는 러시아의 어떤 팀에 관하여 보도했다. 이 팀은 태아 250명을 2개월 이상 살아있게 하는 데 성공했다고 한다. "심지어 한 태아는 6개월간 생명을 유지했고 무게가 반 킬로그램에 달했다고 한다."[97]

일부 과학자들은 위험한 손실을 고려하지 않고 그들의 실험을 추진할 정도로 이 새로운 힘에 매료되어 있다. 이름이 드러나기를 원치 않는 과학자들은 다음과 같이 인용된다. "어떻게든 시험관 아기를 임신부터 출산에 이르기까지 길러낼 수 있다면, 나는 반드시 그렇게 할 것이다. 물론 당장 또 20번째 시도로도 성과를 얻지 못할지라도 그렇다."[98]

자연적 도덕법의 정태적 개념을 고집하는 이는 이 모든 사안에서

96 R.D. Edwards und R.F. Fowler, Human Embryos in the Laboratory, in: *Scientific America* 233 (1970) 54.

97 Overhage, Die Evolution zum Menschen hin, 408쪽.

98 A. Rosenberg, *The Second Genesis: The Coming Control of Life*, 1969, 117쪽.

일종의 충격을 깊이 느낄 수밖에 없다. 우리 중 다수의 사람들은, 우리가 처음으로 생명과정에 직접 개입할 가능성을 알았을 때 부정적으로 반응했다. 인격주의적 관점에서 유래하고 진화와 역사에 대한 의식에 입각하는 도덕적 평가는 모든 개별적 현상을 사리적으로, 더욱이 면밀하게 작성한 기준들을 보면서 심사숙고할 것이다.

### 1) 배우자의 정자에 의한 인공수정(Homologe Insemination)

오늘날 살고 있는 10,000명의 존재는 배우자의 정자로든 익명의 공여자의 정자로든 어머니의 인공임신 덕택이다. 교황 비오(Pius) 12세는 이미 1949년에 이 두 개의 처리방식을 도덕적으로 받아들일 수 없다고 거부했다. 그러나 방점은 익명의 공여자의 정자에 의한 인공적 수정의 거부에 있었다. 교황의 연설은 면밀하게 선택한 표현들로 배우자의 정자에 의한 수정을 어떻게 해서든지 인공적으로 지원할 가능성을 열어놓게 했다.[99]

두 개의 현상은 정확하게 구별해야만 한다. 부부들이 선량한 이유에서 아이들을 가지려고 하는 경우에, 가톨릭교회 밖의 소수 윤리학자들만이 배우자의 정자에 의한 (인공적: 역자 첨가)임신에 반대하여 도덕적인 우려를 표명한다. 평소에 모든 종류의 유전자 조작에 대하여 엄격한 폴 램지조차 배우자의 정자에 의한 수정을 승인하고, 심지어는 적

99 1949년 9월 29일 가톨릭 의사들을 향한 연설, AAS 41 (1949) 560.

절한 정관절제(eine Vasektomie)의 경우에 배우자 정자의 인공냉동(die Hibernisierung)에 동의하기도 한다.[100] 가톨릭교회 안에서 이 문제는 공개적으로 토의된다. 1949년 교황 비오 12세의 이와 같이 부인하는 연설 이전에 베르메르스(A. Vermeersch)와 켈리(G. Kelly)가 속한 평소에 보수적인 소수의 윤리학자들은, 최소한 정자가 도덕적으로 흠잡을 것 없는 방식으로 얻어지는 한에서 배우자의 정자에 의한 인공수정에 찬성하는 견해를 표명했다.[101] 의심의 여지 없이 매우 신중한 윤리학자이며 윤리신학자인 게오르그 로보는 가톨릭 윤리학자들 가운데 아마 오늘날 지배적인 견해를 다음과 같이 기술한다. "질문의 현재 상황에서 아이를 간절히 갖고 싶어하는 부부가 배우자의 정자에 의한 인공수정 방법으로 도피한다면, 부당한 행위를 한다고 보이지는 않는다."[102]

도덕적인 문제들은 투표와 다수결에 의해 해결되지 않는다. 그럼에도 윤리학자들은 합리적인 사람들의 도덕적 확신을 상세하게 고찰하는 것이 더 낫다. 미국의 한 여론조사에서 질문을 받은 여성들의 90%는 배우자의 정자로 인공수정을 할 용의가 전적으로 있다는 의견을 표명했다. 하지만 14%만이 공여자의 정자에 의한 인공임신을 할 용의가 있다고 한다. 질문 받은 이들의 66%는 자신들이 아이들을 기대할 수 있다면, 배우자의 정자에 의한 시험관 안의 인공적 수정을 할 용의가

---

100 Ramsey, *Fabricated Man*, 110~112쪽. Curran, *Politics, Medicine and Christian Ethics*, 112쪽. 이 점에서 Curran은 기본적으로 Ramsey와 같은 견해를 갖고 있다.

101 G. Kelly, The Morality of Artifical Insemination, in: *American Review* 101 (1939) 113.

102 Lobo, *Current Problems in Medical Ethics*, 132쪽; R. van Allen, Artifical Insemination (AIH): A Contemporary Re-analysis, in: *Homiletic and Pastoral Review* 70 (1970) 363~372쪽 참조.

있다고 한다. 반면에 11%는 시험관 안의 수정이 공여자의 정자에 의해 이루어지는 한, 그렇게 할 용의가 있다고 한다.[103]

### 2) 배우자 생식세포 시장

대부분의 인간이 익명의 공여자의 정자를 통한 인공수정을 비이성적이라고 거부하는 반면에, 최소한 어떤 이가 자신의 정자를 마음대로 사용할 수 있게 하는 한, 이것을 승인할 뿐만 아니라 또한 의무로서 간주하는 유전자 기술자들과 현대적이기를 원하는 윤리학자들이 있다. 같은 인물인 조셉 플레처는 원자탄을 무방비 상태의 일본 두 도시에 투하하게 한 트루먼을 '아가페적' 사랑의 고전적인 예라고 찬양했고 '진리의 순간'이라고 칭송했다.[104] 또 그는 "자신의 정자나 난자를 자기 자신을 위해서만 소유하려고 하는 그런 사람들의 이기심을 정면으로 거부하도록 탐욕에 관한 우리의 개념을 확장해야 한다"[105]라고 생각한다. 물론 그는 또 자기 아내와의 부부관계에 대한 독점권을 유보하고자 하는 어떤 남성의 태도를 탐욕과 이기심이라고 부른다. 인공(Künstlichkeit)에 대하여 열광하는 이들에게 정자를 보존하기에 알맞은 냉동실들은 '애인이 죽은 후에도' 여성들이 아이를 얻을 수 있는 놀라운 가능성일 것이다.[106] 에치오니는 익명의 공여자의 정자에 기인하는 아이는 자신

---

103 W.B. Miller, Reproduction, Technology and the Behavioral Sciences, in: *Science* 183 (18. Jänner 1974) 4121.

104 J. Fletcher, *Situation Ethics,* Westminster Press, Philadelphia 1966, 168쪽.

105 J. Fletcher, *The Ethics of Genetic Control*, XIV쪽.

106 J. Fletcher, *The Ethics of Genetic Control*, 69쪽.

의 법적인 아버지와 혈연관계가 없고 '부도덕한 성과'라는 이의를 제기한다.[107] 정자 거래와 관련하여 에치오니는 소비자 교육을 권고하지만, "개인들을 정자 판매자로부터 보호하거나 이 과정을 어떻게 해서든지 낙인찍을 어떤 이유를 생각하지 않는다."[108] 그는 부모가 다른 두 형제자매가 자식을 출산하는 경우에 심한 건강의 위험을 주시하면서, 고객들에게 공개하지 않은 채로 많은 여성들을 위해 정자의 공여자 역할을 하려고 하는 의사들을 사회가 통제해야 한다고 권고한다.[109]

헤르만 뮐러(Hermann Müller, 1890~1967. 미국의 유전학자. 노벨상 수상자)는 개별적 부부들의 관심에서가 아니라 인류의 유전소질을 개선하기 위하여 그의 전체 계획의 구성요소 중 하나로서 정자은행을 권고한다. 그는 이 목적을 위하여 저온으로 냉장한 출중한 남성들의 정자와 뛰어난 여성들의 난자를 보존할 것을 권한다. 부부 중 한 사람이 유전질환의 보유자인 모든 경우에 이 우생학자의 계획에 따라 '공여자'의 생식세포로 이루어진 인공수정은 '사랑의 아이들'을 얻는 결과를 갖게 될 것이다.[110]

익명의 아버지임과 근친 간의 결혼 위험 때문에뿐만 아니라 특히 사랑의 일치와 배우자들 측에서의 출산을 향한 소명 사이의 기본적인

107 A. Etzioni, *Genetic Fix*, 80쪽.

108 A. Etzioni, *Genetic Fix*, 122쪽.

109 A. Etzioni, *Genetic Fix*, 159~160쪽.

110 H. Müller, What Genetic Course Will Man Steer?, in: J.F. Crow und J.V. Need (Hrsg.), *Proceedings of the Third International Congress of Human Genetics*, Baltimore, 1967, 532쪽 이하; H.J. Müller, Genetic Progress by Voluntarily Conducted Germinal Choice, in: P.T. Jersild und D.A. Johnson (Hrsg.), *Moral Issues and Christian Response*, Holt, Rinehart and Winston, New York, 1971, 422쪽 이하.

통합에 어긋나는 것이므로, 폴 램지는 낯선 공여자의 정자에 의한 수정을 부도덕하다고 간주한다.[111]

가톨릭 윤리신학은 동일한 논거에 의거한다. 칼 라너는 이것 이상의 몇 개의 논거와 고려를 덧붙인다. 공여자는 생물학적으로는 긍정되지만, 그의 익명성을 통하여 아버지로서의 책임을 부정하는 것이다. 물론 공여자는 자신의 이름을 숨긴다. 그의 아이의 어머니와 아이는 공여자의 이름을 알아서는 안 된다. 그렇게 출생한 아이는 자신의 육체적인 아버지를 인간 정자의 매매자로만 알 수 있을 뿐이다. 이러한 종류의 조작이 사회의 양심에 확고하게 자리잡고 있다면, 우리는 명백하게 두 부류의 서로 다른 인종을 가진 셈일 것이다. 즉 이들은 기술공학적으로 조작되었으나 결정적으로 인간적인 관계들을 단념하는 선택된 인종과 아마 생물학적으로는 더 저급하고 시대에 뒤져 있다고 간주되지만 건전하고 인간적인 상호관계에 있는 인종이다.[112]

정자 매매자의 정자에 의해 수정하기로 작정한 여성, 즉 아내는 남편과의 관계에서 심각한 위험에 처하게 한다. "이 여성이 자신의 태내에 있는 새로운 생명을 의식하게 되면 남편과 연결되는 사랑과는 아무 관계가 없는 아이를 자신이 잉태하고 있고, 남편은 어쨌든 자기 집에서 자라는 아이에게 낯선 사람이라는 느낌을 피할 수 없다는 것을 알아야만 한다."[113] 두 배우자의 입양아에 대한 관계가 훨씬 더 건전하다. 그 이유는 이러한 경우에 부부는 이미 낳은 아이에 대한 책임에서 공동으

111 Ramsey, Fabricated Man, 128쪽.

112 Rahner, Zum Poblem der genetischen Manipulation, 313~315쪽.

113 Lobo, *Current Problems in Medical Ethics*, 150쪽.

로 이 아이에게 사랑을 베풀기 위한 결정을 내렸기 때문이다.

로버트 프랑코어(Robert Francoeur, 1932~2012. 미국의 로마 가톨릭 사제. 실험 발생학과 성과학 연구자)는 이러한 문제와 다른 많은 문제의 경우에 교회의 전통적인 가르침을 떠나서, 매우 일반적인 조건 아래 익명의 정자 공여자에 의한 수정을 지지하는 자신의 견해를 표명했다. 이 견해는 기혼자들의 혼외 성교가 경우에 따라서는 좋을 수 있다고 주장하는 것보다는 논란이 덜하다.[114]

### 3) 시험관 내(체외) 수정

우리는 이미 시험관 내 인간 생명의 수정에 관하여 언급한 바 있다. 하지만 우리는 생식이 아니라 수정시킨 생명을 대상으로 실험하는 것이 문제가 되는 경우들만을 주목했다. 여기서는 이와 반대로 특히 아이를 바라는 요구에 의해 고취되어 있는 경우들에 대한 도덕적 판단이 우리의 관심사이다. 그런데 두 경우에서는 수태하는 생명의 소모가 발생하므로 인간의 개체 혹은 인간의 인격이 문제가 되느냐 아니냐는 근본적인 문제가 제기되어야만 한다. 물론 시험관 안에서 수태된 생명이 '인간의 조직을 실험실에서 제조한 것'과 다르지 않다고 간주하는 조셉 플레처의 생각을 따르는 과격론자들처럼 우리가 이 문제를 등한시 할 수는 없다. 접합체, 배아, 태아도 그에게는 '수란관[輸卵管]이나 태내의 물질'에 지나지 않는다.[115] 인간이 되는 것이 수정과 동시에 이루어진다

114 R. Francoeur, *Adam's New Rib,* Harcourt/Brace/Javanovich, New York, 1972 참조.

115 Fletcher, *The Ethics of Genetic Control*, 78 und 88쪽.

고 확신하는 모든 사람은 이러한 시도를 단호하게 거부해야만 한다. 최초의 2주간에, 성공한 이식 전에 혹은 인간의 뇌의 기본구조가 형성되기 전까지 인간적인 개체나 인간적 인격체에 관하여 언급할 수 있느냐 아니냐에 대하여 최소한 심각한 의심이 있다는 것을 다른 이들은 시인한다. 그런데 그들은 최초 단계에 있는 이 인간 생명을 극도의 위험에 처하게 하는 모든 실험에 분명한 거부로 맞서기 위해 의심할 수 있고 의심하지 않으면 안 된다는 사실만으로 이미 만족한다.[116] 칼 라너는 이 점에서 상세한 평가에 대하여 개방적이다. "직접적으로 수정과 함께 이미 실체적으로 한 인간이 되느냐 아니냐는 알려진 의심으로부터, 수정된 배아 재료를 가지고 하는 실험이 단지 '물질'을 가지고 하는 도덕적으로 중립적인 실험이라는 결론이 자연스럽게 추론되는 것은 아니다. 그런데 실험재료가 실제적으로 인간이라는 데 대한 중대하고 적극적인 의심을 전제로 하여 합리적인 고려를 할 경우에, 의심되는 한 인간존재의 불안전한 권리보다 더 강한 이유들이 실험을 지지한다고 생각할 수 있을 것이다."[117]

전체 윤리학자들과 도덕주의자들은 이 최초 단계에서, 대개 수정 후 14일까지 인간적 인격체가 될 수 없을 확률이 가장 높다고 주장한

116 G. Higueira, in: H.R. Weber und G. Higueira, *Experimentos con el hombre*, Ed.Sal Terrae, Santander, 1973, 188쪽; A. Perego, *La fecondazione in vitro e sua problematica morale e teologica*, Paideia, Brescia, 1964, 16~18쪽 참조.

117 Rahner, Zum Problem der genetischen Manipulation, 301쪽; E. Chiavacci는 같은 의미로 다음과 같이 기술한다. Problemi morali della manipolazione dell'uomo con particolare riguardo alla sperimentazione in embriologia, in: *Morale e Medicina*, Rom 1970, 409~421쪽. 또한 J. Ferin, Fertilization in vitro et transfert d'oeufs, in: Ch. Robert (Hrsg.), *L'homme manipulé. Pouvoir de l'homme sur l'homme, ses chances et ses limites*, Cerdic, Straßburg, 1974, 25~34쪽 참조.

다. 나는 앞에서 이러한 의미의 모든 새로운 통찰을 제시한 바 있다. 그런데 그것이 인간과 관계가 있다고 믿지 않는다고 해도, 우리는 인간 생명을 존중해야 한다. 늘 신중하게 표현하는 프로테스탄트 윤리학자인 제임스 넬슨은 단순히 실험이 아니고 아이에 대한 원의가 문제가 되는 경우들을 위해 이로부터 다음과 같은 결론을 내린다. "이 수정된 난세포들이 인간적 가치를 갖는다는 것과 그 때문에 이 난세포들의 소모가 도덕적인 애매모호함을 나타낸다는 것에 대해 사람들은 이의를 제기할 수 있을 것이다. 그럼에도 이 세포들의 가치는 심지어 생명의 창조자의 안목에서도, 이제까지 아이가 없는 배우자들이 기대한 아이의 인격성의 가치에 의해 보상될 수 있을 것이다."[118] 시험관 아기의 가장 뛰어난 개척자들이 잇달아 행하는 자궁 내 이식으로 그들의 연구가 생명에 대한 봉사에 헌신한 사실을 근거로 하여 배우자들의 접합체로 수정이 이루어지고, 이것이 자식 복을 얻기 위한 유일한 방법이라면, 소수의 도덕주의자들은 관대한 판단이나 매우 긍정적인 판단으로 기울고 있는 편이다. 이들은 새로운 생명을 출산하는 정상적인 과정에서도 비교적 많은 접합체의 소모가 발생한다는 것을 계속하여 골똘히 생각하도록 한다. 이 인공 수태에서도 소모가 더 많을 수 있는 경우에, 이들은 다음과 같이 숙고하게 한다. "인간 발전단계(Hominisation)가 이식의 시기에 발생할 확률이 적다는 사실에 직면하여 위험이 합리적 경계 내에 있음을 전제한다면 도덕적 염려는 극복할 수 있는 것으로 보인다."[119]

118 Nelson, *Human Medicine*, 117쪽.

119 Lobo, Current Problems in Medical Ethics, 153쪽. 같은 의미로 베네딕도 수도회원

찬성과 반대를 신중히 고려한 뒤에 나는 최소한 지금 당장은 시험관 내 인간 생명의 수태를 단순하게 인정하고 싶지는 않다. 그것은 배우자들의 수정란이 발생한다고 해도 그렇다. 배우자들로부터 유래하지 않는 수정란에 의한 임신에 반대하는 가톨릭과 개신교 윤리학자들의 막강한 전선이 있다.[120] 수정란의 거래와 유전학상의 엔지니어 기술을 연결하는 것은 매우 불쾌하다.

배우자들의 수정란의 경우라고 해도 시험관 내 수정을 반대하는 견해의 주요 이유는 내게는 최소한 이 순간에는 다음과 같은 것이다. 현재의 시도들은 중대한 기술상의 실수를 포함한다. 왜냐하면 이들 시도가 영장류와 다른 포유동물의 실험을 통하여 필요하고 철저한 준비 없이 발생하기 때문이다. 이 단계에서 실험에 착수하는 것은 가능성이 적은, 너무나 많은 위험을 뜻한다.[121]

### 4) 빌린 자궁(대리모)

타인의 수정란을 이식하게 하는 여성이 스스로 어머니로서 나서겠다고 자청하지 않고 자신의 자궁만을 빌려준다면, 그는 '대리모'

---

인 B. Webb은 이 과정의 절대적인 비난에 반대하는 견해를 표명한다; Catholic Medical Quarterly 24 (1972) 69~75쪽 참조.

120 H. Thielicke, *The Ethics of Sex*, Harper and Row, New Yor 1964, 252~258쪽; H.L. Smith, *Ethics and the New medicine*, Abingdon Press, New York, 1970, 70~74쪽 참조.

121 L.R. Kass, New Beginnings in Human Life, in: M. Hamilton, *The New Genetics and the Future of Man*, 27쪽; L.R. Kass, Making-Babies - The New Biology and the "Old" Morality, in: *The Public Interest* 26 (1972) 18~56쪽 참조. P. Ramsey, Shall We Reproduce? The Medical Ethics of in vitro Fertilization, in: *Journal of the American Medical Association* 220 (1972) 1364 이하 참조.

(Gastmutter) 이다. 이 여성은 자신의 이익을 위한 사람이거나 혹은 숭고한 마음에서 행동할 수 있다. 우리는 자궁을 빌리는 여러 사정과 동기를 다음과 같이 생각할 수 있다. 우리는 임신이라는 성가신 일 때문에 자신의 직업 활동을 중단하거나 위험에 처하는 것을 원치 않는 어떤 건강한 여성을 생각할 수 있다. 또 다른 여성은 아이를 간절히 갖고 싶어하지만 임신과 출산에 대한 두려움이 있다. 아이를 갖고 싶어하는 어떤 여성은 자신의 건강이 약하여 임신이 금지될 수도 있다. 이 모든 여성은 '대리모'를 찾을 수 있다. 이 어머니는 시험관 안에서 생산된 접합체를 자신의 자궁 안으로 받아들이고 생식세포를 제공한 배우자들에 대하여 빌린 어머니로서 행세한다. 더 나아가 정상적인 성교에 의해 수정이 발생한 점과 그 후에 부부들이 자궁을 빌리려고 한다고 생각할 수 있다. 자궁에는 가장 적절한 순간에 새로운 생명체가 이식되어야 하지만, 늘 임신과 출산 뒤에 자궁을 빌린 부모들에게 아이를 돌려준다는 조건이 있다.

이러한 과정에 반대하는 의견들 중 으뜸가는 것은 배아의 건강과 정상적 발육을 위한 염려이다. 오늘날 우리는 그 위험이 얼마나 클지 잘 모른다. 그럼에도 주된 의견들은 심리적 성질을 갖고 있으며 인간적 상호관계의 기초가 되는 문제와 관계가 있다. 이제 손님 어머니가 고용되었든 또 고결한 마음에서 행위를 했든 간에, 이 여성이 육체적으로 연결된 새로운 존재와 심리적으로 매우 친숙해졌다면 우리는 그에게 무엇을 말해야 할까? 그리고 처음에는 좋은 의도였지만 몇 달 뒤에는 다른 어머니가 임신한 아이를 심리적으로 받아들일 수 없다고 속내를 털어놓는 유전학상의 어머니에게 어떻게 대답해야 하는가? 이 문제들과 이와 유사한 문제들은 그와 같은 개입이 실제로 인간화에 기여하는 선택이냐 아니냐는 강한 도덕적 의문을 제기한다.[122] 나는 제임스 넬슨의 심각한 고뇌에 동의한다. 이와는 다르게 극단적으로 생명의 위험에 처해 있는 한 어머니의 배아를 건강한 자궁 안으로 이식하는 것, 구체적으로 말하면 그렇게 함으로써 배아의 생명을 구할 수 있다는 것이 문제라면, 나는 명백한 도덕적 이의를 발견하지 못한다. 물론 나는 이러한 이식이 오늘날 아직은 극복하기 어려운 의료적 난제라는 것을 알고 있다. 영국 가톨릭 의사협회의 윤리위원회는 반대 의견을 말했다. 의사들은 그러한 처리방식을 언제나 도덕적인 비난의 대상이라고 선언한다.[123]

### 5) 인공 자궁

의료지침의 경우에 태아는 임신 후 25주에는 어머니의 자궁으로부터 분리되어 조산아 인큐베이터 안에서 생존할 수 있다. 크게 기대되는 시도들이 현재 진행되고 있다. 이 시도들은 자연유산의 경우에 인간의 태아를 임신 후 10주 동안 인큐베이터 안에서 살아있게 하려는 것이다.[124] 사람들은 일종의 인공 자궁을 포함하여 인큐베이터의 제작에 종사하고 있다. 이 시도들은 과학적인 호기심을 위한 자의적인 조작은 아

122 Nelson, *Human Medicine*, 115쪽.

123 참조: *Catholic Medical Quarterly* 24 (1972) 242. George Lobo는 동일한 부정적인 견해를 표명한다.

124 E.F. Torrey, *Ethical Issues in Medicine: The Future*, Little Brown and Company, Boston 1968, 380쪽 이하 참조.

니다. 실험이 성공하면, 중요한 치료적 이유에 기인하는 낙태는 더이상 태아를 반드시 죽음에 이르게 하지 않을 수 있다. 왜냐하면 태아는 그 경우에 이 인공 자궁 안으로 옮겨질 수 있기 때문이다. 물론 이것은 배아나 태아를 조작하기 위한 한 방식이다. 그런데 이러한 조작은 이 경우에 태아를 구하기 위한 유일한 방식이다. 수정에서 출산에 이르기까지 실험실 안의 임신이 문제가 되는 경우에 체외발생(die Ektogenese)은 전혀 다르게 평가된다. 저명한 생명과학자인 레온 카스는 인간존재의 이러한 실험실 안의 생산을 '출산의 전적인 비인간화'라고 부른다.[125] 폴 램지의 다음과 같은 판단은 카스만큼 예리하다. 그는 이러한 처리방식을 '아무 소득도 없는, 인간을 대상으로 삼는 부도덕한 실험'이라고 부른다.[126] 나는 이것이 유일하게 적절한 평가라고 확신한다. 그 이유는 여기서 다른 모든 숙고는 제외하고, 정상적인 경우보다는 의심할 것 없이 완전히 근거가 없는 태아의 더 큰 위험이 문제가 되기 때문이다. 미래에 생물학적인 위험이 정상적인 균형을 이루어 감소될 수 있다고 해도, "어머니와 아이 사이의 근본적인 공생(Symbiose)이 없는 인간적인 환경 밖에서 모의될 태아에 대해서는 계속 중대한 심리적인 위험이 남아 있을 것이다. 여기서는 인간의 생식과 부부간의 사랑이 명백히 분리될 것이다."[127]

125 Kass, New Beginnings in Human Life, in: M. Hamilton, *The New Genetics and the Future of Man*, 53쪽.

126 Ramsey, *Fabricated Man*, 113쪽.

127 Lobo, *Current Problems in Medical Ethics*, 153쪽.

### 6) 인간의 성행위 밖의 수제품(Asexuelle Manufaktur)

아마 멀지 않은 장래에 이른바 단성생식과 '복제기술'(cloning)을 통하여 출산과 생식이 부부와 가족으로부터뿐만 아니라 모든 성의 공동체로부터도 분리되는 계속적인 행보가 가능하게 될 것이다.

또 단성생식이나 처녀출산이라고 불리는 무성[無性]생식(Monogenese)이 자연적인 과정으로서 생길 수 있다. 무성생식은 개구리, 토끼와 칠면조에 있어서 증명된 것으로 보인다. 이러한 생식은 다분히 인간의 경우에 불가능한 것이 아니다. 정자는 난자의 핵까지 꿰뚫고 들어갈 수 없으나 단순한 결합의 시도로 생명의 발달을 촉진하는 경우에, 우리는 처녀생식이라고 부른다. 그때부터 이 모든 경우에 배반포에 이르기까지, 즉 유일하게 존재하는 염색체 세트[ein Chromosomensatz, 세포 염색체의 전체 수: 역주]가 정상적인 수의 두 개의 염색체 세트로 자연적으로 배가[倍加]하는 경우에만 임신에 이르는 계속적인 발달이 가능하다. 유명한 연구자인 보스턴(Boston)의 핀커스(Pincus)는 이미 얼마 전에 체온을 낮추고 화학적, 전기적 자극을 줌으로써 암토끼의 난세포를 발육하는 데 성공했다. 이러한 성공이 다른 종류의 동물에게도 가능할 확률이 높다. 이것이 인간에게도 가능하냐 아니냐는 해결되지 않은 문제이다.

다른 형태의 단성생식은 많이 논의된 복제기술의 방법이다. 이 방법은 이미 개구리들을 대상으로 실험한 것이다. 즉 배반포의 염색체 세트를 지닌 핵을 이미 핵이 분리된 인간의 난세포에 삽입하는 것이 중요한 문제이다. 새로이 이식된 핵들은 남성이나 여성의 배아조직에서뿐

만 아니라 체세포의 조직으로부터 얻을 수 있을 것이다.[128]

바로 여기서 고매한 자질을 지닌 지도적 인물들을 대량으로 제조하기를 희망하는 꽤 많은 우생학자들의 신뢰가 드러난다. 이 경우에 유전자는 오직 공여자의 세포핵에 의해서 결정된다.[129] 난세포는 손님 역할만을 했을 것이다. 난자에서 핵이 제거된 어머니가 세포핵을 취한다면 아이는 물론 소녀이면서 동시에 자기 어머니의 쌍둥이 자매일 것이다. 여성 해방주의자들(Feministen)은 이러한 방식으로 남성들이 없는 완전히 여성주의적인 사회를 꿈꿀 수 있을 것이다. 이와 반대로 남성이 세포핵을 취한다면 태어나는 아이는 세포핵 공여자의 아들이면서 동시에 쌍둥이 형제이다. 그렇다면 우리는 물론 이러한 무성의 수제품에서 아이의 성을 선택할 수 있다.[130] 과학자들은 '복제기술'을 위한 열쇠를 준비해 두고 있다. 그럼에도 인간의 난세포의 경우에 실제로 시행하는 것은 비교적 큰 개구리의 난자의 경우보다 훨씬 더 큰 문제를 야기한다. 우리가 생각할 수 있는 가능성 앞에 처해 있다고 하는 과학자들의 주장을 나는 전적으로 믿는다. 그런데 우리의 질문은 그것이 의미 있는 선택이냐 아니냐 하는 것이다. 과학자들이 여러 다른 동물종을 대상으로 필요한 모든 실험을 하여 위험을 최소한으로 줄이기 전에, 복제인간을 생산하려는 시도를 하지 않을 것이라고 우리가 최소한으로 기대해도 좋을까?

128 Overhage, Die Evolution zum Menschen hin, 409쪽 참조.

129 Nelson, *Human Medicine,* 110~113쪽 참조.

130 M. Lappé und P. Steinfels, Choosing the Sex of our Children, in: *Hastings Center Report,* 4,1 (1974) 1~4쪽 참조.

여기서는 생물학적인 위험만이 문제인 것은 아니다. 문제는 훨씬 더 깊은 곳에 있다. '복제기술'은 인간의 기본적인 관계들을 전적으로 변화시킬 것이다. 우리의 성서적이며 인문주의적인 인간 이해에 따르면 남편과 아내, 아버지, 어머니와 아이의 기본적 관계들은 우리가 인간임을 구성하는 결정적인 요소이다. 출생지, 일체감, 정체성, 건강한 인간 상호 간의 관계와 견고하게 고정된 신뢰를 위한 능력과 관련하여 '복제기술'은 이 새로운 '세대'에 어떤 영향을 미칠 것인가? 폴 램지의 예언자적인 소리를 들어보자. "성적인 사랑과 생식을 철저하게 분리시키는 과학 기술의 진보에는 필연적으로 극단적인 비인간화가 따른다. 생식의 전적인 합리화, 기술적인 반복을 통한 생식의 대체는 육체를 지닌 인간임(Personsein)을 파괴하는 의미가 담겨 있다."[131] 사랑이 결여된 이 인간 존재의 수제품은 아버지 없는 사회의 극단적인 조작에 적지 않게 기여할 것이다.[132] 그리고 다니엘 캘러핸은 다음과 같이 신중하게 말한다. "특히 정상적인 생물학적 관계들을 파괴함으로써 전적으로 특정한 성인들의 특정한 아이들에 대한 철회할 수 없는 신뢰관계를 파괴할 큰 위험을 초래한다는 것이다."[133] 복제인간이라는 수제품이 사회적으로 승인되고 실제로 널리 전파된다면 부부와 가정은 파괴될 것이다. 이것은 전체 문화에 대하여 상상할 수 없는 결과를 초래할 것이다. 인간은 육체성과 전체적인 관계에서 인격체이다. 인간은 강력한 유대를 통

131 Ramsey, *Fabricated Man*, 89쪽.

132 A. Mitscherlich, *Die vaterlose Gesellschaft*, München, 1963 참조.

133 D.Callahan, New Beginnings in Human Life, in: M. Hamilton, *The New Genetics and the Future of Man*, 102쪽.

하여 소속되고 자신이 받아들여진다고 느끼는 경우에 신뢰할 수 있는 동료 인간이 필요하다. 우리는 벌을 받지 않고서는 생물학적 관계를 전적으로 변경할 수 없고, 철회할 수 없는 책임성에 뿌리내리고 있는 인간 존재를 무너뜨릴 수 없다. 부부와 가정의 파괴는 확실히 비극적인 결과를 초래할 것이다. 이에 더하여 사회적 존재인 인간에 대한 우리의 이해[理解]를 계속 곰곰이 생각하게 된다. 어떤 그룹의 사람들이 미리 결정되고, 반복하는 유전적 성질들을 지닌 다른 그룹을 생산하는 것이 사회적이고 윤리적으로 가능하냐 아니냐가 여기서 중시되는 명백한 문제들이다.[134] 자기 자신의 유전적 소질을 정확하게 복제하기를 원한 부모에 대하여 복제인간의 인간적 관계는 어떨까? 이 한쪽 부모가 자기 자신의 정체성을 창조적으로 발전시키도록 복제인간에게 허용할 것인가 아니면 이 부모가 자기 자신에게 하는 것과 똑같이 복제인간을 마음대로 할 수 있을까?

나는 다음의 결론을 내리는 레온 카스의 견해에 동의한다. "이성적 인간들 가운데 복제인간과 같은 어떤 것은 존재하지 않을 것이다."[135] 생명의 계속된 전달이 실험실의 수제품으로 바뀌는 세계에서 과학자들의 놀라운 솜씨는 증가하지만, 인간의 신비를 위한 감각은 사라질 것이다. "인간 본성을 인구를 위한 단순한 자료로 만드는 인간 본성의 그러한 측면들 만을 우리가 주목하는 만큼, 자연의 신비를 직감하고 체험할

134 D.Callahan, Human Rights: Biogenetic Frontier and Beyond, *Hospital Progress* 54 (1973) 83.

135 Kass, New Beginnings in Human Life, 44쪽.

수 있는 우리 자신의 인간적이고 인간화하는 능력을 포기하게 된다."[136]

유전학상의 수제품은 분명히 유전자의 건강 문제를 해결하지 못할 것이다. 왜냐하면 붕괴 중에 있는 문화는 또한 돌연변이로 바뀌는 새로운 무질서들을 계속 초래할 것이기 때문이다. 동성애적인 인구의 전파는 다음과 같이 유추해 볼 수 있다. 동성애자들은 평균적으로 자식이 적고, 그럼에도 그들의 수가 문화의 붕괴와 함께 증가한다는 것은 알려진 사실이다. 주요 원인은 바로 반문화, 건전하지 않은 인간적인 관계들, 상호 간의 경외, 사랑과 상호 간의 신뢰 안에서 살기 위한 능력이 없다는 것이다.[137] 우리의 생물학적 기질에 대한 새로운 지식, 새로 얻은 힘은 건전한 상호관계에서만 성장할 수 있는 인간의 존엄성과 자유가 위험에 처하지 않을 때에만, 인류에 축복이 된다는 것을 우리 모두는 분명히 알지 않으면 안 된다. 인간적인 건강의 마지막 뿌리는 하느님, 동료 인간과 자기 자신과의 건전한 관계이다.

나는 모든 과학자들이 행할 수 있는 것을 행하려는 유혹에 저항하리라고는 감히 희망하지 않지만, 그럼에도 우리가 전체적으로 인간성을 신뢰할 수 있다고 믿는다. 그리고 나는 이 문제에서도 이성이 승리할 것이고, 과학자들이 건전한 여론을 통하여 인간의 생명을 자신들의 기술의 실험 분야로 간주하지 않게 된다고 믿는다.

136 Kass, New Beginnings in Human Life, 59쪽.

137 K. Eberhard, Genetics and Human Survival, in: *Linacre Quarterly* 40 (1973) 172 참조.

# 나가는 말

과학자들의 헌신, 용기, 예지와 협력을 위한 준비 자세는 우리에게 경탄, 예찬과 감사의 마음을 갖게 한다. 우리가 오늘날 더 잘 접근할 수 있는 전체 역사와 진화의 빛 안에서 모든 새로운 발견을 바라본다면 이미 시작한 미래에 충격을 받지 않을 것이다. 뉴런들(신경단위들)의 언어, 뇌의 지리학과 유전이 알려주는 것, 우리의 행동이 내맡겨진 조건들, 무의식적이고 잠재의식적인 우리의 삶의 깊이를 탐구하는 과학자들은 우주 비행사만큼이나 우리의 시계(視界)의 공간을 확장시켜 준다. 우리는 갈림길에 서 있다. "우리는 자신의 발전을 책임 있게 손아귀에 넣어야만 하는 생물학적 역사의 시점에 도달했다. 우리는 지금이야말로 우리 자신을 발전시키고 성장시킬 수 있는 능력의 빛 안에 있다는 것을 알 수 있다. 진화는 선택하는 것, 결정하는 것과 가치판단을 내리는 것을 뜻한다."[1]

이는 많은 사람들에게 경종을 울린다. 사람들에게는 새로운 통제자들을 견제할 통제의 심급(Kontrollinstanzen)이 필요하다. 그럼에도 최고의 그리스도교적이고 인문주의적인 전통만이 최초로 통제를 신뢰

1 Maslow, *The Farther Reaches of Human Nature*, 11~12쪽.

한 것은 아니다. 좋은 교육이 아이에게 신뢰를 선사하고 또 성장과 자아실현에 이르는 내적인 힘의 원천을 만들어 주듯이 그리고 좋은 심리학이 자신의 고유한 치유의 에너지를 찾도록 사람들을 도와주는 것처럼, 인류의 새로운 지식이 지혜의 내적인 힘과 식별의 재능을 창조적인 자유와 함께 발견하기 위한 동기가 될 수 있기를 나는 감히 희망한다. 우리가 할 수 있는 최선의 것은 인류에게 창조적인 자유의 힘과 신의를 믿는 건전한 신뢰를 바치는 것이다. 여기서 나는 또 매슬로우의 다음과 같은 견해에 동의한다. "나는 다음의 한 가지 내용을 감히 생각하려고 한다. 우리가 생각하기로는 건전한 사람들은 대개 통제를 받고 싶어 하지 않는다. 이들은 자신들의 자유를 믿는 것과 자유롭기를 선호한다." 물론 이것이 우리 문화에 불건전한 사람들과 불건전한 계층이 있다는 사실을 우리가 보지 못하게 하지는 않는다. 그러나 우리는 건전한 것 위에 집을 짓는다.

윤리학자인 내가 참고 문헌에 더 많이 익숙해질수록 출중한 과학자들에 대하여 대단한 경탄을 느낀다. 이 과학자들은 매우 가치 있는 정보와 함께 엄밀한 과학적인 보고(報告), 자신들의 결과와 작업 과정의 한계에 관한 지식과 특히 생명과 건강에 대한 전체적인 관점을 위한 열정을 우리에게 전해준다. 과학자들은 학제적인 대화에서 파트너일 뿐만 아니라 윤리적 관점과 관련하여 매우 빈번하게 스승이 되기도 한다. 일부 과학자들이 순수하게 경험적이고 기술적인 세계관의 포로라는 점을 부정할 수 없다고 해도, 다른 많은 과학자들과 특히 가장 위대한 과학자들의 경우에는 그렇지 않다. 그들은 자신들의 발견에서 유래하고 지혜와 공동 책임에서 커지는 도덕적인 호소에 대한 안테나를 지니고 있다. 그들은 기술이 단독으로 인간의 행동, 인간 사회의 구조들과 새로운 지식을 결정해서는 안 된다는 자신들의 확신을 단호하게 표명한다. 그럼에도 우리가 공동으로 새로운 상황과 씨름할 수 있도록 모든 선의를 가진 사람들의 에너지를 불러일으키기 위하여 모든 것을 동시에 제공하지 않는다면, 근거를 잘 마련한 이러한 낙관주의는 도피가 될 것이다.[2]

50년도 훨씬 전에 막스 셸러는 문화에 대한 매우 창의적인 분석에서 우리에게 지배의 지식(Herrschaftswissen), 본질의 지식(Wesenswissen)과 구원의 지식(Heilswissen)을 구별할 것을 가르쳤다.[3] 우리는 이 모든 종류의 지식이 필요하지만, 지배의 지식이 독립하여 구원의 지식에 냉담하거나 심지어 적대적으로 대립한다면 인류에게 화가 있을지어다! 그리고 바로 이것이 현대 세계에 대한 위험이고 심지어는 교회법이 통제하는 지식이 되어 아주 명백하게 구원의 지식에 종속되지 않는다면, 이는 수백 년이 지나는 동안 늘 거듭하여 뚜렷이 드러난 교회에 대한 위험인 것이다. 교회와 모든 종교뿐만 아니라 모든 공동체와 개인들도 이 세 가지 지식의 형태 사이의 내적인 균형에 도달하기 위하여 전력투구를 하지 않으면 안 된다. 특히 우리는 중심을 잡고 전

2 Maslow, *The Farther Reaches od Human Nature*, 14쪽.

3 특히 M. Scheler, *Der Formalismus in der Ethik und die materiale Wertethik, Neuer Versuch der Grundlegung eines ethischen Personalismus*, Gesammelte Werke, Band 2, Bern 1966 (Erstveröffentlichung 1916). – *Vom Ewigen im Menschen*, Gesammelte Werke, Band 5, Bern, 1954 (Erstauflage 1920). – *Schriften zur Soziologie und Weltanschauungslehre*, Gesammelte Werke, Band 6, Bern, 1963 (Erstauflage 1922). – *Die Wissensformen und die Gesellschaft*, Gesammelte Werke, Band 8, Bern, 1960 (Erstauflage 1925) 참조.

체를 보아야 한다. 이는 올바른 가치등급을 위한 분명한 근본적 결정이 없이는 생각할 수 없다.[4]

우리들, 즉 모든 개인과 우리의 문화가 중심의 상실에 의하여 위협받고 있다는 것은 의심할 수 없다. 개인도 사회의 다른 여러 부분들도 새로운 세력들에 대하여 무관심할 수는 없다. 이 세력들은 인간의 가장 내면적인 현존을 조작할 능력이 있고, 매우 많은 인간들에게 상처를 입히고 다른 이들을 유혹하는 널리 전파된 사유방식에 대하여 동료 인간들의 양심을 조작하고 자기 자신을 조작하게 할 수 있다. 그리고 새로운 지식과 힘을 사용하는 경우에 어떤 목표들을 추구하고 어떤 방법들을 적용해야 하며 우리가 어떤 통제의 심급의 도움을 받을 수 있는지를 누가 결정해야 하느냐는 불가피한 질문이 제기된다.[5]

입법자를 포함하여 전체 사회는 생명의 기초를 언급하는 문제들에 대단한 관심을 가질 수밖에 없다.[6] 그럼에도 우리는 법만이 효력을 갖지는 않는다는 것을 해명해야만 한다. 법의 정신과 법의 실현은 대부분 여론, 사회적인 양심과 가능한 많은 이들이 깨어 있는 양심에 참여하는

---

4 나의 책: *Gebet - Gewinn der Mitte*, Styria, Graz–Wien–Köln 1975 참조.

5 P. Sporken, *Darf die Medizin, was sie kann?* Düsseldorf, 1971; G.A. Hudock, Gene Therapy and Genetic Engineering: Frankenstein은 아직도 신화이다. 그것은 주 기적으로 다시 읽어야 한다, in: *Indiana Law Journal* 48 (1973) 533~558쪽 참조; M. Lappé, Allegiances of Human Geneticists: A Preliminary Typology, in: *Hastings Center Studies* 1,2 (1973) 63~78쪽 참조.

6 C.L. Weigel und S.E. Trinkler, Eugenics and Law's Obligation to Man, in: *South Texas Law Journal* 48 (1973) 361~391쪽; H.P. Green, Genetic Technology: Law and Policy for the Brave New World, in *Indiana Law Journal* 48 (1973) 581~604쪽; M.H. Shapiro, Legislating the Control of Behavior Control: Autonomy and the Coercive Use of Organic Therapy, in: *Southern Califiornia Law Review* 47,2 (1974) 237~338쪽 참조.

폭에 의존한다. 이러한 참여의 질을 위한 특별한 책임은 교육 과정에 참여하고 있고 여론 형성에 접근할 수 있는 모든 이들의 어깨에 달려 있다. 이들은 자신들의 지식과 권위 때문에 가장 먼저 자신들의 말을 경청하게 할 수 있는 교사, 소설가, 언론인, 남성과 여성이다. 이들 모두는 새로운 세력들을 인식하고 시대의 표징들을 판독하기 위하여 언제나 최신 정보를 얻어야만 한다. 그리고 개인들은 자기 자신의 책임을 타인에게 전가해서는 안 된다. 의식의 확장, 개인적 양심과 집단적 양심을 예리하게 하는 것이 중요하다. 우리는 솔직한 양심으로 진정한 것과 선한 것을 추구하고 새로운 문제들의 해결을 찾는 가운데 모든 선의의 사람들과 일치할 수 있다. 그리고 나서 우리는 또 필요하고 좋은 법률들을 얻어 적용할 수 있기를 희망한다.

인류의 현재와 미래를 단순히 정부나 과학적인 엘리트들에게 맡기는 것이 얼마나 잘못인가 하는 교훈을 우리는 역사에서 얻을 수 있다. 자신의 충격적인 소설인 『대홍수: 동굴에서 온 짐승』(*Das Tier aus der Tiefe*)에서 슈테판 안드레스(Stefan Andres)는 히틀러의 전제정치(Tyrannei)에 관한 생각을 제공했다.[7] 주인공은 선전부 장관이었던 괴벨스(Goebbels)인데, '규범을 통일하는 자', 즉 교활하고 비양심적으로 자신의 규범을 동료 인간에게 주입하는 자로서 묘사되었다. 이러한 일은 미래에도 다시 발생할 수 있다. 모든 이들이 오직 전체의 정신과 근거가 있는 윤리적 규범들을 추구하면서 일치하는 경우에만, 또 각자가 자신의 능력에 따라 공적인 양심을 형성하는 가운데 자신에게 주어진 역

7 S. Andres, *Die Sintflut: Das Tier aus der Tiefe*, Piper, München, 1949.

할을 떠맡는다면, 우리는 통제의 심급을 전적으로 신뢰하지 않아야만 할 것이고 또 건전한 법률들을 획득하기를 희망해도 좋을 것이다.

인간 행동, 뇌 연구, 인간 유전학과 이와 유사한 분야에서 상이한 형태의 조작을 판단하기 위한 타당한 기준들을 찾는 도상에서, 구원의 지식을 일등급으로 인정해 주고 또 우리가 그 안에서 살고 있고 진리를 추구하는 과정에서, 부분적으로는 우리에게 도움이 되고 부분적으로는 방해가 되는 전체 문화에 관한 분명한 모습을 만들기 위하여 전력을 다할 때에만, 우리는 목표에 도달할 수 있다. "개인들과 공동체들이 작성한 유전학과 우생학을 위한 기준들은 문화적 조건들의 지배를 받으며 매우 신뢰받지 못한다. 서로 다른 여러 그룹과 우리 사회의 막강한 파벌들은 자신들의 특별한 편견들을 전체적인 삶과 모든 시대를 위한 규범들로서 타인들에게 강요하려고 한다."[8] 위험한 형태의 조작이 문제가 되는 경우에, 나는 이 저서에서 법률적인 조치들에 대한 문제를 소홀하게 다루지 않았다. 그러나 주된 강조점은 도덕적 통찰, 윤리적 기준들과 공동의 도덕적 책임이라는 차원에 있다. 여기서는 개인의 도덕적 문제들만이 중요한 것은 아니다. 따라서 개인적으로 각인된 결의론이 선도할 수 없다는 나의 확신에 독자가 동의하기를 바란다. 새로운 상황에 우리가 대응할 수 있게 하는 성과에 대한 희망으로 생명에 대한 넉넉하고 깊고 또 높고 넓은 견해, 명상의 정신, 지배의 지식과 구원의 지식의 종합과 대화와 준비된 공동 책임을 발견하는 것이 우리의 긴급한 과제

8 R.L. Shinn, Ethical Issues in Genetic Choices, in: M. Lipkin Jr. und P.T. Rowley (Hrsg.), *Genetic Responsibility. On Choosing Our Children's Genes*, Plenum Press, New York-London, 1974, 115쪽.

이다. 우리에게 다가오고 전적으로 매력적이며 유용한 대량의 개별적 지식이 본질의 지식과 구원의 지식을 두 번째 자리로 밀쳐내도록 오도해서는 안 된다. 전인교육이 점점 더 중요해진다. 그다음에 우리는 자유, 존엄과 지혜의 관점에서 진정한 치료, 진정으로 인간적인 진보를 촉진하는 것을 배우게 될 것이다. 이 기본 가치들을 하찮게 여기는 사람들은 동굴의 짐승을 오라고 부르는 것과 같다. 여기서는 예방이 필요하다. 그렇지 않으면 너무 늦을 수 있다는 것을 역사가 우리에게 가르쳐 주었다.

진정한 인간성과 인간애를 위한 투신이 중요하다. 인간은 일차원적인 피조물이 아니다. 인간은 구원의 지식과 본질의 지식에 대한 굶주림과 목마름 안에서만이 세계, 자기 자신의 생물학적 본성과 자신의 유전적 소질이 쓸모 있게 조화를 이루도록 만들 수 있다. 우리는 아무 일도 하지 않고 만족한 채로 있을 수는 없다. 인간의 인간화는 지속적인 과제이다. 이를 위해서 우리는 신비에 대한 감각, 여가를 소중히 여기는 능력, 기쁨의 축제와 전체의 정신을 공동으로 추구할 필요가 있다.

## 역자 후기

역자는 1970년대 독일 유학 시절에 이 책을 접하고서 우리말로 번역하여 한국 학계에 소개하면 좋겠다는 생각을 했는데, 벌써 40년이 흘러가 버렸다. 늦었지만 이제 번역을 마친 것을 다행으로 생각한다.

『조작의 윤리』의 저자인 베른하르트 헤링 신부(Bernhard Häring, 1912~1998)는 출중한 현대 가톨릭 윤리신학자로서 20세기 가톨릭 신학의 손꼽히는 개혁자이다. 그는 로마 가톨릭 교회의 수도회인 구속주회(CSsR) 소속 사제이다. 그는 1912년 11월 10일에 독일 뷔르템베르크(Württemberg)주의 뵈팅겐(Böttingen)에서 태어났다. 그는 1933년에 구속주회에 입회하여 1939년에 사제 서품을 받았다. 구속주회는 윤리신학자로서 교회학자이며 주교인 성 알퐁소 리구오리(Alphonsus Maria de Liguori, 1696~1787)가 1732년에 창설했고, 이 수도회는 가톨릭 윤리신학 연구에 큰 기여를 해 왔다. 로마에 있는 라테라노 대학교에 윤리신학 전문대학원(Accademia Alfonsiana라고 명명)이 설립된 것은 구속주회 수도회원들의 노력의 결과이다. 헤링 신부는 사제 서품 후에 징집되어 세계 제2차 대전에 참전했는데, 이 시기에 전장에서 하느님의 섭리를 깨달았다고 한다. 이 때의 체험으로 그는 도덕적인 책임의식, 그리스도교적 관점에서 비폭력의 세계문화를 강조하는 평화의 윤리학자가 되었다. 종전 후에 구속주회의 장상은 헤링 신부를 독일 튀빙겐(Tübingen)대학교 신학과로 파송하여 윤리신학을 전공하도록 독려했다. 구속주회의 전통은 윤리신학 연구를 장려하고 촉진하는 것이다. 그는 연학 기간 중에 가톨릭 철학자와 신학자들뿐만 아니라 개신교 신학자들의 강의와 세미나에도 참석했고, 이들 학자들의 저서들을 광범위하게 섭렵했다.

그의 박사학위 논문 지도교수는 가톨릭 철학자이며 윤리신학자인 테오도르 슈타인뷔헬(Theodor Steinbüchel, 1888~1949)이다. 박사학위 논문 제목은 다음과 같다. 「거룩함[Das Heilige, 聖]과 선함[Das Gute, 善]」이 주제이고 부제는 '종교와 도덕의 상관관계'이다. 헤링 신부는 1947년에 윤리신학 및 사목 사회학 분야의 박사학위를 취득했다. 그 후 그는 로마에서 전례, 교회법, 성서학을 수학한 뒤에 1949년부터 1983년까지 그리고 정년퇴임 후에도 알퐁소 대학원에서 윤리신학을 가르쳤다. 그는 제2차 바티칸 공의회 이전, 공의회 회기 중과 그 이후에도 수많은 저서와 논문, 강연 등을 통하여 새로운 윤리신학을 전파하는 데 심혈을 기울였다. 또한 그는 제2차 바티칸 공의회의 준비위원과 「사목헌장」(Gaudium et Spes, 기쁨과 희망)의 기초작업에 자문위원으로 참여했다. 또한 그는 1973년 5월에 한국을 방문하여 광주의 대건 신학대학에서 여러 가지 주제로 초청강연을 했다. 그는 1998년 9월 3일에 그의 수도회가 있는 독일의 가르스(Gars am Inn)에서 선종했다. 헤링 신부를 유명하게 만든 것은 1954년에 간행된 『그리스도의 법, *Das Gesetz Christi*』이라는 3권의 저서이다. 이 저서는 현대 가톨릭 윤리신학의 교과서 역할을 한다. 그는 이 저서를 통하여 트리엔트 공의회(1545.

12. 13~1563. 12. 4) 이후의 결의론적인 '고해 도덕'으로부터 새로운 윤리신학으로 전환하는 데 큰 기여를 했다. 그의 윤리신학 사상은 본질적으로 제2차 바티칸 공의회의 개혁과 쇄신의 정신과 그 궤를 같이 한다. 그의 윤리신학 사상의 특징은 다음과 같이 요약할 수 있을 것이다. 1. 그리스도 중심의 신학적 인격주의 2. 인간에 대한 관심 3. 성서에 방향을 두기 4. 교회 일치의 정신.

1. 헤링 신부는 그리스도 중심의 윤리신학을 그리스도교적인 인간 이해와 종합하려고 했다. 그는 제2차 바티칸 공의회의 모든 기록을 읽은 뒤에 전체적인 사유의 구조에서 그리스도 중심, 사랑의 우위, 복음과 이에 대한 생명력 있는 응답이 강조되어 있음을 발견했다고 한다. 그는 「사목헌장」이 인격주의적이고 공동체와의 관계 맺음을 중시하며 역사에 개방적이고 세계 내적인 과제들을 종말론적인 태도에서 진지하게 받아들이는 인간학을 제시한다고 평가했다. 헤링 신부가 제시하는 인격주의는 물론 그리스도교적 인격주의이고 성서적 인격주의이기도 하다. 그런데 여기서 신학적 인격주의 사상에 예비적이며 보조적인 역할을 하는 현대 철학 사조는 이른바 '대화철학'과 그리스도교적인 인간학이다. 그는 프랑스의 가톨릭 철학자인 가브리엘 마르셀(Gabriel Marcel), 독일의 가톨릭 신학자인 로마노 구아르디니(Romano Guardini)와 칼 바르트(Karl Barth)를 위시한 개신교 신학자들의 사상을 참고한다. 또한 현상학과 가치 윤리학의 사상가들, 예를 들면 초기 막스 셸러(Max Scheler)의 저서들, 에드문트 후설(Edmund Husserl)의 제자이면서 가톨릭 철학자인 성 에디트 슈타인(Edith Stein), 디트리히 폰

힐데브란트(Dietrich von Hildebrand) 등의 저서를 인용한다. 헤링 신부는 특히 가톨릭 철학자인 페르디난트 에브너(Ferdinand Ebner)와 유다교 사상가인 마르틴 부버(Martin Buber)를 그리스도교적 인격주의의 형성에 기여한 인물로 평가한다. 이들의 대화철학은 동료 인간들(이웃)을 거쳐서 신에 이르는 통로를 발견한다. 인간은 타인과의 만남에서, '너'(Du)에 대한 긍정을 통하여 신을 긍정하게 된다. 인간, 동료 인간 그리고 신과의 관계는 이론적으로는 대화적 언어로써 전개되고 실제적으로는 개인적(인격적) 사랑으로써 이루어진다. 그에 의하면 그리스도교적 인격주의는 나(Ich) – 너(Du) –우리(Wir)의 인격주의이다. 나의 진정한 '자아'는 하느님을 들음에서만, 전적으로 감사와 사랑에 대한 응답이 되는 삶에서만 발견할 수 있다. 그리스도교적 인격주의자는 그리스도를 바라보면서 자신의 진정한 자아를 발견할 수 있다. 헤링 신부의 윤리신학은 '그리스도 중심'이다. 그는 다음과 같이 기술한다. "그리스도교적 윤리신학의 규범, 중심과 목표는 그리스도이다. 그리스도인의 법은 인격체 안의 그리스도 자신(Christus selber in Person)과 다르지 않다. 그리스도만이 우리의 주님이고 구원자이다. 그리스도 안에서 우리는 생명과 더불어 우리의 생명의 법을 갖는다(그리스도의 법, 39)."

2. 윤리신학에서 그의 관심은 인간으로 향하여 있다. 그리스도교적 인간학은 인간을 '하느님의 모상'(창세기 1, 26~28)이라고 정의한다. 또한 인간은 육체와 영혼의 전일체로서 인격체(Person)이다. 헤링 신부는 바로 이러한 '인간'에 주목한다. 그는 인간의 나약함과 한계를 간과하지 않으면서도 인간의 잠재력, 자유, 양심, 사랑, 진리와 사랑 안에서

의 공동체를 강조한다. 이것들에 관한 참다운 이해의 바탕에는 인간과 예수 그리스도의 밀접한 인격적 관계가 자리잡고 있다. 그에 의하면 윤리신학의 과제는 규범을 머릿속에 주입하거나 계명과 금지령을 요구하는 것이 아니고 예수 그리스도 안에서 하느님이 우리 인간을 위해 행하신 바를 언급하는 것이다. 또한 윤리신학의 핵심은 '자비의 의무'를 아는 것이고, 이러한 의미에서 윤리신학의 과제는 삶에 도움을 주는 것이다. 이러한 맥락에서 윤리신학의 목표는 하느님의 사랑과 자비라고 볼 수 있다. 이와 관련하여 그는 자신의 윤리신학의 열쇠인 '자비' 개념을 심화하고 가난한 이들 가운데 복음을 선포하며 그들의 친구가 되도록 용기를 북돋운 것은 구속주회 창설자인 알폰소 데 리구오리 성인이라고 말한다. 여기서 '자비'(misericordia)는 '가난한 이들'에 대하여 따뜻한 마음을 갖는 것이다. 또한 '가난'은 우선 물질적인 가난이 아니고, 하느님의 선물인 풍성한 은총에 접근할 수 없거나 그렇게 하기가 어려운 이들의 '영적인 빈곤'을 뜻한다. 알폰소 학자주교와 헤링 신부는 새로운 관점에서 이해한다. 하느님은 엄격한 심판관이 아니고 '자비로운 아버지'라는 것이다. 여기서 자비는 구체적인 행위 즉 사랑의 구체화이다. 헤링 신부는 자신이 윤리 신학자이면서 신자들의 영혼을 돌보는 사목자임을 잊지 않았다. 이와 관련하여 그는 현대의 사목자들이 사목사회학, 종교사회학, 지식사회학, 사회심리학 등의 연구결과들을 참고해야 한다고 역설한다.

3. 헤링 신부는 자신의 직접적인 선배 학자인 프리츠 틸만(Fritz Tillmann)을 중요한 인물로서 언급한다. 그는 전적으로 성서에 근거를

둔 틸만의 도덕을 '예수 따름'의 원리 위에 증축하고자 했다. 그는 20세기 독일의 가톨릭 윤리신학자 가운데 요셉 마우스바흐(Josef Mausbach)와 오토 실링(Otto Schilling)을 높이 평가한다. 마우스바흐는 아우구스티누스의 사상에 의거하여 신앙의 학문인 윤리신학을 강조하고 실링은 토마스 아퀴나스의 사상에 의거하여 하느님의 사랑 안에서 전체 윤리신학의 형식적 원리를 구하려고 했다. 헤링 신부는 현대 윤리신학의 쇄신을 위한 간략하고 본질적인 프로그램으로서 제2차 바티칸 공의회의 사제양성에 관한 교령인 「온 교회의 열망」(Optatam Totius, 1965.10.28) 16항을 제시한다. 그 또한 가톨릭 윤리신학이 형식과 내용, 사고구조와 진술에서 철학사상에 의거하기보다는 성서에 의해 각인되어야 함을 강조한다.

4. 헤링 신부는 갈라진 그리스도교들 사이의 일치를 추구하는 정신(Ökumenismus)을 이론과 실천을 통하여 구현하려고 했다. 그는 학문적으로도 개신교 철학자들과 신학자들의 연구성과를 참고했다. 헤링 신부의 주된 관심사와 강조점은 생명을 촉진하는 복음의 힘과 사랑의 계명이다.

참고문헌:

B. Häring, *Meine Erfahrung mit der Kirche*, Herder Verlag Freiburg im Breisgau 1989. B. Häring, *Personalismus in Philosophie und Theologie*, Erich Wewel Verlag München und Freiburg im Breisgau, 1968. B. Häring, *Moralverkündigung nach dem Konzil*, Verlag Gerhard

Kaffke Bergen-Enkheim bei Frankfurt am Main, 1966. Eberhard Schockenhoff, *Pater Bernhard Häring als Wegbereiter einer konziliaren Moraltheologie*. Augustin Schmid, Josef Römelt(Hg.), *50Jahre "Das Gesetz Christi", der Beitrag Bernhard Härings zur Erneuerung der Moraltheologie*, Verlag LIT Münster, 2005. Martin Leitgöb, Bernhard Häring, *Kirche im Zeichen der Barmherzigkeit*, Tyrolia-Verlag, Innsbruck-Wien, 2015. 김정우, 베른하르트 헤링의 생애와 사상, 가톨릭 사상 20(1999), 1~42, 대구 가톨릭 대학 1999.

이제 역자는 『조작의 윤리』에서 기술된 몇 가지 문제들에 대하여 설명하고자 한다. 헤링 신부는 학제적인 대화를 중시하여 인문과학, 사회과학, 자연과학, 의학, 기술 · 공학, 그리스도교 이외의 종교들, 심지어는 문화과학까지도 포괄하는 전체적인 안목을 가지려고 노력했다. 그의 윤리신학은 이렇게 여러 학문 분야의 협력적인 연구성과를 비판적으로 수렴하여 이루어지고 발전된 것이다. 그는 자신의 저서에서 특히 조작과 관련하여 도덕적 통찰, 윤리적 기준들과 공동의 책임이 중요하다고 역설한다. 그는 특히 이 저서의 2부에서 다루는 내용과 관련하여 의학의 새로운 연구방법과 결과, 유전학의 발전 가능성에 대하여 사회 전체가 양심을 날카롭게 할 필요가 있다고 강조한다.

1. 결의론 혹은 예증론[決疑論 혹은 例證論, Casuistry/Kasuistik]에 대한 거부.

결의론에 대한 반대는 제2차 바티칸 공의회 이후 가톨릭 윤리신학에서 일반적으로 제기된 경향이다. 결의론은 일반적인 도덕 원리들을 개별적인 사례에 적용하는 기술이나 학문의 방법이다. 다시 말하면 사회적 관례나 법률, 교회와 성전의 율법 따위에 비추어 양심의 문제나 도덕의 문제를 해결하려는 학문이다. 도덕적인 문제에서 개별적인 판단에 의한 결정은 성문법이나 기존의 규약과 일치해야 한다. 가톨릭의 전통 윤리학(윤리철학, 윤리신학)은 윤리 문제를 법적으로 해결하려고 한 반면, 제2차 바티칸 공의회 이후의 윤리신학은 참된 그리스도교적 이상에 입각하여 윤리적인 삶을 구상한다. 새로운 윤리신학은 인간의 존엄성과 자유에서 인권의 근거와 척도가 되는 '인격'을 그 출발점으로 삼고 있다. 여기서 중시되는 주제는 인격체인 인간의 자율성, 자유, 책임, 역사성, 초월적 목표를 향한 인간의 방향설정 등이다.

참고문헌:

소병욱 지음, 『생명윤리』, 분도출판사, 1997, 124~125쪽 참조.

F.L.Cross and E.H.Livingstone(eds.), *The Oxford Dictionary of the Christian Church*, Oxford University Press, Oxford/New York, 1997(제3쇄), 2973쪽 참조.

2. 상황윤리에 대한 거부.

상황윤리는 어떤 행위를 절대적인 기준에 따라서 판단하기보다는 그 행위의 특별한 '상황'을 고려한다. 이 윤리는 모든 도덕적 결정의 일회성과 반복 불가능성을 강조한다. 상황윤리의 대표자는 조셉 플레처(Joseph Francis Fletcher, 1905~1991. 미국인으로서 성공회 사제), 로빈슨(J.A.T.Robinson)주교, 하비 콕스(Harvey Cox) 등이다. 이 윤리는 실존주의 사상의 영향을 받아 개인주의적 자유만을 강조한다. 물론 상황윤리를 주장하는 학자들도 개인들과 공동체의 복지를 고려하고, 규범들을 정식화[定式化]함에 있어 자연과 인간의 역사적 상황에 대한 새로운 인식을 충분히 이용하고 숙고해야 한다고 주장한다. 헤링 신부는 이러한 태도를 긍정적으로 평가한다. 그러나 그는 개인의 자유만을 극단적으로 강조하는 사르트르(J.P.Sartre)류의 실존주의와 이로부터 유래하는 상황윤리에 맞서 가톨릭 윤리신학은 도덕적 본질의 법을 강조해야 한다고 역설한다. 상황윤리를 종합적으로 평가하면 다음과 같이 말할 수 있을 것이다. 플레처의 상황윤리에서는 사회적 책임을 중시하는 그리스도교적 사랑의 윤리와 공리주의 사이에 일종의 동맹관계가 이루어진다. 이러한 의미에서 상황윤리는 자체의 규제적인 원리를 사랑이라는 신앙의 계명에서 취하고 벤담과 밀의 공리주의에 의거하여 이익의 분배라는 절차의 기본명제를 사용한다. 교황청의 신앙교리성은 1956년 2월 20일에 상황윤리를 반대하는 훈령을 발표했다(DS 3918).

참고문헌:

Anselm Hertz, Wilhelm Korff, Trutz Rendtorff, *Handbuch der Christlichen Ethik, Band 1*, Herder Freiburg im Breisgau, 1978, 491쪽 참조. A.K.Ruf OP, *Grundkurs Moraltheologie,* Herder Freiburg im Breisgau, 1975, 155쪽 참조. B.Häring, Moralverkündigung nach dem Konzil, 13~49쪽 참조. B.Häring, *Personalismus in Philosophie und Theologie,* 33, 103쪽 참조.

3. 행동주의 심리학에 대한 거부.

행동주의 심리학파를 대표하는 스키너는 인간의 자유의지와 자유를 인정하지 않는다. 그에게 인간은 물리적 유기체이며 진화의 산물일 뿐이다. 이 유기체 안에는 자유의 요소가 없다. 인간은 주어진 조건과 환경에 따라 행동하는 동물일 뿐이며 인간을 움직이려면 행동 공학이 필요하다. 행동 공학의 가장 중요한 원리는 조작이다. 스키너는 결정론자이다. 인간의 유전자 분석만으로 인간의 본질을 알 수 있다고 주장하는 생물학적 결정론도 편협한 관점에서 유래하는 오류이다. 헤링 신부는 인간과 사회에 관한 스키너 학파의 이해를 인정하지 않는다. 그 이유는 이 학파가 인간의 자유, 존엄, 양심들을 부정하기 때문이다. 그는 모든 것(예를 들면 환경과 문화 등)을 포괄하는 전체적 관점이 중요하고 필요하다고 강조한다. 그는 전체적인 조작의 체계를 바로잡기 위하여 그리스도교적 윤리의 관점과 인간의 자유, 존엄, 사랑의 능력에 대한 확고한 믿음을 바탕으로 삼는 인도주의적 관점을, 예컨대 벤담, 파블로프와 스키너의 행동 통제에 관한 학문적 성과들과 화해시키는 것이 자신의 과제라고 생각한다. 여기서 우리는 모든 학문과 비판적으로 대화하려는 헤링 신부의 열린 학문적 접근방법을 엿볼 수 있다. 같은 의미에서 그는 의료실무적인 문제제기들을 인간의 전체적 비전이라는 이념 아래에 둔다. 여기서 인간은 기술적 행위를 인간적인 가치들과 일치시켜야 한다.

참고문헌:

B.F. 스키너, 이장호 옮김, 『스키너의 월든 투』, 현대문화 2006. B.F. 스키너 , 차재호 옮김, 『자유와 존엄을 넘어서』, 탐구당 1986(제4판).

4. 환원주의(Reductionism/Reduktionismus)에 대한 거부.

헤링 신부는 신경화학, 신경생물학, 신경생리학, 두뇌공학과 심리학 분야에서의 조작 가능성을 염려하고 그 위험성에 대하여 경고한다. 그는 학제간의 대화를 소홀히 하면 마침내는 환원주의의 커다란 위험에 직면할 수 있다고 본다. 환원주의는 복합적인 전체(사물 혹은 과정)가 부분과 부분들 사이의 관계들로 환원될 수 있다거나 이러한 관계들에 의하여 이해될 수 있다고 하는 주장이다. 예를 들면 유전학은 분자생물학으로 환원된다. 또한 모든 인간적인 행동은 최소의 자극과 반응의 일치로 환원된다(초기 행동주의의 주장). 생물학적 결정론은 바로 이러한 생물학적 환원주의에 의거한다. 이에 대한 반론은, 인간의 특성은 단순히 선천적으로 주어지는 유전자에 의하여 결정되지 않고 외부 환경에 의해서도 형성된다는 주장이다.

참고문헌:

이동익. 김정우 외 지음, 『생명공학과 가톨릭 윤리』, 가톨릭 대학교 출판부, 2004, 258~288쪽에 게재된 우재명 교수의 논문(유전자 진단과 치료) 참조. Günter Vogel/Hartmut Angermann, *dtv-Atlas zur Biologie*, 1968 München.

역자는 이 책의 번역과정에서 번역이 참으로 인내와 끈기를 요구한다는 것을 새삼 느끼게 되었다. 우선 이 책의 내용을 감수하여 주신 윤리신학 분야의 전문가인 이동익 신부님(전 가톨릭 대학교 신학대학 윤리신학 담당교수)께 충심으로 감사를 드린다. 이 신부님은 부족한 번역문을 꼼꼼하게 감수하시고 소개와 추천의 글까지 써주셨으니 고맙고 마음이 든든하다. 헤링 신부의 저서 2권과 그에 관한 한국어 논문을 복사해 주신 수원 가톨릭 대학 윤리신학 담당교수 박찬호 신부님께도 감사의 말씀을 전하고 싶다. 또한 이 번역서의 출판 가능성에 관하여 자상하게 안내하고 격려해주신 서강대학교 출판부장 전종호 교수님께도 진심으로 감사를 드린다. 원고를 타이핑하고 도움말을 준 아내 신 체칠리아와 아들 박 프란치스코에게도 고마움을 표하고 싶다. 이 책의 편집과 출판을 위해 수고하신 서강대 출판부 관계자 여러분께 감사를 드린다. 마지막으로 이 책의 간행을 위해 협조해 주신 빈-뮌헨 구속주회 소속 Josef Schwemmer 신부님, Lorenz Voith 신부님, Johannes Römelt 신부님과 간행을 허락하신 Edmund Hipp 관구장 신부님께 진심으로 감사를 드린다. 아무쪼록 이 번역서를 통하여 독자들이 가톨릭 윤리신학과 생명윤리 사상을 조금이라도 이해하게 되고, 한국 가톨릭 교회의 안팎에서 비판적인 대화의 한마당이 펼쳐질 수 있기를 기대한다.

2021년 6월 10일

역자 박종대 아룀